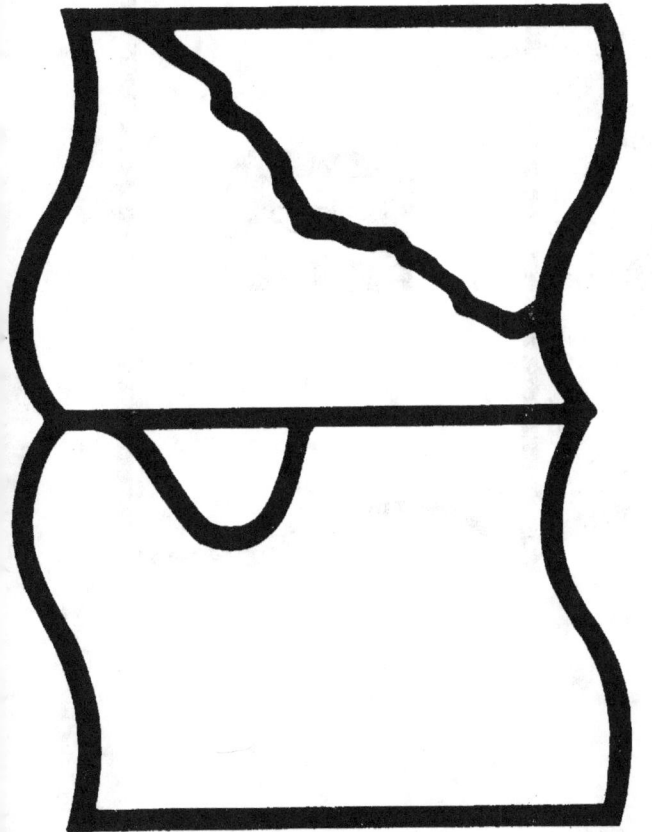

Texte détérioré — reliure défectueuse

NF Z 43-120-11

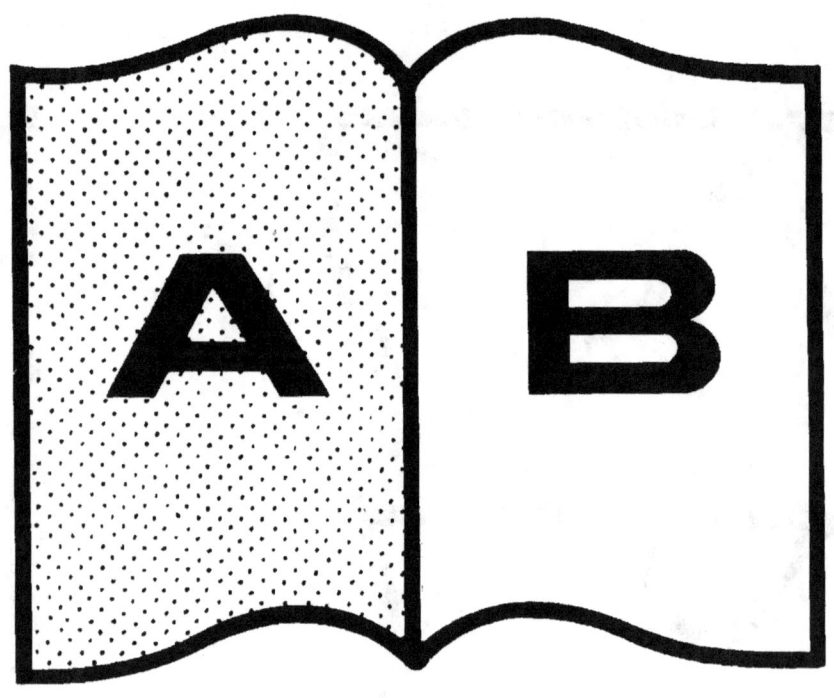

Contraste insuffisant

NF Z 43-120-14

LE THÉATRE FRANÇAIS

AU

XVIᵉ ET AU XVIIᵉ SIÈCLE

OU CHOIX

DES COMÉDIES LES PLUS REMARQUABLES

ANTÉRIEURES A MOLIÈRE

AVEC UNE INTRODUCTION ET UNE NOTICE SUR CHAQUE AUTEUR

PAR

M. ÉDOUARD FOURNIER

―

Avec huit portraits en couleur

OUVRAGE COURONNÉ PAR L'ACADÉMIE FRANÇAISE

―

TOME PREMIER

―

PARIS

LAPLACE, SANCHEZ ET Cⁱᵉ, ÉDITEURS

3, RUE SÉGUIER, 3

LE THEATRE FRANÇAIS

AU

XVIᵉ ET AU XVIIᵉ SIÈCLE

I

CORBEIL. — Typ. et stér. de CRÉTÉ FILS.

LE THÉATRE FRANÇAIS

AU

XVIᵉ ET AU XVIIᵉ SIÈCLE

OU CHOIX

DES COMÉDIES LES PLUS REMARQUABLES

ANTÉRIEURES A MOLIÈRE

AVEC UNE INTRODUCTION ET UNE NOTICE SUR CHAQUE AUTEUR

PAR

M. ÉDOUARD FOURNIER

Avec huit portraits en couleur

PARIS

LAPLACE, SANCHEZ ET Cⁱᵉ, ÉDITEURS

3, RUE SÉGUIER, 3

NOTICE SUR ÉTIENNE JODELLE

Il était de Paris, sans qu'on sache au juste où, quand, et de qui il y était né. Du Verdier se contente de dire, après avoir écrit son nom : « Parisien, sieur du Lymodin. » Était-il de noblesse, comme ces derniers mots le feraient supposer ? C'est plus que douteux ; le Lymodin me semble un fief des pays imaginaires, que la fortune de Jodelle habita tout aussi assidûment que son esprit.

L'âge de quarante-un ans, qu'on lui donne à sa mort, en 1573, fait croire qu'il naquit en 1532, c'est-à-dire dans le plein du règne de François Ier et de la Renaissance, dont les idées, toutes au culte de l'antiquité latine et grecque, avivées et soutenues en lui par des études qui durent être rapides et brillantes, devinrent de bonne heure son inspiration, son ivresse.

De la *Pléiade* qui se formait, il fut le plus impétueux d'abord, le plus en avant, ce qui fit presque croire qu'il en était le chef. Chacun s'enflamma de cette ardeur, qu'on prenait pour le génie, et qui n'en donna qu'une illusion évanouie trop vite. Baïf était tout à l'admiration de « Jodelle bouillant, en la fleur de son âge. » Sainte-Marthe ne pouvait se taire « du grave, doux et copieux Jodelle ; » pour du Bellay, il était plus qu'un poëte : c'était « le démon » même de la poésie ; enfin Ronsard ne voyait pas en lui moins qu'un Sophocle et qu'un Ménandre. A l'entendre, l'ère nouvelle des poëtes avait commencé :

> Lorsque Jodelle heureusement sonna
> D'une voix humble et d'une voix hardie
> La Comédie avec la Tragédie.

Le mérite de Jodelle est au moins de les avoir « sonnées » le premier, faisant voir en cette entreprise, alors si nouvelle, de tragédies et de comédies à la grecque, les hardiesses de prime saut et la verve d'aventure qui lui étaient particulières.

On n'avait eu jusque-là que des traductions du théâtre antique : celles que Saint-Gelais, Desperriers et Charles Estienne avaient données de l'*Andrienne*, et autres pièces de Térence ; celle du *Plutus*, d'Aristophane, par Ronsard, etc.

Jodelle voulut mieux : il lui fallut tragédie et comédie

du vrai cru français, ne devant aux pièces grecques et latines que leur forme en cinq actes. En 1552, lorsqu'il n'avait que vingt ans, c'était chose faite : il pouvait convoquer dans la grande cour du collége de Reims, et un peu après dans celle du collége de Boncourt, « tous les personnages de science et d'honneur » pour la représentation d'une tragédie de *Cléopâtre*, « prise de l'histoire, » suivie de la comédie d'*Eugène*, qu'il avait écrite de verve « en quatre traites. »

Le roi lui-même, Henri II, était là, regardant d'une fenêtre qui lui servait de loge. Seigneurs et dames faisaient figure aux autres croisées, et pour que le spectacle fût digne d'un tel public, c'étaient les poëtes mêmes, amis de Jodelle, qui s'étaient chargés de jouer les deux pièces : « les entreparleurs, dit Estienne Pasquier, qui fut de la fête, estoient tous gens de nom ; car mesme Remy Belleau et Jean de la Péruse jouaient les principaux roulets. » La comédie obtint bon accueil, « le fuseau, selon Pasquier, en parut fort bien démêlé par la clôture du jeu. » Mais c'est à la tragédie que revint le plus grand succès, changé presque aussitôt en véritable triomphe pour le poëte.

Ses amis l'entraînèrent, le portant presque, à la maison d'Arcueil, où Ronsard s'allait délasser. Chemin faisant, ayant trouvé un bouc, ils le couvrirent de lierre et de fleurs ; puis, après un festin où les invocations à Bacchus ne furent pas de vains mots et de sèches fantaisies, ils l'offrirent, en chantant le *pœan* triomphal, au poëte qui, pour sa résurrection de la tragédie antique, méritait bien l'offrande faite jadis aux tragiques de la Grèce !

C'est là le beau moment de la vie de Jodelle. Tout lui sourit, tout lui est fête. De son nom même on lui fait une couronne. Tahureau en sait enlacer si adroitement les lettres, que d'*Étienne Iodelle* il tire cet anagramme : *Io, le Délien est né !*

Il n'a plus dans toute la *Pléiade* que Ronsard pour digne émule. Ils vont du même pas à la plus haute renommée, sans que l'un le cède à l'autre plus d'une journée : « Il lui advint me dire, écrit de lui Pasquier, que si un Ronsard avait le dessus d'un Jodelle le matin, l'après-dîner Jodelle l'emportait de Ronsard. »

A la cour même, depuis sa *Cléopâtre* et son *Eugène*, il est en considération.

Comme il a tous les goûts, toutes les adresses, et qu'il peut dire, peintre et architecte autant que poëte et acteur :

Je dessine, je taille, je charpente, et massonne, etc.,

on le charge d'organiser les fêtes, les spectacles de *gala*.

Ce fut, avec la plus haute faveur, le commencement de ses disgrâces ! En février 1558, de grandes fêtes se préparant à l'Hôtel-de-Ville pour y recevoir le roi, et Guise, qui venait de reprendre Calais, on chargea Jodelle des *mascarades* à personnages parlants. La première dont il s'ingénia, par allusion au vaisseau de Paris, fut le *Navire des Argonautes*, avec Jason, dont il jouait le rôle, Orphée et les autres. Sur une « petite chanson » dite par Orphée à la louange du roi, deux rochers devaient s'avancer « avec musique au dedans. » Au signal donné, le mouvement se fit, mais les gens chargés des machines ayant mal entendu, ce furent des *clochers*, et non des *rochers* qui arrivèrent. De là des éclats de rire, puis des huées, dont la réputation, que Jodelle s'était faite d'habile homme en toutes choses, ne se releva pas.

La mort du roi lui fut bientôt un nouveau coup, quoique Catherine de Médicis continuât de le protéger. Ce qu'il y avait d'impopularité dans le pouvoir de la reine rejaillissait, par malheur, sur ceux qu'elle s'attachait, et qui la défendaient.

On ne pardonna pas à Jodelle les sonnets où il la célébra, et dont le meilleur la faisait voir hardie et virile :

Montrant que nous avons dans une royne un roy.

On lui tint rigueur aussi de son indécision ou plutôt de son indifférence religieuse, dans un temps où chacun se passionnait pour l'un ou l'autre culte. Lors des troubles de la fameuse croix de Gastine, près des Halles, il fit des vers qui, n'étant ni catholiques, ni huguenots, mais franchement païens, comme sa muse, lui furent imputés à crime par les deux partis. On alla jusqu'à dire, comme l'Estoile, en son *Journal*, qu'il était « sans aucune crainte de Dieu, et n'y croyait que par bénéfice d'inventaire. »

Une seule fois, toujours selon l'Estoile, il parla, il écrivit, mais ce fut pis encore : c'est, en effet, contre Coligny, et pour célébrer la Saint-Barthélemy, qu'il aurait pris la plume ! Heureusement pour lui les preuves manquent. Rien, dans ce qui reste de ses œuvres, ne confirme « qu'il eût été corrompu par argent pour escrire contre le feu Admiral et ceux de la Religion... deschirant la memoire de ces pauvres morts de toutes sortes d'injures et menteries. »

Sa pauvreté, en ce temps, prouve même que la corruption ne l'alla pas chercher. On voit aussi par ses derniers vers, sorte d'adieu, dont l'heure ne se fit pas attendre, que si Charles IX l'avait eu à son service pour quelques poésies de plaisir et de galanterie, la récompense n'était guère arrivée.

Qui se sert de la lampe, au moins de l'huile y met,

murmura le pauvre poëte, « en son extresme foiblesse d'une voix basse et mourante. »

Puis, comme la journée était belle, car on était en ju[il]let : « Ouvrez-moi ces fenestres, dit-il, que je voie e[n]core ce beau soleil; » son âme païenne s'échappa da[ns] ce rayon.

Le huguenot d'Aubigné, qui n'eût point pardonné [à] Jodelle ses vers contre ceux de la Religion, s'il en e[ût] écrit, lui fit une épitaphe compatissante dont voici la fi[n] :

> Le ciel avoit mis en Jodelle
> Un esprit tout autre qu'humain,
> La France lui nia le pain,
> Tant elle fut mère cruelle.

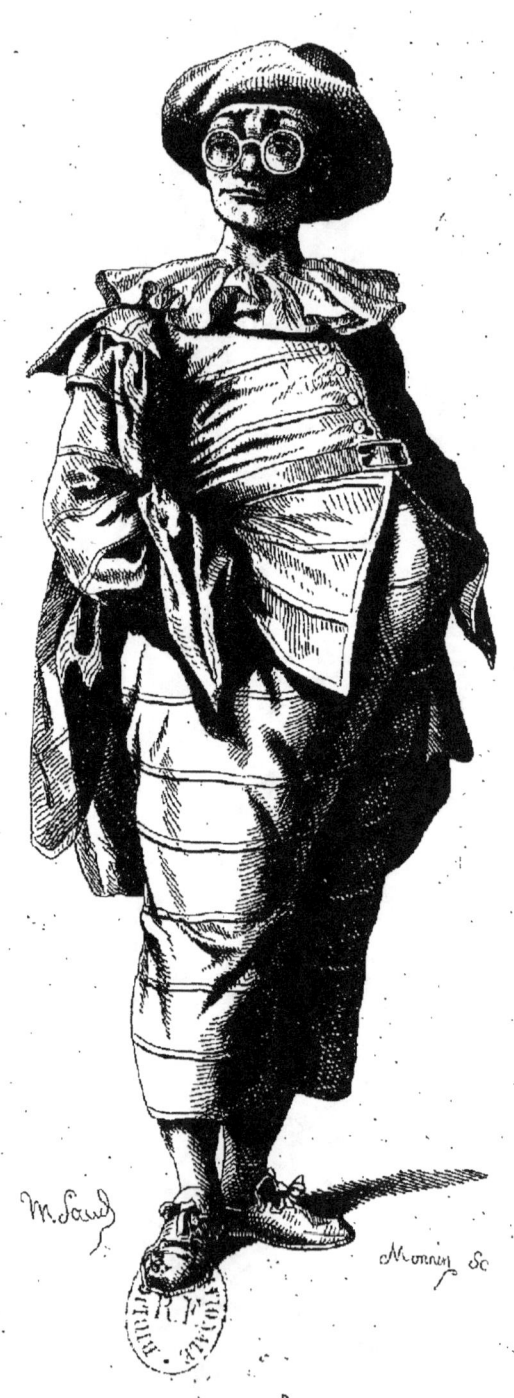

L'EUGÈNE.

MATTHIEU, CRÉANCIER.

La raison chasse la pitié.
Il faut payer.

L'EUGÈNE

COMÉDIE D'ESTIENNE JODELLE, PARISIEN

1552

PERSONNAGES

EUGÈNE, Abbé.
MESSIRE JEAN, Chappelain.
GUILLAUME.
ALIX.
FLORIMOND, Gentilhomme.
ARNAULD, Homme de Florimond.
PIERRE, Laquais.
HÉLÈNE, Sœur de l'abbé.
MATTHIEU, Créancier.

PROLOGUE

Assez, assez, le poëte a peu voir
L'humble argument, le comicque devoir,
Les vers demis [1], les personnages bas,
Les mœurs repris, à tous ne plaire pas :
Pource qu'aucuns, de face sourcilleuse,
Ne cherchent point que chose serieuse,
Aucuns aussi, de fureur [2] plus amis,
Aiment mieux voir Polydore à mort mis [3],
Hercule au feu, Iphigène à l'autel,
Et Troye à sac, que non pas un jeu tel
Que celuy-là qu'ores on vous apporte.
Ceux-là sont bons, et la mémoire morte
De la fureur tant bien representée

1. C'est-à-dire les vers de huit pieds, qui, jusqu'à Molière, servirent dans les farces.
2. De fureur tragique, de tragédie.
3. Fils de Priam, tué, après la mort de son père, par le roi de Thrace, à qui on l'avait confié. C'est dans la tragédie d'*Hécube*, par Euripide, qu'il en est parlé.

Ne sera point : mais tant ne soit vantée
Des vieilles mains l'escriture tant brave,
Que ce poëte en un poëme grave,
S'il eust voulu, n'ait peu representer
Ce qui pourroit telles-gens contenter.
Or, pour autant qu'il veut à chacun plaire,
Ne dédaignant le plus bas populaire,
Et pource aussi que moindre on ne voit estre
Le vieil honneur de l'escrivain adextre
Qui brusquement traçoit les comedies,
Que celuy-là qu'ont eu les tragedies ;
Voyant aussi que ce genre d'escrire
Des yeux françois si long-temps se retire,
Sans que quelqu'un ait encore esprouvé
Ce que tant bon jadis on a trouvé,
A bien voulu dependre ceste peine
Pour vous donner sa comedie, Eugène,
A qui ce nom pour ceste cause il donne :
Eugène en est principale personne.
L'invention n'est point d'un vieil Menandre,
Rien d'estranger on ne vous fait entendre,
Le stile est nostre, et chacun personnage
Se dit aussi estre de ce langage ;
Sans que brouillant avecques nos farceurs
Le sainct ruisseau de nos plus sainctes sœurs,
On moralise un Conseil, un Escrit,
Un Temps, un Tout, une Chair, un Esprit [1],
Et tels fatras, dont maint et maint folastre,
Fait bien souvent l'honneur de son theatre,
Mais, retraçant la voye des plus vieux,
Vainqueurs encor du port oblivieux,
Cestuy-ci donne à la France courage
De plus en plus ozer bien davantage.
Bien que souvent en ceste comedie
Chaque personne ait la voix plus hardie,
Plus grave aussi qu'on ne permettroit pas,
Si l'on suivoit le latin pas à pas,
Juger ne doit quelque sévère en soy,
Qu'on ait franchi du comicque la loy.
La langue, encor foiblette de soymesme,
Ne peut porter une foiblesse extrême ;
Et puis ceux-cy dont on verra l'audace,

1. Allusions aux *moralités* du théâtre des Confrères de la Passion, où se trouvaient en scène des personnages abstraits et tout métaphysiques, comme ceux dont parle ici Jodelle.

Sont un peu plus qu'un rude populace ;
Au reste, tels qu'on les voit entre nous.
Mais dites-moy, que recueillerez-vous,
Quels vers, quels ris, quel honneur et quels mots,
S'on ne voyoit icy que des sabots [1] ?
Outre, pensez que les comicques vieux
Plus haut encor ont fait bruire des dieux.
Quant au theatre, encore qu'il ne soit
En demy-rond, comme on le compassoit [2],
Et qu'on ne l'ait ordonné de la sorte
Que l'on faisoit, il faut qu'on le supporte,
Veu que l'exquis de ce vieil ornement
Ore se voüe aux princes seulement ;
Mesme le son qui les actes separe [3],
Comme je croy, vous eust semblé barbare,
Si l'on eust eu la curiosité
De remouller du tout l'antiquité.
Mais qu'est-ce cy ? dont vient l'estonnement
Que vous monstrez ? Est-ce que l'argument
De ceste fable encore n'avez sceu ?
Tost il sera de vous tous apperceu,
Quand vous orrez ceste première scène.
Je m'en tairay : l'abbé me tient la rêne,
Qui là dedans devise avec son prestre
De son estat, qui meilleur ne peut estre.
Ja, ja, marchant, enrage de sortir,
Pour de son heur un chacun advertir ;
Et se vantant, si sa voix il debouche,
De vous brider desire par la bouche ;
Et qui plus est, sous la gaye merveille
De derober vostre esprit par l'aureille.

1. Les sabots sont mis ici en opposition avec le *cothurne* de la tragédie et le *brodequin* de la comédie antique.
2. Les théâtres antiques, comme on peut le voir encore par celui d'Orange, le seul qui subsiste presque entier, étaient en hémicycle.
3. C'est-à-dire la musique du joueur de flûte antique, entre chaque acte, et même entre chaque scène.

ACTE PREMIER

SCÈNE I

EUGÈNE, ABBÉ ; MESSIRE JEAN, CHAPPELAIN.

EUGÈNE.
La vie aux humains ordonnée
Pour estre si tost terminée,
Ainsi que mesme tu as dit,
Doit-elle, pour croire à crédit,
Se charger de tant de travaux ?

MESSIRE JEAN.
Le seul souvenir de nos maux,
Qui jà vers nous ont fait leur tour,
Ou de ceux qui viendront un jour
L'apprehension incertaine
Empoisonne la vie humaine,
Et d'autant qu'ils la font plus griève,
Ils la font aussi bien plus briève.
Mais qui sçait mieux en ce bas cy
Que vous, Monsieur, qu'il est ainsi ?

EUGÈNE.
Il ne faut donc que du passé
Il soit après jamais pensé ;
Il faut se contenter du bien
Qui nous est présent, et en rien
N'estre du futur soucieux.

MESSIRE JEAN.
O, grand Dieu, qui dist onques mieux !

EUGÈNE.
Comment donc ne consent-on point
De s'aimer soymesme en ce poinct,
De se flatter en son bonheur,
De s'aveugler en son malheur,
Sans donner entrée au soucy ?

MESSIRE JEAN.
C'est abus ; il faut faire ainsi.

EUGÈNE.
En tout ce beau rond spacieux
Qui est environné des cieux,

Nul ne garde si bien en soy
Ce bonheur comme moy en moy.
Tant que soit que le vent s'esmeuve,
Ou bien qu'il gresle ou bien qu'il pleuve
Ou que le ciel de son tonnerre
Face paour à la pauvre terre,
Tousjours, Monsieur, moy je seray,
Et tous mes ennuis chasseray,
Car serois-je point malheureux
D'estre à mon souhait planturenx,
Et me tourmenter en mon bien ?
Je ne voûray jamais à rien,
Sinon au plaisir, mon estude.
   MESSIRE JEAN.
Ce seroit une ingratitude
Envers la Fortune, autrement,
Qui vous pourvoit tant richement ;
Car qui est mal content de soy
Il faut qu'il soit, comme je croy,
Mal content de Fortune ensemble.
   EUGÈNE.
Fortune assez d'heur me rassemble
Pour me plaire en ce monde icy,
Esclavant en tout mon soucy ;
Sans travail les biens à foison
Sont apportez en ma maison,
Biens, je dy, que jamais n'acquirent
Les parents qui naistre me feirent,
Et qui ainsi donnez me sont,
Qu'à mes héritiers ne revont,
Ains pour rendre ma seule vie
En ses délices assouvie ;
Ce que nous pratiquons assez.
Tant qu'il semble que ramassez
Tous les plaisirs se soyent pour moy.
Les roys sont sujets à l'esmoy
Pour le gouvernement des terres ;
Les nobles sont sujets aux guerres ;
Quant à justice, en son endroit,
Chacun est serf de faire droit.
Le marchand est serf du danger
Qu'on trouve au pays estranger
Le laboureur avecque peine
Presse ses bœufs parmy la plaine.
L'artisan, sans fin molesté,

A peine fuit sa pauvreté.
Mais la gorge des gens d'eglise
N'est point à autre joug submise,
Sinon qu'à mignarder soymesmes,
N'avoir horreur de ces extrêmes,
Entre lesquels sont les vertus ;
Estre bien nourris et vestus,
Estre curez, prieurs, chanoines,
Abbez, sans avoir tant de moines
Comme on a de chiens et d'oiseaux ;
Avoir les bois, avoir les eaux
De fleuves ou bien de fontaines,
Avoir les prez, avoir les plaines,
Ne recognoistre aucuns seigneurs,
Fussent-ils de tout gouverneurs ;
Bref, rendre tout homme jaloux
Des plaisirs nourriciers de nous.
Mais que serviroit expliquer
Ce que tu vois tant pratiquer,
N'estoit que je me plais ainsi
En la memoire de cecy,
Voulant les plaisirs faire dire
Où d'heure en heure je me mire ?
Au matin, quoy ?

MESSIRE JEAN.

Le feu leger,
De peur que le froid outrager
Ne vienne la peau tendrelette ;
Le linge blanc, la chausse nette,
Le mignard pignoir [1] d'Italie,
La vesture à l'envi jolie,
Les parfums, les eaux de senteurs,
La cour de tous vos serviteurs,
Le perdreau en sa saison,
Le meilleur vin de la maison,
Afin de mettre à val vos flumes.
Les livres, le papier, les plumes,
Et les breviaires, ce pendant,
Seroyent mille ans en attendant
Avant qu'on y touchast jamais,
De peur de se morfondre ; mais
Au lieu de ces sots exercices,

---

1. *Peignoir*. C'était une longue robe de chambre, dont les Italiennes de la cour des Médicis nous avaient nouvellement apporté la mode.

De la musique les delices
Avant que monter à cheval,
Et puis et par mont et par val
Voler l'oiseau [1], se mettre en queste
Bien souvent de la rousse beste [2],
Ou bien par les plaines errant
Suivre le lievre bien courant,
Pendant que moi, Messire Jean,
Je süe auprès le feu d'ahan
De tasser les molles viandes,
Pour vous les rendre plus friandes ;
Vous arrivez tous affamez,
Les chaudeaux sont soudain humez,
De peur de vicier nature ;
On fait aux tables couverture,
On rit, on boit, chacun fait rage
De babiller du tricotage.
On est saoul, on se met en jeu,
Et puis s'on sent venir le feu
De la chatouillarde amourette,
Soudain en la queste on se jette,
Tant qu'on revienne tous taris
Par ces pisseuses de Paris.

EUGÈNE.

Tout beau, Messire Jean, tout beau,
Demoure là, d'un cas nouveau,
Puisqu'à l'amour tu es venu,
M'est à ceste heure souvenu,
Pour lequel appelé t'avois.

MESSIRE JEAN.

Quoy ? comment ? d'où vient telle voix ?
Avez-vous reçeu quelque offense ?

EUGÈNE.

Non, non, tout beau, seulement pense
De me prester icy tes sens.
Tu sçais bien que depuis le temps
Que Henry, magnanime roy,
A mené ses gens avec soy
Jusques aux bornes d'Allemagne [3],

---

1. Chasser au faucon.
2. Chasser le loup, ou le renard.
3. En 1552, l'année même où cette pièce fut représentée devant lui au collége de Reims, Henri II avait poussé jusqu'en Allemagne, pour s'y joindre, contre Charles-Quint, aux princes de la ligue protestante.

Amour qui se meist en campagne
Pour faire queste de mon cœur,
S'est rendu dessus moy vainqueur,
Me venant d'un trait enflammer,
Pour me faire ardemment aimer
Ceste Alix, mignarde et jolie,
Bague fort bonne et bien polie,
Pour qui, ô serviteur fidelle,
Tu me vaux une maquerelle.

MESSIRE JEAN.

O! que je me tiens en repos,
Pour voir où cherra ce propos!

EUGÈNE.

Jusqu'icy tant bien m'a servi
Que du tout en elle je vy;
Et, pour estre bon guerdonneur[1],
Luy voulant couvrir son honneur,
Comme tu es bien adverti,
Luy ay trouvé le bon party
De Guillaume, le bon lourdaut,
Qui est tout tel qu'il nous le faut,
Et les ay mariez ensemble.

MESSIRE JEAN.

O! fort bien fait!

EUGÈNE.

Mais qui te semb'e?
J'ai feint que c'estoit ma cousine.

MESSIRE JEAN.

La parenté est bien voisine;
Il n'y falloit espargner rien.
Ce sont trois cents escus; et bien!
Qu'est-ce, pour vostre dignité,
Sinon qu'œuvre de charité?

EUGÈNE.

Mais maintenant j'ay si grand'peur,
Que Guillaume sente mon cœur
Avec les cornes de sa teste.

MESSIRE JEAN.

Ha! ventrebieu, il est trop beste;
Son front n'a point de sentiment,
Ny son cœur de bon mouvement;
Ho ho, quoy? craignez-vous en rien

---

1. C'est-à-dire pour bien récompenser.

En cela un Parisien?
Le bon Guillaume, sans malice,
Vous est couverture propice
Pour seurement brider l'amour
Si fussiez allé chacun jour
Ce pendant qu'Alix estoit fille,
Planter en son jardin la quille,
A l'envi chacun eust crié;
Mais, depuis qu'on est marié,
Si cent fois le jour on s'y rend,
Le mary est toujours garend;
On n'en murmure point ainsi.
Et puis, en ceste ville cy,
On voit ce commun badinage,
De souffrir mieux un cocuage
Que quelque amitié vertueuse.

EUGÈNE.

Après, mon amour est douteuse,
Et je crains que ceste mignarde
D'aller autre part se hasarde.
Car ces femmes ainsi friandes
Suivent les nouvelles viandes.
Et puis, qui ne seroit jaloux
D'un entretien qui m'est tant doux?
Dès lors que j'ay chez elle entrée,
Je la trouve exprès apprestée,
Ce semble, pour me recueillir;
Elle me vient au col saillir,
Elle me lace doucement,
Et puis m'estreint plus fortement,
J'entends, si Guillaume est dehors:
Bon jour, mon Tout, dit-elle alors;
Mais si, quand elle entend ma voix,
Elle sent le cocu au bois,
Ou bien en quelque lieu voisin,
Bon jour (dit-elle), mon cousin.

MESSIRE JEAN.

Et quoy plus?

EUGÈNE.

Nous entrons dedans.
Et jà d'un desir tous ardens
Nous mirons nos affections
Au miroir de nos passions,
Qui sont les faces de nous deux;
Souvent mollement je me deulx

Du temps, et elle se complaint
Que l'amour assez ne m'attaint.
MESSIRE JEAN.
O dueil heureux !
EUGÈNE.
Elle s'appaise,
Elle accourt et plus fort me baise ;
Puis s'arrestant, elle se mire
Dedans mes yeux.
MESSIRE JEAN.
O doux martyre !
EUGÈNE.
Et, folastrant, elle rempoigne
Mes levres, qui font une trongne [1]
Afin que d'elle elles soient morses,
Et quant est des autres amorces,
Pense que peut en cela faire
Celle qui se plaist en l'affaire.
MESSIRE JEAN.
Qui pourroist estre homme tant froid,
Qui ne s'émeut en cest endroit ?
EUGÈNE.
Mais où me suis-je promené ?
Où l'amour m'a il jà trainé ?
Or donc, sçaches, en cest affaire,
Comment il te faut me complaire :
Au long discours de cette chose,
Deux poincts tous seuls je te propose :
La peur que j'ay que ce sottard
Decœuvre la braise qui m'ard,
Et la peur que j'ay qu'en ma dame
Ne s'allume quelque autre flame.
Au premier tu remediras,
Quant ce lourdaut gouverneras,
L'asseurant que j'ay bonne envie
De luy ayder toute sa vie ;
Quand tu le meneras au jeu ;
Quand, l'amadoüant peu à peu,
Tu le rendras amy de toy,
Autant que sa femme est de moy,
Afin qu'ayez l'entrée seure.
Quant est du second, je t'asseure
Qu'il te faudra prendre cent yeux,

---

1. Une moue.

Afin de me la garder mieux :
Qu'on espie, que l'on regarde,
Qu'on s'enquierre, qu'on prenne garde
De n'estre en embusche trouvé,
Après avoir bien esprouvé.
Pour le loyer de ton office
Je te voüe un bon benefice.

MESSIRE JEAN.

Grand mercy, Monsieur, c'est de grace ;
Ne vous souciez que je face,
N'ayez de ces deux poincts esmoy,
Dès ores je pren tout sur moi.

SCÈNE II

MESSIRE JEAN.

Ainsi, Dieu m'ayme, on voit icy
Maints aveuglez, qui sont ainsi
Que les flots enflez de la mer,
Qu'on voit lever, puis s'abymer
Jusques au plus profond de l'eau.
Ceux-ci, se fichans au cerveau
Un contentement qu'ils se donnent,
Dessus lequel ils se façonnent
Le pourtrait d'une heureuse vie,
Voyent soudain suivre l'envie
Du sort bien souvent irrité,
Rabbaissant leur félicité.
Songez à celuy qu'avez veu,
Ce brave abbé, tant bien pourveu,
Moins en l'Eglise qu'en follie,
Songez, dis-je, au mal qui le lie,
Ains l'estrangle tant doucement
D'un folastre contentement :
Il se fait seul heureux : en tout
Il n'imagine point de bout ;
Il ne prevoit, et ne previent
Au mal'heur qui souvent advient :
Et qui pis est, voir il n'a sceu
Qu'il est journellement deceu.
L'aveuglement est le moyen
De tourner un beaucoup en rien ;
Il est si fol, comme je voy,

De penser : Alix est à moy,
Et me tient seul amy certain.
Alix, dis-je, plus grand putain
Qu'on puisse voir en aucun lieu,
Et qui veut, sans crainte de Dieu,
Se bastir aux cieux une porte,
Par l'amour qu'à tous elle porte,
Exerçant sans fin charité.
Assez longtemps elle a esté
A un Florimond, homme d'armes,
Qui paravant sous les alarmes
Par qui son amour l'asservit,
Long temps à Helène servit,
Sœur de ce bel abbé, mon maistre,
Sans, par son pourchas, jamais estre
Receu au dernier poinct de grace.
Tant qu'estant vaincu de l'audace
De sa maistresse impitoyable,
Pour passer l'amour indomptable,
Et amortir sa fantaisie,
Fust par luy ceste Alix choisie,
Laquelle il entretint tousjours,
Non pas seul maistre des amours,
Jusques à ce camp d'Allemagne,
Pour lequel se mist en campagne :
Mesmes on m'a dit qu'un grand zèle
Florimond avoit envers elle.
Mais qui veut bien aymer, ne face
Aux Parisiennes la chasse ;
Et puis nostre abbé, nostre brave
Fol, masqué d'un visage grave,
Ce sot, ce messer coyon, pense
Avoir eu seul la jouissance,
Et la mise en son mariage
Afin qu'il feist un cocuage
De mary et d'amy ensemble.
Mais, je vous prie, que vous semble
Des morgues[1] que je tiens vers luy ?
S'il dit ouy, je dis ouy ;
S'il dit non, je dis aussi non ;
S'il veut exalter son renom,
Je le pousseray par ma voix
Plus haut que tous les cieux trois fois.

---

1. Manières, façon d'agir.

Ainsi je fais un ameçon
Pour attraper quelque poisson.
En la grand'mer des benefices,
Sont mes estats, sont mes offices,
Et qui n'en sçait bien sa pratique,
Voise ailleurs ouvrir sa boutique.

SCÈNE III

GUILLAUME, ALIX, MESSIRE JEAN

GUILLAUME.

Hé Dieu ! quelle heureuse fortune
M'eust esté plus heureuse qu'une,
Ou quelle plus douce rencontre
En toute la terre se monstre,
Que celle la qu'ores j'ay faite
De ceste femme tant parfaite,
A qui Dieu m'a joint pour ma vie?
Hé ! mon Dieu, que j'ay bonne envie
De t'en rendre grace à jamais !
Ah ! je t'en iray désormais
Souvent présenter des chandelles,
Et à la Royne des pucelles,
Qui m'a donné si chaste femme.
Sa beauté tout le monde enflamme,
Car je voy bien souvent passer
Mains amourets que trespasser
Elle fait en les regardant;
Mais aucun n'y va pretendant,
Accablé dessous sa vertu;
Moymesme je suis abattu
Bien souvent de sa chasteté;
Car alors que suis excité
De faire le droit du mesnage,
Elle me dit d'un sainct courage :
Escoute, mon mignon, contemple
Du bon Joseph la saincte exemple,
Qui ne toucha sa saincte Dame.
Nostre chair est vile et infame;
Ces actes sont vilains et ords.
Et qui nous damne, que le corps?
Alors je me mets en prière,

Et lui tourne le cul arrière,
Car hélas (bon Dieu) tu ne veux
Que l'on blesse les chastes vœus.
####### ALIX.
Qui est celuy que j'oy compter
Et tellement se contenter ?
Ha ! mananda, c'est mon badaut.
Escouter icy me le faut,
Pour sçavoir qu'il dira de moy.
####### GUILLAUME.
Bon Dieu, je suis tenu à toy !
Outre cela, elle est tant douce,
Jamais ses amis ne repousse ;
Elle est à chacun charitable,
Et envers moy tant amiable
Que le monde en est estonné.
Quantesfois m'a-t-elle donné
De l'argent pour m'aller joüer ?
Cil qui veut à Dieu se voüer
Ne sera jamais indigent.
Alix a tousjours de l'argent ;
Elle est saincte dès ce bas lieu,
Car c'est de la grace de Dieu
Que cest argent luy vient ainsi.
####### ALIX.
Je suis en paradis aussi,
D'avoir un mary tel que j'ay ;
Par ainsi, saincte je seray.
####### GUILLAUME.
Mesme quand je me vais esbattre,
Si j'y estois trois jours ou quatre,
Elle n'en dit rien au retour
Non plus que d'un seul demy jour ;
Et quand je me veux excuser
Et de tels mots vers elle user :
Pardon, je vous supply, ma femme ;
Vrayment, ce m'est un grand diffame
D'avoir demouré jusqu'à ores...
Je voudrois qu'y fussiez encores,
Mon amy ; c'est vostre santé.
####### ALIX.
Hé ! benest, que c'est bien chanté !
####### GUILLAUME.
Et quand je me treuve en mal ayse,
Je sens que sa prière appaise

La maladie que je sens ;
Elle s'en court par ces convents
De sainct François, sainct Augustin,
De l'abbaye sainct Martin,
De sainct Victor, de sainct Magloire,
Pour faire prier.

ALIX.
Voire, voire,
On y prie à deux beaux genoux.

GUILLAUME.
Elle m'apporte à tous les coups
De ces saincts convents quelques choses,
Ou bien de quelque pain de roses,
Ou bien des eaux, ou bien du flanc [1],
Aucunesfois de leur pain blanc,
Et me dit que, par les merites
Du bon sainct, ces choses petites
Ont pouvoir de guarir la fièvre.

ALIX.
Seroit perte s'il estoit lièvre ;
Les cornes luy séent fort bien.

GUILLAUME.
Elle ne me moleste en rien,
Mesme quand malade je suis ;
Ell' ferme tout soudain mon huis,
Et, de crainte de me fascher,
En autre lieu s'en va coucher ;
Mais bien souvent je sens de peur
Dedans moy debatre mon cœur,
Quand ma partie me deffaut.
Car j'entendy un jour d'enhaut
Un esprit qui fort rabastoit,
Lors qu'en mon lict elle n'estoit.

ALIX.
Je retien d'un sermon ces mots,
Qu'un esprit n'a ny chair ni os.

GUILLAUME.
Puis, quand elle est malade aussi,
Vrayment, je luy fay tout ainsi,
Et me couche en quelque chambrette ;
Mais, hélas ! elle est tant flouette,

---

1. C'est le gâteau populaire, déjà très-ancien à cette époque, car il en est parlé dans les *Fabliaux* et dans les chartes du xiii⁰ siècle. Il y est appelé *flao*, d'où sa première orthographe *flaon*.

Qu'elle est bien souvent en malaise,
Ou elle feint, ne luy deplaise,
Pour accomplir en saincteté,
Quelque beau vœu de chasteté.
Non fait, non : elle souffre peine ;
Car la nuict bien fort se demeine.

ALIX.

O ! que je sens un doux martyre !
Je creve icy quasi de rire,
Je ne sçaurois m'y arrester ;
Mais je vois ore l'accoster.

GUILLAUME.

Mon Dieu, que je serois marry...

ALIX.

De quoy parlez-vous, mon mary !

GUILLAUME.

Ha ! nostre femme, Dieu vous gard !
Je meure si vostre regard
Ne m'a servy d'allegement
Contre mon facheux pensement.

ALIX.

Quel pensement ?

GUILLAUME.

      Le creancier
M'a fait ore signifier
Qu'il veut que je paye aujourd'huy.

ALIX.

Aujourd'huy ! c'est un grand ennuy ;
C'est donné bien peu de respit.
Il n'en faut point estre despit,
Il faut prendre patiemment
Ce que nostre Dieu justement
Pour nos [1] commises nous envoye.

GUILLAUME.

Il est vray, c'est la droite voye.
Patience est d'honneur la porte.

ALIX.

Patience est tousjours plus forte.

GUILLAUME.

Ses dons sont à tous bien seans.
Mais comment ? qui entre seans ?
Avez-vous laissé l'huis ouvert ?

---

1. *Fautes* est sous-entendu.

ALIX.
Tout beau, tout beau! j'ay découvert
Un des plus grands de nos amis :
C'est le chappelain, le commis,
Le *fac totum*[1] de mon cousin.
MESSIRE JEAN.
Et puis quoy? comment? vostre vin
Est-il jà la bas mis en broche?
ALIX.
Il est trouble, car on le hoche
Trois ou quatre fois tous les jours.
GUILLAUME.
Monsieur, faites deux ou trois tours
Par le jardin, en attendant :
M'amie, envoye ce pendant
Au meilleur, sans craindre les frais.
MESSIRE JEAN.
Je vay donc là prendre le frais.

ACTE DEUXIÈME

SCÈNE I

FLORIMOND, GENTILHOMME; PIERRE, LAQUAIS.

FLORIMOND.
Ores que je suis de retour,
J'ay consumé quasi ce jour
A contempler en ceste ville
De plusieurs la pompe inutile :
Ceux qui n'aguères en la guerre
Faisoyent leur chevet d'une pierre,
Et qui du long chemin grevez
Avoient leurs harnois engravez
A longues traces sur le dos,

---

1. Expression alors toute nouvelle. On disait plus volontiers, comme Montluc à propos d'un certain La Croisette : *dominus fac totum*.

A qui presque on voyoit les os,
Ayans une face despite,
Du soleil quasi demi-cuite,
Mesléc en sueur et poudrière,
Oublians leur face guerrière
Se sont parez si mollement,
Qu'ils semblent venir proprement
Des nopces, et non de la guerre ;
Mesmes aucuns vendent leur terre,
Les autres engaigent leur bien,
Les autres trouvent le moyen
De recouvrer quelques deniers
Pour enrichir les usuriers ;
Les autres vendent l'équipage,
Harnois, chevaux, et attelage,
Et tout, pour despendre en délices ;
Et au lieu des bons exercices
Pour tousjours asseurer leur main,
Le palais muguet en est plein,
Où leurs parfums, et leurs civettes,
Chose propre à leurs amourettes,
Tirent les dames aux devis,
Qui presque y courent aux envis,
Au velours, au satin, à l'or,
Et aux broderies encor,
Non obstant tout edict donné,
Il est autant peu pardonné
Qu'il seroit mesme entre les princes,
En pleine paix de leurs provinces.
Mais quoi ? comment ? où est l'enseigne,
Où est la bataille qui seigne
De tous costez en sa fureur ?
Où sont les coups, où est l'horreur,
Où sont les gros canons qui tonnent,
Où sont les ennemis qui donnent
Jusques aux tentes de nos gens ?
Ha ! nous deviendrons negligens,
Et chasserons hors de memoire
Le desir qu'avons de la gloire.
Je confère ceste cité
A ce que l'on m'a recité
Jadis de l'antique Capuë [1],
Car sa friandise nous tuë,

---

1. Capoue.

Comme les soldats d'Hannibal.
Quittons l'amour, laissons le bal,
Oublions ces molles rencontres,
Faisons tournois, faisons des monstres,
Et pendons encore les pris
Pour guerdonner les mieux apris.
Estimez-vous l'ennemi mort?
Sçachez que pour un temps il dort,
Pour veiller plus long-temps après;
Mesmes de jour en jour plus près
Tâche s'approcher de nos forces;
Et après les douces amorces,
Penseriez-vous les maux souffrir
Qui se viendront à nous offrir?
Endureriez-vous seulement
Les maux qu'eusmes dernièrement,
Par trois jours le deffaut de pain,
Maint facheux mont, aspre et hautain,
Ces gros broüillars, ceste gelée,
Et puis ceste pluye escoulée,
Qui souvent servoit de breuvage?
Ce flux de sang qui feist outrage
Sans espargner soldat ne prince?
Je trepigne, et les dents je grince,
Quand je voy l'excessif et brave
D'avoir un bel habit et grave,
Bien découppé : ne passons pas
Des gentilshommes les estats.
Pour veoir quelque dame cogneüe
Qu'on a devant la guerre veüe,
C'est raison de se refraichir.
Mais depuis qu'on vient à franchir,
Fy, fy, de superfluité!
Mais jà trop me suis excité;
Puis je voy mon homme venir:
A luy veoir ses gestes tenir,
Il querelle en soy quelque chose,
Au fond de sa cervelle enclose.
Icy le vay guetter de loing,
Attendant que j'aye besoin
D'aller avec ma bonne Alix
Esprouver le bransle des licts.
Laquais, vois-tu pas bien les mines?

PIERRE.

Ouy, Monsieur, sont des plus fines.

SCÈNE I.

ARNAULD, HOMME DE FLORIMOND; **FLORIMOND**.

ARNAULD.

Combien que mille fois et mille,
J'aye veu et reveu la ville
De Paris, où suis à ceste heure,
Si est-ce qu'après la demeure
Que j'ay faite au camp d'Allemagne,
Après mainte et mainte montagne,
Dont le souvenir maintesfois
Me fait souffler dedans mes doigts;
Après la soif, après la faim
Qui vint par le deffaut du pain;
Et après m'estre veu moymesme
Bien dessiré[1], bien maigre et blesme,
Paris, ville mignarde et belle,
Me semble une chose nouvelle;
Aussi l'on dit : qui veut choisir
Le plus doux du plus doux plaisir,
Il faut avoir premier esté
Au mal avant qu'il soit gousté.
Puis-je bien laisser la maison,
Sans que je voye grand foison
De choses braves et pompeuses?
Et mesmement tant de pisseuses,
Qui se font rembourrer leur bas,
Promettent que je n'auray pas
Le deffaut que j'avois au camp;
Mais au fort, en si grand ahan
Je n'en avois pas grand envie.
Mais que fais-je, maugré ma vie?
En babillant trop je demeure.
Monsieur m'a chargé qu'à ceste heure
Je ne faillisse à le trouver;
Il s'en veut aller relever
Contre son Alix les discors,
Pour veoir si luitter corps à corps
Vaut mieux que de combattre aux armes.
O les doux pleurs, hélas! les larmes,

---

1. Pour *déchiré*.

Desquelles Alix parlera
Quand son amant elle verra.
Mais, ô fort heureuse rencontre!
Je le voy, je vais à l'encontre,
Peine n'auray de le chercher.
FLORIMOND.
J'avois beau ma face cacher,
Mon Arnauld me cognoist trop bien.
Et bien, Arnauld, de nouveau?
ARNAULD.
     Rien
Que ne sçachiez, comme je croy.
FLORIMOND.
As-tu entendu que le roy
Nous rappellera bien soudain?
ARNAULD.
Le bruit est tel.
FLORIMOND.
    Mais quel desdain!
Les plaisirs qu'Alix, ma mignonne,
Quand je suis à Paris me donne,
A ceste fois me seront cours.
Et bien, après? fay-moy discours
De ce que tu as ouy dire.
ARNAULD.
L'empereur[1] remasche son ire,
Et grinçant les dents s'encourage,
Tant qu'on diroit, voyant sa rage,
Et son appetit de vengeance,
Qu'il est toujours en celle dance
Qu'il faict à l'envers sus un lict.
FLORIMOND.
Où est-il ore?
ARNAULD.
    A ce qu'on dit
Il a déjà le Rhin passé.
FLORIMOND.
Seroit-il bien tant insensé
De venir mettre siége à Mets[2]?
ARNAULD.
On lui serviroit de bons mets,
Et si n'y feroit pas grand tort.

---
1. Charles-Quint.
2. Il vint mettre le siége en effet; mais l'année suivante, 1553, le duc de Guise le lui fit lever.

Car, outre le nouveau renfort,
Les braves gens qui sont dedans
Le feront mieux grincer les dents
Que jamais il ne feist encor.
FLORIMOND.
Pour le moins il ne tient à l'or,
Qui est le nerf de toute guerre [1];
Qu'il ne prenne toute la terre
Que ceste année avons fait nostre.
ARNAULD.
Il attendra fort bien à l'autre,
Et à l'autre an encor après ;
Je pense qu'il vient tout exprès
Pour Thionville envitailler.
Mais vous ne faites que railler,
Vous sçavez le tout mieux que moy.
FLORIMOND.
Je m'enquiers seulement à toi,
Pour voir si ce qu'on dit de luy
Accorde à cela qu'aujourd'huy
On m'a par missives mandé ;
Et tu l'as fort bien accordé.
Puis donc que ce peu de loisir
Se donne ainsi à mon plaisir,
Je veux recompenser le peu
Par l'accroissement de mon feu,
Qui jà me rend mort en vivant.
Mais, Arnauld, compte moi, devant
Que vers ma mignonne je voise,
Quelle estoit ceste forte noise
Que tu meuvois tantost en toy ;
Je te voyois mouvoir le doy,
Et marmonner en tes deux lèvres,
Comme un qui frissonne des fièvres,
Songeois tu, ainsi, seul, à part,
A l'outrageuse amour qui m'ard ?
ARNAULD.
Rien moins, Monsieur.
FLORIMOND.
Et à quoy donc,
Dy moy ?

---

[1]. On voit ici que le proverbe : « l'argent est le nerf de la guerre, » date de bien plus haut que Turenne, à qui on l'attribue.

ARNAULD.
Je me plaisoye adonc
Aux gentilles delicatesses,
A l'heur, aux esbats, aux caresses,
Que l'on reçoit ici, au pris
Des maux où nous estions appris.
FLORIMOND.
Je meure, c'est chose terrible
Qu'il est presqu'au monde impossible
De trouver un, qui ne peut estre
Contraire au penser de son maistre !
En cela je me desplaisois
Où te plaire tu t'amusois.
ARNAULD.
Pourquoy, Monsieur ?
FLORIMOND.
Car ceste pompe
Et bravade mollement trompe
Les plus enflammez de courage ;
Et nos gentilshommes font rage
D'exceder mesme l'excessif.
C'est ce qui me rendoit pensif,
Et en moymesme me plaignant,
Quand tu t'en venois trepignant
Pour me trouver.
ARNAULD.
Pourtant, Monsieur,
Sauf toujours vostre advis meilleur,
Il me semble que c'est à ceux
Qui n'ont point esté paresseux
De maintenir le droit de France,
Opposant leur vie à l'outrance
De ces aiglons imperiaux,
Après tant et tant de travaux,
D'avoir pour rafraischissement
En volupté contentement,
Non pas à ces pourceaux nourris
Dedans ce grand tect[1] de Paris,
Qui n'oseroyent d'un ject de pierre
Eslongner les yeux de leur terre ;
Non à plusieurs larrons honnestes,
Qui n'estans faits que pour des bestes
D'un visage humain emmasquées,

---

1. Pour toit ; on dit encore dans les campagnes « tect à porc. »

Par pratiques mal pratiquées
Despendent encor aujourd'huy
Et le leur et celuy d'autruy,
En banquets, pompes et delices,
Pour souvent estre appuy des vices.
Ce pendant mesme que le roy,
Ayant ses princes avec soy,
Souffre maintes et maintes choses
Pour garder ces bestes encloses.
Non à ces petits muguetéaux,
Ces babouins advocasseaux,
Qui pour deux ou trois loix roüillées
De je ne sçay quoy embroüillées,
Chevauchent les asnes leurs frères,
Avec leurs contenances fières,
Meslans la morgue italienne,
Afin qu'un gros sourcil s'en vienne
Les demander en mariage.
Ha, ventrebleu, quel badinage !
Non pas, dy-je, à ces mercadins[1],
Ces petits muguets citadins,
Ces petits broüilleurs de finances,
Qui en banquets et ris, et danses,
En toutes superfluitez
Surmontent les principautez.
Mais quant est de nos gentilshommes,
Qui est le propos où nous sommes,
Bien qu'on croye toutes bravades
Rendre les courages plus fades,
Si celuy-là qui est plus brave
Entendoit le battement grave
D'un tabourin quasi tonnant,
Ou bien d'un clairon estonnant,
Il seroit mieux encouragé
Et plus tost en ordre rengé.

FLORIMOND.

Ainsy le ciel me soit amy,
Si tu ne m'as mis à demy,
Par ta parole, hors de moy.
Quoy ? comment ? qu'est-ce que de toy
Quand tu vas ainsi contestant ?
Un docteur n'en diroit pas tant;
As-tu tant l'eschole suivie ?

1. *Galantins.* On disait aussi *mercadants.*

ARNAULD.
La meilleure part de ma vie,
Et si estois des mieux appris ;
Mais ores les meilleurs esprits
Aiment mieux soldats devenir
Qu'au rang des badauts se tenir.
Mais comment est-ce que la chose
Qu'en venant je tenois enclose,
Dont vous m'avez interrogué,
Nous a si fort poussez au gué?
Où sommes-nous venus ainsi?

FLORIMOND.
Nous nous sommes tous deux icy
Oubliez de nostre entreprise.
Toutefois, cest oubli je prise :
Car l'une est bien plus recouvrable
Que l'autre tousjours n'est comptable.
Mais, tournans bride à tous les dits
Reviendrons-nous à nostre Alix,
Que mon cœur follement adore?
Faut-il que j'y voise des-ore,
Ou bien s'il vaut mieux que par toy
Soit faite l'entrée avant moy,
Pour veoir si tu surprendras point
Quelque muguet qui se soit joint
A mon Alix, par mon absence?

ARNAULD.
Elle est fidelle, que je pense.

FLORIMOND.
Et quand aucun n'y trouveras,
Au mesnage regarderas
Pour veoir s'elle n'a rien acquis,
Si ses habits sont plus exquis
Que n'estoyent quand je departy.

ARNAULD.
Sont tesmoins du nouveau party.

FLORIMOND.
Tu noteras bien le visage,
Le froid ou le chaud du courage,
Le parler, la joye ou le dueil,
Les caresses et le recueil
Qu'elle monstrera.

ARNAULD.
   Laissez faire,
Reposez-vous de cest affaire,

J'espère encor de faire mieux.
               FLORIMOND.
Et ores que je suis ocieux,
A nostre Dame m'en iray,
Où pendant me pourmeneray,
Faisant la cour à mes pensées.
               ARNAULD.
Qu'elles soient bien là caressées,
Car c'est le lieu où se retire
L'amant qui, serf de son martyre,
Fait maint regret, comme maint tour.
               FLORIMOND.
Va, va.
               ARNAULD.
Je suis jà de retour.

SCÈNE III

HÉLÈNE, SŒUR DE L'ABBÉ.

Si l'œil trompé ne me deçoit,
Par la ruë au matin passoit
Florimond, ainsi qu'il me semble
Dont, ainsi Dieu m'ayme, je tremble,
Ayant peur que quelque fortune
Soit à quelques uns importune,
Car je cognois bien son courage,
Impatient de quelque outrage.
Il m'avoit par long temps servie,
Et me voüoit quasi sa vie ;
Mais, vaincu par mon chaste cœur,
De son amour s'est fait vainqueur,
Combien qu'outre le dernier poinct
Florimond ne me despleust point ;
Et me laissant, comme je sçeu,
D'une Alix a esté deceu,
Fille qu'il pensoit avoir seul,
Qui faisoit de plusieurs recueil :
Mesmes avant qu'il eust esté
Deux jours hors de ceste cité,
Picquant à la guerre d'Almagne
Ceste maraude, ceste caigne,
Enamoura l'abbé, mon frère,
Si bien qu'elle trouva manière

D'arracher de luy mariage.
O quelle horreur! quel cocuage!
Un seul mot jamais n'en parlay
A mon frère, et tousjours celay
Qu'il me sembloit de l'entreprise.
Car je n'estois tant mal apprise
Qu'il ne me deust bien faire part
De ce qu'il broüilloit à l'escart,
Pour luy compter la fable toute :
Mais ores je suis en grand doute
Que de ceste badinerie
Se naisse aucune fascherie,
Et je vous jure en bonne foy,
J'ayme mon frère mieux que moy.
Ore ne luy faut celer rien.
Ho, ho! anda, je le voy bien,
La rencontre est tout à propos.

SCÈNE IV

EUGÈNE, HÉLÈNE.

EUGÈNE.

J'ay tousjours cherché le repos ;
Mais puis que l'amour est passible,
De l'avoir il m'est impossible,
Car de mon amour m'absenter
Ce me seroit la vie oster.

HÉLÈNE.

Mon frère, Dieu vous doint bon jour.
Vous estes tousjours sur l'amour ;
Amour vous court par les boyaux ;
Amour occupe maints cerveaux
Que bien aveuglement demeine.

EUGÈNE.

Ho, ho! ma sœur, qui vous ameine ?

HÉLÈNE.

Puis que sus l'amour estions ores,
L'amour que j'ay vers vous, encores
Que n'ayez en ce merité
Que mon cœur soit sollicité
De survenir à vos dangers ;
Car, si nous estions estrangers,

Vous ne m'eussiez celé vos choses,
Tant que les avez tenu closes.
          EUGÈNE.
Qu'y a-t-il donc?
          HÉLÈNE.
          N'aymez vous pas?
          EUGÈNE.
Et que vous allez pas à pas!
Me voulez vous prendre au filé?
          HÉLÈNE.
Vous me l'aviez tousjours celé,
Mais je l'ay bien sceu nonobstant;
N'aymez vous pas Alix, pourtant?
Sauvez-vous du prochain danger.
          EUGÈNE.
Qu'est-ce donc? faut-il tant songer?
          HÉLÈNE.
Florimond, que bien cognoissez,
Qui mes amours a pourchassez,
L'avoit aimée devant vous,
Mais elle se change à tous coups;
Car, dès lors qu'il fut departy,
Elle choisit vostre party.
Maintenant il est retourné.
Il luy avoit beaucoup donné
Pour à lui seul la maintenir.
Regardez qu'il pourra venir
Des amours qu'avez assopis
Pour les vostres, et qui est pis
Du mariage qu'avez fait.
          EUGÈNE.
O! grand ciel, que t'ay-je forfait?
Veux tu faire si brave cœur
Esclave de quelque malheur?
          HÉLÈNE.
Ce que je vous dis est certain.
          EUGÈNE.
Ha, maugré bieu de la putain!
          HÉLÈNE.
Ne crions point tant en ce lieu;
Il faut supplier au grand Dieu
Que par lui soit remedié.
          EUGÈNE.
A, a, vertu bieu, c'est bien chié!

####### HÉLÈNE.
Comment ? qu'est-ce cy ? quelle guise ?
Voilà un brave homme d'église !
####### EUGÈNE.
L'amour et la douleur extresme
Me font absenter de moymesme.
####### HÉLÈNE.
Voyez comme il serre les dents !
Tout beau, tout beau, entrons dedans,
On y pourra remedier ;
Que gaignez-vous d'ainsi crier,
Sinon faire un simple mal double ?
Cecy n'est pas un si grand trouble :
Florimond s'appaisera bien,
Quand il verra qu'il n'y a rien
De constance en ceste femelle ;
Il mettra son amour hors d'elle,
Ou il en prendra comme un autre
Pour l'argent ; quant à l'amour vostre
Voudriez vous aymer desormays
Celle là qui n'ayma jamais ?
Prenez qu'ayez au jeu perdu
Ce que vous avez despendu.
Ne soyez pour si peu marry.
Quant à Guillaume, son mary,
Il est si très-homme de bien,
Qu'il ne se souciera de rien.
####### EUGÈNE.
Quelque peu soulagé me sens.
####### HÉLÈNE.
Entrons.
####### EUGÈNE.
Entrons, entrons ; le temps
Nous offrira quelque remède.
####### HÉLÈNE.
Celuy vaincq' qui au mal ne cède.
####### EUGÈNE.
Si est-ce que le cœur en moy
Me predit quelque grand esmoy.

ACTE TROISIÈME

SCÈNE I

ARNAULD, FLORIMOND.

ARNAULD.
A a Dieux! qui de nostre entreprise
Par celle que mon maistre prise,
Sommes ores bien destournez!
Nous pourroit-on plus estonnez
Rendre jamais tous deux ensemble?
O ciel, ô terre, que te semble
De chose tant mal ordonnée?
Toy mesme, maudit Hymenée,
Conducteur de trois cocuages,
Au lieu de tes saincts mariages,
N'as-tu rougi d'authoriser
Ces nopces tant à mespriser?
O vous, quelconques soyez-vous,
Dieux célestes, qui, entre tous,
L'ardeur des pauvres embrasez,
De vostre ciel favorisez,
Voulez vous ores vous garder
De vostre foudre en bas darder
Veu que meurdrir il conviendroit
Ces transgresseurs de vostre droit,
Ces mocqueurs de vostre maistrise
Laissans la femme mal apprise,
Laissans ceste infidelle dame?
Dame, mort bieu, veu tel diffame
Le nom de dame n'y convient,
Laissans la pute qui ne tient
Compte de l'amant tant aimable,
Lequel, d'un vouloir immuable,
Luy avoit dedié sa vie.
Mais peut-estre avez ceste envie,
Faisans tort au premier lien,
Faire tort à l'aise et au bien
De ce mien maistre gracieux.

Mais j'en renie tous les cieux,
Si je ne fais tomber en bas
Tant de jambes et tant de bras,
Que Paris en sera pavé.
En despecte, je suis crevé
De despit; qui ne le seroit
Quand son maistre on offenseroit?
Ladre Abbé, meurtrier de vertu,
Si je m'y mets... Mais quoy! veux tu,
Pauvre Arnauld, sans ton maistre faire
Ce qui lui pourroit bien desplaire?
En te faschant tu es venu
Jusqu'au lieu où il s'est tenu.
Pendant ce mal'heureux voyage
Je gage que nulle autre image,
Estant même en ce devôt temple,
Que celle d'Alix ne contemple :
Mais quand il sçaura la nouvelle,
Ha! charbieu, qu'il la fera belle!
Il m'espouventera des yeux.

FLORIMOND.

Je voy entrer tout furieux
Mon Arnauld. Oui, ouy, que seroit-ce?
On luy a fait peu de caresse,
Il en hennit comme un cheval.
Et bien, Arnauld?

ARNAULD.

Et bien! mais mal.

FLORIMOND.

Comment, mal?

ARNAULD.

Le plus mal du monde.

FLORIMOND.

Si faut-il que ce mal je sonde,
Pour veoir s'il est ainsi profond.

ARNAULD.

Assez pour vous noyer au fond,
Si vous ne prenez patience :
Mais faites au mal resistence,
Et me laissez vanger du tout.

FLORIMOND.

Mort bieu! qu'est-ce?

ARNAULD.

De bout en bout
Je vous compteray le mal'heur,

Moyennant que vostre douleur
Prenne le frein de la raison.
Je suis allé à la maison
De vostre Alix, où l'ay trouvée
Dès l'heure assez bien abbreuvée :
Car j'ai bien cogneu au respondre
Que, de crainte de se morfondre,
Elle avoit coiffé son heaume [1].
Elle estoit avec un Guillaume,
Ainsi là dedans on l'appelle,
Et autrement le mary d'elle.

FLORIMOND.

Mary, sang bieu !

ARNAULD.

Laissez moy dire :
Si de tout ne bridez vostre ire,
Contenez un peu, pour le moins :
Ils estoyent assis aux deux coins
De la table, et au bout d'enhaut
Un gros maroufle, un gros briffaut [2],
Dont messire Jean est le nom.

FLORIMOND.

Dieu me perde, j'y vois.

ARNAULD.

Non, non.
Laissez moy de tout souvenir :
A ce que j'ay peu retenir,
C'est cet abbé, ce brave Eugène.

FLORIMOND.

Qui ? le frère de mon Helène,
Que j'ay si long temps pourmenée ?

ARNAULD.

C'est celuy mesme. Il l'a donnée
A ce Guillaume en mariage.

FLORIMOND.

Ha Dieu, ha grand Dieu, quel outrage !
Qui me pourra faire enrager,
Afin que je puisse vanger
Ceste injure de sorte telle,
Qu'il en soit memoire immortelle ?
A a, faux amour trop incertain !

1. « Coiffer son heaume » vouloit dire *boire*, s'enivrer. Au XVIIe siècle on dit : « s'en donner dans le casque, » d'où l'expression populaire : « être casquette, » pour « être gris. »
2. Mangeur.

A a, fausse et trop fausse putain !
A a, traistre abbé, abbé meschant !
Moyne punais, ladre, marchant
De tes refrippez benefices !
A a, puant sac tout plein de vices,
M'as-tu osé faire ce tort ?
T'avois-je fait aucun effort ?
Ne m'avoit pas sa sœur Helène
Assez tourmenté, sans qu'Eugène,
Son frère, ains son paillard, je croy,
Me vint redoubler ce desroy,
Seduisant un pauvre cocu,
Pour avoir tousjours part au cu
Sous une honneste couverture ?
Hou, que la fin en sera dure !
Auquel dois-je premier aller ?
Il faut aller desetaller
De la maison ce qui est mien.
Par le grand ciel, j'auray mon bien,
Et si serez bien frotez ores,
Si bien pis vous n'avez encores.
Si je devois fendre la porte
J'iray, j'iray de telle sorte
Que le mur tremblera d'horreur.

ARNAULD.

A a ! que je conçoy de fureur !
Je suis gros de donner des coups [1],
Si je ne les eschine tous,
Je veux estre frotté pour eux.
Allez, Monsieur.

FLORIMOND.

Allons tous deux.

SCÈNE II

MESSIRE JEAN, EUGÈNE, HÉLÈNE.

MESSIRE JEAN.

Tu-Dieu, je l'ay rechappé belle !
Sentit-on jamais frayeur telle

---

1. Être *gros*, c'est-à-dire avoir envie d'une chose, comme une femme grosse.

Que ce brave nous la donnoit ?
Par ses parolles il tonnoit,
Et, meslant son gascon parmy,
Nous faisoit pasmer à demy.
Encore tant esmeu j'en suis,
Que presque parler je ne puis,
Tant qu'il me faudroit emprunter
Une autre voix pour racompter
A nostre abbé telle vaillance.
Mais encore en moy je balance
Si je dois faire ce message :
Florimond fera beau mesnage,
Si vers l'abbé vient une fois.
J'aymerois mieux tenir ma voix
A tout jamais en moy renclose,
Que de derobber quelque chose :
Je suis aux coups trop mal appris,
Et ceux-cy seront tant epris
Qu'ils ne pourront estre qu'à peine
Desenvenimez de leur haine
Que par l'espée vengeresse.
O esperance tromperesse !
Pourquoy m'avois-tu jusque icy
Allaicté de ton laict ainsi,
Pour tout soudain t'evanouïr ?
Pourquoy me faisois-tu jouïr
De tes promesses si long-temps,
Pour me mettre après hors du sens
Et me faire au desespoir proye,
M'estranglant d'un cordon de soye ?
A a ! pauvre et deux fois pauvre prestre,
N'eusses-tu pas trouvé bon maistre,
Qui t'eust nourry, qui t'eust vestu,
Qui t'eust fait amy de vertu,
Sans le patelin contrefaire,
Et, en plaisant, à Dieu desplaire,
Pour tourner en fin en ma chance
Si pauvre et maigre recompense ?
Adieu les complots et finesses,
Adieu, adieu, larges promesses,
Adieu, adieu, gras benefices,
Adieu, douces mères nourrices,
En l'abbé je n'ay plus d'espoir.
Mais que tardé-je à l'aller voir ?
« Qui se fait compagnon de l'heur

« Se le face aussi du malheur. »
Mais quoy? comment? d'où vient cela?
Qu'y a il de nouveau? voyla
Nostre mal'heureux maistre Eugène
Qui sort avec sa sœur Helène.
Je pense que, si les hauts cieux
S'appaisoyent des larmes des yeux,
Qu'Hélène plus en jettera
Qu'il n'en faut, quand ell' le sçaura.
EUGÈNE.
Mon cœur s'est pris à tressaillir,
Je sens quasi ma voix faillir,
Ma face est jà toute blesmie ;
Helène, sœur et bonne amie,
Quand j'ay regardé contre val,
Voicy l'ambassadeur du mal,
Voicy mon chappelain qui vient :
A voir la face qu'il nous tient,
Le mal'heur jure contre nous.
HÉLÈNE.
Las, mon frère, que ferez-vous?
Mais las! que feray-je, ô flouette?
Que deviendray-je, moy pauvrette?
Resteray-je en ce monde icy?
Voyant mon frère en tel souci,
Mon esprit fuyra comme vent ;
Mais je vais courir au devant,
Je veux l'infortune sçavoir.
Messire Jean, je puis bien voir
Que quelque chose est survenue.
MESSIRE JEAN.
Les dieux ont promesse tenue :
Après l'heur on sent le malheur,
Après la joye la douleur,
Et la pluye après le beau temps.
O Dieu, retiens en moy mes sens,
Ou je cherray en pasmoison.
EUGÈNE.
Que la douleur est grand prison !
Je me sens presque aussi faillir.
MESSIRE JEAN.
Et vous souliez si bien saillir,
En vostre aise, contre les cieux,
Et disiez qu'estre soucieux
En rien ne convenoit en vous !

EUGÈNE.
O Jupiter, que sommes-nous !
Pouvons-nous rien de nous promettre ?
MESSIRE JEAN.
Et vous souliez sous le pied mettre
Toute inconstance et changement,
Vous vantant qu'eternellement
Non autre que vous vous seriez,
Et tous les ennuis chasseriez !
Mais il vaut mieux un repentir,
Bien qu'il soit tard, que d'amortir
La cognoissance que Dieu donne
Par le mal'heur de la personne.
EUGÈNE.
Mais encores laissons nos pleurs ;
Retenons un peu nos douleurs ;
Ne donnons point tant à la bouche
Que les oreilles on ne touche.
Qu'y a-il, dy ?
MESSIRE JEAN.
Tantost j'estois
Chez Alix, où je banquetois
Avec Guillaume, pour vous plaire,
Comme me commandiez de faire,
Quand à un instant est entré
Un soldat fort bien accoustré
D'equipage requis en guerre,
Qui vouloit mettre tout par terre,
Blasphemant tous les cieux, marry
D'ouïr nommer ce mot : mary.
HÉLÈNE.
Elle, qu'a-t-elle respondu ?
MESSIRE JEAN.
Toute tremblante, elle a rendu
Ces responses : Et bien, Arnault,
La plus saincte plus souvent fault,
Mais on appaise de Dieu l'ire
Quand du deffaut on se retire.
L'abbé, mon cousin, me voyant
En paillardise fourvoyant,
M'a mise avec cet homme cy,
Avec lequel je vis ainsi
Que doit faire femme de bien.
Pute (dit-il), je n'en croy rien ;
Il n'y a point de cousinage.

Il t'a mis en ce mariage
Pour seurement couvrir son vice ;
Mais nous donnerons tel supplice
A toy, à ton abbé Eugène,
Et à sa pute sœur Helène,
Qui se vange ainsi de mon maistre,
Que la memoire pourra estre
Jusqu'à la bouche des neveux.
Il faisoit dresser les cheveux
A moy et à Guillaume aussy.
                HÉLÈNE.
Et Guillaume, quoy ?
                MESSIRE JEAN.
            Tout transi,
Estonné de ce cas nouveau,
Ne sonnoit mot non plus qu'un veau ;
Et l'autre, branslant la main dextre,
Enragé, va querir son maistre.
Et puis votre Alix de crier,
Et Guillaume de supplier.
Alix detranche ses cheveux,
Et Guillaume fait de beaux vœux
A tous les saincts de paradis.
Je suis seur que les estourdis
Vous donneront après l'assaut.
                HÉLÈNE.
Las, mon frère, le cœur me faut !
                EUGÈNE.
Las, je ne puis rien dire aussi !
Pensons un peu à tout cecy.
                HÉLÈNE.
Mais quel penser ?
                MESSIRE JEAN.
            Il ne faut pas,
Mesme prochain de son trespas,
Abandonner du tout l'espoir.
                HÉLÈNE.
Mais quel espoir ?
                MESSIRE JEAN.
            On peut bien voir
Que vostre cœur n'est point viril.
                HÉLÈNE.
Quel cœur aurois-je ?
                MESSIRE JEAN.
            Quel ? faut-il

Tant obeir à la douleur,
Qu'on se laisse vaincre au malheur ?
Pensons peut estre que les Dieux
Nous conseilleront.

EUGÈNE.

Il vaut mieux,
Puis qu'ainsi le mal nous affole,
Qui blesse et l'ame et la parole,
Dedans la maison nous retraire
Pour mieux esplucher cest affaire.

SCÈNE III

ALIX, FLORIMOND, GUILLAUME, ARNAULT, PIERRE.

ALIX.

A l'aide !

FLORIMOND.

Je suis au secours.

GUILLAUME.

Tout beau, bellement je m'encours.
J'en arracherois bien autant.

FLORIMOND.

Je perisse, tu seras tant
Et tant et tant de moy battue.
Qui me tient que je ne te tue,
Pute ? m'as-tu fait tel outrage ?
Me fais-tu forcener de rage ?

ALIX.

Helas ! Monsieur, pour Dieu, merci !

FLORIMOND.

Tu n'es pas quitte pour ceci,
Tousjours se renouvellera
La playe, et en moy saignera ;
Mais laissons ici la vilaine.
Arnault, ceste maison est plaine
De mes biens, qu'il faut emporter.

ALIX.

Monsieur, voulez-vous tout oster ?

ARNAULT.

Il auroit mesme bonne envie
De t'oster ta meschante vie,

ACTE IV, SCÈNE I.

S'il y pouvoit avoir honneur.
FLORIMOND.
Sus, en haut !
ARNAULT.
Sus donc, Monseigneur !
FLORIMOND.
Laquais, trouve des crocheteurs.
PIERRE.
J'y vois, Monsieur, et, quant à eux,
Ils voleront bien tost ici ;
N'ont-ils pas des ailes aussi [1] ?
ALIX.
O que je suis au monde née
Pour estre au malheur destinée !
Que malheur auroit bien envie
Sur le grand malheur de ma vie !
A a, faulse maratre nature,
Pourquoi m'ouvrois-tu ta closture ?
Pourquoy un cercueil eternel
Ne fis-je au ventre maternel ?
Mais, las ! il faut que chacun pense
Que tousjours telle recompense
Suit chacun des forfaits, qui traine
Pour s'acquerre sa propre peine.
Sus donc, esprit, sois soucieux ;
Sus donc, sus donc, pleurez, mes yeux,
Ostez le pouvoir à la bouche
De dire le mal qui me touche.

ACTE QUATRIÈME

SCÈNE I

GUILLAUME.

S'il y a eu personne aucune
Plus envié de la fortune

---

1. Allusion à la forme des crochets qu'ils ont sur le dos, et qui les faisaient appeler par le peuple « anges de grève. »

Et du bonheur que je suis ores,
Je veux estre plus mal encores.
Helas, qui eust ceci pensé?
Je ne le croy pas; offensé
M'ont en cela ces gens de guerre,
Et pendant deçà delà j'erre
Que l'on bat ma pauvre innocente.
Suis-je tant sot que je ne sente
Quand je suis tousjours avec elle
Si elle m'est tant infidelle?
Mais quoi! elle a ja confessé
Que Dieu elle avoit offensé
Avec monsieur le gentilhomme;
C'estoit de grand peur, ainsi comme
Ceux-là que l'on gesne au palais,
Confessent des forfaits non faits.
Je ne sçay, je n'en sçay que dire,
Sinon que rendre mon mal pire,
D'autant plus que j'y penseray,
Par devant l'abbé passeray;
Qui sera peut estre à sa porte,
A celle fin qu'il me conforte,
Encore qu'il soit aujourd'huy
La cause de tout mon ennuy.

SCÈNE II

MATTHIEU, créancier; **EUGÈNE. GUILLAUME, HÉLÈNE, MESSIRE JEAN.**

MATTHIEU.

On m'a maintenant rapporté
Qu'on avoit à Guillaume osté
Tous les meubles de sa maison:
Depuis que l'on prend la toison
Il convient au mouton se prendre
Mais où est-il? Il lui faut rendre
Aujourd'huy ce que j'ay presté,
S'il ne vouloit estre arresté
Dedans l'enfer du Chastellet [1].

---

1. On y mettait les prisonniers pour dettes. Plus tard cette geôle, l'*enfer*, dut changer de nom; car Sauval n'en parle pas.

Est-il rien au monde si laid
Que de frauder ses crediteurs ?
Je suis troublé : ces transporteurs
Ore m'ont rendu estonné.
Auroit-il bien tout façonné,
Craignant une execution ?
Auroit-il fait vendition ?
Où le trouverai-je à ceste heure,
Puisqu'il n'est pas où il demeure ?
Chez son abbé, comme je croy.
J'y vois, j'y vois.

EUGÈNE.
Mais respons moy ;
Ont-ils dit qu'ils viendront chez nous
Incontinent ?

GUILLAUME.
Deffendez-vous :
Car je suis seur qu'ils le feront,
Et, s'ils peuvent, outrageront.

EUGÈNE.
Las ! que dirai-je ?

HÉLÈNE.
Et que ferai-je ?

MESSIRE JEAN.
Le malheur prend bientost son siége
Dedans ceux qui n'y pensent point.

GUILLAUME.
Ils me mettront en piteux poinct,
Si lors m'y rencontrent aussi.

EUGÈNE.
Les sergens sont-ils près d'ici ?

HÉLÈNE.
Quoy, sergens ? laissons ce moyen.

MATTHIEU.
A la bonne heure, je voys bien
Mon Guillaume devant la porte
De son abbé, qui le conforte,
Peut estre, des biens emportez.
Je m'approche.

GUILLAUME.
De tous costez
Le malheur est mon devancier :
Helas ! voici mon creancier.

HÉLÈNE.
Hé ! qu'il vient à heure opportune

Pour soulager vostre fortune !
MATTHIEU.
Et bien ! Guillaume, de l'argent !
HÉLÈNE.
Poursuivez-vous un indigent ?
Estes-vous forclus d'amitié ?
MATTHIEU.
La raison chasse la pitié,
Il faut payer.
HÉLÈNE.
Et s'il n'a rien
De quoy payer ?
MATTHIEU.
Il payra bien.
Le corps est de l'argent le pleige [1].
HÉLÈNE.
Mais s'il n'a rien ?
GUILLAUME.
Comme aussi n'ay-je.
HÉLÈNE.
Son cercueil est-ce la prison ?
EUGÈNE.
Bien, bien ; entrons en la maison.
On pourra faire quelque chose ;
Ou bien, si rien ne se compose,
Soyons tous en tout malheureux.
MATTHIEU.
Je ne suis pas tant rigoureux
Que je n'entre bien avec luy,
Pour l'attendre tout aujourd'huy.

SCÈNE III

FLORIMOND, ARNAULT.

FLORIMOND.

O ciel gouverneur, quel edict
Dresses-tu au pauvre interdit
De sa liesse coustumière !
Ou quelle ordonnance meurdrière,
Quelle bourrelle destinée,

---

1. C'est-à-dire la caution.

A ce jour pour moy ramenée !
Le haut soleil, qui pour couronne
Son chef de mille feux couronne,
M'apportoit-il jà cest edict,
Lorsque, laissant le jaune lict,
A, par la grand lice ordonnée,
Commencé sa seiche traînée.
Mais quoy ? la fureur me transporte,
Mes ennuis m'ouvrent une porte
Incogneuë à tous mes esprits,
Tant que je suis du dueil epris,
Je suis mort, je peri, c'est fait.
Ma vie, avec tout son effet,
Dependoit de ceste amour mienne.
Et faut-il ore que je vienne
Perdre ce qui me faisoit vivre ?
Puis après, si je veux poursuivre
Et vanger telle cruauté,
La justice est d'autre costé,
Qui jà, ce me semble, me chasse
Et mes biens et mon chef menasse.
Si j'assopi ceste vengeance,
Je viendray sentir telle outrance
Que despit me fera crever.

ARNAULT.

Ne vous vueillez ainsi grever.
Tous ces maux auront guarison.
Premier, quant est de la poison
Qui tellement vous a deceu,
Que, comme dites, n'avez sceu
En ce monde vivre sans elle,
La contrepoison infidelle,
A ceste poison hors poussée.
Quant à la justice offensée,
Qui contre vous se leveroit,
Quand le faux tour on vengeroit,
De cela n'ayez peur aucune.
Je me hasarde à la fortune.
Tout seul demain je m'en iray,
Et nostre abbé je meurdriray,
Si je fuy, ignorez le cas ;
Si je suis pris, dites que pas
N'estiez de ce faict consentant...
J'aime mieux seul mourir, que tant,
En vous voyant souffrir, souffrir.

FLORIMOND.
Vrayment, c'est bravement s'offrir.
ARNAULT.
Ainsi l'ire n'assopirez,
Et de despit ne creverez.
FLORIMOND.
Baste, baste, laissons ceci ;
Le mal tousjours croist du souci.
Face la justice du pire,
Il me faut degorger mon ire ;
Il faut que ce brave mastin
J'occie demain au matin,
Me faisant au mal qui me mine
Par son sang une medecine.

SCÈNE IV

EUGÈNE, MESSIRE JEAN.

EUGÈNE.
Est-il possible que ma bouche
Pour me complaindre se debouche ?
Est-il possible que ma langue
Tire du cœur une harangue,
Pour devant le ciel mettre en veuë
Le mal de l'ame despourveuë ?
Non, non, la douleur qui m'atteint
Toutes mes puissances esteint,
Et l'air ne veut point s'entonner,
De crainte de s'empoisonner
Du dueil en ma poitrine enclos.
MESSIRE JEAN.
O, vray Dieu, quels horribles mots !
EUGÈNE.
Pource qu'il semble que malheur
Ait remis toute la douleur
De chacun des autres sur moy,
Je porte de ma sœur l'esmoy,
Tant pour sa petite portée,
Que pource que desconfortée
Elle est à tort : car ce monsieur
La nomme cause du malheur ;
De Guillaume non seulement

ACTE IV, SCÈNE IV.

Il me faut porter le tourment,
Mais, à ce que je voy, sa debte,
Et combien qu'Alix soit subjete
A tromper ainsi ses amis,
Mon cœur n'est pas hors d'elle mis;
Je soustien encor ces travaux,
Et puis je porte tous mes maux,
Dont l'un est tel que le guarir
N'en sera que le seul mourir :
Je cognois trop bien Florimond.

MESSIRE JEAN.

Premierement estonné m'ont
Avec leurs mots, comme estocades,
Caps de dious, ou estaphilades,
Ou autres bravades de guerre;
Sont de ceux dont l'un vend sa terre,
L'autre un moulin à vent chevauche,
Et l'autre tous ses bois esbauche
Pour faire une lance guerrière ;
L'autre porte en sa gibbecière
Tous ses prez, de peur qu'au besoing
Son cheval n'ait faute de foin [1];
L'autre ses bleds en verd emporte,
Craignant la faim, ô quelle sorte!
Pour braver le reste de l'an.
Vous faschez-vous des mots de camps?
Il faudra pourtant esprouver
Tous les moyens pour paix trouver.

EUGÈNE.

Il le faudra, c'est chose seure,
Ou bien de la mort je m'asseure,
Je le sçay bien.

MESSIRE JEAN.
    Pourvoyez y.

EUGÈNE.
Mais laisse moy tout seul icy
Pour quelque peu, j'y resveray.
Retourne après.

MESSIRE JEAN.
    Je le feray.

---

1. Tout ce passage renouvelle une vieille plaisanterie du règne de François Ier, à l'époque du camp du Drap d'or, qui fut mise en farce par « le grand fatiste » maître Cruche, et que rappelle Martin du Bellay, quand il dit des seigneurs ruinés par le luxe de ces fêtes : « tellement que plusieurs y portèrent leurs moulins, leurs forêts et leurs prez sur leurs espaules. »

ACTE CINQUIÈME

SCÈNE I

MESSIRE JEAN, EUGÈNE

MESSIRE JEAN.
Desja trop icy je sejourne,
Vers monsieur ores je retourne,
Qu'à son dueil j'ay tantost laissé
A demy, ce semble, insensé
En si triste et malheureux soing.
Il ne le faut laisser de loing,
De peur que dueil se tourne en rage.
EUGÈNE.
O Fortune à double visage,
Prospère à ce que j'ai pensé !
MESSIRE JEAN.
Avez-vous en vous compassé
Moyen de ces maux amortir ?
EUGÈNE.
Fort bien, fort bien, si consentir
A son presque mourant Eugène
Ne refuse ma sœur Helène.
MESSIRE JEAN.
D'elle je m'asseure si fort
Que jusqu'à l'autel de sa mort
S'estend l'amitié fraternelle.
EUGÈNE.
Tout cest accord ne gist qu'en elle
S'ell' le fait, tant qu'elle vivra,
Savie à elle se devra,
Et si je luy de vray ma vie.
MESSIRE JEAN.
Desjà je brusle tout d'envie
De sçavoir ce que voulez dire.
EUGÈNE.
Il faut secrettement conduire
Ceste chose, à fin que l'honneur
Offensé n'offense mon heur ;

ACTE V, SCÈNE I.

Et, n'estoit que bien je m'asseure
Que ton oreille sera seure,
Je ne decelerois la chose
Que d'executer je propose.
MESSIRE JEAN.
Une chose à moy recitée,
C'est comme une pierre jettée
Au plus creux de la mer plus creuse.
EUGÈNE.
O ! que ma pensée est heureuse,
Si ma sœur esbranler je puis !
MESSIRE JEAN.
En cela son pleige je suis.
EUGÈNE.
C'est que, comme tu sçais assez
Deux ans se sont desjà passez,
Depuis que Florimond quitta
L'amour qui tant le tourmenta,
A l'objet de ma sœur Helène,
Et le quitta à si grand'peine
Qu'il eust voulu que sa santé
Eust en la seule mort esté,
Mais il avoit esté confus
D'un et d'un renfort de refus ;
Puis l'amour qui tant le pressa
A l'egarade se passa,
Las, comme en mon damp j'ai bien sceu,
Avec Alix, qui l'a deceu.
Mais ore, si on luy parloit
De ma sœur, dont tant il brusloit,
Je suis seur que non seulement
Enseveliroit ce tourment,
Mais qu'il rendroit toute sa vie
A mon commander asservie.
Parquoy je veux prier ma sœur,
Que, sans offense de l'honneur,
Elle le reçoyve en sa grace,
Et jouïssant elle le face.
Son honneur ne sera foulé,
Quand l'affaire sera celé
Entre quatre ou cinq seulement.
Et, quand son honneur mesmement
Pourroit recevoir quelque tache,
Ne faut-il pas qu'elle m'arrache
De ce naufrage auquel je suis,

Et qu'elle mesme ses ennuis
Elle tourne en double plaisir?
MESSIRE JEAN.
Sçauroit-elle mieux choisir?
O! que chacun eust ce bon heur
De faire tousjours son honneur
Un bouclier pour sauver sa vie
EUGÈNE.
Elle sera bien esbahie,
Quand de cela viendray prier.
MESSIRE JEAN.
Point, laissez la moy manier.
Mais quant au creancier, comment?
EUGÈNE.
Ce m'estoit tourment sur tourment;
Mais cestuy est bien plus facile.
Si n'ay-je pourtant croix ni pile.
MESSIRE JEAN.
Quoy donc? il ne faut delayer;
C'est cas raclé : il faut payer,
Ou que Guillaume entre en prison.
EUGÈNE.
Une cure en fera raison.
On trouvera bien acceptant.
MESSIRE JEAN.
Que trop, que trop; il en est tant,
Par cy, par là, dans ceste ville,
Qu'il faudroit mille fouëts et mille
Pour chasser les marchans du temple.
EUGÈNE.
Le marché de Romme est bien ample.
MESSIRE JEAN.
Mesmes il pourroit estre ainsi,
Que, si ce bon creancier cy
Avoit enfans, il la voudroit;
Mieux qu'une terre elle vaudroit,
Et ne luy cousteroit si cher.
EUGÈNE.
Or sus donc, il faut despecher
Le premier poinct; je vais devant.
MESSIRE JEAN.
Allez donc, je vous vay suivant.

SCÈNE II

**GUILLAUME, MATTHIEU, HÉLÈNE, EUGENE,
MESSIRE JEAN.**

GUILLAUME.

Encores que les maux soufferts
Et ceux qui sont encore offerts
Me soyent griefs, sire mon amy,
Si est ce que presque à demy
Je suis en ce lieu soulagé.
A a, que je suis bien allegé
D'estre sous la tutelle et garde
D'un homme tant sainct qui me garde.
Sire, vous ne pourriez pas croire
De quel amour il m'ayme, voire
Jusques à prendre tant d'esmoy
De venir mesme au soir chez moy
Pour veoir si je me porte bien ;
Il ne souffriroit pas en rien
Qu'on nous feist ou tort ou diffame ;
Il ayme si très tant ma femme,
Que plus en plus la prend sous soy.

MATTHIEU.

Sus donc, courage, esveille toy,
Mon bon amy, et ne te fasche,
Je te ferois quelque relasche,
S'il estoit en moy, volontiers ;
Mais j'ay affaire de deniers.

GUILLAUME.

Payer faut, ou tenir prison.

MATTHIEU.

C'est bien entendu la raison :
J'ayme ces gens qui, quand ils doivent,
Volontiers le quitte reçoivent.

HÉLÈNE.

Vos raisons ont tant de pouvoir
Sur ce mien debile sçavoir
Que respondre je ne sçaurois :
Et, quand encore je pourrois,
Que gaigne t'on de contester
Quand on s'y voit necessiter ?
L'amour, Frère, que je vous porte,

A ma bonté ferme la porte,
Voulant contregarder ce jour
Nos deux vies par fol amour ;
Et, quand mal'heur m'en adviendra,
Et que tout le monde entendra
Que par deux hommes, voire deux
Que chacun estime de ceux
Qui sont desja saincts en la terre,
Contre ma renommée j'erre,
On me tiendra pour excusée,
Comme ayant esté abusée,
Ainsi que femme y est subjette ;
Et puis l'on dira : La pauvrette
N'osoit pas son frère esconduire.

EUGÈNE.
Vostre honneur n'en sera point pire.
Cecy revelé ne sera.
Et au pis, quand on le sçaura,
Laissez le vulgaire estimer.
Est-ce deshonneur que d'aimer ?

HÉLÈNE.
Non, comme j'estime, en tel lieu,
Mesmement, ainsi m'aide Dieu,
Si Florimond ne m'eust laissée,
Et qu'il n'eust Alix pourchassée,
La course du temps eust gaigné
Sur ce mien courage indigné,
Et tout ce trouble eust esté hors.

MESSIRE JEAN.
Il vaut mieux maintenant qu'alors :
Car, après une longue attente,
Une amour en est plus contente :
Et peut estre il aura courage
De faire après le mariage :
Ce vous est un party heureux.

EUGÈNE.
Puis qu'il en est tant amoureux,
Quand nous serons amis ensemble,
J'en serai moyen, ce me semble.

HÉLÈNE.
Mais de quoy servent tant de coups
Pour gaigner ce qui est à vous ?
Faut il que gayement je die,
Je suis en mesme maladie :
Il n'y a rien qui plus me plaise,

ACTE V, SCÈNE II.

Ore je me sens à mon ayse.
EUGÈNE.
O amour! que tu m'as aydé!
Aveugle, tu m'as bien guidé;
D'aise extrême mon cœur tressaut.
MESSIRE JEAN.
Par bieu! j'en vois faire ce sault.
Que reste plus?
EUGÈNE.
Rien qu'à ceste heure
Te transporter en la demeure
De Florimond, et l'advertir
De cet amour se divertir;
Qu'il laisse envers nous toute haine,
Qu'il laisse Alix, et qu'on rameine
Chez elle ce qu'on luy a pris,
Et que, s'il a gaigné le pris
Sus une amante damoyselle[1],
Qu'au moins son aventure il cèle.
Après, chez Alix t'en iras,
Et la foiblette advertiras
Que sommes ensemble rejoints,
Sans luy declarer par quels poincts ;
Car, quand femme a l'oreille pleine,
Sa langue le retient à peine.
HÉLÈNE.
Voy, voy.
EUGÈNE.
Tu n'oubliras aussi
Qu'elle vienne souper icy.
J'y feray pourveoir à ceste heure
MESSIRE JEAN.
Je ferai bien courte demeure.
Je vous pry', notez la manière.
Mais ne voilà pas un bon frère?
O Dieu! qu'on se frottera bien!
Si est-ce que je me retien
Quelque lopin à ceste feste!
Il faudra que je mette en teste
A mon Abbé de me renger
A quelque osselet pour ronger.

1. C'est-à-dire de bonne maison, fille noble.

SCÈNE III

EUGÈNE, MATTHIEU, GUILLAUME.

EUGÈNE.
Si les prisonniers des enfers
Avoyent tous debrisé leurs fers ;
Si Sisyphe estoit deschargé,
Ou si Tantale avoit mangé
Ce qu'en vain poursuit son desir,
Ils n'auroyent point tant de plaisir
Qu'a maintenant Monsieur Eugène.
Ha! voilà, voilà, bonne Helène,
La fraternité se ressemble.
Si faut-il que j'assemble ensemble
Guillaume et son Anglois [1] Matthieu,
Pour les accorder en ce lieu.
Guillaume et vous, sire, venez ;
Vous estes vous point demenez
D'avoir esté tous seuls autant ?

MATTHIEU.
Nenny.

EUGÈNE.
Vous voulez du content,
Je l'entens bien.

MATTHIEU.
C'est la raison.

EUGÈNE.
Avez-vous en vostre maison
Grand nombre de fils ?

MATTHIEU.
Trois.

EUGÈNE.
Je prise
Ce nombre, qui est sainct : l'Eglise
En aura elle quelqu'un d'eux ?

MATTHIEU.
J'en ferai de l'Eglise deux,
Car je veux tendre aux benefices.

---

1. Ce mot, qu'on croirait bien plus récent avec le sens de créancier, n'était même pas nouveau du temps de Jodelle ; on le trouve un demi-siècle auparavant dans les poésies de Guill. Crétin.

ACTE V, SCÈNE III.

EUGÈNE.
Toutes choses me sont propices.
Or ça, si j'avois, d'aventure,
Quelque belle petite cure
Valant six vingts livres de rente !

MATTHIEU.
Dites le mot, mettez en vente,
Je mettray dessus mon denier.

GUILLAUME.
Comment, Monsieur, il est banquier
Il en fait tous les jours traffique.

EUGÈNE.
Il en entend mieux la pratique.
Que me voulez-vous donner or ?

MATTHIEU.
Deux beaux petits cent escus d'or,
Sur lesquels je me payeray.

EUGÈNE.
Allez les querir ; je feray
Tandis au soupper donner ordre.
Mon ami Guillaume, il faut mordre,
Et mon argent estoit failly.
Or ça, tu estois assailly
Ce jour de tous costez, sans moy.
Je t'ay mis hors de tout esmoy ;
Tes meubles rendus te seront,
Tes créditeurs se payeront,
Ta femme fera paix aussi
A Florimond.

GUILLAUME.
Hé ! grand mercy,
Monsieur, je suis du tout à vous.

EUGÈNE.
Il faut maintenant qu'entre nous
Tout mon penser je te decèle.
J'ayme ta femme, et avec elle
Je me couche le plus souvent,
Et je veux que d'oresnavant
J'y puisse sans soucy coucher.

GUILLAUME.
Je ne vous y veux empescher,
Monsieur ; je ne suis point jaloux,
Et principalement de vous.
Je meure si j'y nuy en rien.

EUGÈNE.
Va, va, tu es homme de bien.

SCÈNE IV

FLORIMOND, ARNAULT.

FLORIMOND.
O Dieux! quel astre en ma naissance
Me receut dessous sa puissance!
Mais astre le plus gracieux
Qu'il soit, ô Dieux! en tous vos cieux!
De quel lieu prendray-je la voix
Pour loüer mon heur ceste fois?
N'ay-je peur que mon cœur se noye
En l'abondance de ma joye?
Rien plus au monde ne me fault;
Mais las, voicy mon bon Arnault.
O Dieux! quelle chère il fera!
O Dieux! comment il vous loüera!
Arnault, ho Arnault!

ARNAULT.
        Qui est l'homme?

FLORIMOND.
Arnault, vien ça, vien voir la somme
De tous mes mal'heurs mise au bas.

ARNAULT.
Monsieur, je ne vous voyois pas.
Qu'y a-il de nouveau?

FLORIMOND.
        Tout bien.
Tu petilleras de l'heur mien
Quand tu le sçauras une fois.

ARNAULT.
Je petille jà.

FLORIMOND.
      De ma voix
Il ne pourroit estre exprimé.

ARNAULT.
Mais taschez v.

FLORIMOND.
      Je suis aymé.

ARNAULT.
De qui?

FLORIMOND.
D'Hélène ma maîtresse.
ARNAULT.
O Idalienne déesse !
Sainctement je t'adoreray.
FLORIMOND.
Avec elle je souperay;
Nous coucherons tous deux ensemble.
ARNAULT.
De crainte et de joye je tremble :
De joye, pour ce bonheur cy;
De crainte, qu'il ne soit ainsi.
FLORIMOND.
Si est : l'abbé m'a fait ce tour.
ARNAULT.
Jamais n'ait un seul mauvais jour.
Le discord s'est bien tost tourné
A l'amour, d'enhaut destiné.
FLORIMOND.
A a, que ne suis-je mort! disoye,
Hé! que n'ay-je servy de proye
A d'Anvilliers ou à Ivoy [1],
Comme deux serviteurs du Roy,
D'Estauge et son frère d'Angluse !
Plus en tels mots je ne m'abuse,
Ains sans fin vivre je voudrois
(O Amour!) dessous tes saincts droits.
Mais quoy? desja la nuict s'approche,
Le soupper se met hors de broche ;
Allons, ne faisons point attendre.

SCÈNE V

ALIX, MESSIRE JEAN, FLORIMOND, ARNAULT,
EUGÈNE, HÉLÈNE, GUILLAUME, MATTHIEU.

ALIX.
Tout ce que me faites entendre,
Messire Jean, est-il certain ?
MESSIRE JEAN.
Rien n'est plus seur.

1. C'étaient deux places du grand-duché de Luxembourg, prises pendant la campagne de cette année 1552.

ALIX.

O Dieu hautain!
Tu m'as bien tost mieux fortunée
Que je ne me disois mal née!
Mais puis que chose tant heureuse
Survient à moy peu vertueuse,
A jamais ma foy je tiendray,
A nul autre ne me rendray,
Sinon qu'à l'abbé vostre maistre.

MESSIRE JEAN.

Vous ferez bien, et, foy de prestre,
Vers vous quasi serf il se rend,
Son propre vouloir enferrant
Prisonnier pour le vostre suyvre;
Mais marchez d'un pied plus delivre.

FLORIMOND.

Voylà l'abbé et mon Helène
Devant la porte; mais à peine
Ay-je peu mon Helène voir
Sans m'absenter de mon pouvoir.
Saluons-les. Bonsoir, Monsieur.

ARNAULT.

Bonsoir à tous.

FLORIMOND.

Et vous mon heur.
Si fort je me sens embraser,
Que je voudrois que ce baiser
Me deust durer jusqu'à demain.

EUGÈNE.

Ça, ma sœur, baillez-moy la main,
Et vous, Monsieur, avecques elle,
Jurons une amour eternelle
A qui le temps ne fera rien.

FLORIMOND.

A a, Monsieur, je le veux trop bien.

HÉLÈNE.

Le voilà donc tout arresté.

EUGÈNE.

Je voy venir de ce costé
Nostre Alix.

GUILLAUME.

O! qu'elle est joyeuse!

HÉLÈNE.

Elle rit de sa paix heureuse
Avec messire Jean.

ACTE V, SCÈNE V.

EUGÈNE.
Voicy
Matthieu, qui vient de cestuy-cy.
HÉLÈNE.
Hastez les.
EUGÈNE.
Venez! ho venez!
Que laschement vous pourmenez!
ALIX.
Dieu vous doint le bon soir à tous.
MESSIRE JEAN.
Bon soir, Messieurs.
MATTHIEU.
Bon soir.
EUGÈNE.
A vous.
Voicy une gentille bande.
ALIX.
Monsieur, quelle faveur trop grande
Vous m'avez fait en ce pardon!
FLORIMOND.
Merciez monsieur de ce don,
Et luy voüez pour desormais
En fidelle amour à jamais.
GUILLAUME.
Monsieur, pour elle grand mercy;
M'amie, faites bien ainsi.
EUGÈNE.
Sus, entrons; on couvre la table;
Suyvons ce plaisir souhaitable
De n'estre jamais soucieux,
Tellement mesme que les dieux,
A l'envy de ce bien volage,
Doublent au ciel leur sainct breuvage.
Adieu, et applaudissez.

FIN DE LA COMÉDIE D'EUGÈNE.

NOTICE SUR REMY BELLEAU

Celui-ci, comme Jodelle, était encore de la Pléiade, mais dans une constellation tout opposée, avec un éclat différent. Sa vie fut aussi calme que celle de l'autre fut agitée ; et son talent, modelé sur cette existence tranquille, fut aussi délicat et discret que celui de Jodelle fut sans mesure et tapageur.

Belleau cependant, qui était gentilhomme et fut quelque temps soldat, semblait par là, bien plus que son ami, prédestiné au bruit. Il l'effleura, pour s'en retirer vite. Le prince qui, un instant, l'avait entraîné avec lui à la guerre, le remit tout le premier, et pour ne plus l'y contraindre, dans les études et la poésie, sa véritable voie. Ce prince, l'un des chefs de la maison de Lorraine, était le duc d'Elbeuf. Comment Belleau était-il entré dans son intimité ? L'on ne sait, mais il semble qu'il y eut sa place de bonne heure, et qu'il y passa presque toute sa vie. Après, en effet, qu'on l'a vu naître, en 1528, à Nogent-le-Rotrou, où il ne resta que bien peu, « le traînant ailleurs le destin, » comme lui-même l'a dit, on ne le retrouve plus que chez son duc.

Peut-être d'abord y fut-il page, pour après y tenir rang parmi les gentilshommes de la maison. Il n'était pas moins, quand M. d'Elbeuf, partant pour son expédition de Naples, voulut qu'il le suivît, ce que fit sans résister le calme et doux Belleau, à la grande surprise de Ronsard, dont il était déjà l'ami, et qui s'émerveilla fort de le voir troquer ainsi la poésie pour la guerre :

> J'eusse plutôt pensé les courses
> Des eaux remontant à leurs sources
> Que te veoir changer aux harnois,
> Aux piques et aux arquebuzes,
> Tant de beaux vers que tu avois
> Receus de la bouche des Muses !

Au retour, M. d'Elbeuf, à qui cette expérience avait suffi sans doute, ne le voulut plus que comme homme d'étude. Un fils lui était né. Il fit de Belleau son précepteur, et avec toute confiance, car « l'intégrité de sa vie, dit Guill. Colletet, était conforme à son érudition singulière. »

Il revint ainsi par devoir à ce qu'il avait tant aimé par plaisir : aux livres anciens, à la Bible, aux poëtes grecs et latins. Il les savoura de nouveau pour celui qu'il devait instruire, et pour lui-même. L'enfant eut le fruit, le maître garda les fleurs. C'est toujours ce qu'en poëte et en artiste, Belleau voulut de toutes choses.

Dans la Bible, qu'a-t-il vu, qu'a-t-il cueilli ? Sa fleur la plus poétique et la plus amoureuse : *le Cantique des Cantiques*, qu'il traduisit en vers. Parmi les poëtes grecs, qui choisit-il ? Les plus doux et les plus parfumés : Anacréon, que buveur il ne pouvait comprendre, comme le lui reprochait Ronsard, mais que poëte il ressaisissait dans toute sa grâce ; puis Hésiode qui, à la senteur de ses poëmes, l'entraîna vers l'adoration de la nature, que personne en son temps, et jusqu'au nôtre, n'a mieux sentie ni mieux chantée. Là encore, ce qu'il y a chez Belleau de soins exquis, et d'art délicat pour choisir, se fait voir sans cesse. Dans les saisons, à laquelle s'adresse-t-il ? à la printanière ; et parmi les mois ? au plus doux, celui des promesses, celui des premières fleurs :

> Avril, l'honneur des bois
>   Et des mois ;
> Avril, la douce espérance
> Des fruits, qui sous le coton
>   Du bouton
> Nourrissent leur jeune enfance ;
> Avril, la grâce et le ris
>   De Cypris,
> Le flair et la douce haleine ;
> Avril, le parfum des dieux,
>   Qui des cieux
> Sentent l'odeur de la plaine.

C'est Hésiode, avec toute la grâce de Théocrite.

Ailleurs, comme le remarquait G. Colletet, c'est Orphée lui-même, le divin Orphée, qui faisait mouvoir tout ce qui entendait ses chansons. En l'écoutant, les rochers marchaient ; Belleau ne fait pas un moindre prodige. Sous sa main, en son livre si curieux, *les Amours et nouvel eschange des pierres précieuses*, perles et diamants, qu'il a choisis pour les chanter parce que ce sont aussi des fleurs, s'animent et vivent.

Il enchâsse étincelant le diamant dans une ode ; par la magie de ses stances, il métamorphose en princesses l'agate et le saphir ; il brode en couleur sur la plus merveilleuse tapisserie, l'histoire d'Améthyste changée en pierre par Bacchus ; et il façonne en coupe le transparent cristal :

> Crystal poli dessus le tour,
> Arrondi de la main d'Amour,
> Animé de sa douce haleine ;
> Crystal, où la coupe des dieux
> Du nectar pressuré des cieux
> Va tromper sa soif et sa peine.

La nature et l'amour, voilà sa muse et son Dieu, n'ayant

pour l'une et pour l'autre qu'offrandes exquises : délicatesse et discrétion.

Le succès de ses poésies amoureuses fut le seul bruit que firent ses passions. Si même Ronsard ne l'avait pas nommée, on ignorerait que la maîtresse de Belleau s'appelait Madelaine !

Le Théâtre n'eût pas été son fait. Il ne s'y mit une seule fois, avec sa comédie, *la Reconnue*, que par entraînement, et parce qu'ayant joué dans *l'Eugène* de Jodelle, il lui semblait curieux d'être ensuite son propre acteur. En eut-il le plaisir? Beaucoup ne le pensent pas. La pièce une fois faite, il semble l'avoir oubliée. Elle ne parut qu'après sa mort, par les soins d'un ami qui la retrouva dans ses papiers. La lecture en fut applaudie : « Elle a, dit Colletet, des naïvetez dont son siècle fit beaucoup d'estat. » Elle dut même être jouée alors. Vauquelin de la Fresnaye dit, en effet, dans son *Art poétique* :

> ..... Et cette *Reconnüe*
> Qui des mains de Belleau naguères est venue,
> Et mille autres beaux vers, dont le maître farceur
> Chateauvieux [1] a monstré quelque fois la douceur.

Le rire n'était pas de son esprit ; aussi la *Reconnue* ne se distingue guère par ce qui est l'essence même de la comédie. Belleau s'y retrouve ce qu'il fut partout : rimeur élégant et plein de charme. Il se sauve par l'élégie du comique qu'il ne peut avoir. Il ne l'eut un peu qu'une fois, dans une œuvre bien inattendue, dans une *Macaronée* à la façon de celle d'Arena et de Coccaie, la *Dictamen mirificum de Bello Hugonico*. Cette satire politique, en latin burlesque, où l'inoffensif et discret poëte se faussa de toute manière compagnie à lui-même, a été fort vantée par Colletet et G. Naudé; nous les croirons sans y regarder. Pour nous, Belleau ne peut être là. Il faut, pour bien l'avoir, le chercher dans son *Anacréon*, dans ses *Bergeries*, et surtout dans ses *Pierres précieuses*.

Ronsard, Baïf, Desportes, Jamyn, ses amis, ne le trouvaient pas ailleurs. Aussi, quand il fut mort, le 6 mars 1577, et qu'ils l'eurent porté eux-mêmes, de l'hôtel d'Elbeuf, aux Grands-Augustins, Ronsard ne voulut-il rappeler que ce dernier poëme, le plus beau de tous, dans l'épitaphe qu'il lui fit :

> Ne taillez, mains industrieuses,
> De pierres pour couvrir Belleau,
> Lui-même a bâti son tombeau
> Dedans ses *Pierres précieuses*.

[1]. C'est le nom de guerre d'un comédien italien, Cosme de la Gamba, qui fut valet du roi, et « récita, selon Du Verdier, plusieurs tragédies et comédies » devant Charles IX et Henri III. La *Reconnue* fut sans doute du nombre. Bien avant Shakespeare, il avait fait, d'après la Nouvelle italienne, une tragédie de *Roméo et Juliette*, qui ne fut pas imprimée. (Du Verdier, *Biblioth. françoise*, édit. Rigolley de Juvigny, t. I, p. 449.)

LA RECONNUE.

LE CAPITAINE RODOMONT
J'ay fait trembler, j'ay fait frémir

LA RECONNUE

COMÉDIE PAR RÉMY BELLEAU

1564

ARGUMENT DE LA RECONNUE

Au sac de Poictiers [1], un capitaine fait butin d'une jeune damoiselle de bonne grace et de bon lieu, et qui peu de temps auparavant avoit esté professe en une abbaye de filles; toutesfois, se sentant de la nouvelle religion, avoit changé d'habit, prenant l'accoustrement de bourgeoise. Ce capitaine, fort amoureux d'elle, appelé au service du Roy pour le recouvrement du Havre [2], la laissa en la ville de Paris, en la maison d'un sien cousin, advocat en la court, desjà vieil et ancien et sans enfans. Pendant l'absence de ce capitaine, cest advocat en devint amoureux, sa femme desesperement jalouse, et un autre jeune advocat à marier amoureux aussi. Or ce vieillard, pour haster son entreprise et manier son fait plus couvertement, feint avoir entendu pour vray la mort de ce capitaine à la prise du Havre, et resout avec sa femme que le meilleur estoit et le plus expedient de marier cette fille à son clerc, qu'il avoit desjà pratiqué sous promesse de quelque petit office. Ce jeune advocat, surpris de mille passions nouvelles, l'empesche tant qu'il peut; la fille, hors d'esperance de ce qu'elle attendoit du capitaine, qu'on avoit fait mort, et de pouvoir jamais pretendre à l'alliance du jeune advocat estant encore en tutelle, et elle reputée comme estrangère, delibère d'accepter le mariage de ce clerc, et est maintenant que l'on doit faire les fiançailles. Toutesfois, estans prests à se mettre à table, ce capitaine, qu'on avoit fait mort, arrive et trouble tout. A l'instant mesme un gentilhomme de Poictou, père de ceste damoiselle, adverty par un sien sollicieur que son procès estoit sur le bureau, vient à la maison de cet advocat pour entendre de ses affaires, trouve qu'il avoit gagné son procès; devisant ensemble, jette l'œil sur ceste fille, et la reconnoist sienne; s'enquiert de ce jeune advocat qui luy faisoit l'amour, luy promet en mariage un office de conseiller ou cinq cens livres de rente, et bulles expédiées pour la dispense; promet à ce capitaine une sienne niepce et une place d'homme d'armes; donne à son advocat les despens du procès, à l'advocate cent escus pour ses espingles; le clerc jouist de son benefice, et tous demeurent contens. Ainsi s'accorde inesperement le mariage entre ceste jeune damoiselle et ce jeune advocat.

---

1. Il s'agit de l'un des plus horribles événements de la guerre de religion de 1562, lorsque la ville de Poitiers, prise et reprise par les huguenots et les catholiques, fut mise impitoyablement à sac par ceux-ci, à qui elle était restée.
2. Les huguenots avaient livré le Havre aux Anglais, et il fallut pour le reprendre, en 1563, tout l'effort de l'armée royale.

4.

PERSONNAGES

MONSIEUR L'ADVOCAT.
MADAME L'ADVOCAT, sa femme.
MAISTRE JEHAN, le clerc.
JANNE, la chambrière.
LA VOISINE.
L'AMOUREUX, son fils.
POTIRON, son laquais.
ANTOINETTE, l'amoureuse.
LE CAPITAINE RODOMONT.
BERNARD, son valet.
LE GENTILHOMME DE POICTOU.

ACTE PREMIER

SCÈNE I

JANNE, CHAMBRIÈRE; M. JEHAN, LE CLERC.

JANNE.

Ha! que malheureuse est qui sert
Maintenant, et servant qui pert
Son bien, sa peine et sa jeunesse!
Et quoy? servir une maistresse
De Paris, j'aimerois autant
Mourir cent fois. Si je fay tant
Que sortir hors de la maison,
Voilà Madame en venaison,
En bon poinct, grasse et bien refaite,
Jalouse, fascheuse et sugette
A son avertin qui soudain
Se met en son aigre levain
Pour crier après moy trois heures.
« Ha! que les rentes sont mal seures
« Du service de ces messieurs. »
Sus, mon Dieu, quelquefois je meurs,
Quelquefois je meurs quand j'y pense.
Si Monsieur n'a traitté sa panse

Des presens d'un pauvre plaideur,
Tout le jour il sera resveur,
Morne, triste, melancolique ;
Toute la nuict ou sa colique
Ou sa migraine le tourmente ;
Et Madame, qui perd l'attente
Du bien que donnent les maris,
Soupire de son amarris,
Et crie que personne n'entre ;
Qu'elle a des tranchaisons au ventre,
Comme s'ell' vouloit accoucher.
Monsieur ne fait rien que cracher,
Tousser, emutir, et m'appelle :
Janne, debout, de la chandelle,
Hastez-vous et prenez un peu
De ce fagot, faites du feu,
Mettez ces deux tizons ensemble.
La pauvre Janne est là qui tremble
Devant deux charbons qu'elle attise,
Toute la nuict en sa chemise,
Pendant que Monsieur se pourmeine,
Pendant que Monsieur prend haleine,
Pendant que ce gentil monsieur
Veut appaiser son mal de cœur.

MAISTRE JEHAN.

Il y a trois heures entières
Que j'escoute ici les colères
De Janne, à toute heure qui bruit...
Elle a eu quelque male nuit
Pour la colique de Monsieur.
Nous pourrions bien disner par cœur
Oubien tard ; puis qu'elle est en quinte,
Elle beura tantost sa pinte
Afin d'avaller ce courroux,
Mais il faut parler bas et doux
Pour ouyr comme elle caquette ;
Janne parle tousjours seulette,
Redit tout et ne celle rien ;
Vrayment, elle en contera bien ;
Janne est maintenant en ses gogues.

JANNE.

Maistre et maistresse sont si rogues
Et si fiers, qu'ils ne feroient pas
Pour me secourir un seul pas.
L'un me dit : Janne, frotte-moy.

L'autre me dit : Approche-toy
Et me hausse ce traversin ;
Janne, apporte-moy ce bassin.
Mon orge mondé ¹ est-il fait ?
Que l'on mette au frais mon juillet ² ;
Mon lait d'amandes, qu'on le passe.
Et voylà comme je trespasse
Cent mille fois toutes les nuits.

MAISTRE JEHAN.

Janne raconte les ennuis
Qu'elle a soufferts ceste nuitée
De Madame, aussi mal traitée,
Au moins de son mari grison,
Que parente de sa maison
Et femme qui soit en sa race.

JANNE.

Cela fait, je vais, je tracasse
Çà et là ; puis me faut aller
Au marché ; au retour filer,
Balier, faire la lexive,
Et ne trouve ny fons ny rive,
Ny le moyen de m'en tirer.
Encor me faut-il endurer
Mille vergongnes sur le front,
Que tous deux ensemble me font.
Puis, ay-je bien fait tout cela,
Il me faut suivre çà et là
Madame, et frotter haut et bas,
Me rompre mains, jambes et bras
A tourmenter une escabelle,
Un banc, une table, une escuelle,
A celle fin que son airain,
Son cuivre, son fer, son estain,
Reluise jusqu'au lamperon
Et jusqu'au cul du chauderon.

MAISTRE JEHAN.

Janne me donne des atteintes,
Je n'ose faire mes complaintes,
J'en sais trop plus que je ne veux ;
Elle en dit assez pour nous deux.

JANNE.

Ha Dieu ! que ne me fis-tu naistre

1. Tisane de petit-maître, dont Molière nous a parlé dans l'*Avare*, et qu'à cette époque A. Paré recommandait déjà.
2. Pour *julep*.

Serve de quelque homme champestre
Ou de quelque bon laboureur,
Sans m'asservir à ce monsieur ?
MAISTRE JEHAN.
Janne dit vray : l'affection
Luy fait plaindre la passion
Qui la tourmente, et, sur mon âme,
S'il me falloit ourdir sa trame,
J'aimerois mieux avec la peine
Ne manger que du son d'aveine,
Gardant les boucs et les brebis,
Et ne manger que du pain bis,
Que d'endurer dedans ces villes
Choses indignes et serviles,
Et plus qu'on ne sçauroit penser ;
C'est toujours à recommencer.
JANNE.
Mais, mon Dieu, je voy ma maistresse
Qui revient déjà de la messe ;
Mon pot n'est pas encore au feu.
Je m'en vay souffler peu à peu
Ces trois charbons que j'ay par conte.
MAISTRE JEHAN.
Janne, si sa quinte luy monte,
Vous aurez tantost un assaut.
Si me fache-t-il bien qu'il faut
Si tost au palais retourner
Trouver Monsieur. Sans desjeuner
Je ne puis plus long-temps attendre,
L'appetit commence à me prendre.

SCÈNE II

MADAME L'ADVOCATE, JANNE.

MADAME.
Janne !
JANNE.
Madame !
MADAME.
Qu'avons-nous
A disner ?

JANNE.
Du lard et des chous,
Une andouille et un hochepot,
Et le reste de ce gigot
Pour faire un hachis.
MADAME.
C'est assez.
Janne!
JANNE.
Madame!
MADAME.
Ramassez
Ceste cendre au feu qui se pert.
Le pot est tousjours descouvert
S'il boust, et couvert s'il escume ;
Mais je sçay, c'est vostre coustume,
Jamais ne feistes autrement.
Repliez cet accoustrement,
Et reportez mon chaperon
Pour represser[1]. Quoy! ce chaudron
Est-il bien là ? et ceste escuelle,
Ceste chaire, ceste escabelle ?
Que tu es paresseuse ! b'rique !
J'ay une espingle qui me pique
Justement sur le droit costé.
Mon attiffet va de costé.
Hé mon Dieu ! que je suis mal faite !
Ma verdugale s'est defaite
Pendant que j'estois à l'église,
Et si j'ay dessous ma chemise,
Dedans le dos, je ne sçay quoy.
Je te pry, Janne, accoustre-moy,
Et me dy si nostre Antoinette
Couve point quelque amour secrette.
T'en a-t-elle jamais parlé ?
JANNE.
Je ne l'eusse pas tant celé ;
Vous me cognoissez bien, Madame.
Et puis, je ne suis qu'une femme,
Vaisseau percé de tous costez ;
Mais de vous-mesmes eventez
Si avez quelque sentiment,
Si nostre homme secrettement

---

1. Mettre sous presse.

Luy fait l'amour, et, sur ma foy,
J'en ay conneu je ne sçay quoy.
MADAME.
Je n'en suis que trop asseurée,
Et qui me rend desesperée,
C'est cela; mais je voudrois bien
Trouver quelque gentil moyen
Pour m'en tirer.
JANNE.
   N'y pensez point
MADAME.
Je ne puis, car cela me point
De si près que je ne fais pas
Ouvrage, repos ny repas,
Cent fois le jour que je n'y songe.
JANNE.
C'est le vif-argent qui vous ronge,
Et qui me fait toujours tancer;
Et sans autrement y penser,
Sus mon Dieu, je m'en suis doutée.
MADAME.
Ha! vieille carcasse édentée!
Je vous y prendray, vieil resveur!
JANNE.
Vrayment, c'est un beau laboureur
Pour trainer là ceste charrue.
MADAME.
Il n'y a femme en ceste rue
Plus malheureuse que je suis.
Ha! si j'estois... mais je ne puis...
Je vous les ferois bien porter,
Puis que vous me voulez traiter
En ceste sorte.
JANNE.
   Mais la fille
Vous aime, puis elle est gentille;
D'elle je n'auray jamais peur.
MADAME.
Toutefois, je tiens pour le seur,
Et des yeux me l'a fait entendre,
Que, s'elle vouloit entreprendre,
Elle s'y porteroit si bien
Que jamais on n'en sçauroit rien.
Car j'apperceu bien l'autre jour
Que, pour dissimuler l'amour,

Elle seroit assez finette.
JANNE.
Elle est mignarde, elle est saffrette [1],
Fort bien apprise, et, sur mon Dieu,
Elle doit estre de bon lieu
Et noble, ou je suis abusée.
MADAME.
S'elle estoit un peu plus rusée,
Il n'y a fille dans Paris
Qui trouvast plustost cent maris
Qu'elle, s'elle en avoit besoin.
JANNE.
Elle est modeste, elle prend soin
De son fait; bonne mesnagère.
MADAME.
Je m'en vay trouver ma commère
Afin de descharger mon cœur;
Je n'en puis plus; et, si Monsieur
Revient du palais, qu'on m'appelle.
Mais, Janne, soyez-moy fidelle,
Car je veux matter ce vilain :
Je le feray mourir de faim,
De soif et de mauvaise chère.
JANNE.
Madame est bien en sa colère;
Je l'ay myse en son ver coquin.
Mais je ne fais rien ce matin
Autre chose que babiller.
Si me faut-il tost habiller
A disner pour nostre monsieur :
Par ma foy, il n'est plus resveur
Depuis qu'il devient amoureux;
Il est gentil, doux, gracieux,
Et n'y a parfum qu'il ne porte.
MADAME.
Antoinette, avant que l'on sorte,
Descendez et dressez la table.

1. Ce mot, que nous trouvons dans Rabelais, se disait d'une jeune fille enjouée, folâtre.

SCÈNE III

ANTOINETTE, JANNE.

ANTOINETTE.

Ne suis-je pas bien miserable?
Ne suis-je pas infortunée?
Je pense que je ne suis née
Que pour endurer du malheur!
Si j'ay tant soit peu de bon-heur
Qui me fasse esperer en mieux,
Seulement en tournant les yeux,
Il me laisse et soudain s'enfuit :
C'est un desastre qui me suit
Et qui jamais ne m'abandonne.
Si j'ay fortune qui me donne
Quelque moyen de m'avancer,
Je ne sçay quoy, sans y penser,
Se vient jetter à la traverse,
Qui broüille, tracasse et renverse,
Me tire et arrache des mains
Le succès de tous mes desseins.

JANNE.

Ceste fille est bien mal-traitée.
Mon Dieu! quelle langue affetée!
Comme elle parle! Elle dit d'or.
J'en voudrois bien sçavoir encor,
N'estoit qu'il me fault apprester
Nostre disner, et le haster.
Je m'en vay trouver ma cuisine,
Mais j'ay peur que ceste cousine
Ceans n'attraine avecque soy,
Sans y penser, je ne sçay quoy.
Mon cœur en fait mauvais presage ;
Je crains fort que ce cousinage
Ne vienne d'un autre costé.
Ce beau capitaine eventé,
Cousin germain de nostre maistre,
La laissa en passant pour estre
Avec Madame, pour sçavoir
Et le service et le devoir
Que font les filles de maison.

ANTOINETTE.

J'en auray tousjours ma raison ;
Il m'aime, et sçay qu'il est de race
De gens de bien ; puis une place
Ne luy peut manquer chez le roy.
Aussi il m'a promis sa foy
Qu'il me prendroit en mariage.
Je l'ay trouvé homme si sage,
Si très bon et si tres honneste,
Qu'ayant puissance sur ma teste,
Jamais, et non plus que sa sœur,
Ne me pressa de mon honneur.
Vray est que bien fort volontiers
A la surprise de Poitiers [1],
Je me rendy sa prisonnière,
Reconnoissant à sa manière
Qu'il estoit quelque homme de bien.
Si ne sçait-il encores rien
Du tout que j'aye esté nourrie
Nonnain dans une moinerie
Par l'espace de sept bons ans.
Mais je perds icy bien mon tems
A discourir de ma fortune.
Ce n'est pas ce qui m'importune
Pour le present ; c'est le souci
Que j'ay de me tirer d'ici
Et de savoir toutes nouvelles.
Mon Dieu ! s'elles estoyent cruelles,
Et que l'on me dist qu'il est mort
Au Havre en assaillant le fort [2],
Que ferois-tu, pauvre Antoinette ?
Tu demourrois serve et sugette,
Veufve d'amis et de secours !
En ce monde je n'ay recours
De frère, de sœur ny de mère.
De me retirer chez mon père,
Ayant delaissé le convent,
Et puis changé d'accoustrement,
Je serois fort bien arrivée !
Il n'est pas dela reformée [3],
Il me renvoiroit bien chez moy.

1. V. la note de l'*Argument*.
2. La tour de François 1er, qu'on a dernièrement démolie, et qu'il fallut alors enlever d'assaut pour reprendre le Havre.
3. De la religion protestante.

De demeurer ici, et quoy ?
D'un costé, je suis tourmentée,
Et de l'autre solicitée.
Mon Dieu ! tout me vient à rebours,
Aide-moy, tu es mon secours,
Mon fort, mon tout, mon esperance.
Mais las ! mon Dieu ! l'heure s'avance,
Et moy je ne m'avance pas.
J'enten Madame d'icy bas.

SCÈNE IV

MADAME L'ADVOCATE, LA VOISINE.

MADAME.

Adieu, voisine.

LA VOISINE.

Adieu, mon cueur.

MADAME.

Je sens venir nostre Monsieur.

LA VOISINE.

Il porte le gand parfumé,
Maintenant qu'il est allumé
D'un feu qu'il ne sçauroit esteindre.

MADAME.

Qu'il a de peine à se contraindre
Pour se faire de belle taille !
Adieu, il faut que je m'en aille :
Ce sera pour une autre fois.

LA VOISINE.

S'ell' ne fait rendre les abbois
A Monsieur, je veux qu'on me tonde !
Il n'y a femme en tout le monde
Qui se fasche plus aigrement.
Ell' le rendra doux comme un gand
Et souple comme un marroquin.
S'ell' ne luy met le brodequin
De travers, je veux qu'on me pende !
La voisine est assez friande
Pour luy dresser un bon appas,
Et si ne s'en doutera pas.
Encor, decouvrant l'entreprise,
Elle est secrette et bien apprise
Pour fort bien deguiser un fait ;

Et si le galland contrefait
L'amoureux, ha ! qu'elle est rusée
Pour devider une fuzée ¹
Et tirer dedans et dehors
Le filet d'un fuzeau retors ?
　　Aussi ce n'est pas la façon
Qu'un vieillard face le garçon,
Abusant la jeunesse tendre
D'une femme qui peut apprendre
A faire tout ainsi que luy.
Encore, en la maison d'autruy,
Il y auroit quelque apparence ;
Mais de le faire en la presence
De sa femme, et en sa maison,
Il n'y a rime ni raison ;
Puis, l'endurer, j'aymerois mieux
Cent fois qu'on me crevast les yeux
Et qu'on me brulast toute vive.
　　J'atten que nostre fils arrive.
Il fait l'amour, je le sçay bien ;
Mais je croy que nous n'avons rien
Pour disner, je n'y pensois pas ;
Aussi ne luy faut-il grand cas :
Il se paist de chose legère.
Que Dieu pardoint à feu son père !
Il avoit ce bon naturel ;
Celuy de maistre Jehan n'est tel,
Que je voy venir droit à nous,
Il ne peut plier les genous,
Tant il est affoibli de faim.
A le voir il a mieux besoin
De disner cent fois que de rire.
Maistre Jehan triomphe de dire,
Mais c'est quand il a les piez chauds.
Ou qu'il a quelques vieux defaux
A taxer contre sa partie.
Maistre Jehan dresse une sortie.

SCÈNE V

MAISTRE JEHAN.

Sur mon Dieu, je ne viens jamais

---

1 La filasse mise autour du fuseau.

Tost ou tard de nostre palais,
Que je n'apporte la famine !
Je croy que c'est là qu'elle affine
A tous les ongles et les dens.
Ouy, sur mon Dieu, c'est là dedans
Que l'on s'affame et qu'on pratique
A faire passer la colique,
Et bientôt par l'ame d'un sac ;
Si vous avez dans l'estomac
Quelque chose mal digerée,
Eventez la mine alterée
De quelque maigre chicaneur :
Il n'y a si grand mal de cœur
Ny de ventre qui ne se passe.
Ses yeux haves, ses mains, sa face,
Son ventre et son foye d'aimant
Cuisent l'or et le diamant ;
Ses paroles sont des sansues,
Ses doigts de glus, ses mains crochues ;
Ce qu'il parle et ce qu'il soupire
N'est rien qu'un esprit qui attire,
Et qui, par son attraction,
Fait suivre la digestion.
  Ce sont caresses attrayantes,
Ce ne sont qu'espines mordantes
Qui font laisser le poil à tous.
Il y a de l'aigre et du doux,
Il y a du mol et du dur
Dedans le sac d'un chiquaneur.
Il est l'amorce et l'hameçon,
Et vous, vous estes son poisson :
C'est l'ambre, vous estes la paille [1] ;
C'est l'aimant, et vous la limaille
De fer ; ses mains sont des gluaux,
Et vous, vous estes ses oiseaux ;
Nostre palais est la pentière [2],
La glus, le rapeau, la filière,
Le ré saillant, le feu, la vois,
Où toute la France une fois
Tous les ans se prend au filet.
  C'est là, c'est là que le caquet

---

1. On sait que l'ambre frotté attire la paille, et que l'*électricité*, dont c'est un des principes rudimentaires, tire de là son nom, *electrum* voulant dire *ambre* en latin.

2. Ce mot, que nous retrouvons dans Regnier, veut dire *filet*.

Se vend aussi cher comme crème ;
Jamais le fourment ne s'y sème,
Ny l'herbe, et en toutes saisons
On y fauche et fait-on moissons.
C'est là que naissent les minières
D'or, d'argent de toutes manières,
Et toutes sortes de metaux ;
C'est là que coulent les ruisseaux
Qui traînent l'areine dorée ;
C'est là qu'on prend à la pipée,
En faisant consultation,
Une bonne succession.
Les piliers, les bancs et les portes,
Bref, tout y mord ; là les peaux mortes
Font mourir les hommes vivans ;
C'est là qu'on ronge à belles dens,
Ou de Poitou ou de Solongne,
Tousjours quelque vieille charongne.
Aussi nostre palais n'est beau
Que pour escorcher une peau
Et regratter un parchemin.
   Si je traine mon escarpin
Le long de ce pavé glissant,
Je revien soudain pallissant
De faim, de soif et de colère.
C'est ce barreau qui nous altère
Et qui nous essime [1] le flanc.
Si je frotte contre le banc
De quelque procureur nouveau
Le petit bord de mon manteau,
Me voilà mis en appetit ;
Ou si je demeure un petit
Debout en la chambre dorée,
Me voilà remis en curée
Pour courir après un grand cerf.
Sans plus me desplait d'estre serf
A ce monsieur qui m'importune
Jour et nuit changer de fortune,
Et parle de me marier ;
Encore me dist-il hier,
Si j'accepte ce mariage,
Qu'il me fera grand avantage,

---

1. Mot de fauconnerie, qui signifie *amaigrir*. Montaigne s'en est souvent servi.

Qu'il me donra ou une office
De sergent, ou le benefice
Qu'il tient de long-temps en mon nom,
L'ayant, qu'en feray-je, sinon
De bon argent pour me meubler?
Ha! si je pouvois assembler
Cinq ou six cens escus ensemble,
Je serois riche, ce me semble;
Mais cependant je dysneray,
Et, en disnant, j'y penseray.
Je suis las : il y a trois nuits
Que, sans me reposer, je suis
A faire l'extrait d'un procès,
En droit et matière d'excès,
D'un gentilhomme de Poitou.
S'il vient, j'en aurai fer ou clou,
Quand il seroit ferré à glace.
Mais ce pendant le temps se passe :
Je m'en vay prendre mon repas.

ACTE DEUXIÈME

SCÈNE I

L'AMOUREUX.

Ha! que celuy est malheureux,
Aujourd'huy, qui vit amoureux!
Amour porte toujours en croupe
Quelque malheur qui donne en poupe
Pour elancer nostre vaisseau
Contre un rocher ou dessous l'eau :
Amour porte tousjours en queuë
Quelque maladie inconnuë.
C'est un mal qu'on ne peut guarir,
Un mal qu'on ne peut secourir.
En temps qui soit, le mal d'aimer
Est un mal qu'on ne peut charmer,
Un esprit qu'on ne peut contraindre,
Un malheur qu'on ne sçauroit peindre,

Un froid qu'on ne peut eschauffer,
Un feu qu'on ne peut estouffer.
C'est un tourment, c'est un erreur,
Un doux mal, un plaisant malheur,
A qui jus, drogue ny racine
Ne sçauroit faire medecine.
Amour est fertile de miel,
Amour est fertile de fiel;
Il jette le miel en la bouche,
Le fiel jusques au cœur nous touche;
Il porte le doux et l'amer.
Amour est semblable à la mer,
Qui, douce et calme, nous invite,
Puis, nous tenant, toute depite,
Vomist et crache dessus nous
Sa rage et son aigre courroux.
Puis, outre les maux de l'amour,
J'ay un tuteur qui nuict et jour
Ne parle que de me pousser
A ce barreau, de m'avancer;
D'autre costé, j'ai une mère
Qui tousjours me dit : Feu ton père
Faisoit cecy, faisoit cela,
Alloit deçà, alloit delà,
Pour avoir pratique au Palais.
Ha! que Dieu luy pardoint! jamais
Ne revint en quelque saison,
La bourse vuide à la maison.
Cependant, au lieu de gouster
Le plaisir, il faut escouter
Ces propos et ne dire rien.
Je sçay que nous avons du bien,
Mais quoy! quel bien, si je n'ay point
Moyen de me tenir en point,
D'avoir la chemise froncée,
Le collet, la cappe doublée
De taffetas ou de satin;
D'avoir la mulle, l'escarpin
Et quelque chausse de couleur,
Quelque rubis, quelque faveur
Pour donner à mon Antoinette,
Dont le souvenir me sagette [1],
Me trouble et m'altère le sang,

---

1. Me perce d'une flèche (*sagitta*).

Et me fait soupirer le flanc?
Ce beau teint, ce front, cette face,
Ce telin, cette bonne grace,
Ce parler accort et ces yeux,
Me font devenir furieux;
Et puis il faut que la jeunesse
Se rende serve [1] à la rudesse
Ou d'un père, ou d'un precepteur,
Ou d'une mère, ou d'un tuteur!
J'aimerois mieux mourir cent fois
Que me ranger dessous leurs lois
Et d'asservir ma liberté
A leur grave severité :
Et vous promets qu'une partie
Se fera à ma fantaisie
Pour ce coup, et j'en seray creu.
Je ne voy rien et n'ay rien veu
Au monde que je puisse suyvre
Qu'Antoinette, qui me fait vivre,
Destournant ses yeux doucement,
Et puis mourir en un moment.
Aussi je n'aime point ma vie,
Sinon que pour la seule envie
Que j'ay de luy donner mon cœur
Pour humble et loyal serviteur.
J'auray tantost quelque nouvelle,
Car j'ay laissé en sentinelle
Potiron, à fin de la voir
Expressement, et de sçavoir
De Janne comme elle se porte.
Jamais ne vient qu'il ne m'apporte
L'esperance ou le desespoir.
Je sçay bien pourtant son vouloir;
Seulement, si ce capitaine
Estoit mort, je suis hors de peine :
Je seray choisi entre tous,
J'abbatray aisement les coups
Et de Monsieur et de son clerc.
J'oy Potiron, il parle cler,
Il a quelque chose à me dire.
Il vaut mieux que je me retire
Icy pour sçavoir le discours
Et le secret de mes amours.

---

[1] Esclave.

Potiron est sur ses complaintes :
S'il ne me donne des atteintes
Bien aigrement, je veux mourir.
Oyez, vous aurez du plaisir.

SCÈNE II

POTIRON, L'AMOUREUX.

POTIRON.

Ha ! que pleust à Dieu que mon maistre
Mon jeune advocaceau, peust estre
Une fois aussi diligent
Au Palais, à gaigner argent,
Pour bien y faire son devoir,
Qu'il est diligent de sçavoir
Des nouvelles de sa maistresse !
Lui ou moy, nuit et jour, sans cesse,
Nous sommes là, pour demander
S'elle voudroit rien commander.
C'est son estude, son barreau,
Son sac, ses pièces, son bureau ;
Bref, il ne pense en autre chose.
Dieu sçait si Potiron repose,
Et s'il a seulement loisir
De boire un trait à son plaisir,
Pendant que monsieur escarmouche
A toutes heures cette mouche
Qui lui poinçonne le cerveau !
S'il y a quelque cas nouveau,
Tousjours quand le disner s'apreste,
Potiron, sus, avant, en queste ;
Potiron, il vous faut trotter ;
Potiron, il faut eventer
Soudain. Si la beste est en prise,
Ou si c'est nouvelle entreprise,
Et qu'il faille courir exprès,
Potiron, sus, allez après.
Cela n'est que mon ordinaire.
Ce pendant je ne puis tant faire
Que venir à temps pour disner,
Et ce n'estoit le desjeuner,
Voilà Potiron bien crotté,
Potiron aussi mal traitté

Qu'un vieil potiron au vinaigre.
L'AMOUREUX.
Potiron, que tu seras maigre
S'il faut vivre en ceste façon !
POTIRON.
Plustot serois aide à maçon
Que de servir ce langoureux,
Ces advocaceaux amoureux,
Qui ne vendent que les fumées
De leurs parolles parfumées.
L'AMOUREUX.
Voilà comme ces paillardeaux,
Ces petits coquins friandeaux,
Devisent ordinairement
De leurs maistres publiquement !
Puis mettez là vostre segret !
Je n'ay tant seulement regret
De luy avoir dit mon affaire.
POTIRON.
Pay, Potiron ! il vous faut taire :
Je le voy bien là qui m'attend.
Jamais n'aura ce qu'il pretend,
Car il a trop forte partie.

SCÈNE III

L'AMOUREUX, POTIRON.

L'AMOUREUX.
Et bien ?
POTIRON.
Elle n'est pas sortie :
Monsieur estoit encore à table.
L'AMOUREUX.
Et Janne ?
POTIRON.
Janne, secourable
De Potiron et de la faim,
Aussi tost qu'elle a veu de loin
Potiron, la voilà plantée
Sur la porte toute attristée;
Elle nous en a bien conté !
Monsieur n'est pas trop desgousté.

L'AMOUREUX.

Amoureux !

POTIRON.

Mais de quelle sorte ?
Il n'y a faveur qu'il ne porte.

L'AMOUREUX.

Mais, dy, Potiron, je t'en prie.

POTIRON.

Si je le dis, sans menterie,
Cela vous fera mal au cueur.

L'AMOUREUX.

Dy, Potiron.

POTIRON.

C'est ce resveur
Qui brasse quelque amour segrette.
Comme dit Janne, à Antoinette,
Et voudroit bien trouver manteau
Pour bien couvrir le feu nouveau
Qui fait allumer le tison
Ès cendres de ce poil grison.
La pauvrete, mal asseurée,
Est à demy desesperée,
Et, pour l'avoir plus finement,
Il pratique segrettement
Maistre Jehan pour le marier.

L'AMOUREUX.

Je sçay tout cela dès hier.
Janne ne dit-elle autre chose ?

POTIRON.

Elle en sçait bien, mais elle n'oze,
Comme elle dit, le deceler ;
Puis on l'est venu demander
Ainsi qu'elle parloit à moy.

L'AMOUREUX.

Va disner, mais despesche-toi.

POTIRON.

Et, vrayment, j'en ay bon besoin,
J'enrage de soif et de faim ;
Mes boyaux ronflent de colère,
Ils contrefont la gibecière
De mon maistre : ils baillent toujours.

L'AMOUREUX.

Si je ne sçay tout le discours
Que Monsieur a fait en disnant,
Je seray tousjours attendant

Dessus le sueil de nostre porte,
Jusques à tant que Janne sorte,
Pour sçavoir d'elle si je suis
Vivant, ou si vivre je puis.
C'est l'esperance de ma vie,
C'est mon heur, c'est ma jalousie,
Mon tout, mon ame, mon desir,
Mon œil, ma grace, mon plaisir.
Sans elle, je pourrois bien dire
Qu'Amour exerce son empire
De rigueur, d'ennuy, de mechef
Maintenant sur mon pauvre chef :
Sans elle je serois en peine,
Nuit et jour à perte d'haleine,
A force de trop soupirer.
Je ne sçaurois bien esperer,
Sans son aide et sans son secours,
De mettre fin à mes amours.
C'est ce monsieur, c'est ce brouillon
Qui me veut donner l'aiguillon,
Affin de me mettre en martel [1].
Hà ! mon Dieu, que tu es cruel,
Amour, et que tes mains cruelles
Font sur moi de playes nouvelles!
Au moins quelquefois pren souci
De moy, et me prens à merci,
Ou me fay perdre la memoire
De ses yeux, de sa dent d'ivoire,
De la belle et blonde crespine
De ses cheveux, de sa poitrine,
De sa taille, de son tetin,
De sa bouche qui sent le thym
Quand elle a les lèvres decloses,
Des lis, des œillets et des roses
Qui fleurissent dessus son sein,
De son front, de sa blanche main,
De sa douceur et de sa grace,
Qui toutes ces beautez efface.
Pren donc pitié de mon malheur,
Et donne trêve à ma douleur,
Amour, et relasche à ma peine!
S'il disoit que ce capitaine,
Son cousin, fust mort à l'assaut,

---

1. Me mettre martel en tête.

Ce que pleust à Dieu il ne faut
Que cela seulement advienne ;
Si n'ay-je pas peur qu'il revienne,
Au moins s'il est en assaillant
Aussi brave et aussi vaillant
Que je l'ay veu estant à table.
Mais que fay-je icy, miserable !
Il vaut mieux que je me retire
Dedans nostre salette, et dire
A Potiron qu'il vienne prest,
Et qu'il poursuivre l'interest
De moy et de ma pauvre vie,
Que j'ay maintenant asservie
Pour une beauté languissant
Chez ce monsieur à vingt pour cent.
Potiron !

POTIRON.

Monsieur.

L'AMOUREUX.

Sus avant,
Que l'on se tienne icy devant,
Pour espier qui va, qui vient,
Qui sort, qui entre, et s'il advient
Que Janne sorte, qu'on m'appelle !

POTIRON.

Je ne suis plus que sentinelle,
Je ne sçay plus autre mestier.
Potiron, dedans son cartier,
A aussi bien porté les armes,
Pendant qu'on donnoit les allarmes,
Qu'homme qui fust dedans Paris ;
Potiron, tout vestu de gris,
Ouy, Potiron faisoit le brave
Dans la cuisine ou dans la cave.
Là dedans est mon lit d'honneur :
C'est là que je veux que mon cœur,
Ma sallade [1] et ma vieille espée
Soyent mis et pendus en trophée ?
Mais il me faut parler pian, pian [2],
Car voilà Janne et maistre Jehan
Qui sortent. C'est à moy d'attendre

---

1. Sorte de casque, ou *morion*. Les Bourguignons en portaient, d'où, suivant Le Duchat, leur surnom de « Bourguignons *salés*. »
2. De l'italien *piano*, doucement. Nous l'avons gardé dans le proverbe « Qui va piane, va sane. »

Ce qu'ils diront, et de l'apprendre.
Il sera tombé de l'orage,
Janne est morne et triste en visage.
Ces yeux rouges, ce poil rebours,
Font juger qu'il y a trois jours
Qu'elle n'a mangé que moutarde ;
Ell' n'a point la mine gaillarde :
Il y a quelque malencontre.

SCÈNE IV

Maistre JEHAN, JANNE, POTIRON.

MAISTRE JEHAN.
Et vrayment ! son visage monstre
Qu'elle a son beguin à l'envers [1] ;
Quelque chose va de travers,
Qui luy trouble la fantaisie.
JANNE.
Ce n'est rien qu'une jalousie
Qui luy altère le cerveau.
MAISTRE JEHAN.
Son mal va bien outre la peau :
Il luy touche jusques au cœur.
JANNE.
Aussi il falloit que Monsieur
Luy donnast les occasions
De la mettre en ces passions.
MAISTRE JEHAN.
Il y a anguille sous roche :
Aussi tost que Monsieur approche
D'elle à fin de la caresser,
Madame vient le repousser
Si fierement que c'est merveille.
S'elle n'a la puce en l'oreille
Je veux mourir presentement.
Janne dit vray, ce seul tourment
Lui feroit perdre la cervelle.
JANNE.
Je sçay bien comme elle chancelle

---

1. On disait pour quelqu'un affolé : « il en a dans le *beguin*, ou bien dans le *toquet;* » de là le mot *toqué*.

Et de la langue et de l'esprit,
Quand elle oit seulement le bruit
D'un voisin ou d'une voisine,
Qui porte moudre sa farine
Ailleurs que dedans sa maison.

MAISTRE JEHAN.

A propos, voylà Potiron.

POTIRON.

Tous deux, vous en contez de belles.
Et bien! dites-moy des nouvelles;
Qui a-il? maistre Jehan sçait tout,
C'est maistre Jehan qui tient le bout
Qui nous fait perdre la partie.
Et bien! Madame est avertie
Du fait de Monsieur; est-ce tout?
J'ay entendu de bout en bout
Vos propos.

MAISTRE JEHAN.

Ce sont de tes ruses.

JANNE.

Potiron n'a jamais d'excuses,
Potiron parle librement.

POTIRON.

C'est la façon de maintenant,
Le siècle et la saison le porte :
Chacun en dit, chacun rapporte
Cela mesme qu'il ne sçait pas;
Mentir m'espargne mille pas,
Mille courses, mille courvées;
Sans les mensonges controuvées,
Mon escarpin deviendroit tel
Qu'un mouvement perpétuel;
Je serois tousjours en haleine.
Et puis il n'y a point de peine
Au service d'un amoureux!

MAISTRE JEHAN.

Potiron, que tu es heureux,
Si tu le sçavois bien connoistre!

POTIRON.

Je voudrois t'avoir veu un maistre
De cervelle comme le mien,
Pour avoir cet heur et ce bien.
Mais, Janne, vous estes resveuse;
Ha! vrayment, vous estes fascheuse.

JANNE.
Vous ne faites que lanterner,
Perdre temps et balliverner ;
Mais que voulez-vous que je die ?

MAISTRE JEHAN.
Potiron, cette maladie
Ne la tourmente pas souvent.

POTIRON.
Parbieu ! c'est quelque mauvais vent
Qui l'a frappée ce matin,
Et l'a mise en son avertin [1].

MAISTRE JEHAN.
Potiron, trèves de colère ;
Laissons là Janne. Quelle chère
Cependant que Monsieur contoit
Du Havre pris, et qu'il vantoit
L'heureuse et vaillante jeunesse
De nostre roy [2], et la sagesse
Et l'heur de la royne sa mère,
Lorsqu'il disoit que la main fière
Et le cœur brave du François
Avoit mis et chassé l'Anglois
Hors des limites de la France !
Aussi tost Madame commence,
Feignant de ne l'entendre pas,
A parler haut, à parler bas,
Puis jette les yeux contre terre.

POTIRON.
Maistre Jean parle de la guerre
Ainsi que de son parchemin ;
Maistre Jean a l'esprit mutin.

JANNE.
Ha ! Potiron, laisse-le dire.

MAISTRE JEHAN.
Si Monsieur avoit faim de rire,
Aussi tost elle rougissoit,
Aussi tost elle pallissoit.

JEANNE.
Madame est en son pelisson [3] :
Non, jamais en ceste façon
Ne la vey descontenancée.

---

[1]. C'est le vertigo, ou la maladie des bêtes, qu'on appelle *tournis*.
[2]. Charles IX, qui n'avait pas encore quatorze ans quand il assista à la reprise du Havre.
[3]. Embarrassée, entortillée, comme en sa pelisse.

POTIRON.
Janne en dira sa ratelée ¹.
MAISTRE JEHAN.
Monsieur est semblable à celuy
Qui laboure le champ d'autruy
Et laisse là le sien en friche.
C'est ainsi que l'on devient riche.
JANNE.
Ah! vrayment, il a bonne grace;
C'est pour luy, ceste soupe grasse :
Il s'en peut bien torcher le bec.
MAISTRE JEHAN.
Janne, son moulin est trop sec
Pour y moudre ceste farine.
POTIRON.
C'est pour sa bouche qu'on l'affine,
Et pour le mettre en appetit.
JANNE.
Potiron, parlons un petit
Plus bas : il est en la sallette.
POTIRON.
J'ay peur que ceste amour secrette
Ne se brasse pour maistre Jean.
MAISTRE JEHAN.
Pour moy?
POTIRON.
Ouy, pour vous.
MAISTRE JEHAN.
Han, han, han,
Je serois achevé de peindre.
POTIRON.
Si Monsieur vous vouloit contraindre
De l'espouser?
MAISTRE JEHAN.
Moy! et pourquoy?
Elle est trop mignarde pour moy,
Elle est de trop bonne maison.
POTIRON.
Mais la liberté du grison
Sera de lui donner carrière.
MAISTRE JEHAN.
Il s'en peut bien tirer arrière :
Ce n'est pas pour un tel monteur,

---

1. Tout ce qui lui viendra sur la langue, comme sous « un râteau. »

Ce n'est pas pour un tel picqueur,
Vrayment, que la lice est dressée.
JANNE.
Sa monture est trop harassée :
Il peut bien s'essayer ailleurs.
MAISTRE JEHAN.
Il n'est pas du rang des plus seurs.
POTIRON.
La lance à Monsieur est gauchère
Pour tirer droit à la visière.
JANNE.
Ce n'est pas son fait de courir.
MAISTRE JEHAN.
Je voudrois bien le secourir.
JANNE.
Ouy, pour appaiser sa furie.
POTIRON.
Janne a servi à l'escurie,
Elle en parle assez proprement.
JANNE.
Ç'a donc esté en escurant
Mon chaudron dedans la cuisine ?
MAISTRE JEHAN.
Mais j'oy Monsieur qui se mutine ;
Je vais achever mon extrait.
POTIRON.
Et moy, je m'en vais boire un trait,
Car nous jourons une première
A toutes restes de colère,
Tantost, mon advocat et moy.
JANNE.
Adieu, tous deux.
MAISTRE JEHAN.
   Adieu, je voy
Antoinette qui se desrobe
Avec Madame au garderobe.
JANNE.
Adieu, je vais à mon mesnage.
MAISTRE JEHAN.
Nous en parlerons davantage.
POTIRON.
Adieu.
MAISTRE JEHAN.
  Ceste nouvelle trame

Mettra jusque à la haute game
Cet advocat ; ce fait le touche.

SCÈNE V

POTIRON.

Je m'en vay bien jetter la mouche
Au cerveau de mon amoureux ;
A ce coup, il est malheureux :
Il peut bien quitter la partie.
Je m'en vay luy mettre l'ortie
Et l'eguillon dessous le flanc.
C'est à lui à quitter le ranc ;
J'en ay descouvert l'embuscade,
Et, s'il ne se donne de garde,
On luy fera un mauvais tour.
C'est un ennemy que l'Amour ;
Ce monsieur a cent vieilles ruses,
Cent couvertures, cent excuses,
Pour ruiner ce jeune sot.
Mais, si je ne luy disois mot
De tout cela que j'ay appris,
Ce seroit pour le rendre epris
Et surpris tousjours davantage ;
Ce seroit allumer sa rage
Et le rendre plus furieux
Que jamais. Pourtant, il vaut mieux
Dire tout et ne celer rien :
Car, quand de moy il sçaura bien
Qu'on luy voudra jeter la poudre
En l'œil, il se pourra resoudre
Et reprendre le frein aux dens.
Il ne faut à ces jeunes gens
Qu'une heure pour les faire sages ;
Puis il dira que les orages
Ne viennent jamais que de moy.
Si diray-je tout, par ma foy,
C'est œuvre de misericorde
De luy donner eschelle et corde
Pour le tirer hors de prison,
Où fureur surmonte raison,
Et seule y commande la rage...
Potiron est devenu sage ;

Il philosophe maintenant ;
Il a repris son sentiment
En beuvant : la digestion
Fait fumeuse opération
Dedans sa petite cervelle.
Mais je vay dire la nouvelle
A mon advocat qui m'attend.
Il est sans cœur s'il ne se pend,
Et s'il n'a maintenant envie
D'honorer sa melancolie
De quelque bien-heureuse mort,
Plustost que d'endurer ce tort.

ACTE TROISIÈME

SCÈNE I.

MONSIEUR.

Vrayment, il falloit bien qu'Amour
Vinst informer, sur le retour
Et sur le decours de ma vie,
De mon fait se faisant partie,
Si aigrement encontre moy !
Toutefois, ce plaisant emoy,
Or que je sois vieil et cassé,
Me fait souvenir du passé
Et me remet en l'allegresse
Où j'estois lors que la jeunesse,
En la plus gentille saison,
Versoit l'amoureuse poison
Qui les cœurs doucement enflame
D'une belle et gentille flame.
Mais, s'il me plonge en cet accès,
Je crains de perdre mon procès,
Or que j'entende la matière :
Car j'ay oublié la manière
D'intenter en ces actions.
Je n'ay griefs ni salvations,

Factons, responsifs ny repliques :
Je fourniray trop de dupliques ;
Mais, pour conclure en cet endroit,
Je n'ay pour soustenir mon droit,
Encor que j'eusse le bureau,
Jamais la faveur du barreau
Ne sera pour moy : la jeunesse
Ne fait jamais pour la vieillesse ;
Amour n'est point pour les vieillars.
Toutefois, ce sont des hazars :
Amour est oiseau de passage.
Car, las ! aussitost que nostre âge
Se rend de l'hyver compagnon,
Aussi tost s'envolle mignon
Haut à l'essort, car sa nature
Ne peut endurer la froidure ;
La vieillesse point ne luy plaist.
Toutefois point ne me desplaist
Qu'il m'assaille pour m'eprouver.
Connoissant qu'on ne peut trouver
Viande au monde plus exquise,
Plus delicate et plus requise,
Et qui mieux retienne son miel,
Son goust, sa saumure et son sel,
Qu'amour en son aigreur extrême.
Il fait sa sauce de luymesme,
Et luymesme porte son jus,
Son sucre, son sel, son verjus ;
C'est une douce confiture.
S'il a quelque chose trop dure
A digerer, il l'adoucist,
Il l'enaigrist, il la farcist
De sucre doux et d'herbes fines ;
Si l'on y trouve des espines,
Il les couvre si finement
Qu'on les avalle doucement.
Et, bref, je croy que rien ne plaist
Au monde si l'amour n'y est :
C'est luy, c'est luy qui fait esprendre,
Remuant une vieille cendre,
La glace au plus fort de l'hyver,
Et le feu mesme congeler.
De moy j'en fay l'experience,
Car, dès le temps que je commence
A le mesler en mon breuvage,

ACTE III, SCÈNE I.

Encores que le poil et l'âge
Me bannissent de ce plaisir,
Je me sens toutefois saisir
Le cœur d'une jeune allegresse ;
Je ne sens rien de la vieillesse ;
Mes membres sont gaillards et forts.
Je n'ay rien dessus tout mon corps
Qui me face monstrer caduque
Que la dent noire et la perruque
Et des sillons dessus le front,
Qui vieillard et ridé me font.
Au reste, je suis fort gaillard,
J'ay le parfum, le gand mignard,
L'escarpin, la chausse coupée,
La gibecière bien houpée,
La robe faite à haut collet,
Le clerc, le laquais, le mulet.
Bref ce que j'ay veu me desplaire
Aujourd'huy commence à me plaire ;
Rien plus triste et fascheux ne m'est,
Et rien sur tout ne me desplaist
Que la colère violente
D'une femme qui me tourmente,
Qu'un œil qui m'espie et m'aguette,
Qu'une langue qui me sagette,
Qu'un regard hagard et jaloux,
Qu'un visage plein de courroux
D'une femme qui vit pour moy
Cent fois plus que je ne voudroy.
Si faut-il pourtant que je face,
Ou par finesse ou par menace,
Par surprise ou par action,
Qu'ell' passe condemnation.
 Hà ! que je la voy eschauffée !
Encor qu'elle soit mal coiffée,
Si me faut-il la caresser ;
Mais s'elle devoit trespasser,
Si faut-il pourtant qu'elle endure ;
Si la pillule estoit plus dure
Qu'acier, si faut-il l'avaler [1].
 Vrayment, le temps s'en va troubler :
La lune est fort rouge en visage ;
Ce vermillon est un presage

---

[1]. Pour : encore faut-il l'avaler, quand même.

Qu'il courra quelque mauvais vent.
Il vaut mieux aller au devant
Pour l'appaiser, s'il est possible.
C'est verser l'eau dedans un crible
Et pescher les poissons en l'æer,
C'est courir les cerfs dans la mer,
De vouloir tirer ceste beste
De l'amble [1] qu'elle a dans sa teste.

SCÈNE II

MADAME L'ADVOCATE, MONSIEUR L'ADVOCAT.

MADAME.
Je vous en feray bien mouiller.
MONSIEUR.
Eh bien ! où voulez-vous aller,
Mon miel, ma douceur, ma caresse ?
MADAME.
Ton fiel, ta rigueur, ta destresse ;
Je sçay bien dont je suis venuë :
Je ne suis point si peu connuë,
Et si n'ay point si peu de bien,
Que l'on ne me reçoive bien ;
J'ay de bons parens, Dieu merci.
MONSIEUR.
Ils ne sont pas de loing d'ici.
MADAME.
A moy, qui suis de bon lignage,
Et, ma foy, d'autre parentage
Et de meilleure part que vous !
MONSIEUR.
Tout beau, madame ! parlez doux.
MADAME.
Allez, faites vostre mesnage :
Je n'ay proposé davantage
De demeurer avecques vous.
MONSIEUR.
Vous serez tousjours en courroux !
Il y a jà semaine entière
Que vous tenez vostre colère,
Et si vous ne sçavez pourquoy.

---

1. Du pas.

MADAME.
Pourquoy ? merci Dieu ! je le voy
Et jour et nuict devant mes yeux.
MONSIEUR.
Ce ne sont que des envieux
Qui vous donnent un faux entendre.
MADAME.
Non, non, je n'en veux plus apprendre;
Hé ! j'en sçay trop de la moitié.
MONSIEUR.
Ou c'est nouvelle inimitié,
Ou quelque bavarde secrette
Vous a dit que j'aime Antoinette ;
Et vous, vous aimez les menteurs,
Les flagorneurs, les rapporteurs :
Cela est vostre naturel.
Il n'est pas vray, je ne suis tel,
Et ne voudrois l'avoir pensé ;
Et, si je me suis avancé
Quelquefois de parler à elle,
De la prendre par sous l'esselle,
De luy voir enfler le teton,
Passer la main sous le menton,
Ç'a esté en vostre presence.
Mais, du depuis que je commence
A me tenir un peu en point
D'estre gaillard, ne criez point ;
Le soupçon et la jalousie
Vous ont troublé la fantaisie.
MADAME.
Rien ne me trouble, sinon vous
Qui me plongez en ce courroux,
Et m'eschaufez cette colère.
MONSIEUR.
Venez, approchez, ma commère,
Et parlons doucement ensemble.
MADAME.
Doucement ?
MONSIEUR.
Voyez : il me semble
Que tous deux avons, Dieu merci,
Du bien assez, et sans souci
Que nous pouvons vivre aisement.
MADAME.
Est-ce là le bon traitement,

I.

Est-ce l'amour et la douceur,
La courtoisie et la faveur,
Que vous promistes de me faire ?

MONSIEUR.

C'est grand cas ! je ne vous puis plaire :
Tout ce que je fay vous desplaist.

MADAME.

Ce que vous faites ne me plaist,
Et m'en donnez l'occasion.

MONSIEUR.

Avez-vous eu affection
De collet, de drap ou d'anneau,
De cotillon ou de manteau
Bandé de velours alentour,
Ou de quelque toile d'atour,
De chaisnes, de bracelets d'or,
Ou de quelqu'autre chose encor,
Que n'ayez eu argent en main
Pour l'acheter aussi soudain ?

MADAME.

Je ne m'en suis mescontentée.

MONSIEUR.

Quoy donc ? estes-vous mal traittée ?

MADAME.

Vous sçavez bien ce qu'il me faut,
Et pourquoy je parle si haut
Maintenant.

MONSIEUR.

Or, pour y mettre ordre
Et pour ne voir plus ce desordre,
Sans qu'il y ait cause ou raison
De troubler l'eau de la maison,
Il faut que vous serviez de mère
A Antoinette, et moy de père ;
Et, bref, il nous la faut pourvoir,
Afin que n'ayez de la voir
Occasion, ny moy aussi.
Mais tirons-nous un peu d'icy,
Car, s'il ne tient qu'à vous baiser,
Vrayment, je vous veux appaiser.

MADAME.

Le baiser ne m'appaise point,
Monsieur, monsieur, ce n'est le poinct
Qui m'esguillonne le costé.

MONSIEUR.
Vostre mal est plus haut monté.
MADAME.
Entrons, la porte n'est pas close.
MONSIEUR.
Cependant, gardez quelque chose
Pour crier et tancer demain ;
Je vous veux dire le dessain
Et le retraintif que j'appreste
Pour guerir vostre mal de teste.

SCÈNE III

L'AMOUREUX, POTIRON.

L'AMOUREUX.
Tu les as veus !
POTIRON.
Je les ay veus.
L'AMOUREUX.
Tous deux ensemble ?
POTIRON.
Ouy, tous deux.
L'AMOUREUX.
Tu sçais bien tout ce qu'ils ont dit ?
POTIRON.
Ouy, je sçais tout ce qu'ils ont dit.
L'AMOUREUX.
Quoy ? que Monsieur aime Antoinette ?
POTIRON.
Ouy, que Monsieur aime Antoinette.
L'AMOUREUX.
Et qu'il pratique maistre Jean ?
POTIRON.
Ouy, qu'il pratique maistre Jean.
L'AMOUREUX.
Pour brasser quelque mariage ?
POTIRON.
Pour brasser quelque mariage.
L'AMOUREUX.
Et que Madame le sçait bien ?
POTIRON.
Et que Madame le sçait bien.

Je vous l'ay jà dit tant de fois,
Et si vous avez droits, ou loix,
Ou defenses pour l'empescher,
Monsieur, il vous faut depescher.
####### L'AMOUREUX.
Mais avant que rien entreprendre,
Potiron, il te faut attendre
Icy, si tu verras sortir
Janne, à fin de m'en advertir ;
Je meurs d'une jalouse envie
De sçavoir ma mort ou ma vie.
J'ay Madame et Janne pour moy,
D'Antoinette, je sçai pourquoy
Elle n'accordera jamais
D'espouser un clerc du palais ;
Toutefois ce traistre lutin
Est si meschant, est si tresfin,
Qu'il me donra un croc en jambe,
Si de fortune je n'enjambe
A grands pas dessus ses brisées.
####### POTIRON.
Si les toiles sont bien dressées,
J'espère de suyvre à la trace
La beste en prise que je chasse,
Et mettray Monsieur en defaut.
####### L'AMOUREUX.
Potiron, c'est ainsi qu'il faut
Prendre force, cœur et courage.
####### POTIRON.
Si je ne romps le mariage,
Baste.
####### L'AMOUREUX.
Potiron, je descouvre
Ce bel amoureux, qui entrouvre
La porte pour sortir dehors.
####### POTIRON.
Rentrez et faites vos efforts.
####### L'AMOUREUX.
Je m'en vais.
####### POTIRON.
Allez, de par Dieu,
Car je voy Monsieur en ce lieu,
Et Madame qui sort après ;
Je les espiray de si près
Que je vous mettray hors de peine.

SCÈNE IV

MONSIEUR L'ADVOCAT, MADAME L'ADVOCATE,
POTIRON.

MONSIEUR.
Je sçay bien que ce capitaine
Mon cousin, qui me la laissa,
Ne viendra jamais par deçà.
Il est mort, et par sa vaillance :
Un soldat de sa connoissance,
Retourné tout nouvellement,
Me le conta dernièrement;
Je ne l'ay voulu avancer
Si tost, de peur de l'offenser.
« Aussi la nouvelle fascheuse
« Ne peut estre trop paresseuse. »
MADAME.
Que la fille en sera marrie !
MONSIEUR.
C'est la brèche et la batterie
Par où nostre malheur se passe.
POTIRON.
Il ne dit mot que je donnasse
Pour un escu d'or et de pois;
Mais il faut retenir ma vois,
Ils n'ont point les oreilles sourdes.
S'ils ne se donnent point de bourdes,
A ce coup mon maistre est heureux.
MADAME.
C'est un mestier très-dangereux
Que la guerre, à ce que je voy.
POTIRON.
C'est pour un autre que pour moy.
MONSIEUR.
Et si m'asseura pour le seur
Qu'estant couché derrière un mur
Dessus le ventre, en embuscade,
Il survint une canonnade
Droit par dessus un ravelin [1],
Qui prend le mur et le cou sin,

---

1. Terme de fortification, synonyme de demi-lune.

6.

Et les emporta pesle-mesle,
Hachez menus comme la gresle.
MADAME.
Je vous promets que c'est dommage.
POTIRON.
Mon maistre a gaigné l'avantage
Sur la partie, pour ce coup.
MONSIEUR.
Mais nous tardons ici beaucoup.
Le jour s'en va, conclusion :
Pour vous tirer d'opinion,
Il nous la faut pourvoir, m'amie.
MADAME.
Je n'en serai jamais marrie.
MONSIEUR.
Puis ce n'est que charge aussi bien,
Et si c'est par nostre moyen
Qu'ell' se marie, et qu'on luy donne
Un bon présent, c'est belle ausmonne ;
Rien mieux employé ne peut estre ;
Puis elle est pour le reconnoistre,
Or qu'elle soit de pauvre lieu.
MADAME.
Comment ? vous sçavez tout le jeu
De ce cousin qui l'enleva.
MONSIEUR.
Je sçay bien comme tout en va ;
Elle est toutefois de nature
Aussi douce que créature
Qui soit au monde.
MADAME.
On a tousjours,
Sur l'âge, affaire du secours,
A toute heure, de jeunes gens.
MONSIEUR.
Et puis nous n'avons point d'enfans.
Que vous en semble-t il, ma femme ?
MADAME.
Mais que ceste nouvelle trame
Ne m'ourdisse nouveau martel.
J'en suis d'advis, il n'est rien tel
Qu'en descharger notre mesnage
Par l'accord d'un beau mariage.
MONSIEUR.
Je l'ay desjà bien commencé.

MADAME.

Mais encore, à qui ?

MONSIEUR.

J'ay pensé
Que maistre Jan estoit son cas.
Il y a cinq cens advocas
Au palais qui ne sçauroyent faire
Ce qu'il fait : il sçait bien extraire,
Dresser appointemens en droit,
A la barre, hé ! il plaideroit.
Maistre Jan est gentil garçon,
Maistre Jan a bonne façon,
Maistre Jan est fin et accort,
Maistre Jan n'est pas un brin sot ;
Et bref, maistre Jan, sans envie,
Gaignera aussi bien sa vie
Que solliciteur du palais.

MADAME.

Puis vous ne l'oublierez jamais :
Il nous a fait trop de service.

MONSIEUR.

Puis je le mettray en office
Ou de clerc du greffe, ou d'huissier

MADAME.

Il ne sçait que trop ce mestier.

MONSIEUR.

Est-ce bien dit ? que vous en semble ?

MADAME.

S'ils sont bien mariez ensemble,
J'espère qu'ils feront du fruit :
La fille est bonne et a bon bruit,
La fille est douce et gracieuse,
Elle n'est fière ni fascheuse ;
La fille n'est pas un brin sotte ;
Je crains qu'elle soit huguenotte
Seulement, car elle est modeste,
En parolles chaste et honneste,
Et tousjours sa bouche ou son cœur
Pensent ou parlent du Seigneur [1] :
J'ay peur qu'ils ne s'accordent pas.

---

1. L'abbé Goujet et le P. Niceron ont pris acte de ces vers pour accuser Belleau de calvinisme. Il n'y faut voir qu'un reproche aux habitudes relâchées et peu « pratiquantes » des jeunes catholiques de son temps.

MONSIEUR.
Hé ! tout cela n'est pas grand cas.
Sçachez seulement son vouloir.
MADAME.
J'y vais, et feray tout devoir
De sçavoir bien discrettement
Qui elle est, et quoy, et comment.
MONSIEUR.
N'en faites jà trop grande enqueste :
Vous lui pourriez mettre en la teste
Je ne sçay quoy pour la fascher.
MADAME.
Vrayment, je ne veux empescher,
Quant à moy, une œuvre si sainte.
MONSIEUR.
Allez, je vay donner l'atteinte
A mon clerc suyvant ce dessain.
MADAME.
Aujourd'hui plustost que demain
Nous les accorderons ensemble.
MONSIEUR.
N'ay-je pas mis ma beste à l'amble
Doucement et sans la forcer ?
Il faut seulement amorcer
Un peu ceste beste farouche
D'un petit mors dedans la bouche,
Pour la tourner à toutes mains.
Je vais achever mes dessains :
J'en auray, ou faudray à traire.

SCÈNE V

POTIRON, JANNE.

POTIRON.
Je suis altéré de me taire.
Voilà Janne. Et bien, est-ce fait ?
JANNE.
Potiron, vous êtes du guet :
Tu peux bien redire à ton maistre
De point en point ce que peut estre :
Tu l'as entendu comme moy.
POTIRON.
Le capitaine est mort ; mais quoy ?

JANNE.

Ce coup a coupé l'esguillette¹,
Et rompu du tout la buchette.
D'esperance je n'en ay plus.
POTIRON.
Mais mon Dieu ! comme ce perclus,
Ce vieux resveur, ce mitoüin
A contrefait le patelin.
JANNE.
Il l'a si bien mitoüinée²
Et si bien empatelinée
Qu'il a fait ce qu'il a voulu.
POTIRON.
Et quoy, Janne ?
JANNE.
   Ils ont resolu
Faire aujourd'huy le mariage.
POTIRON.
Aujourd'huy ?
JANNE.
   Voire, j'en enrage,
Et si j'en crève de despit ;
Cela se fera sans respit.
POTIRON.
Voicy mon malheur ou mon bien.
JANNE.
Potiron, ils nous oiront bien,
Va t'en et chemine tout beau.
POTIRON.
Encor tiennent-ils l'escheveau
Pour desmesler leur entreprise.
JANNE.
Gardons-nous de quelque surprise.
POTIRON.
Quelque chose que Janne die,
La toile n'en est pas ourdie.
Si ceste nouvelle poursuite
Aujourd'huy ne se precipite,
J'osteray mon advocaceau
D'entre la pierre et le couteau,
Et mettray le tout à bon port.
S'il dit vray, ceste belle mort

---

1. Le fil qui retenait tout, comme l'aiguillette le **pourpoint**.
2. Flattée, caressée avec des mitaines.

Doit apporter et vie et grace
A mon advocat qui trespasse
Pauvrement, et qui meurt ainsi
Que meurt un amoureux transi
Sous la rigueur d'une maistresse ;
Mais je vay luy donner addresse,
Pour expedier promptement
Le souhait qu'il desire tant.

ACTE QUATRIÈME

SCÈNE I

ANTOINETTE.

Entre les malheurs, le malheur
Que plus je craignois en mon cœur
M'est advenu, malencontreuse,
Pauvre, chetifve, malheureuse,
Infortunée que je suis !
Rien plus esperer je ne puis,
Puis que mort et malaventure
M'ont derobé la creature
Au monde que j'aimois le plus,
En qui j'avois mis le surplus,
Pour jamais, de mon esperance,
En qui j'avois mis mon espoir,
Mon souhait, mon tout, mon avoir,
Et seul à qui j'avois envie
De donner mon cœur et ma vie.
Mais que feray-je maintenant,
Sinon de prier humblement
Le Seigneur de me secourir,
Si que je ne puisse encourir
Ny mal, ny honte, ny diffame ?
Monsieur l'Advocat et Madame
Me pressent de me marier.
Le jeune homme me fait prier

D'attendre quelques jours encore.
Je sçay qu'il m'aime, et qu'il honore
Sur toutes choses la vertu ;
Mais avant qu'il ait combatu
Son tuteur, son oncle et sa mère,
Et les parens de feu son père
A celle fin d'y consentir,
Il n'en pourra jamais sortir ;
Puis on m'a dit je ne sçay quoy :
Qu'il avoit jà promis la foy
A une jeune damoiselle,
Et qu'il plaide pour l'amour d'elle,
Et sy croy mesme que Monsieur
En doit estre solliciteur.
Cela seul m'en a destournée
De confesser dont je suis née.
Je sçay bien que secretement
Madame m'a voulu tenter,
Et, afin de la contenter,
J'ay dit que j'estois orpheline,
Fille d'un facteur de marine [1]
Qui estoit natif de Poitiers,
Et qu'il y a dix ans entiers
Qu'il estoit mort en un voyage.
Et, sans me forcer davantage,
S'est contentée, et croy de peur
De me fascher ; elle a bon cœur.
Seulement elle m'a priée,
Si je veux être mariée,
Je ne refuse le parti
Que Monsieur m'avoit assorti,
Me promettant bon avantage
Si j'accepte le mariage.
J'ay dit que j'avois arresté
De suyvre en tout leur volonté,
Et faire ce qu'il leur plairoit.
Maistre Jean n'est pas mal-adroit,
Il est doux, et si a l'adresse
En ce qu'il fait, puis la noblesse
Aujourd'huy n'est que pauvreté.
Je ne puis vivre en liberté,
En liberté de conscience
Mieux qu'à Paris ; la patience

---

1. Fabricant de bateaux.

Sera mon espoir et mon bien.
Puis, ne pouvant esperer rien
De ma maison, que puys-je mieux,
Sinon de m'eslongner de ceux
Qui ne me voudroyent recognoistre?
Possible le temps fera naistre
Quelque nouvelle occasion
Pour nous mettre en possession
Du bien que nous n'esperons point.
Mais voicy Janne tout à poinct,
Ell' me dira tout le secret.

SCÈNE II

JANNE, ANTOINETTE, MADAME L'ADVOCATE.

JANNE.

Je n'ay tant seulement regret
Que de nostre pauvre amoureux;
Mais je croy que ces langoureux
Ont oublié tout en un jour.

ANTOINETTE.

Janne, vous parlez de l'amour.
Qu'y a-t-il?

JANNE.

Vous m'en donnez bien,
Comme si vous n'en sçaviez rien :
Vous serez aujourd'huy fiancée,
Et demain matin espousée
A nostre clerc; qui ne le sçait?
Mais laissez-moi faire mon fait;
J'ay de la besongne taillée,
Et n'ay point d'esguille enfilée.
Il me faut aller achepter
Des viandes pour apprester
A souper pour vos fiançailles.

ANTOINETTE.

Et quoy?

JANNE.

Deux perdrix et deux cailles,
Un connil [1], quelques huteaudeaux [2],

---

1. Lapin, du latin *cuniculus*, qui a le même sens.
2. Ce mot, qui est aussi dans Rabelais (liv. I, ch. 37), signifie

ACTE IV, SCÈNE II.

Cardes, oranges, pigeonneaux,
Si j'en puis trouver à bon pris
Dessous la porte de Paris [1].

ANTOINETTE.

Allez, Janne, et marchandez bien,
Mais à fin qu'il ne manque rien,
Acheptez pour l'amour de moy,
Outre cela, je ne sçay quoy.
Voilà un escu que je donne,
Mais ne le dites à personne.

JANNE.

C'est donc le meilleur de le prendre;
Qui veut gaigner il faut despendre;
De là vient vostre honnesteté;
J'enten ceste civilité.
Mais qu'on se coiffe et qu'on se mire.

ANTOINETTE.

Et bien, Janne, vous volez rire!

JANNE.

Allez, vous me ferez tancer,
Allez donc pour vous ajancer,
Et pour vous faire un peu jolie.

ANTOINETTE.

Madame est toute ramollie;
Monsieur l'a remise en son sens.
Je m'en vais.

JANNE.

Adieu! je perds temps.

JANNE, *seule*.

Mon Dieu! que je plains ce repas!
Pauvre fille! qui ne sçait pas
Que ceste liberalité
Se fait pour la commodité
Que Monsieur espère en avoir;
Et Madame, qui peut sçavoir
Ce qu'il bastit en son cerveau,
Donne le drap et le cizeau
Pour se tailler une cornette.
Toutefois j'estime Antoinette,
Tant sage et tant fille de bien,

chapon gras. A Metz, on l'emploie encore sous cette forme, *hautondeau*.

1. C'est-à-dire l'Apport-Paris, au bout du Pont-au-Change, et au bas du Châtelet. On sait qu'*apport* signifiait marché. Celui-là était alors le plus important de Paris.

Qu'en fin ce Monsieur n'aura rien
De ce qu'il prétend ; le mechef
Qu'il forge cherra sur son chef.
MADAME.
Janne !
JANNE.
Madame.
MADAME.
Et allez donc !
Pour babiller je ne veis onc
Femme au monde qui vous ressemble.
JANNE.
J'ay cent mille affaires ensemble.
MADAME.
Rien ne sert de vous excuser.
JANNE.
Il ne faut jamais reposer.
MADAME.
Elle caquette toute seule ;
C'est un claquet, c'est une meule
D'un moulin qui tourne tousjours.

SCÈNE III

MADAME L'ADVOCATE, LA VOISINE.

MADAME.
Toutes les heures me sont jours
Si je ne voy nostre voisine ;
Mais je la voy qu'elle chemine
Droit icy et fort à propos.
Non, je n'auray jamais repos,
Si je ne dis entièrement
Comme s'est fait l'appointement
Entre mon bon mari et moy.
Et bien, voisine ?
LA VOISINE.
Et bien, mais quoy ?
MADAME.
Vous ne sçavez pas des nouvelles ?
Il y a treves éternelles.
LA VOISINE.
Comment ? qui a fait cest accord
Si tost ?

ACTE IV, SCÈNE III.

MADAME.
　　　　Asseuré de la mort
Du capitaine son cousin,
Puis voyant le malheur voisin
Qui lui tomboit dessus la teste,
Pour m'oster le martel, arreste
D'accorder ce soir Antoinette
Avec son clerc, c'est chose faitte ;
Nous l'avons ainsi resolu.
　　　　　　LA VOISINE.
Mais pour le seur est-il conclu ?
　　　　　　MADAME.
Tout conclu.
　　　　　　LA VOISINE.
　　　　J'en crains une fin.
　　　　　　MADAME.
Comment !
　　　　　　LA VOISINE.
　　　　Monsieur est caut et fin,
Gardez bien qu'une vieille ruze
Sur la fin du jeu vous abuse ;
Toutefois il est sage et vieux,
Et croy qu'il fait tout pour le mieux.
　　　　　　MADAME.
Quant à moy, je le pense ainsi ;
Et vous, commère ?
　　　　　　LA VOISINE.
　　　　Et moy aussi.
　　　　　　MADAME.
Bref, au pis aller, je conclus
Lors que je ne la verrai plus,
Et qu'elle sera retirée
En son mesnage et mariée,
J'oste au moins les occasions
De mes jalouses passions.
Ce que je voy me passionne,
En mon absence, qu'il garçonne
Et face tout ce qu'il voudra ;
Si je l'aperçois, il faudra
Qu'il ait bon pié et bonne main,
Si je prens une fois le frain,
Que je ne le mette à raison,
Et ne lui fais perdre l'arçon.
　　　　　　LA VOISINE.
C'est donc ce soir ?

MADAME.
Que vaut l'attendre ?
LA VOISINE.
C'est bien fait ; il faut tousjours prendre
Ces vieux resveurs tout promptement ;
Car ils changent en un moment
Et de fait et de volonté.
MADAME.
Si est-il pourtant arresté ;
Janne fait desjà la cuisine.
Mais n'y faillez pas, ma voisine,
Mais, je vous pry, n'y faillez pas.
LA VOISINE.
J'iray.
MADAME.
Nous n'avons pas grand cas,
Nous n'avons que nostre ordinaire.
LA VOISINE.
Je vous pry, que voudriez-vous faire ?
Quoy ? que vous faut-il ?
MADAME.
Nous rirons,
Mangeant ce peu que nous aurons,
Et vous conteray l'avantage
Que Monsieur donne en mariage
A maistre Jehan.
LA VOISINE.
Cela va bien.
MADAME.
Voisine, mais n'apportez rien ;
Pour ce soir nous avons assez.
LA VOISINE.
Bien, bien ; mais, commère, pensez
Que je me doutois de l'affaire.
J'ay veu nostre fils se deplaire
Tout ce jour ; il n'a point disné ;
Potiron l'en a destourné
De ne sçay quoy qu'il luy a dit.
Il est fascheux, triste, depit,
Et quant à moy, je suis fort aise,
Encor que le fait luy deplaise ;
Mais le temps luy fera passer
Bien tost cest amoureux penser,
Avant trois mois il l'oubliera ;
Lors possible il estudira

ACTE IV, SCÈNE IV.

Mieux qu'il n'a fait le temps passé.
MADAME.
Quant à ce poinct, il est cassé;
Il peut bien ailleurs se pourvoir
En amours, et quant au vouloir
De la fille, je sçay qu'elle aime;
Mais elle sait bien que la trème
N'est pas pour ourdir cette toile.
Commère, nous y gaignons tous,
Faisant pour moy, j'ay fait pour vous:
Pensez que vostre fils n'eust peu
Se marier sans vostre sceu.
LA VOISINE.
Il est tant leger à promettre!
MADAME.
Encore il vous pouvoit remettre,
Comme il a fait, en desarroy.
LA VOISINE.
Ha! commère, vous dites vray.
Encor n'en est-il pas dehors.
MADAME.
Dieu soit loué, puis que j'en sors
A mon honneur à cette fois!
A Dieu, commère, je m'en vois;
A Dieu, il est temps que je sorte;
Je vois Monsieur à nostre porte,
Qui m'attend. Venez de bonne heure
Ce soir.
LA VOISINE.
J'iray, je vous asseure
Sans mentir.
MADAME.
Mais ne faillez pas
D'amener vostre fils, commère:
Plus tost oubliera sa colère,
Voyant son malheur devant luy,
Que de l'entendre par autruy.

SCÈNE IV

MONSIEUR L'ADVOCAT, MADAME L'ADVOCATE.

MONSIEUR.
Il me tarde qu'il ne soit nuit,

De peur que le malheur qui suit
Pas à pas la bonne fortune
A son arriver n'importune
De quelque fascheux deplaisir
Les douceurs de nostre plaisir.
Mon Dieu, quel trouble, quelle allarme,
Maintenant si nostre gendarme
Arrivoit dispos et gaillard !
Puis je crains ce petit paillard
Potiron ; il est fin et caut,
Et sçait trop bien comment il faut
Assaisonner un bon broüet.
Il mettra mon clerc au roüet,
S'il peut : il n'a sens ny memoire,
Il est assez fol de le croire,
A cela il est moins retif ;
Et puis l'amour est inventif
A guerir soudain les ulcères
Qui proviennent de ses colères ;
Il a les emplastres tous prests,
Le basme [1] et l'onguent tout exprè
Pour rejoindre ce qu'il entame.
Mais voici arriver ma femme,
M'auroit-elle bien entendu ?
Je m'en vay, c'est trop attendu.

MADAME.

Mais que dites-vous, mon amy ?

MONSIEUR.

Je ne sçay, je suis endormy.
Je suis tout mal fait.

MADAME.

        Si faut-il
Rire ce soir, estre gentil.
Nous aurons bonne compagnée
Pour festoyer nostre accordée :
Si faut-il se mettre en pourpoint.

MONSIEUR.

Nos voisins y viendront-ils point ?

MADAME.

Eux ? ils n'ont garde d'y faillir.

MONSIEUR.

Cependant je vais assaillir
Un gros procez, et le happer

---

1. Le baume.

Au poil, attendant le souper.
Et vous, ma femme, donnez ordre
Qu'on ne face point de desordre,
Et que nostre souper soit prest
De bonne heure, et ce qui y est
Soit servi bien et nettement,
De broche en bouche chaudement [1].
MADAME.
J'y vais, et si feray si bien
En tout, qu'il n'y manquera rien.

SCÈNE V

MADAME L'ADVOCATE, JANNE.

MADAME.
Janne !
JANNE.
Madame ?
MADAME.
Approchez-vous.
JANNE.
Vous me debauchez à tous coups
MADAME.
La viande est-elle lardée ?
La volaille est-elle amandée ?
JANNE.
Tout est si cher que c'est pitié,
Tout est enchery de moitié ;
Je ne vey jamais si cher tems,
Et croyez que les pauvres gens
Cest hyver auront bien à faire.
MADAME.
Janne, parlons de nostre affaire,
Le temps nous pourroit bien tromper.
Il vous faut haster le souper,
Janne, et ne parlez d'autre chose.
JANNE.
Laissez donc ceste porte close,
Et vous en allez hors d'ici ;
Allez, n'ayez point de souci,

---

1. On dit encore « manger de broc en bouche, » pour dire manger la viande sortant de la broche.

Je vous pry, je feray bien tout,
Et si j'en viendray bien à bout,
Dieu aidant, et me laissez faire.

MADAME.

C'est donc le plus court de me taire ;
Il faut laisser Janne seulette ;
Pendant je vay voir Antoinette
Et maistre Jan, qui font l'amour.
Je croy que c'est le premier jour
Qu'ils parlèrent jamais ensemble.

SCÈNE VI

L'AMOUREUX, POTIRON.

L'AMOUREUX.

L'homme, quand il naist en ce monde,
Est comme un dessain que l'on fonde
Pour faire un bastiment nouveau.
Quand il est parfait, riche et beau,
Un chacun de sa grace belle
Prend le portrait, prend le modelle,
Pour en desrober la façon ;
Puis l'architecte et le maçon
En tire proufit et louange.
Mais si un locatif[1] s'y range,
Mauvais mesnager, mal-songneux
Salle, sans cœur, ord, paresseux,
Le mur, le toict, le fenestrage
Se sent de son mauvais mesnage,
Ou il prend coup, ou se dement,
Ou perd sa grace en un moment,
Un vent se lève, une tempeste,
Qui rompt la tuille, abbat le feste ;
Puis la paresse du monsieur
Laisse les chevrons et le mur
Au vent, à l'air, sans couverture.
Survient une eau, une froidure
Qui pourrist lates, enfesteaux,
Poultres, traverses, soliveaux ;
Et ainsi peu à peu se mine
A la fin tombant en ruine.

1. Locataire.

Ainsi le bon père qui sert
D'ouvrier, de maçon, et qui fait
La muraille et les fondements,
Et le plancher à ses enfants,
Les fait songneusement instruire,
Les fait marchans, les fait escrire,
Bref il en fait un bastiment
Pour exemple et pour ornement,
Sans espargner ni chaux ni sable
Pour rendre la muraille stable.
Mais quand ce maçon n'y est plus,
Tout se gaste et devient reclus,
Tout s'y pourrist ; la nonchalance
Le fait tomber en decadence.
Je le sçay : car, durant le temps
Que la puissance des parens
Me tenoit en obeïssance,
Je donnoy bien telle esperance
De moy, que j'estois le premier
Des plus gentils de mon quartier.
Mais depuis que ceste tempeste,
Amour, a pleu dessus ma teste,
Depuis que l'orage et le vent
Ont corrompu ce bastiment,
Et qu'Amour s'en est fait le maistre,
Il n'y a plus moyen d'y estre :
Il pleut partout, devant, derrière ;
Je ne suis plus qu'une goutière,
Tout est pourry, tout s'en va choir,
Et n'y a ordre d'y pourvoir,
Qui ne voudroit, pour me refaire
Dessus le premier exemplaire,
Me rebastir tout de nouveau.
Je n'attens plus que le cordeau
Pour donner trèves à ma peine.
Voici Potiron hors d'haleine.
Qui a-t-il ?

POTIRON.
Il faudroit foncer
Dix escus, pour vous annoncer
Le vray segret et la nouvelle
Qui vous tire de la cordelle
Du bourreau qui vous tyrannise.

L'AMOUREUX.
Quoy ? y a-t-il quelque surprise,

Ou quelque bon secours pour moy ?
POTIRON.
Fort bon.
L'AMOUREUX.
Je te promets ma foy,
Tu auras un accoustrement [1].
Mais dy donques.
POTIRON.
Tout promtement :
Je sçay que nostre capitaine
Est bien mort, c'est chose certaine.
L'AMOUREUX.
Il est mort ! Potiron, va, brasse,
Taille, recous quelque fallace,
Pour rompre et pour troubler la feste
Du mariage qui s'appreste.
Va, et dy qu'elle m'a promis,
Asseure qu'un de tes amis
Aujourd'huy mesme s'est fait fort
Que le gendarme n'est pas mort,
Et qu'il sera tost de retour.
Si nous pouvons passer ce jour,
Pour empescher, ou pour attendre,
La fièvre ne me peut reprendre
Estant guery de cet accès.
POTIRON.
Ainsi gaigne-t-on son procès :
Il faut gaigner mademoiselle
Ou bien d'une robbe nouvelle,
Ou d'une chaisne, ou d'un anneau,
A fin d'estre sur le bureau ;
Pratiquer un solliciteur,
Et suborner un rapporteur
De quelque chose de grand pris.
L'AMOUREUX.
Mon Dieu, que tu es mal appris !
Il n'est pas tant de rencontrer ;
Maintenant il faut inventer
Quelque chose bonne pour moy,
Quelque moyen, je ne sçay quoy,
Dy plustost qu'elle est mon espouse
POTIRON.
Il ne faut que cette ventouse

1. Habillement.

Dessus la nuque du vieillard
Pour esteindre le feu qui l'ard ;
Sans plus je crains l'aigre colère
Et l'avertin de vostre mère ;
Elle crevera de depit.
L'AMOUREUX.
Pendant j'auray quelque repit
Pour donner ordre à mon affaire.
POTIRON.
Adieu, monsieur ; laissez moy faire :
Parbieu, je m'en vais broüiller tout.
L'AMOUREUX.
Va, Janne tiendra bien le bout ;
Elle est assez fine et rusée
Pour devider ceste fuzée.

ACTE CINQUIÈME

SCÈNE I

LE CAPITAINE ; BERNARD, son valet ; JANNE.

LE CAPITAINE.
Je hay ces ames casanières,
Je hay ces ames buissonnières,
Ces soldats qui le plus souvent
N'osent mettre la teste au vent
Pour trouver la bonne fortune.
La guerre est une mer commune
Pour s'enrichir en un moment ;
Il ne faut qu'un abordement,
Un sac, un dé, une ruine ;
Il ne faut qu'une guerre encor
En France, pour se faire d'or,
Un vieil curé, un riche moine,
Un bon abbé, un bon chanoine,
Ou quelque prieur bien nourry
Pour decouvrir le pot pourry.

Bernard !
>BERNARD.
>Monsieur?
>>LE CAPITAINE.
>>>N'es-tu point las?
>>BERNARD.

Parbieu, je n'ay jambe ny bras
Qui ne perde force et vigueur,
Je n'en puis plus; mais vous, Monsieur?
>LE CAPITAINE.

J'ay fait autrefois de grans traittes,
J'ay dressé embusches segrettes,
J'ay fait des approches de nuit,
J'ay fait cent fois, oyant le bruit
Du tabourin, la sentinelle;
J'ay miné, sappé, fait eschelle,
Et, pour acquérir quelque nom,
J'ay fait à gorge de canon
A l'ennemy cent camisades [1],
J'ay donné cent harquebusades,
Cent fois j'ay couru au defaut
D'un bataillon ou d'un assaut;
Cent fois j'ay donné des allarmes,
J'ay mille fois porté les armes
Trente six heures sans dormir;
J'ay fait trembler, j'ay fait fremir
Cent fois l'ennemy en campagne,
Et en Piemont, et en Espagne;
Trois fois combattu en camp clos,
Mille fois perdu le repos,
Mille fois couché sur la dure,
A l'air, au chaud, à la froidure;
Mais je n'eu jamais tant de mal,
Fust à pié ou fust à cheval,
Que j'ay eu pour gaigner Paris.
>BERNARD.

Vos amours ne seront marris
De vous voir en bonne santé.
Monsieur, tranchons de ce costé;
Je voy porte et fenestre ensemble
De vostre cousin, ce me semble.

---

1. Attaque de nuit, qu'on nommait ainsi parce que les assaillants, pour se reconnaitre, n'y allaient qu'*encamisados*, comme dit Cervantes, dans *Don Quichotte*, c'est-à-dire ayant passé leur chemise sur leur armure.

LE CAPITAINE.

Bernard !

BERNARD.

Monsieur ?

LE CAPITAINE.

Approche-toy.

BERNARD.

Que voulez-vous ?

LE CAPITAINE.

Viença : dy-moy
Que te semble de l'entreprise ?

BERNARD.

Si la ville n'eust esté prise
Et si Dieu n'eust esté François,
Je ne fais doute que l'Anglois
N'eust forgé et mis en ballance
Les angelots[1] en nostre France,
Ainsi qu'il a fait autrefois.

LE CAPITAINE.

Viença, Bernard : depuis trois mois,
Combien monte nostre butin ?

BERNARD.

Monsieur, vous n'estes point mutin
Pour entrer premier à la brèche.
Je ne suis qu'une pique seiche,
Mais je suis toujours des premiers ;
Si l'on me trouve des derniers,
Parbieu, je veux que l'on me berne.

LE CAPITAINE.

Ouy, pour aller à la taverne,
Bernard.

BERNARD.

Ouy dea, cela s'entend.
Mais pour estre brave ou vaillant
Vous n'estes point heureux en terre.
Allez sur mer, puisque la guerre
Ne vous peut en rien secourir.

LE CAPITAINE.

Vive Poictiers pour s'enrichir !

BERNARD.

Il vous en souvient, capitaine.

1. C'était l'écu d'or anglais. Plus tard, il baissa jusqu'à ne plus valoir que quinze sous.

LE CAPITAINE.
Nous y tirasmes bien la laine[1].
BERNARD.
Ouy bien la gresse et la toison
Du troupeau de la grand'maison.
LE CAPITAINE.
Deux mille escus furent mon gain.
BERNARD.
Vous ne contez pas la nonnain
Que laissastes en ceste ville.
LE CAPITAINE.
Qu'elle est belle et qu'elle est gentille !
Mais elle est un peu huguenotte.
BERNARD.
Je croy pourtant que sous la cotte
Elle est de chair ainsi que nous :
Vous le sçavez.
LE CAPITAINE.
Vous tairez-vous,
Bernard !
BERNARD.
Il le faut bien celer.
LE CAPITAINE.
Je vous defens bien d'en parler.
BERNARD.
Il ne faut jà me le defendre.
LE CAPITAINE.
Tu sais bien que j'ay fait entendre
Qu'elle estoit de mon parentage.
BERNARD.
Mais s'on brassoit un mariage
Sans vostre sceu ?
LE CAPITAINE.
On n'oseroit.
BERNARD.
Non dea ! Et qui l'empescheroit ?
LE CAPITAINE.
Moy, parbieu !
BERNARD.
Comment ? les abbesses,
Les servantes et les professes

---

[1]. C'est-à-dire « nous volâmes. » On sait que les filous du Pont-Neuf sous Henri IV et Louis XIII s'appelaient *tireurs de laine*.

ACTE V, SCÈNE I.

De vingt et cinq ans le font bien.
LE CAPITAINE.
Est-il vrai ?
BERNARD.
Ha ! cela n'est rien ;
Vrayment, on fait bien autre chose.
LE CAPITAINE.
Paix là, Bernard, la bouche close ;
Nous en dirons une autre fois
Librement entre deux parois ;
Je te pry, voy tant seulement
Si la chausse et l'accoustrement
Et le fourreau de mon espée
Et mon escharpe bien houpée
Sont bien en poinct, à celle fin
Que je salue mon cousin
Et luy face la reverence.
BERNARD.
C'est là que dort vostre esperance,
Antoinette, vostre souci.
LE CAPITAINE.
Mais je pense que c'est ici,
Bernard.
BERNARD.
Vous estes à la porte.
Frapperay-je ?
LE CAPITAINE.
De quelle sorte ?
Je suis amy de la maison.
BERNARD.
Parbieu ! je sens la venaison.
J'ay le nez comme un vray limier ;
On fait festin : c'est mon mestier
De sçavoir si la broche tourne,
Et vrayment, si je m'en retourne
Sans souper, je veux qu'on me pende.
LE CAPITAINE.
Frappe, frappe, que l'on t'entende.
JANNE.
Qu'est-ce là qui frappe si fort ?
LE CAPITAINE.
Amis, Janne.
JANNE.
Vous avez tort.

LE CAPITAINE.
Janne, ouvrez, c'est le capitaine ;
Je suis né pour vous faire peine,
Tousjours l'avez ainsi conneu.
JANNE.
Le capitaine est-il venu ?
Comment ! on nous l'avoit fait mort.
LE CAPITAINE.
Ha ! parbieu ! l'on me faisoit tort,
Je n'y pensai onc en ma vie ;
Mais viença, Janne ; je te prie,
Va-t-il bien à nostre Antoinette ?
JANNE.
Monsieur, entrez en la sallette,
Vous la trouverez bien en point.
Vrayment, Monsieur n'esperoit point,
Ny elle, de jamais avoir
Ce bonheur que de vous revoir.
Entrez, on se va mettre à table.

SCÈNE II

JANNE.

Vray Dieu, vray Dieu, quelle meslée !
Vrayment, la feste est bien troublée,
Le brouët est bien respandu.
Si ay-je pourtant despendu
Trois francs, pour le moins, en viande ;
Sera pour festoyer la bande
Et bienveigner [1] nostre cousin.
Pleust à Dieu que nostre voisin
Fust adverti de l'avanture.
Ha ! maistre Jan, vostre monture
Ne sera pas pour ce moulin,
Et vous, resveur, vieux gobellin [2],
Vous pouvez bien chercher à paistre,
Puisque le musnier et le maistre,
Ce beau cousin, est de retour.
Antoinette, vive l'Amour !

1. Accueillir.
2. Lutin, esprit follet, suivant l'expression encore en usage chez les paysans normands.

ACTE V, SCÈNE II.

A ce coup vous serez ramée [1],
Encor que soyez reformée [2].
Cela passe legerement.
 Ouy, ouy, le simple accoustrement,
L'œil triste et la face baissée,
La coiffure mal agencée,
Couve bien une affection,
Couve bien une passion
De la chair qui nous epoinçonne ;
Mais n'y a-il icy personne
Qui puisse entendre mon propos ?
Il faut que Janne, entre les pos,
Parle de reformation.
La nouvelle religion
A tant fait que les chambrières,
Les savetiers et les tripières
En disputent publiquement ;
Janne en parle assez librement.
 Mais Potiron est-il profette ?
Il avoit dit à Antoinette,
Tout maintenant, qu'il sçavoit bien,
Et si croy qu'il n'en sçavoit rien,
Que c'estoit une chose vaine
De croire que ce capitaine
Fust mort, et par ce faux langage
Vouloit troubler ce mariage,
Et, de fait, il avoit tant fait
Que tout estoit presque defait.
Bref, nostre Monsieur est infame,
Maistre Jan demeure sans fame,
Potiron gaigne son procès,
Madame est hors de son accès,
L'amoureux est dessus les erres [3]
De pouvoir tirer hors des serres
Et des pinces de ce hobreau [4]
Les plumes de ce jeune oiseau,
Afin de se mettre en cuisine.
Je voudrois que ceste cousine,
Vrayment, et ce gentil cousin
Fussent bien loin en Limosin,

---

1. Terme de draperie qui veut dire étendre, coucher.
2. On a vu qu'Antoinette passait pour être de la religion **réformée**.
3. Les *voies du cerf*, en vénerie. Le mot est resté dans l'expression aller *grand'erre*.
4. Hobereau. Oiseau de leurre, comme le faucon, mais plus petit.

Ou en chemin de la Floride [1].
Il faut bien que Monsieur preside
A toutes ces responses fières.
Mais pour resfroidir leurs colères
Ils ne mangeront rien que froid ;
Le souper se gaste, et faudroit
Tout maintenant se mestre à table.

SCÈNE III

LE GENTILHOMME DE POICTOU, JANNE.

LE GENTILHOMME.

Ha ! que celui vit miserable
Qui a procès ! c'est un grand cas ;
Aussi tost que ces advocas
Nous ont empietez une fois,
Ils nous font rendre les abbois ;
Ceste gent farouche et rebourse
Tire l'esprit de nostre bourse
Subtilement par les fumées
De leurs parolles parfumées ;
Puis nous chasse à l'extremité
Des bornes de la pauvreté.
Ha ! que je hay ces mangereaux,
Ces chiquaneurs procuraceaux ;
Ha ! que je hay ceste vermine,
La seule et presente ruine
Et le mal commun de la France.
Mais quoy ? crever ou patience.
Il y a seulement vingt ans
Que je suis de ces poursuyvans
Qui bayent après un arrest ;
J'eusse bien gaigné l'interest
Au double de mon action,
Si quelque condemnation
M'en eust tiré premièrement.
Mais quoy ? ils sont tous de serment
De n'estranger [2] point le gibier,

---

1. On sait qu'à cette époque un certain nombre de protestants français allèrent coloniser cette contrée de l'Amérique. Jean Ribaud, qui s'y rendit le premier, était parti le 18 février 1562.
2. *Éloigner.* — On lit dans les *Mimes* de Baïf :

... J'ay mon bon Ange,
Qui jamais de moy ne s'estrange.

Ny les pigeons du colombier.
  Mais, du depuis que je traffique
Avecque messieurs, et pratique,
Aux despens de ma pauvre vie,
Comme le palais se manie,
J'ay bien connu que la Faveur
Est le rempart d'un bon plaideur.
Et pourtant, gentille déesse,
Faveur, c'est à toi que j'addresse
Mon procès, mon sac et mes quilles :
Car mes raisons sont inutiles,
Mon bien, ma peine et mon labeur,
Sans ton secours, gente Faveur ;
C'est à toy, Faveur, que je donne
Mon bien, mes vœux et ma personne.
Sans toy, je n'espère jamais
De voir la fin de mon procès,
Sans toy je n'ay plus d'esperance,
Sans toy je pers la patience :
Car c'est toy qui tiens aujourd'huy
Nostre bien et celuy d'autruy ;
C'est toy qui traites la justice,
L'église, la court, la police ;
C'est toy qui donnes les arrests,
Les honneurs et les interests ;
C'est toy qui couls et qui entame,
Qui gaigne le cœur de Madame,
Ou d'une chaisne ou d'un bassin,
Ou d'une pièce de satin,
A fin d'avoir une audiance ;
C'est toy qui soustiens la ballance
Et qui donnes le contrepois
Des ordonnances et des loix ;
Bref, c'est toy, gentille Faveur,
Qui d'un maquereau et hableur,
D'un sot, d'un bouffon, d'un plaisant,
Fais un monsieur le suffisant,
Qui, d'une humeur outrecuidée
Et d'une langue marchandée,
Feroit rougir les mieux appris ;
C'est toy qui emportes le pris
Dessus les vertus de ce monde.
Et pourtant en toy je me fonde,
Et pense que ces jours passés
Tu auras vuidé mon procès :

Car je l'ay porté des chandelles.
J'en sçauray tantost des nouvelles,
Car je vais chez mon rapporteur
Pour en sçavoir ; si j'ay cest heur,
J'aurai gaigné avec l'attente
Sept ou huit cens livres de rente,
Sans les depens qui m'escherront ;
S'ils sont taxez, ils monteront
A grans deniers, je le sçay bien ;
Mais ce pendant je ne fais rien,
Et s'en va tard ; or pour ce soir
Il suffit faire le devoir,
Et faire entendre seulement,
En suyvant l'advertissement
De la lettre que j'ay reçeuë,
L'heure et le temps de ma venuë,
Afin qu'il entende la traitte,
En moins de trois jours, que j'ay faitte
De Poictiers, où est ma maison ;
Puis, s'il se trouve venaison,
Demain je luy en porteray.
Je sçay bien que j'en trouveray :
A Paris, tout pour de l'argent.
Il vaut mieux frapper hardiment,
Voicy la porte.

JANNE.
Qui est là ?
LE GENTILHOMME.
Ouvrez, m'amie, ouvrez, holà.
JANNE.
Je ne veis jamais tant de gens.
LE GENTILHOMME.
Dites, Monsieur est-il ceans ?
Je luy veux donner le bon soir.
JANNE.
Entrez.
LE GENTILHOMME.
Il sera de me voir
Bien fort aise, je m'en asseure.
JANNE.
Vous arrivez à la bonne heure,
Il est prest de se mettre à table,
Entrez. Ha ! pauvre miserable,
Pauvre plaideur mal advisé !
Pensez comme il sera traitté

Maintenant de nostre Monsieur,
Il est en son grand crevecœur ;
Vrayment, il pouvoit bien attendre
Jusques à demain, pour entendre
Des nouvelles de son procès.
Il l'a surpris en son accès,
Et son clerc en sa chaude colle.
Mais, mon Dieu, ne suis-je pas folle
De muser si long-temps icy ?
Mon rost se gaste, et puis voicy
Maistre Jehan qui souffle et soupire.
Par ma foy, j'ay tant faim de rire
Que je n'ose pas l'accoster ;
Pource il vaut mieux me retirer
Secrettement en ma cuisine :
Car je voy ceste bonne mine
De Potiron, qui luy tiendra
Compagnie et qui l'attendra,
Mais pour se mocquer seulement.

SCÈNE IV

POTIRON, MAISTRE JEHAN.

POTIRON.

Et bien, maistre Jehan, quoy ? comment
Vous va, monsieur le marié ?

MAISTRE JEHAN.

Parbieu je suis bien allié !
Ha ! vertubieu du mariage !

POTIRON.

Qui a-t-il ?

MAISTRE JEHAN.

Ha ! parbieu, j'enrage ;
Je meurs et crève de despit.

POTIRON.

Quoy ! n'y a-t'il point de respit
Pour passer ceste chaude allarme ?

MAISTRE JEHAN.

Comment ? c'est ce vaillant gendarme
Ce brave soldat de Piemont,
Qui tranche là du rodomont ;
Et diriez, oyant son langage,

Qu'on luy a fait un grand outrage
D'avoir eschangé le vouloir
D'Antoinette, et de la pourvoir.
####### POTIRON.
Parbieu, Monsieur vaut bien Madame !
####### MAISTRE JEHAN.
Je n'ay que faire d'une femme,
J'en trouve trop pour de l'argent.
####### POTIRON.
Mais quoy ? cela n'est pas urgent
Pour refuser si bon parti.
####### MAISTRE JEHAN.
Vrayment, je serois bien sorti.
Comment ? la petite affetée
Est là devant ses yeux plantée,
Sans faire semblant de sçavoir
Qui je suis, et diriez à voir
Sa contenance et grace bonne,
Qu'ell' ne conneut jamais personne.
####### POTIRON.
Rusée et ingrate, vrayment,
Qui cèles le bon traitement,
Que tous ensemble t'avons fait.
####### MAISTRE JEHAN.
Monsieur est là, qui contrefait,
Au coin de nostre cheminée,
Une vieille idole enfumée,
Tout transi et tout esperdu,
Et diriez qu'il est descendu
Soudain quelque esclat de tonnerre,
Qui l'a mis et rué par terre.
####### POTIRON.
Et mon bon maistre, que fait-il ?
####### MAISTRE JEHAN.
Il est gaillard, il est gentil,
Et me semble qu'il soit bien aise
De ce trouble et de mon mal aise.
####### POTIRON.
Ouy, comme s'il y pretendoit
Quelque interest, ou s'il avoit
Envie de se marier.
####### MAISTRE JEHAN.
Tu sçais bien qu'il m'a fait prier
Par toy mesme de me distraire,
De ne poursuivre cest affaire,

Et de chercher autre parti.

POTIRON.

Ouy bien ; mais il fut adverti
Que vous faisiez l'opiniâtre.
Mais quoy ! se veulent-ils combattre
Là dedans ? dites, maistre Jan.

MAISTRE JEHAN.

Je meurs de destresse et d'ahan.

POTIRON.

Et de Madame, quelle chère ?

MAISTRE JEHAN.

Madame est là qui, de colère
Ou de peur, n'ose dire mot.

POTIRON.

Et ce bragard[1], ce maistre sot
Se courrouce et fait là le brave ?

MAISTRE JEHAN.

Ny sa colère, ny sa bave[2],
Parbieu, ne m'espouvante en rien.

POTIRON.

Maistre Jan, il vous oira bien.

MAISTRE JEHAN.

Je ne le crains ny mort, ni vif,
Je n'ay pas le cœur si craintif,
Or que je n'ais que l'escritoire,
Que j'aye peur de sa colère :
Son vallet l'a battu cent fois.

POTIRON.

Mais où allez-vous ?

MAISTRE JEHAN.

Je m'en vois.

POTIRON.

Quoy ! n'entrer d'aujourd'huy leans ?

MAISTRE JEHAN.

Il fait le maistre là dedans,
Et diriez, à voir baguollet[3],
Que Monsieur n'est que son vallet
Et Madame sa chambrière.
Adieu.

1. Vain, glorieux; c'est encore aujourd'hui l'anglais *braggard*.
2. Bavardage.
3. Ce bavard. Dans le *Moyen de parvenir*, on trouve *bagouher* pour bouche. Les mots *bagou* (bavardage) et *débagouler* en viennent.

POTIRON.
Mais trèves de colère,
Ma foy, vous attendrez un peu
MAISTRE JEHAN.
Nonferay, je quitte le jeu.
POTIRON.
Mais, vrayment, il est impossible
Que tout ne se face paisible
Par quelque bon appointement
Qui surviendra soudainement
Sans y penser ; il s'en va tard.
MAISTRE JEHAN.
Quant à moy, j'en quitte ma part,
Je m'en vais, je n'y veux point estre.
POTIRON.
Paix, maistre Jehan, voicy mon maistre,
Qui nous dira toutes nouvelles.
Vrayment, vrayment, elles sont telles
Qu'il les desire, je le voy ;
Son marcher porte ne sçay quoy
De gaillard, je le connois bien.

SCÈNE V

L'AMOUREUX, POTIRON, MAISTRE JEHAN.

L'AMOUREUX.
Quoy ? y a-t-il homme en ce monde
Qui vive plus heureux que moy,
Ne plus content aujourd'huy ? Quoy,
Les dieux m'ont donné, ce me semble,
Tant d'heur et tant de bien ensemble
Que je me peux bien contenter
De ma fortune, et me vanter
Que j'ay conquis presque de rien
Cent fois plus d'heur et plus de bien
Que je n'eus oncques d'esperance.
POTIRON.
Quelle nouvelle esjouissance ?
Quoy ? qu'y a-t-il ?
L'AMOUREUX.
Ha ! Potiron,
Seul tu m'as donné l'esperon

ACTE V, SCÈNE V.

Pour galopper ceste entreprise.
POTIRON.
Mais quoy? la beste est-elle prise?
L'AMOUREUX.
Mais toy, sçais-tu comme je suis
Tant heureux que dire ne puis
L'aise que j'ay dedans mon cœur?
Sçais-tu bien que tu es l'autheur
Et le seul moyen de ma vie?
MAISTRE JEHAN.
La querelle est-elle finie?
Dites, je vous supply, Monsieur?
L'AMOUREUX.
Maistre Jehan, je suis le seigneur
Et le mary à Antoinette.
POTIRON.
Comment?
L'AMOUREUX.
Tu as esté profette.
MAISTRE JEHAN.
Est-il vray?
L'AMOUREUX.
Comme il n'est qu'un Dieu.
POTIRON.
Je ne puis entendre le jeu
Si ne parlez plus clairement.
L'AMOUREUX.
Faut entendre premièrement,
Pour bien sçavoir tout le fait, comme
Tout maintenant un gentilhomme
De Poictou est venu leans.
POTIRON.
Je l'ay veu n'y a pas long-temps
Ainsi qu'il frappoit à la porte.
MAISTRE JEHAN.
Vous m'estonnez de telle sorte
Que je ne sçay presque où j'en suis.
L'AMOUREUX.
Aussi c'est un vray songe.
POTIRON.
Et puis?
L'AMOUREUX.
Comme il parloit de son affaire
A monsieur l'advocat, pour faire
Taxer les despens d'un procez

Qu'il a gaigné ces jours passez,
De bien huict cens livres de rente...
          POTIRON.
Cela n'a raison apparente
Qui en rien touche nostre fait ;
Vous resvez.
         L'AMOUREUX.
           Si tost qu'il eut fait,
Il veit et contemple la grace
D'Antoinette, ses yeux, sa face,
Sa taille, ses mains et ses dois ;
Et, la regardant à deux fois,
La remarque d'une brusleure
Qu'elle a sur l'œil ; lors il asseure,
Après s'estre bien enquesté
Du capitaine, et éventé
Tout le fait, que ceste Antoinette
Estoit sa fille, et la pauvrette
Soudain commence à resentir
Le vray sang qui ne peut mentir,
Blesmit, rougit, et le bon père
A peine, à peine, se modère
De se pasmer en la baisant.
         MAISTRE JEHAN.
S'il est vray ce qu'il va disant,
C'est bien le cas le plus estrange,
C'est bien le plus nouvel eschange
Qui jamais fut dit ny pensé.
          POTIRON.
C'est bien le mieux encommencé
Pour agencer bien proprement
Le plus vray semblable argument
De la meilleure comedie
Que je vis oncques en ma vie.
Mais dites comme elle est tombée
Entre les mains de ce soldard.
         L'AMOUREUX.
Ce bon père, ce bon vieillard,
Voyant trop griefvement chargée
Sa maison de trop de maignée,
Mist sa fille en religion
Pour y faire profession,
Comme elle a fait depuis sept ans.
Mais, depuis que ce fascheux temps
A mis en nostre pauvre France

Et le trouble et la violance ;
Depuis que ce monde nouveau
A changé de poil et de peau,
Qu'un d'homme de bien et qu'un certes
Ont rendu nos villes desertes,
Ceste fille, à ce premier vent,
Laissa l'habit et le couvent,
Et suit l'opinion nouvelle.
Prenant l'habit de damoiselle,
Pour se mettre au rang des premiers
Se trouva au sac de Poictiers,
Où de malheur elle fut prise
Comme prisonnière, et puis mise
Entre les mains de ce soudard,
Qui commandoit ; puis le hazard
Le contraignit de retourner
Tost au Havre, pour y mener
Des soldats qu'il va ramassant
Çà et là, et puis, en passant,
Pressé, laissa en ceste ville
De Paris ceste jeune fille
Entre les mains de ce cousin.

POTIRON.

Je vous pry, que dit le voisin,
De ceste nouvelle avanture ?

L'AMOUREUX.

Mais ceste pauvre créature
De maistre Jehan ?

MAISTRE JEHAN.

   Je pense bien
Que ce que vous dites n'est rien,
Et que ce sont choses resvées
Ou bien mensonges controuvées :
Et qui diable le croiroit ?

L'AMOUREUX.

Ha ! vrayment, qui ne le verroit,
Il seroit difficile à croire.

POTIRON.

Mais achevez vostre memoire :
Et bien, en fin, qu'ont-ils conclu ?

L'AMOUREUX.

Ce gentilhomme a resolu,
Après avoir sceu d'Antoinette
Et de moy l'amitié secrette,
En presence de l'assistance,

Ayant obtenu la dispense
Du Père saint premierement,
Qu'on obtiendra pour de l'argent,
De luy faire grand advantage
Si je la prends en mariage ;
De fait s'oblige à me bailler
Un office de conseiller,
Ou quatre cent livres de rente.

POTIRON.

Parbieu, vous avez gaigné trente
Sur la partie, je le voy ;
Vous tous y gagnez, fors que moy,
Qui a demeslé l'escheveau.

L'AMOUREUX.

Tu auras part à mon gasteau,
Ouy, Potiron, je t'en asseure.

POTIRON.

Mais que je vive, je n'ai cure
De m'enrichir d'un plus grand bien.
Un accoustrement, et puis rien :
Sera pour dancer à la feste.

L'AMOUREUX.

Ha ! Potiron, que tu es beste !
Il laisse à Monsieur les despens
Du procès, cent escus contens,
Pour les espingles de Madame.

MAISTRE JEHAN.

Et moy, qui ay perdu ma femme,
Qu'auray-je pour mon interest ?
J'ay le double de mon arrest.
Il faut bien que j'ays quelque chose.

L'AMOUREUX.

Sa bourse ne vous sera close.
Il a desjà parlé de vous.

MAISTRE JEHAN.

Mais comment ?

L'AMOUREUX.

Conclu entre tous
De vous donner ou un office,
Ou vous laisser le benefice
Que sçavez, à fin d'en jouir.

MAISTRE JEHAN.

Cela me fait tout resjouir.

POTIRON.

Mais que devient ce capitaine ?

L'AMOUREUX.
Ce bon gentilhomme l'emmeine,
Luy promettant de luy donner
Sa niepce, à fin de l'espouser,
Et une place de gendarme.
POTIRON.
Il ne fut onc en tel allarme,
Ny si chaud, s'il veut dire vray.
MAISTRE JEHAN.
La pauvre Janne, dites-moy
Qu'aura-t-elle?
L'AMOUREUX.
   L'accoustrement
D'Antoinette.
POTIRON.
  Vrayment, vrayment,
Elle a merité doublement,
Jamais ell' ne vous fut contraire.
L'AMOUREUX.
Elle a conduit tout notre affaire
Avecque toy, je le sçay bien.
POTIRON.
Ouy, ouy, vrayment, je sçay combien
Elle a servi à la conduite
De ceste amoureuse poursuite.
MAISTRE JEHAN.
Tout ceci est vray?
L'AMOUREUX.
   Pour le seur.
Mais je vais haster mon tuteur,
Pour contracter le mariage
Et assigner sur mon partage
Le douaire qu'on luy veut donner.
MAISTRE JEHAN.
Je n'oserois y retourner,
De peur qu'on se mocquast de moy.
POTIRON.
Parbieu, je meurs si je ne voy
Monsieur avec un pié de nez,
Et ce soldat, ce Piémontez,
Retiré comme un limaçon.
MAISTRE JEHAN.
D'Antoinette, elle a la façon
Fort gentille et fort asseurée.

POTIRON.
Je crains qu'ell' ne soit trop rusée,
Et que soyons de ces maris...
MAISTRE JEHAN.
Faits à la mode de Paris.
POTIRON.
Entrons ensemble librement ;
J'y peux bien entrer, maintenant
Que la querelle est accordée ;
Puis je sens d'icy la fumée
Du rost; on souppe, je le sens.
Je vous prirois d'entrer ceans
Si la salle estoit assez grande ;
Mais à Dieu je me recommande,
Ce sera pour une autre fois.

FIN DE LA RECONNUE.

NOTICE SUR PIERRE DE LARIVEY

On ne sait quelque chose d'un peu certain sur ce Champenois que par son compatriote le Troyen Pierre Grosley. Il en parla d'abord, en 1774, dans ses *Mémoires historiques et critiques sur l'Histoire de Troyes* ; il y revint en 1779 dans un article du *Journal Encyclopédique*, puis il se compléta dans une note définitive que publièrent, en 1812, les éditeurs de ses *Œuvres inédites*, et qui va nous guider.

Grosley nous dit d'abord que Pierre de Larivey était chanoine de Saint-Étienne de Troyes. On serait tenté d'en douter quand on lit la moitié au moins de ce qu'il écrivit, notamment son théâtre ; mais la preuve s'en trouve au titre de l'un des livres édifiants, qu'il faisait, par cas de conscience, alterner avec les autres : *l'Humanité de N.-S. Jésus-Christ...*, traduit de l'italien, dit le titre, par P. de Larivey, chanoine de Troyes ; le privilége ajoute : « en l'église royale et collégiale de Saint-Estienne. »

Il était, toujours d'après Grosley, de famille italienne, ce qui explique la nature de ses œuvres. Les Giunti, imprimeurs célèbres de Venise et de Florence, étaient ses parents. Il serait né de l'un d'eux venu à Troyes, soit pour y faire la banque, soit à la suite de quelque artiste de l'école de Michel-Ange. Son nom de Larivey, où *l'arrivé*, ne serait même qu'un déguisement transparent de cette origine, une traduction, d'ailleurs fidèle, de *Giunto*, ce qui le prédestinait singulièrement à ne faire plus tard qu'œuvres de traducteur.

Ces noms traduits étaient d'usage alors et même d'obligation. L'édit de 1539 ayant exigé que dans les actes passés en France tout serait en français, on y traduisait jusqu'aux noms étrangers, quand ils avaient un sens traduisible, comme ici, ou bien on les francisait par une altération quelconque de leur forme étrangère.

Ce que Grosley ne nous dit pas, c'est quand Pierre de Larivey naquit ; ce dut être de 1535 à 1540. Son confrère, le chanoine Thorelot, qui mit un sonnet en tête de sa traduction de l'*Humanité*, en 1604, ne l'y aurait pas en effet appelé « vénérable vieillard », s'il avait eu alors moins de soixante-cinq à soixante-dix ans.

Son premier livre fut des plus gaillards, quoique déjà il dût être d'église : c'est la traduction du second livre des *Nuits de Straparole*, dont le premier avait été traduit, en 1560, par Jean Louveau. Il parut en 1573, avec l'humble préface qui convient à tout noviciat d'auteur : « Je te le présente, dit-il au lecteur, comme les premières arrhes de ma bonne volonté envers toi, t'asseurant que si ce commencement de mes labeurs te plaist, je te feray en bref jouyr de quelque chose de meilleur et de plus sérieux. »

Cinq ans après, continuant pour n'y plus avoir de cesse son butin, « sa picorée, » à travers les livres d'Italie, il donna en français un choix des *Discorsi degli animali* de Firenzuola et de la *Moral filosofia* de Doni, sous ce titre : *Deux Livres de filosofie fabuleuse.*

Les Six premières comédies facétieuses parurent deux ans plus tard, en 1579. Il y avait, comme il le dit, été « aiguillonné » par ses amis François d'Amboise, à qui il les dédia, et G. Le Breton, l'un et l'autre experts au métier : G. Le Breton, comme auteur de quatre tragédies, et F. d'Amboise, d'une comédie, *les Néapolitaines*, qui viendra plus loin.

Larivey ne s'était pas targué de beaucoup plus d'originalité que dans ce qu'il avait auparavant publié. Là encore il n'avait été que traducteur, mais avec moins de dépendance et, aussi, de sincérité. Assez fidèle pour le dialogue, ne le francisant que par quelques détails locaux et surtout par des proverbes et dictons du cru substitués aux proverbes et dictons italiens, il prenait avec le reste d'assez grandes libertés de fantaisie. Par déférence pour son public, il dépaysait la pièce, déplaçait le lieu de la scène, et la lui transportait d'Italie en sa ville même. Si une scène le gênait, il la biffait. Même pour des rôles entiers, il n'avait pas plus de respect. Il en a supprimé bon nombre, surtout de femmes, pour lesquels sans doute il était plus difficile de trouver des interprètes.

Ses comédies furent jouées en effet, à Troyes ou ailleurs, et de son temps, presque aussitôt après la publication. On n'en doute pas, quand on a lu le sonnet que lui adressa le chartrain Guillaume Chasble, l'année suivante, en tête d'une autre traduction.

Le titre du recueil, où Larivey les donnait comme faites à « l'imitation des anciens Grecs, Latins et Modernes italiens », était un aveu que la dédicace à François d'Amboise étendait encore : « Ce mince petit ouvrage, y disait-il, est basty à la moderne, et sur le patron de plusieurs bons auteurs italiens, comme Laurent de Médicis, père du pape Léon dixième, François Grassin, Vincent Gabian, Jérosme Razzi, Nicolas Bonnepart, Loys Dolce. »

En ce peu de mots et cette liste de noms, la déclaration est complète, toute brève qu'elle paraisse. Il n'y manque pas un seul des six auteurs auxquels les six pièces sont prises. Il n'a plus fallu que trouver, ce que Larivey dissimule un peu trop, quelles sont parmi leurs comédies celles qui lui ont servi pour son recueil.

M. Pierre Jannet a fait cette recherche avec le plus grand soin et le plus rare bonheur, dans la préface de son édition de Larivey pour la *Bibliothèque Elzévirienne,* et, depuis lors, M. Émile Chasle dans sa thèse, *la Comédie en France au XVI⁰ siècle*, M. Alph. Royer, au tome I⁰ʳ de son *Histoire universelle des Théâtres*, ont confirmé, et celui-ci, en quelques points, éclairé ses découvertes. Nous n'avons donc qu'à y prendre sans presque rien ajouter.

Laurent de Médicis, que Larivey nomme le premier, et qui n'est pas, comme il le dit, Laurent le Magnifique, mais Lorenzino de Médicis, lui a fourni toute sa pièce des *Esprits*, avec son *Aridosio*, connu dès 1521 en Italie. Son seul travail a été de tout traduire, sauf le prologue, qu'il a refait, sauf encore un rôle, Livia, qu'il a supprimé, et un autre, le prêtre Giacomo, que par déférence sans doute pour sa propre robe de chanoine, il métamorphosa en maître Josse, le sorcier [1].

A François Grassin (Francesco Grassini) il prit sans changement que de langage, et sans autre suppression que celle des intermèdes et des deux prologues, *la Gelosia*, qui datait de 1551, et il en fit son *Morfondu*. Vincent Gabian (Vicenzo Gabbiani) lui prêta ses *Gelosi*, imités de l'*Andrienne* et de l'*Eunuque* de Térence, et qui couraient l'Italie depuis 1545; il en tira mot pour mot, du titre à la dernière ligne, en n'émondant que quelques comparses, sa comédie des *Jaloux*. De la *Cecca* de Girolamo Razzi, connue dès 1563, il fit, sauf le titre qui devint *les Escolliers*, une traduction pure et simple.

La Veuve ne lui coûta pas plus de peine : il n'eut besoin que d'habiller à la française, avec quelques fanfreluches de moins, la *Vedova* de Nicolas Bonnepart [2], qui n'est autre qu'un des ancêtres de notre ex-dynastie régnante, Nicolo Buonaparte, « cittadino florentino, » comme dit le titre de l'édition de 1568, et dont le neveu Jacopo Buonaparte, « gentilhomme », fit une relation du *Sac de Rome* par le connétable de Bourbon, en 1527, qu'un de ses descendants, qui fut Napoléon III, traduisit en un petit volume, publié à Florence en 1830.

Enfin Loys (*Ludovico*) Dolce fut mis à contribution par Larivey pour les cinq actes du *Laquais*, traduction textuelle, mais raccourcie vers la fin, de sa comédie du *Ragazzo*, publiée dès 1539.

Après cette débauche de traductions comiques, où la décence avait eu fort à souffrir, notre chanoine trouva bon

---

[1]. Dans l'*Aridosio*, ce « Giacomo pretre » est le plus abominable drôle qu'on puisse voir. Il y est ainsi qualifié : « *Maggior caccia diavoli non è in Toscana.* »

[2]. Il y changea aussi les noms, comme dans ses autres pièces : Hortensia, *cortiziana*, s'appela Clémence, et Papera, *la ruffiana*, s'appela Guillemette. — En 1803, à la veille de l'Empire de Napoléon Bonaparte, Molini publia une nouvelle édition de la *Vedova* de Nicolo Buonaparte.

de se purifier par un peu de philosophie et de piété. Il n'y perdit pas de temps. L'année qui suivit, il publia chez Abel L'Angelier, à Paris, la *Philosophie et institution* d'Alexandre Piccolomini, mise en français, et dédiée au conseiller du roi, Pardessus, chez lequel et à ses dépens, « ce grand politique Piccolomini avait appris la langue française. » Le volume n'a pas moins de 900 pages de sagesse ; Larivey ne se marchandait pas la pénitence. C'était pour se donner le droit de pécher encore. Vers le même temps il préparait chez L'Angelier une édition complète de Straparole : le premier livre traduit par Louveau, et qu'il corrigea, sans le purifier ; et le second, qu'il avait déjà publié lui-même. Si un ouvrage exigeait du repentir, c'est celui-là. Larivey ne se le marchanda pas plus qu'après son théâtre, mais le fit bien davantage attendre. Ce n'est que plusieurs années après cette publication licencieuse qu'il s'en nettoya par une traduction morale, celle de *Divers Discours* de Laurent Capelloni, en 1595. Huit ans après, en 1603, il donna encore, coup sur coup, comme supplément de pénitence, la traduction de l'*Humanité de Jésus-Christ*, par P. Arétin, sans dire le nom de l'auteur pour n'en pas compromettre la pureté ; puis les *Veilles de Barthélemy Arnigio*, de la *Correction des Coustumes*, la *Manière de vivre*, etc.

Lui-même vivait, malgré le contraste de ces écrits si mêlés, avec toute l'édification d'un chanoine honnête et pratiquant. Son église, qui possédait une côte de saint Aventin, ayant bien voulu s'en dessaisir pour une autre paroisse moins riche en reliques, c'est lui-même qui en fit la translation, et dressa pieusement le procès-verbal.

Il avait ainsi assez d'avance sur le péché, je veux dire le théâtre, pour y pouvoir revenir. Il y revint.

Le mot « premières », mis en tête de ses comédies, avait toujours indiqué que d'autres devaient suivre. Pourquoi n'avaient-elles pas suivi ? où étaient-elles ? Après l'effet peu édifiant de son recueil, Larivey les avait cachées, puis oubliées. Longtemps, bien longtemps, trente-deux ans plus tard, un jour qu'il lui avait pris envie « d'agencer un peu de livres » qu'il avait en son « estude, » il les retrouva « mal en ordre, et ayant quasi leurs habits entièrement rompuz et deschirez, dont luy prit grande compassion. »

Sur six qui étaient là, comme dans le premier volume, et toutes prêtes depuis si longtemps pour un second, il en prit trois qu'il fit imprimer sous ses yeux, et qu'il dépêcha bien vite à son ami Fr. d'Amboise, parrain et protecteur des premières, le priant de leur être propice, comme à celles-ci, et de leur ouvrir la route dans la grande ville : « N'ayant ici, dit-il, parlant de Troyes, la puissance de les défendre des brocards et des médisants. »

Elles parurent en 1611. La première était *la Constance*, traduite presque textuellement de la *Constanza* de Razzi, dont, on l'a vu, il était déjà le contribuable ; la seconde, *le Fidèle*, reproduisait complétement, y compris le prologue, le *Fedele* de L. Pasqualigo. Enfin la troisième, *les Tromperies*, n'était pas un emprunt moins flagrant, déjà signalé par Grosley, qui fut même ainsi sur le point d'éventer tous les autres. « A juger, dit-il, de toutes ses comédies par celle des *Tromperies*, la dernière des trois publiées en 1611, ce seraient de simples traductions de l'italien. Ces *Tromperies* offrent une traduction littérale de *Gl' Inganni* de Nicolo Secchi, imprimés en 1562 par les *Giunti*. Larivey a rendu la pièce avec toutes ses longueurs et ses obscénités, se contentant pour dépayser ses lecteurs de transporter à Troyes le lieu de la scène. » Ce qui est vrai.

Grosley, en nommant les Giunti qui imprimaient à Florence ces *Inganni*, que leur parent francisé traduisait à Troyes, nous donna l'idée de rechercher si parmi les pièces traduites il n'en était pas d'autres sorties des mêmes presses : sur neuf, cinq en viennent. De ce qu'elles avaient été publiées et peut-être payées par des imprimeurs de sa famille, de qui sans doute il les tenait, Larivey les croyait siennes, et en usait comme de son bien.

Après cette publication de 1611, on perd sa trace. Il est probable qu'il mourut cette année même ou la suivante.

LES ESPRITS

COMÉDIE PAR PIERRE DE LARIVEY, CHAMPENOIS

1579

PROLOGUE

Que nostre aage se vante tant qu'il luy plaira de l'esprit et sçavoir de ses nourrissons, et se glorifie en son erreur et vaine persuasion, si est-ce que je diray tousjours que nos devanciers ont esté tant ingenieux en leurs estudes, et sceu si bien dire et faire, qu'il nous est impossible pouvoir parfaictement faire ou dire aucune chose, sinon ce qui a esté dict ou faict par eux : car, tout ainsi qu'un sculpteur ou peintre ne peut graver ou pourtraire aucune figure dont il puisse acquerir honneur, si premierement il ne void les modeles et patrons antiques desquels il forme sa figure, ainsi nous ne pouvons faire aucune chose qui soit belle, si, comme en un mirouer, nous ne nous representons ceste antiquité. Voylà pourquoy l'auteur, pensant à toutes ces choses, mesmes que Plaute et Terence ont esté grands imitateurs (car l'un a suivy Epicarme [1], et l'autre Menandre), et que ce luy seroit une trop grande presomption, voire expresse ignorance, si encor il ne suyvoit les traces de ceste sacrée antiquité, il a faict ceste comedie à l'imitation et de Plaute et de Terence ensemble [2]. Or, j'espère qu'elle vous plaira, pour estre toute plaine de variables humeurs, affections, plaisirs et passions. A ceste cause, Messieurs et Dames, vous nous ferez ceste faveur de vous tenir chacun en vos places, et de ne parler d'encherir le pain, ny si ces prochaines vendanges nous aurons bonne vinée ; de ne discourir aussi des armées qui se voyent en l'air, des monstres qui naissent sur la terre, ny si la Flandre sera bien tost paisible [3] et si le nombre moindre commandera encor long temps au plus grand, par ce que demain matin, vous pourmenant en la salle du Palais, vous en pourrez deviser plus commodement et à loisir. Au reste, l'autheur a pensé que ce seroit chose superflue vous reciter l'argument, parce que, d'acte en acte, la comedie vous le declarera. A Dieu je me recommande.

1. Plaute, en effet, a beaucoup pris d'Epicharme, qui importa la comédie grecque à Syracuse.
2. Larivey s'est inspiré de l'*Andrienne* de Térence pour les caractères des deux vieillards : l'un grondeur et sévère pour son fils, que ses rigueurs font mal tourner ; l'autre, tolérant au contraire, et qui maintient son fils dans le bien par cette tolérance même. Il a pris de Plaute, pour son commencement, une situation de la *Mostellaria*, employée depuis par Regnard dans le *Retour imprévu*, puis plusieurs scènes de l'*Aululatia*. Ce qu'il n'avoue pas, ce sont ses emprunts plus nombreux à l'*Aridosio* de Lorenzino de Médicis, dont sa pièce n'est guère qu'un arrangement en français.
3. A l'époque où parut cette pièce, on était au plus fort de la révolte des Flandres contre l'Espagne.

PERSONNAGES

HILAIRE, viellard.
ELIZABET, sa femme.
FRONTIN, serviteur de Fortuné.
URBAIN, amoureux.
RUFFIN, maquereau.
FORTUNÉ, amoureux.
DESIRÉ, amoureux.
SEVERIN, viellard.
M. JOSSE, sorcier.
PASQUETTE, servante.
GERARD, viellard.

ACTE PREMIER

SCÈNE I

HILAIRE, viellard; ELIZABET, sa femme.

HILAIRE.

Ce que je dis est vray. Et vous asseure que la plus part des meurs et coustumes de la jeunesse, soient bonnes ou mauvaises, procedde de leurs pères et mères, ou de ceux qui en ont la charge.

ELIZABET.

Oy bien pour le regard des pères et precepteurs, mais non quant aux mères, parce qu'estans femmes, elles ont autant petite part en cecy comme aux autres choses du monde.

HILAIRE.

Le contraire de ce que vous dictes se void ordinairement, et que les femmes ont plus de puissance sur leurs enfans que les pères, et non seulement sur leurs enfans, mais encores sur leurs mariz. Et pour n'en chercher les exemples plus loin, souvenez-vous comme mon frère Severin et moy, qui avons esté eslevez d'un mesme laict, en mesme temps, par mesmes père et mère, et mariez en mesme saison, duquel mariage il a eu trois enfans : Urbain, Fortuné et Laurence, et nous pas un, puis qu'il plaist à Dieu, commança deslors à devenir chiche, tacquin, avare, et tel que le voyez, et moy, au contraire, me suis tousjours maintenu en ma première façon de vivre, qui me fut laissée par mon père; qui me faict penser que de ce changement on ne peut alleguer autre occasion que sa femme, qu'avez cogneue si mauvaise, chiche, fascheuse, revesche, et tant meschante que jamais mon frère ne fut plus heureux que quand elle eut la terre sur le bec, combien qu'il luy fust advis avoir faict une grande perte, d'autant qu'il s'estoit desjà accommodé à ses conditions.

ÉLIZABET.

O mal'heureux sexe, puis qu'à vostre compte les pauvres femmes sont causes de tous maux, et ne bienheurent jamais une maison que par leur mort!

HILAIRE.

Qui voulez-vous donc qui ayt ainsi gasté le bon naturel de mon frère, et qui de liberal l'ayt faict si mecanique? Vous sçavez comme il a vescu jusques icy, à raison dequoy je remercie la fortune qui luy a plustost qu'à moy envoyé ce malencontre, car je me souviens que mon père a plusieurs fois doubté s'il vous devoit donner à mon frère ou à moy. Toutesfois, il se resolut en fin si bien que j'ay occasion de m'en louer. Et s'il a eu trois enfans, il n'en a plus que deux, parce que, voyant que n'en avions point, il nous a donné Fortuné, son plus jeune, que nous entretenons, aymons et caressons comme s'il estoit de nous deux, et peut-estre d'avantage, pource que vous ny moy n'avons eu de luy les peines et travaux que donnent les enfans quand ils sont petitz.

ÉLIZABET.

Ne dictes pas cela, car ce ne sont peines, mais plustost (comme je pense) des gaillars soucis de faire passer et evanouyr les chagrins et fascheries qui accompagnent la viellesse, et rends graces à Dieu de ce qu'il luy a pleu nous adresser ce jeune gars, pource que (si l'amitié que je luy porte ne me deçoit) j'espère que quelque jour il sera le baston de nostre viellesse. Toutesfois, Hilaire, mon amy, il me semble que ne luy devez tant lascher la bride sur le col que ne le puissiez après retenir comme vous voudrez. Vous luy laissez si librement faire ce que il veult, que il n'a maintenant soing d'autre chose que de faire l'amour et aller à la chasse ; qui me faict craindre qu'ayant passé l'ardeur de sa jeunesse, il ne se repente un jour d'avoir en vain despendu son temps, et se plaigne de vous, qui n'y avez pourveu quand en aviez la commodité.

HILAIRE.

Je m'esmerveille de vous et de tous ceux qui pensent les enfans se pouvoir retirer de leur naturelle inclination ou par force ou par menaces, car je vous advise que, si je voulois empescher Fortuné de se recreer et prendre ses plaisirs, qu'il en feroit cent fois pis ; mais il faut que, luy permettant une legère chose où il a son cœur, je lui deffende toute autre de consequence, l'accoustumant ainsi à m'obeyr, non par force, mais par amour ; car quiconque faict bien par crainte, le continue autant longuement qu'il pense qu'il sera sçeu, et faict secrettement le mal quand il en peut avoir la commodité. Voyez Urbain, contre lequel son père a tousjours le poing levé, le tenant ordinairement aux champs avec une sienne sœur, affin qu'il ne despende et hante en la ville, où il dict que sont les compagnies desbauchées et la licence de mal faire : neantmoins il n'y a pas long temps qu'il est venu en ceste ville, où, comme j'ay entendu, il a mis la moitié du peuple en tumulte, pour avoir desbauché une fille d'icy près, et faict assés d'autres choses pires beaucoup que ce que faict Fortuné, d'autant qu'il est necessaire que la jeunesse ayt son cours. Si donc c'est une necessité, combien est-il meilleur les accoustumer à craindre d'offenser leur père, et rougir en eux-mesmes s'ils font choses vilaines et deshonnêtes, que autrement ? Toutesfois, Severin pense que, pour le tenir aux champs, il perdra l'envye de despendre et faire beaucoup de folies. Et je sçay tout le contraire, et que sans beaucoup de respect il faict et l'un et l'autre, tandis que le bon homme, poussé d'une extrême avarice, se tue le cœur et le corps pour amasser, labourant ses terres lui-mesme de ses propres mains. Mais s'il sçavoit que de nuict il vient à Paris, ou qu'il despendist[1] un liard, il se

---

1. Dépensât.

pendroit. Et voilà comme ils vivent tous malcontans, jusques à ceste pauvre fille, laquelle, déjà grande et preste à marier, se desespère, voyant la sanglante avarice de son père, qui, pour ne despendre un denier, ne tient compte de luy donner party, jaçoit[1] qu'il ayt plus de deux mille escuz contans en une bource qu'il porte ordinairement sur luy, et a tant peur que je la voye, que c'est merveille, pour ce que je le tanse à toute heure de ce qu'il laisse ainsi en une maison champestre enviellir ma pauvre niepce; mais je n'y gagne rien, car il me respond tousjours une mesme chanson, qu'il est pauvre et n'a point d'argent pour la marier, pensant que je luy en doive donner. Et s'il advient, lors qu'il se plaint à moy d'Urbain, et que Fortuné le desbauche, que je luy dise qu'il le faut marier, il me respond qu'aujourd'huy le mesnage a trop grandes dentz, et que ce n'est peu de chose augmenter sa maison d'une bouche qu'il faut nourrir. Bref, il ne songe à autre chose qu'à l'avarice, et seroit content que chacun le resemblast.

ÉLIZABET.

Je ne voudrois que vous vous monstrassiez fascheux envers Fortuné comme Severin envers Urbain, mais je serois bien aise que luy deffendissiez faire je ne sçay quoy qui ne luy est bien seant. J'ay entendu (je ne veux dire qu'il soit vray) qu'il est devenu amoureux d'une nonnain que je ne veux nommer pour ceste heure. Est-ce bien faict, à vostre advis, veu que cela est desplaisant à Dieu et aux hommes? My Dieux! ce luy est une grande honte, et à vous aussi, qui l'endurez.

HILAIRE.

Je n'en ay jamais oy parler, et s'il estoit ainsi je n'en serois trop content, ains mettrois toute peine l'en destourner, combien qu'on souffre à la jeunesse plus de choses que peut-estre vous ne pensez; et suis bien aise que m'en ayez adverty, pource que j'en veux sçavoir la verité, pour après faire ce que Dieu me conseillera. Mais voicy Frontin, son serviteur, qui sçait tout ce qu'il pense et ce qu'il songe. Il m'en pourra mieux informer que pas un.

---

1. Malgré.

ÉLIZABET.

Vous tirerez plustost de l'huille d'un mur que luy faire dire : cognoissez-vous pas Frontin ?

HILAIRE.

Allez au logis, car il se donne garde plus de vous que de moy; après je vous iray retrouver.

ÉLIZABET.

Bien, je n'en bougeray.

SCÈNE II

FRONTIN, SERVITEUR DE FORTUNÉ; HILAIRE.

FRONTIN.

Il semble que la fortune prenne plaisir inciter les espritz des hommes vouloir ce qui est plus difficile à obtenir. Je ne pense point qu'il y ait femme en Paris qui ne fust bien aise faire plaisir à Fortuné ; neantmoins il est devenu amoureux d'une qu'on ne peut voir qu'à travers les barreaux d'une cage, comme si c'estoit quelque lynotte.

HILAIRE.

Il parle à soi-mesme de cecy.

FRONTIN.

Il m'envoye à ceste heure luy présenter ses recommandations, sçavoir qu'elle faict, qu'elle dict et comme elle se porte. Voilà mes commissions ordinaires, et à quoy tous les jours j'emploie mon temps.

HILAIRE.

Je le veux appeler devant qu'il change de rue. Frontin ! hé ! Frontin !

FRONTIN.

Qui m'appelle ? O Monsieur ! que vous plaist-il ?

HILAIRE.

Où est ton maistre, qui se fit hier attendre à soupper ?

FRONTIN.

Il souppa et coucha avecques Urbain, en la maison du seigneur Severin.

HILAIRE.

Où vas-tu maintenant ? porter quelque message au monastère ?

FRONTIN.

Quel monastère ? qui vous l'a dict ?

HILAIRE.
Je le sçays bien.
FRONTIN.
Ma foy, il est vray. Il m'envoye sçavoir si la dame a besoin de quelque chose.
HILAIRE.
Vrayment, Fortuné me fait tort. Tu sçays si je luy complais et favorise en ses volontez et amours, pourveu qu'il y ait de la raison ; mais quant à cecy, il n'y a point d'ordre, et devroit pour le moins avoir quelque egard à son honneur et au mien. Je croy qu'il luy est advis qu'il n'y a point de femmes à Paris, puis qu'il en va chercher jusques aux religions.
FRONTIN.
Je luy ai dict assez souvent. Mais quoy ! vous sçavez qu'amour n'a point de loi. Il y a desjà fort long temps qu'il en est amoureux, et non sans cause : car, par ma foy, c'est une bien belle et honneste fille, et gaige que, si l'aviez veuë, qu'en auriez plus de compassion que vous n'avez. Aussi je vous promets qu'il seroit plus possible faire transformer Fortuné en un autre homme que lui faire oublier ses amours, et vous veux dire bien davantage : il delibère de l'espouser.
HILAIRE.
Voire ! et qui oyt jamais dire que les religieuses se mariassent ?
FRONTIN.
Ho ! o ! elle n'est religieuse et ne le voudroit pas estre, aussi n'a-elle faict profession ; mais on a envie qu'elle le soit, deust-elle crever, pour ce qu'elle est niepce de l'abbesse du lieu, à laquelle, et au couvent, le père, par son testament, a donné tout son bien, pourveu que sa fille, qu'il avoit mis leans pour apprendre, y voulust demeurer religieuse. Voilà pourquoy les moynesses ne la font que prescher, la tenant si estroitement que, quand ores elle auroit des aisles, il ne luy seroit possible de sortir.
HILAIRE.
Cela est excusable, puis qu'elle n'est professe ; mais dy-moy, de qui est-elle fille, et quel est son bien ?
FRONTIN.
Elle est de la rue Sainct-Denis, et n'a plus ny

père ny mère ; quant à son bien, elle est riche, à ce que j'ay oy dire, mais je n'en sçay autre chose. Toutesfois il faut penser qu'il y en a, autrement ces nonnains n'en seroient tant soigneuses.

HILAIRE.

C'est assez ; escoute : conseille Fortuné laisser ceste poursuite, qui n'est ny belle ny honneste, et luy remonstre que, s'il se veut marier, les femmes ne luy manqueront point.

FRONTIN.

Si feront bien, s'il n'a ceste-cy, qu'il ayme sur toutes choses.

HILAIRE.

Je verray si tu y feras ton devoir.

FRONTIN.

Pour vous obeyr, je feray ce que je pourray ; mais je crain bien que je ne travaille en vain.

HILAIRE.

Je vas jusques au Palais ; fay qu'à mon retour le disner soit prest.

FRONTIN.

Aussi feray-je. O ! quel bon père est cet homme de bien ! Je pense que, s'il pouvoit, il la retireroit luy-mesme de religion pour la mettre aux costez de Fortuné, et que, s'il sçavoit le tourment qu'il souffre pour elle, qu'il mourroit de regret. Aussi, pour dire vray, le pauvre jeune homme craint scandaliser la fille, le couvent et luy-mesme tout en un coup, d'autant qu'elle est grosse de son fait, et si preste d'enfanter qu'elle n'attend que l'heure ; et, qui pis est, ne peult trouver moyen la tirer de là dedans ou la faire secretement accoucher. Il me dict tousjours que j'y pense et repense ; mais il est besoin qu'il y pense et repense luy-mesme, et face en sorte qu'il n'ait à s'en repentir. En forgeant on devient fèvre [1]. Dieu soit loué qu'il n'a affaire à un homme tel que Severin ! Mais, à propos de luy, Urbain doit estre encores après son Ruffin ; il ne se souvient de retourner au village ; si son père s'en aperçoit, il fera une telle tempeste qu'il estourdira toute la parroisse. Mais voicy le gallant.

---

1. Forgeron, du latin *faber*.

SCÈNE III

URBAIN, amoureux ; **RUFFIN**, maquereau ; **FRONTIN**.

URBAIN.

Et bien ! Rufin, quand m'ameneras-tu mes amours ?

RUFFIN.

Quand il vous plaira.

URBAIN.

Hé, mon Dieu ! va la donc querir.

RUFFIN.

Je ne puis.

URBAIN.

Pourquoy ?

RUFFIN.

Pource que je resemble aux archevesques : je ne marche point si la croix ne va devant [1].

URBAIN.

Sçais-tu pas bien que je l'ai promis ?

RUFFIN.

Oy, mais promettre et tenir ce sont deux ; et puis j'ai toujours oy dire que *beati garniti* vaut mieux que *expectans expectavi* [2].

URBAIN.

Tu me fais mourir à petit feu.

RUFFIN.

Et vous me consommez en fumée.

FRONTIN.

Regardez si ce rustre sçait bien le mestier d'escorcher les hommes.

RUFFIN.

Voulez-vous pas que pour contenter vos desirs je me mette au hasard de ma vie sans espoir de recompense ? Je n'en feray rien.

URBAIN.

Non, je te veux contenter, et auras ce que je t'ay promis devant que je dorme. Va la donc querir, mon mignon.

---

1. C'est-à-dire la monnaie, généralement marquée d'une croix.
2. C'est-à-dire : être bien garni vaut mieux qu'attendre. On disait aussi : « *beati garniti* vaut mieux que *beati quorum*. »

RUFFIN.

A d'autres! je suis desniaisé. Mon stile est des requestes du Palais : en baillant baillant [1].

FRONTIN.

Je ne sçaurois plus endurer que ce vilain parle ainsi à cheval.

RUFFIN.

Que dirois-tu si je n'en voulois rien faire ?

FRONTIN.

On te romproit la teste. Ce n'est de luy qu'il se faut mocquer.

URBAIN.

Je le ferois bien, voirement; mais je ne veux qu'il face rien pour rien.

RUFFIN.

Nous voilà d'accord; çà, de la bille, et je l'iray querir. J'ay parlé à elle devant que venir icy.

URBAIN.

Mon Dieu! tu en auras; je t'ay promis dix escus, est-il pas vray?

RUFFIN.

Oy.

URBAIN.

Je te les donneray à ce soir.

RUFFIN.

Je les veux avoir à ceste heure, sinon torchez vostre bouche.

FRONTIN.

Je ne pense point qu'en tout le monde il y ait un plus meschant vilain que cestuy-cy.

URBAIN.

Atten au moins jusques après vespres.

RUFFIN.

Je ne puis.

FRONTIN.

Hé, Ruffin! fay cela pour l'amour de moy.

RUFFIN.

C'est bien dict, pour l'amour de toy.

URBAIN.

Or sus! Ruffin, touche là. Je te promets, foy d'homme de bien, te les donner incontinent après disner.

---

1. Donnant, donnant

RUFFIN.

Qui m'en asseurera ?

URBAIN.

Ma foy.

RUFFIN.

La foy est aujourd'huy pire que fausse monnoye; je vous veux bien dire que, si n'avez autre gage, vous n'avez point de credit.

FRONTIN.

Hé ! ne doit-on pas croire un homme de bien sur sa foy ? Penses-tu qu'il s'en vueille fuir pour dix escus ?

RUFFIN.

Baste, j'ay mal aux pieds.

URBAIN.

Vertu de moy, que tu es incredule ! Mort bieu ! si je te manque de promesse, va-t'en à mon père, dy-luy que j'ay rompu la porte de ton logis; que je t'ay battu; que j'ai emmené ta niepce, ta cousine, ta fille, comme tu la voudras nommer ; que j'ai levé les serrures de tes coffres et emporté ton argent; bref, que je t'ay vollé, ce que je ne voudrois que tu fisses pour tous les biens du monde, ny qu'il en oyst seulement le vent.

RUFFIN.

Je la vas querir, allez, pour vous faire plaisir ; mais par bieu, si me faillez, je ne vous failliray pas.

URBAIN.

Va, ce m'est tout un ; fay du pis que tu pourras, pourveu que je l'aye.

FRONTIN.

Cependant il faut trouver dix escus.

URBAIN.

Voilà grand cas, Frontin ! Si l'on pensoit toujours aux choses, on ne feroit jamais rien. Je sçay que tu m'aideras, et penseras quelque bon moyen pour en trouver.

SCÈNE IV

FRONTIN.

Il est bien vray qu'il n'y a chose qui face plus raffolir les hommes que l'amour. Urbain est autant sage qu'autre qu'on puisse trouver; neantmoins, il est maintenant tant aveuglé qu'il ne sçait qu'il faict. Il est venu du village au desceu de son père, qui est si fascheux que le pauvre jeune homme n'oseroit toucher, ains seulement regarder une femme entre deux yeux. Or, devinez donc qu'il fera s'il sçait qu'il est icy venu pour faire la desbauche. Il le voudra estrangler. D'avantage, il a promis dix escus à ce maquereau pour lui faire avoir ceste fille; ce luy est autant possible que prendre la lune aux dents, s'il ne les desrobbe, car il n'a pas un liard, et lui semble avoir bien asseuré ses affaires quand il dit que j'y pense ; mais il doit penser que, si mon maistre ne m'avoit commandé le servir comme luy-mesmes, je ne sçay que je ferois. Voilà, je sème mes peines et travaux, et un autre en recueille le plaisir et contentement. Mais voicy mon maistre : il me tancera, pour-ce que je n'ay pas esté où il m'envoyoit, et je luy diray que si ; il me croira s'il veut; sinon, qu'il y aille veoir.

SCÈNE V

FORTUNÉ, AMOUREUX ; FRONTIN.

FORTUNÉ.
Mais quel plus grand mal-heur m'eust-il peu jamais advenir ? Engrossir une fille du premier coup !
FRONTIN.
Il ne parlera jamais d'autre chose !
FORTUNÉ.
Et ce qui plus m'afflige est la crainte que j'ay que vaincue d'une honteuse douleur, elle ne se mefface [1]. O Dieu ! vous pouvez seul faire que cecy soit secret.
FRONTIN.
Voilà rentrer de flux [2] !
FORTUNÉ.
Au moins, si je n'en estois tant amoureux ! Mais quoy, il n'est en ma puissance m'en retirer, et

1. Du verbe *se meffaire*, se mal comporter.
2. Le *flux* était une sorte de jeu de cartes à la mode sous François Ier. *Rentrer de flux* y voulait dire reprendre la partie.

quand je le pourrois faire, je ne voudrois, et ne puis vivre si tous les jours je n'ay de ses nouvelles. Il y a deux heures que j'ay envoyé Frontin par devers elle, mais je croy qu'il a oublié le chemin.

FRONTIN.

Tant plus je demeure, tant pis pour moy; il vaut mieux que je me monstre. Bon jour, Monsieur.

FORTUNÉ.

Tu me traistes tousjours de ceste façon : dy-moy premierement ce que plus je desire sçavoir ; après tu me salueras tout à loisir.

FRONTIN.

Vous sçavez quelles sont ces femmes : devant que j'aye jamais peu avoir response, elles m'ont faict attendre une heure au parloir ; puis à mon retour j'ay rencontré vostre père, Urbain et Ruffin, qui m'ont encores amusé deux grosses heures.

FORTUNÉ.

J'ay tousjours tort, et tu as bonne cause ; mais qu'attens-tu à me dire ce qu'elle t'a dict ?

FRONTIN.

Je vous feray tesmoigner par Urbain combien nous avons esté après Ruffin devant que le faire accorder.

FORTUNÉ.

Ce n'est pas ce que je te demande : dy-moy comme elle se porte.

FRONTIN.

De façon qu'il luy a fallu promettre...

FORTUNÉ.

Je n'ay que faire de tout cela. T'a-elle point donné charge me dire quelque chose ?

FRONTIN.

Elle se recommande à vos bonnes graces.

FORTUNÉ.

Ne t'a-elle dict que cela ?

FRONTIN.

Non.

FORTUNÉ.

Comme se porte-elle ?

FRONTIN.

Comme de coustume.

FORTUNÉ.

Voicy des maigres responses.

FRONTIN.
Je les vous baille telles qu'elle me les a baillées.
FORTUNÉ.
T'a-elle point dict que je l'alle veoir ?
FRONTIN.
Elle ne m'a dict autre chose.
FORTUNÉ.
O Dieu ! la pauvrette deviendra folle !
FRONTIN.
Mais vous-mesme ?
FORTUNÉ.
Frontin, que doy-je faire ?
FRONTIN.
Il faut aller disner, et puis nous y penserons : vous prenez tant les matières à cœur que je crains que n'en soyez mallade. Il ne faut ainsi vous tourmenter.
FORTUNÉ.
Je ne m'en sçaurois garder. Hélas ! que tu parles bien à ton ayse, n'endurant aucune passion !
FRONTIN.
Qui vous l'a dict ? Pensez-vous que vos tourments ne soient pas les miens ? Je vous jure que toute la nuict je n'ai pas fermé l'œil pour penser à vos affaires, et ne suis hors d'esperance que ne facions quelque chose de bon.
FORTUNÉ.
Dieu le vueille !
FRONTIN.
Allons donc disner, car Urbain nous attend.
FORTUNÉ.
Où est-il ?
FRONTIN.
Il est leans avecques sa brassée, et faictes votre compte qu'ils sont maintenant aux fers.
FORTUNÉ.
O malheureux que je suis ! Il est sans commodité, sans moyens, sans denier et sans maille, et a un père le plus fascheux du monde ; neanmoins il joyt de ses amours, et moy qui ay toutes ces choses ne puis esperer pouvoir joyr de ce que j'aime.
FRONTIN.
Oubliez tout cela : vous sçavez que la fortune ayde aux amoureux.

FORTUNÉ.

Tu as grand pœur que le disner se gaste ; va faire dresser, et, quand tout sera prest, vien m'appeler.

FRONTIN.

J'en suis content.

FORTUNÉ.

Je vas souvent pensant en moy-mesme quelle de ces deux conditions en amour est la pire : ou aymer sans estre aymé ; ou, aymant et estant aymé, et desirant une mesme chose, estre empesché par des murailles, des grilles de fer, des portes et des gardes, comme ores j'esprouve en mon Apoline, laquelle je sçay ne desirer autre chose qu'estre avecques moy. Mais enfin je me resouls que ma condition est la plus malheureuse. Et, jaçoit[1] que ce soit un grand contentement sçavoir estre aymé de qui on ayme, ce m'est neantmoins un extreme desplaisir veoir qu'il n'y a rien qui empesche l'execution de nos desirs qu'un petit morceau de fer. Je resemble à Tantale, qui, estant en l'eau jusques aux lèvres, n'en peut seulement avaller une goutte pour apaiser sa continuelle soif ; ainsi j'approche de si près mon Apoline que le moins du monde d'avantage me rendroit content, et toutesfois par ce seul petit empeschement je ne la puis seulement baiser. Helas ! fussé-je au moins du tout semblable à Tantale, et que, comme il ne peut gouster de l'eau, qu'ainsi je n'eusse jamais gousté les douceurs de ma maistresse, car je ne serois maintenant en la peine que je suis. Mais voyez à quoy le malheur me conduit, de souhetter n'avoir faict ce que j'ay plus aymé et desiré que ma propre vie, non pour du tout mettre fin à ma douleur, mais pour aucunement la soulager.

FRONTIN.

Si vous voulez rire, venez veoir quelque chose de beau.

FORTUNÉ.

Qu'y a-il ?

FRONTIN.

Urbain et Feliciane sont au lict, où ils font bravades : l'un veut tuer son père s'il retourne du vilage, et l'autre Ruffin, s'il vient demander de l'argent. Ainsi, remplis de fureur, disent les plus belles cho-

1. Malgré.

ses du monde. Mais entrez dedans, car la viande se gaste.

FORTUNÉ.

Mais la gueulle te gaigne! Se veullent-ils pas lever?

FRONTIN.

Non; ils disent qu'ils disneront, soupperont et coucheront là.

FORTUNÉ.

Et eux sages!

ACTE DEUXIÈME

SCÈNE I.

DESIRÉ, AMOUREUX; FRONTIN, FORTUNÉ.

DESIRÉ.

Je ne pense point qu'il y ait chose au monde dont les hommes se puissent plus justement douloir que de la fortune, quand elle donne ses biens à qui en est indigne, comme richesses, enfans, santé, beauté, et choses semblables, d'autant qu'elle offence tellement ceux qui les meritent, que, voyans les meschans avancez par dessus les bons, ils ne se souviennent cultiver leurs esprits, ains, enclins à l'usage qui naturellement les tire, à sçavoir au mal, ils s'y precipitent volontairement, d'où vient qu'on en trouve assez peu de bons, et beaucoup de meschans. Et de là les fols prennent occasion nyer la providence divine, disans que, si Dieu estoit prevoyant et juste, qu'il ne souffriroit jamais que certains hommes incapables de tous biens abondassent en excessives richesses, et que les gens de bien demeurassent pauvres et indigens. Et, jaçoit que je sache et croye ceste opinion estre entierement faulse, si est-ce, quand je viens à considerer les facultez de ce monstre Severin, qui n'est digne de vivre, je ne puis que je n'en doubte, au moins qu'il ne me face mal au cœur de le veoir ce qu'il est, et moy ce que je suis. Il est avare, envieux, ypocrite, superbe, nonchallant, mensonger, larron, sans foy, sans loy, sans honte, sans amour, bref, un monstre engendré des vices et de la sottise. Toutesfois il est riche en biens, en thresors et en beaux enfans (thresor inestimable); mesmes a une fille, laquelle (si l'amour ne me deçoit) est la plus belle et plus gentille, non seulement de Paris, mais de tout le monde; neantmoins la laisse vieillir aux champs, n'en ayant non plus de soin que d'une pauvre chambrière. Il y peut avoir quatre ans que je commançay à luy vouloir bien, l'aymant plus que moy-mesme, de façon qu'il n'estoit possible que mon desir peust augmenter davantage. Et ce qui m'entretenoit en ses bonnes volontez estoit que je ne la trouvois moins affectionnée en mon endroit que moy au sien, dont elle me faisoit assez bonne preuve par les honnestes missives [1] que quelque fois elle m'envoyoit pour respondre aux miennes, car nous escrivions souvent l'un à l'autre. Enfin, estant venu au point qu'il ne m'estoit plus possible vivre sans elle, et ne trouvant plus court chemin pour satisfaire à mes desirs que la demander à femme, j'en conferai avec mon père, qui ne le trouva mauvais, de mode[2] qu'il delibera en parler à Severin, pensant que ce fust desjà faict, et qu'il ne restoit plus que le consentement des partyes. Mais il fut trompé, car ce viel taquin[3] luy fit responce qu'il seroit bien aise la marier et qu'aliance luy plaisoit beaucoup, mais qu'il estoit pauvre et n'avoit moyen de luy donner grand argent en mariage. Tellement que par ceste maigre response, ce que je pensois desjà tenir m'eschappa des mains, pource que mon père, voyant la cruelle avarice de ce vilain, me deffendit espouser la fille qu'elle ne m'apportast pour le moins mille escus; sinon, que je ne me presentasse jamais devant luy. Ainsi, craignant lui desobéir, j'ay esté contraint

1. Mot alors tout nouveau, que Montaigne employa des premiers.
2. De façon, de sorte.
3. Se prenait alors pour ladre. H. Estienne le donne comme étant un des douze synonymes d'*avare*, et l'on voit dans les Lettres d'Est. Pasquier qu'on appelait Louis XII Louis le Taquin, parce qu'il passait pour avare.

baisser les espaules et chercher ailleurs pasture, car il estoit autant possible faire desbourser mille escus à Severin que de le faire devenir homme de bien. Or, ayant depuis trouvé nouveaux moyens, j'ay deliberé poursuivre tousjours ma pointe; mais le malheur fut que (comme je croy) il se douta de quelque chose, tellement qu'il y a desjà plus d'un an qu'il alla demeurer au village, où il tient ceste pauvre fille, la faisant labourer et houer la terre comme une simple chambrière, elle qui meriteroit d'estre royne.

FRONTIN.

Je reviendray tout incontinent.

DESIRÉ.

Ainsi, par la sanglante avarice de son père, elle usera inutilement sa jeunesse en lieu champestre, entre les bœufs et les moutons.

FRONTIN.

Qui est cest homme qui se scandalise ainsi?

DESIRÉ.

Cestuy-cy m'aura oy.

FRONTIN.

Ha! ha! ha! c'est l'amoureux de Laurence; et puis, que vous le dict le cœur?

DESIRÉ.

Ho! ho! Frontin, y a-il longtemps que tu es icy?

FRONTIN.

Oy, il y a bonne pièce, et ay bien oy ce qu'avez dict.

DESIRÉ.

Si je n'eusse voulu estre oy, je ne l'eusse pas dict.

FRONTIN.

Je me mocque, ma foy, je ne fais que d'arriver; mais, pource que les discours des amoureux sont tousjours de mesme impression, et que j'en ay oy d'autres que vous, il me semble que je puis veritablement dire que je vous ay oy.

DESIRÉ.

Les miens ne sortent de ceste presse; ils sont extraordinaires.

FRONTIN.

Ils disent tous ainsi; mais je suis marry que je n'ay loisir demeurer plus long-temps avec vous, car j'ay quelque chose à vous dire. Si me voulez attendre, je vous le diray à mon retour.

DESIRÉ.

Pourveu que ce soit quelque chose de bon, je l'attendray dix ans.

FRONTIN.

Je le vous diray tout à ceste heure, je reviens.

DESIRÉ.

Que diable me veut-il dire ? Il me veut parler de Laurence, car il sçait que je n'ai autre maistresse, ou me conter quelque chose de consequence ; autrement, il ne me feroit icy attendre. Mais, fol que je suis, de quoy me tourmenté-je ? Quasi comme si je ne sçavois ce qu'ont accoustumé faire les serviteurs : ces gallans trouvent tousjours certainsergoz[1] sofistiquez qui ont apparence de verité. Et puis Dieu sçait comme ils s'en sçavent bien ayder. Mais ses propos ne m'escorcheront les oreilles : il est tousjours bon escouter beaucoup d'advis ; le choix en est reservé. Ha ! le voicy desjà de retour.

FRONTIN.

Regardez si je disois pas bien que c'en seroit ? O pauvre Urbain ! Il te faut bien maintenant penser à autre chose qu'à jouer avec ta Feliciane.

DESIRÉ.

Tu es bien tost de retour.

FRONTIN.

Non si tost que je voudrois. Je vous adverty que Severin est à Paris.

DESIRÉ.

Est-ce tout ce que tu me voulois dire ?

FRONTIN.

Non, mais j'ay plus haste que jamais.

DESIRÉ.

Tu as plus d'affaires que le legat.

FRONTIN.

Seigneur Urbain, ô seigneur Urbain ! Mon maistre, oh ! mon maistre ! Sortez un peu de leans.

DESIRÉ.

Que veult dire cecy ? Il y a de la diablerie : je me veux un peu tirer à quartier pour voir ce que peut estre.

---

1. Arguments d'ergoteurs.

SCÈNE II

URBAIN, FRONTIN, FORTUNÉ, DESIRÉ.

URBAIN.

Qui m'appelle ?

FRONTIN.

Vous avois-je pas bien dict que vostre père viendroit ?

URBAIN.

Mon père ?

FRONTIN.

Oy, vostre père ; il est venu et sera tout à ceste heure icy.

URBAIN.

Mon père ?

FRONTIN.

Vostre père, oy.

URBAIN.

Qui l'a veu ?

FRONTIN.

Moy, avec mes yeux.

URBAIN.

T'a-il point aperçeu ?

FRONTIN

Non, car je me suis caché.

URBAIN.

Helas ! Frontin, je suis perdu !

FORTUNÉ.

Que ferons-nous ?

URBAIN.

Je dis que je suis perdu ; je suis ruiné, Frontin, si tu ne m'aydes.

FRONTIN.

Que voulez-vous que je face ?

URBAIN.

Quelque chose de bon, Frontin, mon amy.

FRONTIN.

Il faut oster ce lict, ceste table et tout ce qui est ceans, et sur tout destourner ceste femme.

URBAIN.

Ceste femme, helas ! Et pourquoy ?

FRONTIN.
Voulez-vous que vostre père la trouve icy ?
URBAIN.
Où veux-tu que je l'envoye ainsi seule ?
FRONTIN.
Où elle a accoustumé de demeurer, et que par un autre chemin vous retourniez au village.
URBAIN.
Quoy ! en la façon que je suis ? Eh ! Frontin, trouve moyen que je ne sois separé de ma Feliciane.
FRONTIN.
Je le feray, pourveu que vostre père ne vienne icy. Si nous avions loisir et estions tous d'accord, à peine pourrions-nous trouver remède à ce desordre ; or devinez donc qu'on pourra faire maintenant.
FORTUNÉ.
Il est vray : si vostre père vous trouve icy, que pensez-vous faire ?
FRONTIN.
Je m'esmerveille comme il demeure tant, car il estoit desjà bien avant dedans la ville ; il est vray qu'il va pas à pas, appuyé sur son baston.
URBAIN.
Ne seroit-il point meilleur que je m'enfermasse en l'une des chambres avec Feliciane ?
FRONTIN.
Voilà bien rencontré : voudra-il pas voir par tout !
URBAIN.
Il craindra peut-estre d'y entrer.
FRONTIN.
Or sus, je vous entend. Prenez courage ; j'ay trouvé de quoy remedier à tous ces maux. Entrez leans avec Feliciane ; et vous, mon maistre, demeurez icy.
URBAIN.
Que veux-tu faire de bon ?
FRONTIN.
Fermez la porte aux verrouils par dedans, et n'y laissez entrer personne du monde, et deust-on tout rompre. Ce pendant gardez-vous bien de faire tant soit peu de bruict, ny mesme que le lict craquette, sinon quand vous m'entendrez cracher ; alors faictes le plus grand tintamarre qu'il vous sera possible, et jetez mesmes des tuilles en la rue. Mais gardez-

vous bien d'oublier ce que je vous dis : autrement ce seroit faict de vous et de moy.
URBAIN.
Ne te soucye, laisse faire.
FORTUNÉ.
Que diable veux-tu faire, Frontin ?
FRONTIN.
Vous le verrez ; mais il vaut mieux qu'alliez trouver vostre père, affin que, si avions besoin de luy, il nous peust ayder. Despeschez, voicy Severin ; gardez qu'il ne vous voye icy alentour. Je me veux retirer aussi.
FORTUNÉ.
A Dieu donc !
DESIRÉ.
Par Dieu ! voicy mon usurier. Que veult dire cecy ? Je suis deliberé en voir la fin, et me mettre en lieu où je ne puisse estre veu.

SCÈNE III

SEVERIN, FRONTIN, DESIRÉ.

SEVERIN.
Où diable trouveray-je ce malheureux ? Je pense qu'il est tombé aux privez, parlant par reverence. O pauvre Severin ! regarde pour qui tu te travailles ainsi à credit. A qui cherches-tu amasser tant de biens ? A un qui te trahit tous les jours, qui à toute heure te donne nouveaux ennuiz, et qui desire plus ta mort que ta vie.
DESIRÉ.
Il y en a d'autres aussi bien que luy qui souhettent le semblable.
SEVERIN.
Mais j'emporteray plustost tout en la fosse avec moy, que laisser la valleur d'un double rouge [1] à ce belistre, qui me tourmente en tant de façons. J'ay pensé ce matin mourir par les chemins, estant venu à pied jusques en ceste ville, dont je suis tant las que je n'en puis plus, et crains bien fort que je

---

1. Petite monnaie qui valait deux deniers. Nous dirions aujourd'hui un rouge liard.

n'en sois malade, et tout à l'occasion de... à peine que je ne dis. Mais qu'atten-je que je n'entre en mon logis pour me descharger de ma bourse, qui me pese trop soubs le bras, pour après aller chercher si je le trouveray, affin de le chastier comme il merite? Voy, je ne sçay où sont mes clefs; ha! les voicy.

DESIRÉ.

Par mon ame! il porte sa bourse sur luy.

SEVERIN.

Dieu! qu'est-ceci? La serrure seroit-elle bien meslée? Il ne faut pas tourner deça, car je la fermerois d'avantage. Il semble que l'huys soit fermé par dedans. Je sçay bien toutefois qu'Urbain n'en a la clef, voilà pourquoy je crains que ce ne soient quelques larrons. Or, il faut qu'il y ayt icy de la meschanceté.

FRONTIN.

Qui est ce fol qui touche à ceste porte?

SEVERIN.

Pourquoy suis-je fol de toucher à ce qui m'appartient?

FRONTIN.

Seigneur Severin, pardonnez-moy; mais encor que la maison soit vostre, si ferez vous bien vous en retirer.

SEVERIN.

Pourquoy n'y entreray-je pas?

FRONTIN.

Si vous m'en croyez, vous ferez ce que je vous dis.

SEVERIN.

Mais pourquoy?

FRONTIN.

Pour ce que la maison est plaine de diables.

(Il crache, et ceux de dedans font bruict.)

SEVERIN.

Helas! que dis-tu? Est-il vray? Plaine de diables!

FRONTIN.

Escoutez: les oyez-vous pas? Or sus, vous voyez si je dis vray.

SEVERIN.

Helas! oy.

FRONTIN.

Vrayement, vous en oyrez bien d'autres.

SEVERIN.

Et qui diable a endiablé ma maison, Frontin?

FRONTIN.

Je ne sçay.

SEVERIN.

Vray Dieu! ils me desroberont tout

FRONTIN.

Et quoy, s'ils ne vous desrobent les toiles des iragnes [1]?

SEVERIN.

N'y a-il pas des huys, des fenestres et autre mesnage?

FRONTIN.

Vous avez raison; je ne me souvenois pas de cela.

SEVERIN.

Je m'en souvien bien, car il me touche.

DESIRÉ.

O les beaux meubles, et precieux!

FRONTIN.

Vous tremblez, ce semble; n'ayez peur : ils ne vous feront autre mal, sinon que ne joyrez de vostre maison.

SEVERIN.

N'est-ce rien? Et s'ils vont au vilage?

FRONTIN.

Il faudra avoir patience.

SEVERIN.

Ils sont mal apris de s'inmiscer [2] ès biens d'autruy; au moins s'ils en payoient les louages! Mais par la croix que voilà, je les en feray sortir, y deussé-je mettre le feu.

FRONTIN.

Vous leur ferez playsir, car ils n'ayment que le feu.

SEVERIN.

Tu dis vray, et si ma maison seroit bruslée, quand j'y pense; je leur veux donc coupper la gorge.

FRONTIN.

S'ils vous entendoient, ils vous feroient bien parler autre langage, veu mesmes qu'ils jettent des

1. Araignées.
2. Mot bien inattendu à cette époque. M. Littré, qui ne le fait dater que de Raynal, se trompe de deux siècles.

pierres et tuilleaux aux passans qui ne leur demandent rien.

(Il crache, et ceux de dedans jettent des tuilles.)

SEVERIN.

Oh! ils me gasteront donc tout mon logis.

FRONTIN.

Pensez qu'ils ne l'amenderont pas! Voyez comme les cailloux vollent. Retirez-vous, qu'ils ne vous blessent.

DESIRÉ.

Je commence à entendre la ruse.

SEVERIN.

Helas! Frontin, que j'ay peur!

FRONTIN.

Vous en avez occasion.

SEVERIN.

Pourront-ils bien jetter jusques icy?

FRONTIN.

Non, non, comme je pense.

SEVERIN.

Combien y a-il que ceste malediction est advenue? car jamais je n'en ay esté adverty.

FRONTIN.

Je ne sçay. Mais il y a environ deux nuicts que, passant par icy, j'oy qu'ils faisoient un tel bruict qu'il sembloit que le ciel ruynast.

SEVERIN.

Ne dys pas cela, tu me fais peur.

FRONTIN.

Les voisins disent que quelquesfois ilz chantent et jouent des instrumens, mais plus la nuict que le jour, et que la pluspart du temps ils ne font point de bruict.

DESIRÉ.

Voilà la plus plaisante histoire dont j'oy jamais parler.

SEVERIN.

Que doy-je faire? Seroit-il pas bon que j'envoyasse une troupe de soldats pour les massacrer?

FRONTIN.

Vertu bieu! parlez bas.

SEVERIN.

Tu dis vray.

####### FRONTIN.

Il ne faut qu'un sorcier ou un nigromant pour les conjurer et contraindre sortir de leans.

####### SEVERIN.

S'en iront-ils?

####### FRONTIN.

Oy, résolument.

####### SEVERIN.

N'y retourneront-ils point après?

####### FRONTIN.

Peut-estre.

####### SEVERIN.

C'est tout un, car je te promets que, sitost qu'ils seront sortis, que je la vendray, et la dussé-je bailler pour un escu moins qu'elle ne m'a cousté.

####### FRONTIN.

Voire! et les esprits y auront faict dommage de plus de vingt-cinq escus.

####### SEVERIN.

Mon Dieu, ne me dis pas cela, tu me fais geler le sang! Helas! cecy ne m'advient par ma faulte, ains par les pechez d'Urbain. Où est-il, ce meschant?

####### FRONTIN.

Vous le tenez au village, et me le demandez, à moy qui suis à Paris?

####### SEVERIN.

Tu le doibs bien sçavoir, car Fortuné et toi me le desbauchez.

####### FRONTIN.

Voyez un peu à quoy pense cet homme! il luy semble son logis estre plain d'anges, et il est remply de diables.

(Frontin crache, et ceux de dedans font bruict.)

####### SEVERIN.

Croy-moy, que la meschanceté d'Urbain me faict crever le cœur. Helas! Frontin, je te prie ne m'abandonner.

####### FRONTIN.

Oh! vous n'avez que faire de moy, puisque je desbauche vostre fils.

####### SEVERIN.

C'est une manière de dire; je sçai bien qu'on ne le desbaucheroit pas s'il ne se vouloit desbaucher. Mais laissons cela : je veux premièrement chasser ces diables de ma maison, puis j'iray trouver mon frère pour meconseiller avecques luy de ce que je doibs faire. Mais que feray-je ici de ma bourse ?

FRONTIN.

Que dictes-vous de bourse ?

SEVERIN.

Rien, rien.

FRONTIN.

Ceste bourse où il y a deux mille escus seroit elle bien en ce logis?

SEVERIN.

Et où prendrois-je deux mille escus! Deux mille nesfles[1]! Tu as bien trouvé ton homme de deux mille escus! Va, va, Frontin, marche devant; j'y-ray tout bellement après toy.

DESIRÉ.

Voyez s'il confessera avoir un denier.

FRONTIN.

Venez à votre aise ; je vous attendrai bien, s'il vous plaist.

SEVERIN

Va, Frontin, va : je ne te veux faire tancer, fay tes affaires.

FRONTIN.

Ma foy, Monsieur, je n'ay que faire, Dieu mercy.

SEVERIN.

Je veux me reposer : va-t'en, et me laisse icy.

FRONTIN.

Je le veux bien, puisqu'il vous plaist demeurer seul. Je crains que ce grison ne veuille faire quelque meschanceté; toutesfois il n'a pas l'esprit. Je vay trouver Fortuné pour le faire crever de rire.

SEVERIN.

Je me veux retirer deça, puisque je suis seul. Mon Dieu, que je suis miserable! M'eust-il peu jamais advenir plus grand malheur qu'avoir des diables pour mes hostes, qui sont cause que je ne me puis descharger de ma bourse! Qu'en feray-je? Si je la porte avecques moy, et que mon frère la voye, je suis perdu. Où la pourray-je donc laisser en seureté?

DESIRÉ.

Elle est pour estre mienne.

---

[1]. C'est de là que doit venir le dicton populaire : « des nèfles ! »

SEVERIN.

Mais puisque je ne suis veu de personne, il sera meilleur que je la mette icy, en ce trou, où je l'ay mise autrefois sans que jamais j'y aye trouvé faute. Oh! petit trou, combien je te suis redevable!

DESIRÉ.

Mais moy, si vous l'y mettez.

SEVERIN.

Mais si on la trouvoit! Une fois paie pour tousjours. Je la porteray encores avec moy : je l'ay apportée de plus loing. On ne me la prendra pas, non. Personne ne me void-il? J'y regarde, pource que quand on sçait qu'un qui me resemble a de l'argent, on luy desrobbe incontinent.

DESIRÉ.

Elle sera mieux au trou.

SEVERIN.

Que maudits soient les diables qui ne me laissent mettre ma bourse en ma maison! Tu bieu, que dis-je! Que ferois-je s'ils m'escoutoient? Je suis en grande peine; il vaut mieux que je la cache, car, puisque la fortune me l'a autresfois gardée, elle voudra bien me faire encores ce plaisir. Helas! ma bourse, helas! mon âme, helas! toute mon esperance, ne te laisse pas trouver, je te prie.

DESIRÉ.

Je pense qu'il ne la laschera jamais.

SEVERIN.

Que feray-je? L'y mettray-je? Oy; nenny; si feray, je l'y vay mettre; mais devant que me descharger je veux veoir si quelqu'un me regarde. Mon Dieu! il me semble que je suis veu d'un chacun, mesmes que les pierres et le bois me regardent. Hé! mon petit trou, mon mignon, je me recommande à toy. Or sus, au nom de Dieu et de sainct Antoine de Padoue, *in manus tuas, Domine, commendo spiritum meum* [1].

DESIRÉ.

C'est si grand chose que je n'en puis rien croire si je ne le voy.

SEVERIN.

C'est à ceste heure qu'il faut que je regarde si quelqu'un m'a veu. Ma foy, personne. Mais si quel-

---

1. « Seigneur, je remets mon âme entre vos mains. »

qu'un marche dessus, il luy prendra peut-estre envie de voir que c'est : il faut que souvent j'y prenne garde et n'y laisse fouiller personne. Si faut-il que j'aille où j'ay dit, afin de trouver quelque expedient pour chasser ces diables de mon logis. Je vay par delà, car je ne veux passer auprès d'eux.

DESIRÉ.

Me voilà roy, puis qu'aujourd'huy est arrivé le jour auquel je dois mettre fin à mes misères. Qu'atten-je? que quelqu'un vienne pour me donner quelque empeschement? Je m'en garderay bien. Comme il a espié s'il estoit regardé de personne quand il a caché sa bourse, il faut aussi que je regarde si ores que je la veux enlever je suis point veu, et par qui. O sainct et sacré trou, que tu me fais heureux! Quel beau champignon voicy! Croiriez-vous bien que je l'ayme mieux en mes mains qu'une paire de gands neufs? Cependant je veux veoir dedans : peut-estre que ce n'est que de la monnoye. Tubieu! comme le soleil y luict! tout y est jaulne. Vray Dieu! quel nouveau et soudain changement J'avois perdu toute esperance pouvoir jamais joyr des beautez de Laurence, neantmoins tout en un instant, et lors que j'y pensois le moins, elle m'est mise entre les bras. Or, pour luy faire plus grand despit, je veux vuider cette bourse et la remplir de cailloux, affin qu'il pense qu'elle soit tousjours plaine. Mon Dieu! que n'ay-je un licol pour mettre dedans! Si ne me veux-je toutesfois tant laisser transporter à l'alegresse que je ne tempère mes affections, car, comme l'on dict, on ne doit moins supporter un bonheur qu'une adversité; jaçoit que je sois asseuré qu'un plus grand bien ne me sçauroit advenir, car encores qu'une autre fois je trouvasse dix mil escus, je n'en serois tant aise que de ceux-cy. Mais voicy je ne sçay qui; je ne veux qu'ils me voyent. Voilà, tout est bien racoustré, et ne semble pas que j'y aye touché.

SCÈNE IV

FRONTIN, SEVERIN.

FRONTIN.

Ne vous mettez point en peine de chercher un

sorcier, je vous en trouveray un bon, et le plus grand chasse-diables de France.

SEVERIN.

J'ai l'esprit tout allegé depuis que j'ay mis ma bourse en seureté.

FRONTIN.

Que dictes-vous ?

SEVERIN.

Je dis que je seray hors d'une grande fascherie si une fois ces diables peuvent estre chassez ; mais, Frontin, je ne voudrois que cesthomme me demandast beaucoup d'argent, car je suis pauvre.

FRONTIN.

Ne vous souciez de cela: il est tant raisonnable qu'il se contentera de rien, par manière de dire.

SEVERIN.

Ha, a, voilà que j'ayme bien ; mais comme les chassera-il, s'ils ont verrouillé les huis et fenestres sur eux ?

FRONTIN.

Par conjurations qui entrent par tout.

SEVERIN.

Sortiront-ils par les huis, ou par les fenestres ?

FRONTIN.

Voilà une belle demande ! Ils sortiront par où ils voudront, et en sortant bailleront un signe, affin qu'on cognoisse qu'ils n'y sont plus et s'en sont allez. Mais voicy mon maistre. Allez-moy attendre sous les charniers de sainct Innocent, et je vous iray trouver sitost que j'aurai parlé à luy.

SEVERIN.

Allons nous deux, Frontin.

FRONTIN.

Allez devant, je reviendray incontinent.

SEVERIN.

Je n'en feray rien, je te veux attendre.

FRONTIN.

Voyez quel vieil ecervelé est cestuy-cy ! Tantost il vouloit estre seul, et maintenant il veult que malgré moy j'aille avec luy.

SCÈNE V

FORTUNÉ, FRONTIN, SEVERIN.

FORTUNÉ.
Hé ! Frontin, vien ça, escoute.
FRONTIN.
Allez où je vous ay dict.
SEVERIN.
Je me reposeray en t'attendant ; je n'ay pas haste, et puis j'ay peur, j'enten de ma bourse.
FRONTIN.
Faictes ce que vous voudrez ; que vous plaist-il, Monsieur ?
FORTUNÉ.
Cestuy-cy soigne assez aux affaires d'autruy, mais il ne pense pas beaucoup aux miennes.
FRONTIN.
Auriez-vous bien ceste opinion ?
SEVERIN.
Ce chuchotement icy ne me plaist point.
FRONTIN.
Vous ay-je pas dict que j'ay trouvé un moyen pour vous contenter ?
SEVERIN.
Qu'il a trouvé ?
FORTUNÉ.
Oy, mais pource que tu ne m'as dict autre chose, je pensois que cela fust oublié.
FRONTIN.
J'ay advisé qu'il faut que vous vous mettiez en un coffre ; puis, faignant que luy envoyez des vestemens, vous faire porter en sa chambre.
SEVERIN.
Oh ! le cœur me tremble ; mais si je les voy baisser le moins du monde, je crieray.
FORTUNÉ.
C'est assez.
FRONTIN.
Alors vous sortirez du coffre.
FORTUNÉ.
Après ?
FRONTIN.
Je le vous diray.

FORTUNÉ.

Tu as pensé à ce que je ne voulois que tu pensasses.

SEVERIN.

O ma bourse ! je voudrois qu'il m'eust cousté un bon carolus, et te tenir.

FRONTIN.

Je pense que tout ce que plus desirent les amoureux est de se trouver avec leurs dames ; ainsi je ne puis croire qu'esperiez qu'elle vous donne mille escus.

SEVERIN.

Pauvre que je suis, helas ! Que dict-il de mille escus ? Crieray-je ?

FORTUNÉ.

Ne t'ay-je pas dict que je voudrois trouver quelque moyen de la faire sortir du monastère devant qu'elle accouche ?

FRONTIN.

Je vous enten ; cela se pourra encores bien faire, mais il est plus malaisé. Toutesfois ce ne sera mal faict regarder de l'enlever tandis qu'elle est plaine.

SEVERIN.

Helas ! ils me desrobbent ! Au volleur ! au larron !

FORTUNÉ.

Quel bruict est-ce là ?

SEVERIN.

Dieu soit loué ! ils n'y ont pas touché.

FRONTIN.

Qu'avez-vous, seigneur Severin ?

SEVERIN.

Je n'ay rien, j'avois pœur.

FRONTIN.

Pourquoy criez-vous au larron ?

SEVERIN.

J'avois pœur que les diables me desrobbassent ce qui est en mon logis.

FORTUNÉ.

Vous ferez devenir fol ce pauvre homme.

FRONTIN.

Je voudrois qu'il crevast, car il n'est bon à chose du monde.

SEVERIN.

Voulons-nous pas aller ?

FRONTIN.

Tout à ceste heure ; n'ayez pœur, puisque vous estes avec moy.

FORTUNÉ.

Où allez-vous ?

FRONTIN.

Trouver un sorcier qui veuille faire en sorte que puissions tirer des mains de ce viellard dix escus pour donner à Ruffin.

FORTUNÉ.

Comme feras-tu ?

FRONTIN.

Vous le sçaurez.

FORTUNÉ.

Va donc, car je ne suis moins aise que tu faces service à Urbain qu'à moy-mesmes ; toutesfois je ne veux que tu te souviennes tant des autres que tu m'oblies.

FRONTIN.

Je m'esmerveille de vous.

SEVERIN.

Allons, Frontin.

FRONTIN.

Je m'en vas ; me voulez-vous commander autre chose ?

FORTUNÉ.

Non, je m'en vas jusques au monastère. A Dieu, Monsieur.

SEVERIN.

Qui est cestuy-là ?

FRONTIN.

C'est Fortuné.

SEVERIN.

Ho ! à Dieu, Fortuné ; je ne vous avois pas veu.

FORTUNÉ.

Je me recommande à vos bonnes graces. Il est fasché contre moy pource qu'il pense que je desbauche Urbain. Voilà pourquoy il n'a pas fait semblant me cognoistre.

FRONTIN.

Que regardez-vous tant derrière vous, que ne venez ?

SEVERIN.

Rien, rien : je te suy tout bellement.

ACTE TROISIÈME

SCÈNE I

FRONTIN, URBAIN.

FRONTIN.

Enfin, argent faict tout. Quand j'ay conté à ce maistre aliboron [1], qui est autant sorcier que moy, ce que je voulois qu'il fist, il a commancé à faire du scrupuleux, d'autant que c'estoit se moquer trop cruellement d'un tel homme que Severin ; puis, quand je luy ay promis deux escus, il a changé de chance, et m'a dict que, si je le faisois pour bien, et afin de reunir en bonne concorde et amitié le père avec le fils, qu'il feroit ce que je voudrois, tellement qu'il me faut encores attraper deux escus de l'argent du viellard, sans les interests. Or, maintenant que je suis d'accord avec cet homme, il ne reste plus sinon que j'aguise mon esprit et regarde comme je pourray contrefaire le diable ; mais il n'en est besoin, car je sçay combien grande est la folie des viellards, principalement du nostre, à qui les petits enfans mesmes feroient croire que vessies sont lanternes. Toutesfois, pensant estre sage, il veut donner conseil à qui en sçait plus que luy. Mais à quoy m'amusé-je, que je n'entre au logis devant que Severin et le sorcier viennent ? Tic, toc, holà ! hé ! ouvrez ! Voulez-vous que je rompe ceste porte ? Je pense que ceux de leans sont morts, sourds ou endormis. Tic, toc, toc, Urbain ! ouvrez ! je suis Frontin.

URBAIN.

Tu as bien faict de parler, autrement tu n'y fusses entré. Te souvient-il pas que je t'ay promis laisser plustost enfoncer la porte que l'ouvrir à personne ?

---

[1]. Ignorant qui fait le capable, et de tout se mêle. Le mot est déjà dans Rabelais, avec ce sens.

FRONTIN.

Ma foy, si tousjours vous teniez aussi bien vostre promesse comme vous avez entretenu ceste-ci, vous seriez un brave homme. Et bien ! avez-vous assez joué ?

URBAIN.

Ne sçais-tu pas que le desir des choses belles ne s'estaint jamais ?

FRONTIN.

Voici vostre père, entrez.

URBAIN.

Que vient-il faire icy ?

FRONTIN.

Il n'y entrera pas, n'ayez pœur.

SCÈNE II

SEVERIN, M. JOSSE, SORCIER ; FRONTIN, *contrefaisant le diable.*

SEVERIN.

Je suis venu devant pour veoir la cache où repose ma bourse, car je ne me puis garder que tousjours je ne luy jette quelque œillade ; mais puis qu'il n'y a icy personne, je veux voir si elle y est encor. O ma bourse ! que te voilà bien ! je ne te veux autrement toucher, car tu es comme je t'ay mise. Mon gentil trou, mon mignon, garde-la moy encores une heure seulement ; je te la recommande, jaçoit que soys en lieu où je te verray tousjours. Mais voicy le sorcier. Il m'aura veu courbé contre terre, il me faut trouver quelque excuse.

M. JOSSE.

Le sire Severin m'avoit dict que je le trouverois ici, toutefois il n'y est pas encores.

SEVERIN.

Dieu gard, maistre Josse ! je m'estois baissé pour ramasser mon mouchoir, que j'avois laissé cheoir à bas.

M. JOSSE.

Ha ! vous voilà ? Je ne vous avois pas veu. Que dittes-vous de cabats ?

SEVERIN.

Il ne m'avoit pas aperceu, je tourneray la truye

au foin [1] : tout vient à la rime. Je dis que je suis venu pas à pas.

M. JOSSE.

Vous avez bien faict, afin de ne vous trop eschauffer, car c'eust été assez pour vous faire malade.

SEVERIN.

Que voulez-vous faire de ceste baguette ?

M. JOSSE.

Elle est bonne à mille choses et autres.

SEVERIN.

A quoy ?

M. JOSSE.

A se soustenir, à frapper, à faire des cernes [2] et autres affaires.

SEVERIN.

Quoy ! vous ne m'entendez pas ? je dis si elle est bonne pour les esprits ?

M. JOSSE.

Pour les esprits ? Il n'y a rien pire ny plus dangereux.

SEVERIN.

Pourquoy l'avez-vous donc apportée ?

M. JOSSE.

Pour les chasser et tourmenter.

SEVERIN.

Ha ! a ! je vous enten ; vos propos sont trop ambigus. Et à quoy est bon ce livret que vous tenez ?

M. JOSSE.

J'en ay affaire.

SEVERIN.

Aussi pour les esprits ?

M. JOSSE.

Vous me demandez de grandes choses.

SEVERIN.

Ne vous esbahissez, car je ne vy jamais conjurer les diables.

M. JOSSE.

Ne perdons point temps ; venez çà, approchez-vous.

SEVERIN.

Faut-il être bien près de la maison ?

M. JOSSE.

Tout contre la porte.

1. Je lui ferai une réponse détournée.
2. Des cercles, des ronds.

SEVERIN.

Je m'en garderay bien.

M. JOSSE.

Pourquoy ?

SEVERIN.

Pource qu'ils gettent des tuilles et des cailloux. Helas ! ils me gasteront tout !

M. JOSSE.

N'ayez pœur, car, tandis que vous serez avecques moy, ils ne vous feront rien.

SEVERIN.

Me le promettez-vous ?

M. JOSSE.

Oy, je le vous promets.

SEVERIN.

Par vostre foy ?

M. JOSSE.

Par ma foy. Approchez-vous donc.

SEVERIN.

Je suis bien icy.

M. JOSSE.

Il faut vous approcher d'avantage.

SEVERIN.

Mon Dieu ! ne pourriez-vous pas faire cecy sans moy ?

M. JOSSE.

Il est requis que le maistre de la maison y soit present et que vous m'aydiez. Aprochez donc, et vous mettez à genoux en ce cerne.

SEVERIN.

Tastez comme le cœur me bat.

M. JOSSE.

Je vous croy ; n'en jurez pas, car cela faict tousjours ainsi ; toutesfois, ne craignez rien tandis que serez avec moy. Aprochez-vous encores un peu plus de çà, encores, encores un peu ; vous voilà bien. Or sus, ne bougez de là. Que regardez-vous tant derrière vous ?

SEVERIN.

Et si j'ay pœur ?

M. JOSSE.

Il n'y a point de remède. Or, je vas commencer ma conjuration ; dictes après moy : *Barbara Pyramidum sileat miracula Memphis.*

SEVERIN.

Je ne sçaurois dire cela. Faictes votre conjuration tout seul, si vous voulez, et parlez françois : peut-estre qu'ils n'entendent pas latin.

M. JOSSE.

Il vaut mieux.

Esprits maudits des infernales ombres,
Qui repairez ceans soir et matin,
Je vous commande, au nom de Severin,
Qu'en deslogiez sans nous donner encombres.

SEVERIN.

Ne parlez point de moy; commandez-leur en vostre nom.

M. JOSSE.

Laissez-moy faire, et ne vous souciez que de dire vostre Ave.

(Ils font bruict en la maison.)

Je vous commande, ô esprits contrefaicts,
Au nom de moy, que pouvez bien cognoistre,
Que, delaissans ce logis à son maistre,
Vous en sortiez pour n'y rentrer jamais.

SEVERIN.

C'est assez, messire Josse, helas! c'est assez.

M. JOSSE.

Si vous voulez qu'ils sortent, regardez! c'est à ce coup.

Je vous enjoins encore, et vous commande,
Par la vertu de ce nom : Asdriel,
Que promptement sortiez de cest hostel,
Avec tous ceux qui sont de vostre bande.

FRONTIN.

Nous n'en sortirons pas.

M. JOSSE.

Que dictes-vous là?

SEVERIN.

Jésus Maria! tous les cheveux me dressent de frayeur.

M. JOSSE.

Je vous commande et enjoins, de par Dieu,
Esprits, luytons [1], farfadets, qu'à ceste heure
Vous me disiez, sans plus longue demeure,
Pourquoy ainsi vous occupez ce lieu.

1. Lutins.

FRONTIN.
A cause de l'abominable avarice de Severin.
SEVERIN.
Tu bieu ! laissez-moy aller ; j'ai affaire ailleurs.
M. JOSSE.
Et moy plus affaire de vous que des diables : attendez si vous voulez.
SEVERIN.
Je suis honteux de faire...
M. JOSSE.
Venez ça ; si vous bougez d'icy et levez tant soit peu un des genoux, je m'en iray et laisseray les esprits si longtemps en vostre maison qu'ils s'en ennuyront.
SEVERIN.
Hé ! ne vous faschez pour cela ; j'y seray tant que vous voudrez.
M. JOSSE.
Je vous commande, au nom de Balaha, que vous sortiez de...
FRONTIN.
Nous sortirons, nous sortirons.
M. JOSSE.
Les avez-vous entenduz? Quel signe nous donnerez-vous par lequel nous puissions cognoistre que serez sortis ?
FRONTIN.
Nous ruynerons ceste maison.
SEVERIN.
Non, non, demeurez-y plutost.
M. JOSSE.
Nous ne voulons point de ce signe : faictes en un autre.
FRONTIN.
Nous osterons l'anneau du doigt de Severin.
SEVERIN.
Le diable les puisse emporter ! Mais voyez qu'ils sont fins ! j'ai des gands, et toutefois ils ont veu mon anneau à travers. Je n'en feray rien ; ils ne me le rendroient pas.
M. JOSSE.
Ce signe ne nous plaist ; donnez-nous en un autre.
FRONTIN.
Nous entrerons au corps de Severin.

M. JOSSE.

Vous voyez, s'ils veulent ils entreront en vostre corps, et n'avez membre qu'ils ne tourmentent; toutesfois n'ayez peur, car ils ne partiront de là sans mon congé. Sus! levez-vous, et regardez lequel de ces signes vous aymez le mieux, car il en fault choisir un.

SEVERIN.

Je n'en veux pas un; dictes-leur qu'ils en disent un autre.

M. JOSSE.

Je ne les puis contraindre à en nommer plus de trois.

SEVERIN.

Ne s'en sçauroient-ils aller sans faire un signe?

M. JOSSE.

Ils diront bien qu'ils s'en vont, mais ils ne bougeront.

SEVERIN.

Qu'ils y demeurent! peut-estre qu'ils s'en lasseront.

M. JOSSE.

Vous estes bien simple de vouloir perdre une maison de trois ou quatre mil francz à l'appetit d'un anneau de dix escuz.

SEVERIN.

Dix escuz! on me l'a faict valoir en mon partage trente escuz; c'est une antiquité.

M. JOSSE.

Vous ne voulez donc pas qu'ils sortent?

SEVERIN.

Sauf vostre grace.

M. JOSSE.

Ils n'en feront rien autrement.

SEVERIN.

Bien; je veux donc qu'ils s'obligent au restablissement des ruynes et demolitions qu'ils ont faictes en mon logis.

M. JOSSE.

Cela est raisonnable, laissez m'en la charge.

SEVERIN.

Me feront-ils point de mal me l'ostant du doigt?

M. JOSSE.

Nullement.

SEVERIN.

Ne le pourrois-je pas bien mettre au vostre?

M. JOSSE.

Non, il faut qu'il soit tiré d'un des doigts de vostre main.

SEVERIN.

Je ne voudrois qu'ils m'esgratignassent. Comme ferons-nous?

M. JOSSE.

Il vous faut coupper le poing et le jeter là; ils prendront après l'anneau à leur ayse.

SEVERIN.

Je ne feray ceste folie; mais je clorray bien fort les yeux, affin de ne les voir.

M. JOSSE.

Attendez : je vous lieray si fort ce mouchoir alentour que ne les verrez pas.

SEVERIN.

Ils m'esgratigneront les mains.

M. JOSSE.

En façon quelconque. Estes-vous bien?

SEVERIN.

Oy! oy!

M. JOSSE.

Or sus! nous sommes contens que preniez l'anneau du sire Severin, moyennant que promettez sur vostre foy de restablir tous les dommages que luy avez faicts.

FRONTIN.

Nous le promettons.

M. JOSSE.

Sortez donc, sans nous faire mal ny desplaisir. Seigneur Severin, ne bougez, n'ayez peur, je suis avec vous; prenez courage et tendez bien droict le doigt.

SEVERIN.

Jesus! que j'ai peur!

M. JOSSE.

C'est faict. Or sus, entrons en la maison; mais ne vous desbouchez pas[1], pource qu'ils sont encores icy alentour.

SEVERIN.

Dictes leur qu'ils s'en allent de tout point.

1. N'ôtez pas le bandeau qui vous bouche les yeux.

M. JOSSE.
Ils s'en iront bien. Venez, venez.
SEVERIN.
Menez-moy, que je ne me blesse.
M. JOSSE.
Allons.

SCÈNE III.

FRONTIN, URBAIN.

FRONTIN.
Eh bien ! ai-je pas bien joué mon personnage ?
URBAIN.
Le mieux du monde, et ne l'eusse jamais pensé. Tu serois tout estonné si tu savois en quelle fièvre j'estois quand j'entendois parler mon père ; j'avois, je pense, plus peur de luy que luy de nous ; aussi les genoux me trembloient si fort que je ne me pouvois tenir debout.
FRONTIN.
Voilà un grand malheur, que ne vous pouviez tenir debout.
URBAIN.
Je m'y tiens bien à ceste heure que la parolle m'est revenue ; mais je te prometz que lors il ne m'en prenoit point d'envye.
FRONTIN.
Quoy ! vous aviez peur en la compagnie de Frontin ?
URBAIN.
Toute mon asseurance n'estoit qu'en toy.
FRONTIN.
Le temps est cher, ne le perdons pas à credit. Je pense qu'il soit tard, ainsi je me doubte que Ruffin ne faillira point de venir demander l'argent que luy avez promis : voylà pourquoy je suis d'advis vendre ce ruby ; nous en aurons quelque vingt escuz.
URBAIN.
Je l'ay tousjours oy estimer trente.
FRONTIN.
Cela viendra bien à point ; il y en aura deux

pour le sorcier, dix pour Ruffin, dix pour le pauvre Frontin, et le reste pour vous.
URBAIN.
Cela est raisonnable.
FRONTIN.
Je le vas vendre, car Ruffin n'est homme d'anneaux.
URBAIN.
Ce pendant que ferons-nous ?
FRONTIN.
Allez chez le sire Hilaire, jusques à ce qu'on ayt faict avec Ruffin ; puis vous retournerez au village ; tandis, ceste-cy pourra demeurer en la maison de nostre voisin, vostre amy : ainsi il ne sera trop malaisé faire croire à vostre père qu'avez tousjours esté aux champs.
URBAIN.
En es-tu d'advis ?
FRONTIN.
Oy ; prenez les clefs de la chambre à mon maistre, et vous enfermez dedans.
URBAIN.
Et qu'y ferons-nous ?
FRONTIN.
Je m'en rapporte à vous ; je m'en vas ce pendant faire mes affaires. Mais j'oy ouvrir l'huys de Severin : despeschez-vous, entrez par la porte de derrière.
URBAIN.
Tu dis bien.

SCÈNE IV

M. JOSSE, SEVERIN.

M. JOSSE.
Venez seurement ; ils s'en sont allez de tout point.
SEVERIN.
Dieu soit loué ! Je pense qu'ils estoient un monceau de poltrons, de demeurer tout le jour à se veautrer dedans le lict ; quand sommes entrés, nous avons trouvé encor la nappe mise. Mais que feray-

je de ce lict, de ceste table et de tout ce qu'ils ont apporté icy ? car je ne me veux servir des biens des diables.

M. JOSSE.

Envoyez-les moy.

SEVERIN.

Voudriez-vous toucher à cela ? Il vaut mieux que je les face vendre.

M. JOSSE.

Il auroit trouvé son homme.

SEVERIN.

Au moins, ce sera pour faire reparer les tortz qu'ils m'ont faicts, sans que j'aye la peine à les y contraindre.

M. JOSSE.

Quels tortz vous ont-ils faicts?

SEVERIN.

Ils m'ont rompu un pot de terre qui servoit à pisser; ils m'ont bruslé une cuiller de bois, le manche d'un ballet, et tout plain de busches, comme je pense, car je ne me souviens pas combien il y en avoit.

M. JOSSE.

Vous estes un terrible mesnager, de sçavoir le conte de vos busches.

SEVERIN.

Qui est pauvre il faut qu'il fasse ainsi.

M. JOSSE.

Et moy, n'auray-je rien pour ma peine ?

SEVERIN.

Frontin m'avoit dict que vous ne vouliez rien.

M. JOSSE.

Il est vray que je luy ay dict que je ne demandois que ce qu'il vous plairoit.

SEVERIN.

Ainsi sont les gens de bien. Venez à ce soir soupper avec moy.

M. JOSSE.

Je vous remercye, je ne veux mourir de faim.

SEVERIN.

Que dictes-vous ?

M. JOSSE.

Je dy que j'yrois volontiers, car j'ay grand faim.

SEVERIN.

Ho! maistre Josse, trop est trop; je vous donneray d'un pigeon qu'hier j'ostay à la fouyne, d'un beau petit morceau de lard, jaune comme fil d'or, et d'une demye douzaine de chastaignes. Voilà pas qui est gaillard?

M. JOSSE.

C'est trop ; vous deviez vendre ce pigeon.

SEVERIN.

On ne l'eust voulu acheter, car la beste luy a mangé une cuisse et presque tout l'estomac. Davantage, je vous dis que, quand vous aurez affaire de quelque argent, comme d'un teston, venez à moy, je le vous presteray pour un jour, voire deux, en me baillant quelque petit gage. Que vous en semble?

M. JOSSE.

Que vous estes un homme qui recognoissez mieux les plaisirs qu'autre que je cognoisse.

SEVERIN.

Vous ne sçavez le bien que je vous veux. Par la croix que voilà, je vous jure que, si les diables n'avoient emporté mon ruby, je vous le donnerois, et, par mon ame, j'y ay regret pour l'amour de vous... et de moy principalement.

M. JOSSE.

Je le tiens pour receu, et vous en sçay autant de gré que si me l'aviez donné.

SEVERIN.

Je le fais affin que voyez que je ne suis tant avare comme l'on crye. Or, à Dieu, jusques à ce soir.

M. JOSSE.

A Dieu donc.

SEVERIN.

Je me recommande. Ouf! qu'il faict bon quelques fois donner du plat de la langue! Je l'ai envoyé aussi content comme si je luy eusse donné ce ruby, que jamais autre que les espritz ne m'eust peu tirer des mains. Mais je demeure trop à prendre ma bourse, pour après aller chercher Urbain, affin de luy faire porter la penitence des pechez qu'il fit jamais, et de ceux qu'il fera cy après. Foin! Voicy quelcun qui vient deçà ; il me faut attendre qu'il soit passé.

SCÈNE V

RUFFIN, SEVERIN.

RUFFIN.

Il avoit bien trouvé son niais, pardieu ! il me doibt dix escus, et il en vouloit avoir vingt des miens.

SEVERIN.

Que dict cestuy-cy d'escus ?

RUFFIN.

Je luy tiendray ma promesse, qu'il s'en asseure. On m'a dict que Severin est en ceste ville ; je le vay chercher pour me plaindre à luy, et m'asseure qu'il me fera bailler de l'argent.

SEVERIN.

Que diable veut-il dire de Severin, et d'argent ? Dieu me soit en aide !

RUFFIN.

Allez, fiez-vous desormais aux personnes ! Je ne le feray de ma vie : il n'est que de tenir son asne par le chevestre [1]. Mais quant à cecy, j'en suis autant asseuré que si j'avois gaiges ; il est vray que j'en seray payé sur le tard.

SEVERIN.

Cestuy me brouille la fantasie ; je n'enten point ce qu'il veut dire. O pauvre Severin ! chacun te court sus.

RUFFIN.

Je ne sçay si c'est icy Severin ou un qui lui resemble ; c'est luy-mesme. A la bonne heure vous ay-je recogneu.

SEVERIN.

Pourquoy ? que veux-tu de moy ?

RUFFIN.

Chose juste et raisonnable.

SEVERIN.

Dy donc que c'est.

RUFFIN.

Ce matin vostre fils Urbain est venu en mon logis.

SEVERIN.

Dis-tu Urbain ?

1. Licou.

RUFFIN.

Je dis Urbain.

SEVERIN.

Mon fils ?

RUFFIN.

Je pense qu'il soit votre fils, sa mère en sçauroit bien que dire ; mais laissez-moi achever : et, trouvant ma niepce seule, de laquelle il estoit eperdument amoureux, aussi c'est une fort belle fille, il a sceu si bien la prescher qu'il l'a convertie à ses devotions, de façon qu'il ne restoit plus sinon trouver le moyen de l'enlever, ce qu'il n'a sceu faire pour lors, d'autant que je suis survenu et ay fay retirer ma dicte niepce en ma chambre, empeschant par là l'execution de leurs desirs ; quoy voyant par luy, et qu'il n'en pouvoit autrement joyr, il a deliberé l'emmener par force.

SEVERIN.

Helas ! qu'est-ce que j'enten ?

RUFFIN.

Ainsi, s'estant retiré, a espié quand je suis sorty de mon logis, pour y entrer, comme il a faict, où, trouvant ma galande qui faisoit gentiment son pacquet, sans oublier ma bourse, l'a emmenée avec mon plus beau et meilleur. En ces entrefaictes je les ay rencontrez icy près, et, pource que je criois après luy, disant que ce n'estoit bien faict desbaucher les filles, qu'il me faisoit tort et que je m'en plaindrois à tel qu'il m'en feroit faire la raison, je croy que je l'ay fasché tellement que, se retournant devers moy, il m'a donné tant de coups de poings et de pieds qu'il m'a faict la teste plus molle que paste, et pense qu'il m'a rompu les costes.

SEVERIN.

Où est-il, que je le tue ?

RUFFIN.

Maintenant qu'il a sceu que j'en voulois faire instance, il m'a envoyé dire qu'il me renvoyeroit ma niepce et mon argent, avec dix escus pour me faire panser. Toutesfois, voyant que je ne m'appaisois pour ces belles promesses, joint qu'il n'a pas un lyard, il m'a voulu engeoller d'une happelourde[1] qu'il me vouloit faire croire estre un ruby de

---

1. Fausse perle pour attraper (*happer*) les niaises (*lourdes*).

trente escus; mais je m'asseure qu'il ne sçauroit valloir trois sols, car j'en voy ordinairement donner d'aussi beaux pour six blancs et sur le pont aux Musniers[1] et sur Petit-Pont. Ainsi, me voyant mal traicté et cognoissant combien vous desplaisent les choses mal faictes, je me suis adressé à vous pour vous supplier avoir pitié de moy.

SEVERIN.

A-il faict cela?

RUFFIN.

Oy, et a demeuré toute la journée avec elle en vostre maison.

SEVERIN.

En ma maison?

RUFFIN.

En vostre maison.

SEVERIN.

Qui te l'a dict?

RUFFIN.

Ceux qui le hantent.

SEVERIN.

Où est ma maison?

RUFFIN.

La voilà.

SEVERIN.

Je ne sçay si tu te mocques de moy, mais je sçay bien qu'il ne peut avoir esté en ma maison.

RUFFIN.

Pourquoy?

SEVERIN.

Pourquoy? pourcequ'elle estoit plaine de diables, et qu'il y a long temps qu'il n'y entra personne.

RUFFIN.

Tant plaine de diables que vous voudrez, si sçay-je bien que j'y ay veu autres que des diables.

SEVERIN.

Tu as prins une porte pour une autre, car j'estois present quand ils ont esté chassez.

RUFFIN.

Je le veux bien, puis que le voulez; cela n'importe. Je voudrois que me fissiez rendre mon argent et reparer le tort faict à ma niepce.

---

1. Il était situé près du Pont-au-Change. On y faisait le commerce de la quincaillerie, qui, après sa démolition, passa sur le quai de la Ferraille, qui y touchait.

SEVERIN.

Je n'ay point d'argent à te donner; mais je te feray bien rendre la fille, et, s'il est possible, telle qu'il te l'a prinse, te promettant le chastier de telle sorte que tu en auras pitié. Mais où le pourray-je trouver ?

RUFFIN.

Je l'ay laissé en vostre logis avec Feliciane, ma niepce.

SEVERIN.

Tu t'abuses.

RUFFIN.

Pardonnez-moy.

SEVERIN.

Le monde te peult-il faire si opiniastre que tu penses le sçavoir mieux que moy ?

RUFFIN.

Demandez-le à Frontin.

SEVERIN.

Qu'en sçait Frontin ? où est-il ?

RUFFIN.

Il estoit tantost icy près, qui me vouloit donner ce ruby.

SEVERIN.

Quel Frontin dis-tu ?

RUFFIN.

Celui que vous pensez.

SEVERIN.

Dis-tu Frontin, serviteur de Fortuné ?

RUFFIN.

Celuy-là mesme.

SEVERIN.

Il se mesle donc de cecy ?

RUFFIN.

Il s'en mesle. C'est luy qui faict tout le desordre.

SEVERIN.

Je crains que tu ne te trompes. Quel ruby te vouloit-il bailler ?

RUFFIN.

Un gros ruby en cabochon[1], escorné un peu d'un costé, toutesfois de bien belle monstre, mais enchassé à la vieille mode. Il dict que c'est une antiquité de vostre maison.

---

1. C'est-à-dire rond, sans facettes.

SEVERIN.

Je ne sçay si je songe ou si je veille, oyant tes propos. Où dict-il qu'il l'a prins ?

RUFFIN.

Je ne m'en suis tant informé.

SEVERIN.

Aux enseignes, c'est le mien ; mais comme cela se pourroit-il faire ? Je ne croiray pas du tout cestuy-cy, car il dict beaucoup de choses qui ne peuvent estre veritables.

SCÈNE VI

FRONTIN, RUFFIN, SEVERIN.

FRONTIN.

Voyez si cet argent ne nous vient pas bien à propos !

RUFFIN.

Au moins, je vous prie ne me laisser faire tort.

FRONTIN.

J'ai maintenant la main garnie.

SEVERIN.

Ne te chaille.

FRONTIN.

Il faut icy prendre courage et faire bonne mine en mauvais jeu. Je vous ose dire, seigneur Severin, qu'estes tombé en bonne main.

SEVERIN.

As-tu entendu ce que dict cestuy-cy ?

FRONTIN.

Vrayement, assez souvent; sçavez-vous pas qu'il est fol ?

RUFFIN.

Comment, fol ? Ha ! il n'en ira pas ainsi ; nous sommes en ville où justice a lieu.

FRONTIN.

Tais-toy et t'en va; je te donneray de l'argent.

RUFFIN.

Je n'en feray rien que je ne l'aye, et un et deux. Voyez comme il me voudroit chasser !

SEVERIN.

Et bien ! Frontin, que veut dire cecy ?

FRONTIN.

Vous ay-je pas dict qu'il est fol?

SEVERIN.

Mais que dict-il d'Urbain, d'argent et d'un faux ruby? je ne l'entens point.

FRONTIN.

Un malheur luy est advenu, qui luy a faict perdre l'entendement, de manière qu'il n'a autre chose en la bouche que cela, soit qu'il soit seul ou en compagnie, et tous ses propos sont Urbain, Feliciane, faux ruby et argent.

RUFFIN.

Regardez la malice de cestuy-cy, qui, pour me priver de mon deu, dict que je suis fol.

SEVERIN.

Si me semble-il bien sage et rassis.

FRONTIN.

Vous ay-je pas dict qu'il faict tousjours ainsi? Mon bon homme, on ne peult maintenant oyr le recit de tes fortunes; va-t'en à Dieu; une autre fois le seigneur Severin t'escoutera tout à loisir, et te fera raison. Je ne te les veux pas donner devant luy.

RUFFIN.

Tu ne me feras pas bouger d'icy que je n'aye ce qui m'appartient, et ma niepce Feliciane encor.

SEVERIN.

Il parle tousjours d'Urbain et de Feliciane. Qui est-elle?

FRONTIN.

Dict-il pas aussi qu'on l'a emmenée par force?

SEVERIN.

Oy.

FRONTIN.

Je le sçavois bien.

SEVERIN.

Parle plus clairement, qu'on t'entende.

RUFFIN.

Je dis que ce matin Urbain et Frontin ont desbauché Feliciane, ma niepce, et emporté tout ce que j'avois, et que je veux qu'ils me les rendent. M'entendez-vous bien?

FRONTIN.

il Ah! quel importun et presomptueux fol! quand s'adresse à quelcun, on ne s'en peut deffaire.

SEVERIN.
Il en doit estre quelque chose.
FRONTIN.
Vous voulez croire aux parolles d'un fol. Tien par dessoubs mon manteau, qu'il ne te voye.
SEVERIN.
Il est vrai qu'il dit des choses qui ne peuvent estre veritables.
RUFFIN.
Je les veux compter.
FRONTIN
Qu'il ne te voye pas, je te prie.
RUFFIN.
Que m'en soucie-je s'il me veoit? Je veux sçavoir si tout y est.
SEVERIN.
Que gromelez-vous là?
RUFFIN.
Puisque je suis payé, je ne demande autre chose.
FRONTIN.
Je luy ay donné quelques gettons pour l'apaiser; autrement il n'eust cessé de vous rompre la teste de son babil.
RUFFIN.
Je vas au changeur; mais, s'il s'en trouve de mauvais, je les rapporteray.
FRONTIN.
C'est bien dit. Va, que le diable t'emporte !
SEVERIN.
Tu avois bien des gettons sur toy !
FRONTIN.
J'en porte ainsi quelquesfois, pource que je me rencontre souvent en cet homme ; autrement il ne seroit jamais possible m'en deffaire.
SEVERIN.
Mais il disoit qu'Urbain et ceste fille ont ce matin disné en mon logis?
FRONTIN.
Ha! ha! ha! vous disois-je pas bien que c'est un fol?
SEVERIN.
Quant aux autres choses qu'il barbuilloit, je ne sçay qu'en dire.
FRONTIN.
Baille-luy belle ! Puis que voyez qu'il dict de si

grandes folies, comme pouvez-vous croire le reste? Mais changer de propos resjouyt l'homme. L'affaire touchant les esprits s'est bien portée, à ce que m'a dict maistre Josse?

SEVERIN.

Eh! eh! eh! hééé!

FRONTIN.

Voy, ne sont-ils pas sortis?

SEVERIN.

Oy, et ont emporté mon beau ruby; mais je le r'auray, je sçay bien pourquoy.

FRONTIN.

Et moy, n'auray-je rien?

SEVERIN.

Foin, je suis fasché.

FRONTIN.

Hé! au pauvre Frontin?

SEVERIN.

Or sus, je te donneray quelque chose.

FRONTIN.

Et quoy?

SEVERIN.

J'y penseray quelque jour; mais pource que je suis seul et n'ay pas encore desjeuné, je voudrois que tu allasses chez mon frère Hilaire dire que je vas prendre un peu de vin en son logis. Il ne faut que demy-septier, un morceau de pain et une ciboulle.

FRONTIN.

On ne mange point de ciboulles chez vostre frère.

SEVERIN.

Bien, je mangeray de ce qui y est.

FRONTIN.

J'y vas pour vous obeyr.

SEVERIN.

Mon Dieu! qu'il me tardoit que je fusse despesché de cestuy-cy, afin de reprendre ma bourse! J'ay faim, mais je veux encor espargner ce morceau de pain que j'avois apporté; il me servira bien pour mon soupper, ou pour demain mon disner, avec un ou deux navets cuits entre les cendres. Mais à quoy despends-je le temps, que je ne prens ma bourse, puis que je ne voy personne qui me regarde? O m'amour! t'es-tu bien portée? Jésus, qu'elle est légère! Vierge Marie! qu'est-ce cy qu'on a mis dedans? Helas! je suis destruict, je suis perdu, je suis ruyné. Au voleur! au larron! au larron! prenez-le! arrestez tous ceux qui passent, fermez les portes, les huys, les fenestres! Miserable que je suis! où cours-je? à qui le dis-je? Je ne sçay où je suis, que je fais, ny où je vas! Helas! mes amis, je me recommande à vous tous! secourez-moi, je vous prie! je suis mort! je suis perdu! Enseignez-moy qui m'a desrobbé mon ame, ma vie, mon cœur et toute mon esperance! Que n'aye un licol pour me pendre, car j'ayme mieux mourir que vivre ainsi. Helas! elle est toute vuyde. Vray Dieu! qui est ce cruel qui tout à un coup m'a ravy mes biens, mon honneur et ma vie? Ah! chetif que je suis! que ce jour m'a esté malencontreux! A quoy veux-je plus vivre, puis que j'ay perdu mes escus, que j'avois si soigneusement amassez, et que j'aymois et tenois plus chers que mes propres yeux! mes escus, que j'avois espargnez retirant le pain de ma bouche, n'osant manger mon saoul, et qu'un autre joyt maintenant de mon dommage [1]!

FRONTIN.

Quelles lamentations enten-je là?

SEVERIN.

Que ne suis-je auprez de la rivière, afin de me noyer!

FRONTIN.

Je me doute que c'est.

SEVERIN.

Si j'avois un cousteau, je me le planterois en l'estomac!

FRONTIN.

Je veux veoir s'il dict à bon escient. Que voulez-vous faire d'un cousteau, seigneur Severin? Tenez, en voilà un.

SEVERIN.

Qui es-tu?

FRONTIN.

Je suis Frontin. Me voyez-vous pas?

SEVERIN.

Tu m'as desrobbé mes escus, larron que tu es!

---

1. Molière a pris une partie de ce monologue pour celui du désespoir d'Harpagon.

Ça, ren-les-moy, ren-les-moy, ou je t'estrangleray !
FRONTIN.
Je ne sçay que vous voulez dire.
SEVERIN.
Tu ne les as pas, donc ?
FRONTIN.
Je vous dis que je ne sçay que c'est.
SEVERIN.
Je sçay bien qu'on me les a desrobbez.
FRONTIN.
Et qui les a prins ?
SEVERIN.
Si je ne les trouve, je delibère me tuer moy-mesme.
FRONTIN.
Hé ! seigneur Severin, ne soyez pas si colère !
SEVERIN.
Comment, colère ? J'ay perdu deux mille escus.
FRONTIN.
Peut-estre que les retrouverez ; mais vous disiez tousjours que vous n'aviez pas un lyard, et maintenant vous dites que vous avez perdu deux mille escus ?
SEVERIN.
Tu te gabbes [1] encor de moy, meschant que tu es !
FRONTIN.
Pardonnez-moy.
SEVERIN.
Pourquoy donc ne pleures-tu ?
FRONTIN.
Pource que j'espère que les retrouverez.
SEVERIN.
Dieu le veulle, à la charge de te donner cinq bons sols !
FRONTIN.
Venez disner. Dimanche, vous les ferez publier au prosne [2], quelcun vous les rapportera.
SEVERIN.
Je ne veux plus boire ne manger ; je veux mourir ou les trouver.

1. Tu te moques.
2. Les choses perdues se publiaient alors au prône, du haut de la chaire.

FRONTIN.

Allons, vous ne les trouvez pas pourtant, et si ne disnez pas.

SEVERIN.

Où veux-tu que j'alle? au lieutenant criminel?

FRONTIN.

Bon!

SEVERIN.

Afin d'avoir commission de faire emprisonner tout le monde?

FRONTIN.

Encor meilleur! Vous les retrouverez. Allons, aussi bien ne faisons-nous rien icy.

SEVERIN.

Il est vray, car encor que quelqu'un de ceux-là les eust, il ne les rendroit jamais. Jesus! qu'il y a de larrons en Paris!

FRONTIN.

N'ayez pœur de ceux qui sont icy; j'en respon, je les cognois tous.

SEVERIN.

Helas! je ne puis mettre un pied devant l'autre! O ma bourse!

FRONTIN.

Hoo! vous l'avez; je voy bien que vous vous mocquez de moy.

SEVERIN.

Je l'ay voirement; mais, helas! elle est vuide, et elle estoit plaine!

FRONTIN.

Si ne voulez faire autre chose, nous serons icy jusques à demain.

SEVERIN.

Frontin, ayde-moy, je n'en puis plus. O ma bourse! helas! ma pauvre bourse!

ACTE QUATRIÈME

SCÈNE I

FORTUNÉ, DESIRÉ.

FORTUNÉ.
Où diable estiez-vous, que je ne vous ay pas veu ?
DESIRÉ.
En un endroit où je voyois tout sans estre aperceu, encor qu'il regardast plus de cent fois à l'entour de luy.
FORTUNÉ.
O le grand plaisir !
DESIRÉ.
Grand plaisir pour moy.
FORTUNÉ.
Par mon ame, vous avez rencontré une bonne adventure, non pour avoir trouvé deux mille escus, car, encore qu'ils soient en vostre puissance, je ne pense pas que les vouliez retenir, cognoissant à qui ils appartiennent, combien qu'aujourd'huy l'on n'ayt pas accoustumé rendre non-seulement ce que l'on trouve de l'autruy, mais ce que violentement l'on a desrobé : car je sçay que voudrez vous monstrer homme de bien, tel que vous estes ; mais je dy que rien ne vous pouvoit advenir plus à propos pour vous rendre joyssant de vos amours, par ce que, s'il sçavoit qu'avez ses escus, il n'auroit jamais patience qu'ils ne lui fussent rendus ; ou n'en sachant rien, il sera beaucoup plus facile l'attirer à vostre intention.
DESIRÉ.
Homme du monde n'en sçait rien que vous, vostre père et Frontin. A ceste cause, je vous prie les advertir qu'ils tiennent cela secret.
FORTUNÉ.
Je le feray ; mais voicy mon père ; laissez-moi un peu seul avecques luy.

DESIRÉ.

Je le veux bien ; cependant je vas mettre ordre que cest argent soit un peu plus seurement que Severin ne l'avoit mis. A Dieu.

SCÈNE II

HILAIRE, FORTUNÉ.

HILAIRE.

Fortuné m'a dict que je le trouveray icy.

FORTUNÉ.

Je vous ay obey, mon père.

HILAIRE.

Ho ! tu as bien faict.

FORTUNÉ.

Que vous plaist-il me commander ?

HILAIRE.

Tu sçays qu'encores que je te puisse commander, je t'ay tousjours prié, et n'y veux pas encore commancer, mais bien te veux-je advertir.

FORTUNÉ.

O Dieu ! que ce soit chose que je puisse faire, affin que je ne tombe en desobeissance !

HILAIRE.

A ce que je voy, tu t'es imaginé ce que je veux dire.

FORTUNÉ.

Je pense que me voulez parler de mes amours.

HILAIRE.

Il est vray.

FORTUNÉ.

Mon père, je sçay que je faux [1] de ce costé-là, et d'autre part je cognois que je ne puis faire autrement, par ce qu'il m'estoit autant facile du commancement commettre ceste faute, comme maintenant il m'est malaisé, ains imposible y remedier, me trouvant enveloppé entre tant de filets, que je n'espère et ne veux en sortir que par la mort ; car, comme pourray-je hayr qui m'ayme plus que soy mesme, et ne desirer celle où tend le parfaict de tous mes desirs ? Cognoissant mesmes qu'en tout

---

1. Je m'égare.

le monde il n'y a fille, n'y eut oncques et n'y aura jamais (à mon jugement) qui se puisse parangonner[1] à elle en beauté, gentillesse, courtoisie et bonne grace, outre ce qu'elle n'est moins amoureuse de moy que moy d'elle. De manière que, quand il n'y auroit autre chose que cela, c'est assez pour contraindre et forcer mon liberal arbitre, lequel, toutefois, demeure libre, parce que je le veux ainsi, pour estre mon affection du tout arrestée en elle. A ceste cause, mon père, je vous supplie ne vous vouloir opposer à l'ardeur de mes flammes amoureuses, laquelle ne peut estre estaincte que par le temps; et j'en fais preuve certaine parce que vos commandemens, qui en toute autre chose me sçavent plyer à vostre volonté, demeurent en cest endroit plus mols que cire, et ma resolution plus dure que marbre. Bref, mon ame ne peut souffrir que j'espluche de trop près si c'est bien ou mal faict se retirer d'une telle entreprinse; mais je sçay bien que j'ay je ne sçay quoy au cœur, qui continuellement me dict que je ne puis et ne dois manquer d'amitié à qui m'ayme de toute son affection.

HILAIRE.

Mon fils, j'ay pitié de toy, pour avoir moy-mesme autresfois essayé que c'est de l'amour; neantmoins, je penserois faire tort à mon devoir si en cecy je ne te disois mon advis, et ce que le monde en pense; aussi n'y a-il homme, tant meschant soit-il, qui se voulust amuser après une nonnain, non seulement pour le respect de la religion, mais pour ce qu'il semble que l'on faict cela pour estre estimé d'avantage que les autres, ne cognoissant que ces deportemens desplaisent universellement à tous, parce qu'il n'y a chose qui rende l'homme plus odieux que quand, pour quelque particularité, il cherche differer des autres; outre ce qu'on ne doibt faire si peu de cas de desbaucher une religieuse, qu'on n'ayt quelque esgard au lieu et à qui elle est vouée, si non pour l'amour de soy-mesmes, au moins pour la reverence d'autruy, pour ce que qui est en mauvaise opinion de tous est tellement hay, que, quand cecy ne rendroit jamais plus fascheuse odeur que ceste cy d'estre hay et mal voulu,

---

1. Comparer.

les hommes s'en donneroient garde, se retirans de luy comme d'un pestiferé. Je ne parle du tort que se faict quiconque veut faire l'amour aux filles recluses, des dangers qu'ils encourent ordinairement, eschellant[1] les murailles du couvent, syant les grilles de fer, saultant du haut de la maison à sec, et forceant les portes, choses que l'on doit faire pour acquerir honneur et gloire, et non un si court plaisir qui tire après soy tant de longue penitence. A ceste cause, mon fils, tu feras bien convertir ceste amitié en une plus honorable, dont tu puisses retirer le plaisir d'un heureux contentement; car, graces à Dieu, je pense qu'il n'y a homme en ceste ville, j'enten de ma qualité, qui ne fust bien aise de te donner sa fille quand il te prendra envye de te marier, et il en est tantost temps, si tu veux que je puisse voir de tes enfants. Je ne regarde aux biens; ce m'est tout un, pourveu qu'elle te plaise et soit fille de bien, car en ce faisant je demeureray content et toy aussi.

FORTUNÉ.

Je ne seray jamais content si je n'ay mon Apoline, vous voulant bien dire que voz propos ont telle puissance qu'ils me font penser à ce à quoy je n'eusse jamais songé. Toutesfois, il me semble impossible me pouvoir destourner de la routte que je sçay qu'il faut que je suyve. Neantmoins, je vous prometz et jure par la reverence que je vous doy, et par l'amitié que je vous ay tousjours portée, que je feray tout ce que je pourray pour vous contenter, m'asseurant que cy après vous aurez compassion de moy.

HILAIRE.

Cela ne te manquera point; je te veux ayder.

FORTUNÉ.

Voulez-vous de moy ce qui n'est en ma puissance?

HILAIRE.

Non, ny de toy ny d'autre; mais je te prie te laisser conseiller, d'autant que je sçay que ce que tu trouves estrange et fascheux au commencement te sera enfin aysé et agreable, car telle est la nature des choses bien faictes. Je te le dy pour le bien

---

1. Escaladant avec une échelle. Ce mot est dans Montaigne.

que je te veux, joint aussi que je suis plus experimenté en ces affaires que tu n'es pas.

FORTUNÉ.

Je feray ce qui me sera possible.

SCÈNE III

SEVERIN, HILAIRE, FORTUNÉ.

SEVERIN.

Helas !

HILAIRE.

Qui est là qui se plaint ?

SEVERIN.

Helas !

FORTUNÉ.

Qui diable est cestuy-là ! Par ma conscience, c'est mon père Severin, qui celèbre les funerailles de ses deux mille escuz.

SEVERIN.

Il ne me failloit que cela. O fils du diable, né pour me faire mourir.

FORTUNÉ.

N'en parlez point, je vous prie, car vous gasteriez tout le mistère.

HILAIRE.

Je le veux ayder en ce qui me sera possible.

SEVERIN.

En un mesme jour j'ay perdu deux mille escuz, j'ay esté desnyaisé d'un ruby, trompé par Frontin et deshonoré par Urbain, de façon que je n'atten plus que la mort. O fortune, que tu es cruelle, quand tu delibères faire mal à quelcun ! je n'ay jamais offencé que moy-mesme.

FORTUNÉ.

Il a esté adverty de la tromperie des esprits.

HILAIRE.

En effect, la chose a esté trop cuelle.

FORTUNÉ.

On ne pouvoit faire aultrement.

SEVERIN.

Combien m'eust-il esté meilleur dès le commencement laisser tout aller sens dessus dessoubs, et, s'il vouloit despendre, jouer, hanter les garces, le laisser faire à sa male heure ! car aussi bien ne faict-il autre chose. Ce pendant je me tourmente, je me tue, et, pour le chercher et remedier à ses insolences et scandales, j'ay perdu mon tresor, sans lequel je pers l'envye de plus vivre.

HILAIRE.

Je suis marry de le voir ainsi : je le vas consoler.

FORTUNÉ.

Souvenez-vous de ne luy point parler de cet argent.

HILAIRE.

N'ayes peur. Et bien ! qu'avez-vous, qui lamentez si fort ? Qu'y a-il de nouveau ?

SEVERIN.

Comment, que j'ay ! Tous les maux du monde se sont assemblez pour me tourmenter.

HILAIRE.

En verité, je suis marry de la perte qu'avez faicte et du train que mène Urbain, puis qu'il vous desplaist, encore qu'il faille que la jeunesse se passe.

SEVERIN.

Vous m'avez tousjours dict ainsi, et avez esté cause de ses desordres.

HILAIRE.

Ne m'injuriez point, car je ne vous dirois meshuy mot.

SEVERIN.

Oy, vous et Fortuné en avez esté cause.

FORTUNÉ.

Il ne luy en seroit que mieux si je l'avois conseillé.

SEVERIN.

Mais qu'il face desormais ce qu'il voudra, pourveu que je retrouve mes escuz. Je luy lascheray tant la bride sur le col que peut-estre il s'en repentira.

HILAIRE.

Il les faut trouver. Mais vous avez esté un grand fol de mettre deux mille escuz en une bourse.

SEVERIN.

Chacun est sage après le coup, fors que moy, qui suis tousjours fol, tousjours malcontent, endurant mille peines et fascheries par le plus grand ennemy que j'euz jamais au monde, et souffrant que

Frontin se mocque de moi, me face croire que ma maison est plaine d'esprits, m'oste jusques à l'anneau de mes doigts et me face la fable de tout Paris.

HILAIRE.

Je vous donne le tort quant à cecy, d'avoir esté si simple que de le croire, et, si vous ne vouliez donner à Urbain dix ou douze escuz dont il avoit affaire, où vouliez-vous qu'il les print ?

SEVERIN.

Douze escuz? Je ne veux qu'il ayt un denier de mon bien. J'en veux estre maistre tant que je vivray, et, après ma mort, je le laisseray à un autre.

FORTUNÉ.

Si aura-il pourtant, en despit de voz dentz, tousjours cela sur et tant moins.

SEVERIN.

Helas ! quand je pense à mes escuz, le cœur me crève, je perds l'entendement et suis tellement abattu que ne me puis soustenir.

HILAIRE.

Vous en avez occasion.

SEVERIN.

J'en veux aller faire une diligente perquisition, encor que je sache que je perdray mes peines.

HILAIRE.

Ce n'est pas mal advisé.

SEVERIN.

Puis je m'en iray tant pleurer en mon logis, que Dieu ou le diable auront pitié de moy.

HILAIRE.

Il ne faut pas dire ainsi.

FORTUNÉ.

Vistes-vous jamais un plus grand fol ?

HILAIRE.

Ma foy, il y a aussi assez de quoy faire desesperer tout un monde.

FORTUNÉ.

O Dieu ! que je fus heureux quand il me donna à vous, et qu'il vous pleut me recevoir et tenir pour vostre fils !

HILAIRE.

Mais qui est celle-là dont Urbain est amoureux ?

FORTUNÉ.

C'est une fort belle fille ; celui qui l'a faict avoir à Urbain m'a dict qu'elle est de ceste ville, et qu'après la mort de sa mère, son père, qui estoit de la religion[1], voyant recommancer les troubles pour la quatriesme foys, se retira à la Rochelle[2], laissant ceste fille en la garde d'une sienne parente, à laquelle il la recommanda, la priant en avoir soin comme de ses propres enfans, et que, s'il plaisoit à Dieu le ramener jamais en ceste ville, qu'il recognoistroit les plaisirs qu'elle luy auroit faicts. Or il y peut avoir deux ans dont je parle que ceste fille est demeurée en la garde de ceste parente, qui se tient en la mesme rue où demeure ce bon frippon de Ruffin. Advint un jour que mon frère, passant par là, vid Feliciane (ainsi a nom la fille) sur le pas[3] de l'huys de la maison, se jouant avec ses compagnes, laquelle lui pleut tant que dès lors il en devint si fort amoureux que depuis il n'a cessé de chercher les moyens comme il en pourroit joyr. En fin, se souvenant de Ruffin, qui est homme de plaisir, s'advisa l'employer, se persuadant qu'à cause du voisinage il pourroit faire quelque chose, comme il a faict ; toutesfois avec les plus grandes peines du monde, tellement que, jusques aujourd'hier, Urbain ne pouvoit encores qu'en esperer ; neantmoins, ce galant de Ruffin, pour gaigner dix escuz qui luy estoient promis, y employa si bien tous ses cinq sens, et a tellement poursuivy sa batterie, que finablement la fille s'est rendue à composition, de mode qu'il l'a aujourd'huy livrée entre les bras de mon frère.

HILAIRE.

Et le père, quel homme est-ce ?

FORTUNÉ.

C'est un bien riche marchant, qu'on dict avoir vaillant plus de cinquante mille francz, et n'a enfans que ceste-cy.

HILAIRE.

N'a-il point esté tué ?

1. Calviniste.
2. On sait que c'était la place principale, le quartier général des huguenots.
3. Le seuil.

FORTUNÉ.

Non, car son serviteur est aujourd'huy arrivé, qui dict que son maistre, père de la fille, sera tantost icy, ou demain au matin.

HILAIRE.

Or bien, je m'en vas faire un tour jusques icy près.

FORTUNÉ.

Vous plaist-il que je vous face compagnie?

HILAIRE.

Non; fay tes affaires et penses à faire ce que je t'ay dict, si tu desires me contenter.

FORTUNÉ.

Voyez quelle puce mon père m'a mise en l'oreille! Si je desire le contenter! luy qui m'a tousjours rendu très content, me laissant despendre, jouer, faire l'amour; bref tout ce que j'ay voulu, et en ce où j'ay manqué de moy-mesme à moy-mesme, m'en a faict souvenir, affin qu'en rien je n'aye faute de plaisirs, maintenant me requiert que je luy face un seul plaisir, qui n'est en ma puissance pouvoir faire. O malheur! n'estois-je pas assez tourmenté par la douleur que je souffre, craignant à toute heure qu'elle accouche, sans y adjouster ceste autre icy? L'amitié et l'affection me desmembrent et deschirent de toutes parts, dont j'endure une si extresme passion, que celle que souffre un pauvre patient tiré à quatre chevaux ne sçauroit estre plus grande.

SCÈNE IV

PASQUETTE, servante; FORTUNÉ.

PASQUETTE.

Par mon enda, mon maistre en a ce qu'il luy en fault.

FORTUNÉ.

O Dieu, secourez-moy!

PASQUETTE.

Tant y a que je voudrois qu'il fust mon amoureux.

FORTUNÉ.

Helas! Je suis descouvert.

PASQUETTE.
Je le ferois courir après moy cent mille fois en une heure.
FORTUNÉ.
C'est ceste badine de Pasquette. Hé! sotte, qu'est-ce que tu vas grommelant entre tes dents?
PASQUETTE.
Je dis que, si j'estois vostre amoureuse, je vous traicterois plus doucement que ne faict Apoline.
FORTUNÉ.
Ne parle point d'Apoline qu'en toute reverence. Mais que fais-tu icy à ceste heure?
PASQUETTE.
Où m'avez-vous envoyée?
FORTUNÉ.
Quoy! Es-tu desjà de retour?
PASQUETTE.
Vous le voyez, on ne trouve guère de Pasquettes.
FORTUNÉ.
Mesmement de belles comme toy.
PASQUETTE.
Je suis belle à qui je plais; si ce n'est à vous, je n'en puis mais. Vous ne cesserez jamais de me dire injure.
FORTUNÉ.
Je ne dis que la verité. Viens çà, Pasquette: va au logis, j'y serai aussitost que toy. Mais non; escoute: retourne au monastère, et dy à la maistresse d'Apoline que je la prie me mander en quel estat se trouve son escholière, et que dict l'abbesse; puis me revien incontinent trouver.
PASQUETTE.
Mon Dieu! que c'est une grande peine que de servir en ceste ville; maintenant que je suis tant lasse que je n'en puis plus, il fault que je retourne en ceste religion, et puis, quand je seray de retour, il me faudra retourner d'un autre costé, et puis d'un autre; voilà comme j'en suis. Il ne faut pas que je pense tant que le jour dure avoir un demy quart d'heure de repos; mais ce ne seroit rien s'il ne me failloit encores estre debout toute nuict. Au moins, si on faisoit en ceste ville la feste du temps passé, que les serviteurs et servantes estoient huit jours entiers les maistres, et les maistres les servi-

teurs¹ ! Dieu sçait comme je me donnerois du bon temps, comme je ferois de la madame ! Je me ferois apporter à boire et à manger au lict, d'où je ne bougerois que les huict jours ne fussent passez; ainsi je ne porterois tant de lettres, je ne ferois tant de messages et ne courrois plus si souvent d'une part et d'autre. Il est vray aussi que cependant je ne verrois pas le ramonneur de ma cheminée, mais ce seroit tout un : huit jours sont bien tost passez ; je le trouverois meilleur après. Mais je demeure trop ; laissez-moy aller où l'on m'envoie, devant que mon jeune maistre retourne : car les amoureux ont tant d'espines aux pieds qu'ils ne peuvent demeurer en une place.

SCÈNE V

GERARD, VIELLARD.

O douce paix, repos des affligez, tu es finablement venue et as amené avecques toy mon aise, mon bien et mon contentement, puis que, soubs la protection de ta saincte sauve-garde, je puis, sans crainte et en toute seureté, reveoir le toit de ma maison, rentrer en la possession de mes biens et heritages, joyr de la presence de mes amis et parens, et surtout veoir ma chère Feliciane, le seul desir de mes affections et l'unique espoir et consolation de ma viellesse. Mais que me promets-je ? que sçay-je si pendant mon absence quelqu'un l'a subornée et ravy l'honneur de son honnesteté ? O Dieu ! destourne de ma maison ce malencontre, et me fay ceste grace, je te supplie, que je puisse embrasser ma fille saine, et que sa chaste pudicité luy soit demeurée sauve et entière.

SCÈNE VI

PASQUETTE, HILAIRE.

PASQUETTE.

Je veux laisser aller cestuy-là. Oh ! Fortuné de-

1. Allusion aux *Saturnales* romaines, pendant huit jours du mois de décembre.

viendra fol d'avoir un si beau petit enfant. Les religieuses me disent qu'il en sera fasché, je n'en sçay rien; si luy en vay-je porter les nouvelles, et demander mon vin. Pourquoy ne seroit-il bien aise d'avoir un petit garson? C'est luy qui l'a faict! Oy, mais c'est d'une nonnain. Et bien! en vault-il pis? Je croy qu'elles n'en parlent que par envie; elles font un bruit et bourdonnent par ce convent, qu'il semble que ce soit un jetton[1] de mouches à miel; mais l'abbesse est plus endiablée que les autres : elle dict qu'elle le fera excommunier noir comme la cheminée. Elle fera ce qu'elle voudra, mais je sçay bien qu'elle ne peut faire que sœur Apoline n'ayt faict un enfant : quant au reste, ce ne sont que bayes. Mais que atten-je que je ne le vas dire à Fortuné? Ha! voicy son père; je ne sçay si je l'en doibs advertir.

HILAIRE.

Il me semble que voilà Pasquette.

PASQUETTE.

Mais elles m'ont deffendu de le dire à autre qu'à Fortuné.

HILAIRE.

Pasquette! ô Pasquette!

PASQUETTE.

Que feray-je? Encore faut-il qu'il le sçache.

HILAIRE.

Es-tu sourde?

PASQUETTE.

Par ma fy, je luy diray.

HILAIRE.

Que me diras-tu?

PASQUETTE.

Que Fortuné...

HILAIRE.

Qu'a-il faict?

PASQUETTE.

A eu...

HILAIRE.

Quoy?

PASQUETTE.

Un enfant.

1. Essaim.

HILAIRE.
De qui ?
PASQUETTE.
De la nonnain.
HILAIRE.
A la malheure que Dieu luy envoye !
PASQUETTE.
Monsieur, pardonnez-moy, elles m'avoient deffendu vous le dire.
HILAIRE.
Que sçais-tu si elle est acouchée ?
PASQUETTE.
Je le sçay bien.
HILAIRE.
Comment ?
PASQUETTE.
Je viens de là, où j'ai veu l'enfant et la mère qui l'a faict. A raison de quoy tout le monastère est en trouble ; mais, par la croix que voilà, Monsieur, vous ne vistes jamais un plus beau petit garsonnet.
HILAIRE.
Est-il vray ? O Hilaire, tes conseils ont esté trop tardifs.
PASQUETTE.
J'ay sceu plustôt qu'elle estoit acouchée que je n'ay esté advertie de sa grossesse.
HILAIRE.
Va au logis, bavarde, et garde d'en sonner mot à personne.
PASQUETTE.
Le diray-je pas à Fortuné ?
HILAIRE.
Moins qu'à pas un.
PASQUETTE.
Si faut-il qu'il pourvoye d'une nourrisse et de langes.
HILAIRE.
J'y pourvoiray.
PASQUETTE.
S'il me void, encore faudra-il que je luy disc quelque chose ?
HILAIRE.
Ne te monstre pas.
PASQUETTE.
Pourquoy ? il ne me donneroit pas mon vin.

HILAIRE.

O Fortuné ! tu me devois dire qu'elle estoit preste à acoucher, sans te vituperer et ce monastère ! J'eusse esté trop heureux si cecy ne me fust advenu ! Mais quoy, la jeunesse faict toujours quelque desordre. Je vay parler à l'abbesse pour particulièrement sçavoir que c'en est, afin d'y remedier au mieux qu'il me sera possible.

ACTE CINQUIÈME

SCÈNE I

GERARD, RUFFIN.

GERARD.

Miserable que je suis ! Helas ! j'estois retourné en ma maison pensant joyr des doux fruicts de la paix, et j'ay trouvé une plus cruelle guerre que la precedente ! O Dieu, que n'ai-je esté faict le but d'un coup de harquebouzade, ou que les voleurs ne m'ont esgorgé par les chemins, puis que j'ay perdu mon honneur en la perte de ma fille, qui s'est perdue elle mesme ? O fortune, estois-tu point assez soulle de me tourmenter, sans adjouster encor ce malheur à mes misères ? Helas ! je me suis hasté pour trouver ce que je ne cherchois point ! Je suis perdu, je suis ruiné, ayant perdu l'espoir de ma consolation ; aussi ne me reste-il plus qu'un desir, contraire à celuy que j'avois paravant : car, comme je souhettois voir ma fille saine et plaine de vie, je souhette maintenant la veoir ensevelie en un cercueil, ou qu'elle fust morte si tost qu'elle a esté née, car (encores qu'elle me soit unique) je n'aurois pas tant de regret à sa mort que j'ay à son honneur perdu. Je me doubte bien que ce belistre de Ruffin me l'aura desbauchée ; toutesfois, il faut que j'avalle cela doux comme laict, ne luy en osant parler, crainte que, mouvant trop ceste ordure, l'odeur ne se respande d'avantage parmy le peuple, et que ce qui n'est sçeu que d'un ou de deux devienne la fable du commun. Ce n'est mal faict s'ayder de son ennemy en temps de necessité. Il me promet mons et vaux; je ne puis faillir de l'escouter. Mais le voicy! Helas! Ruffin, te croiray-je, et que du jourd'huy seulement elle est hors de la maison?

RUFFIN.

Oy, par l'ame qui repose dans ce corps; et vous veux bien dire d'avantage, qu'elle est avec un jeune homme qui ne l'ayme moins que soy-mesme; aussi luy a il juré qu'il n'espouseroit jamais autre qu'elle, et je croy que c'en fust desjà faict, n'eust esté l'avarice de son père, qui ne le veut pas avancer d'un lyard, combien qu'il soit riche de plus de vingt mille francs, tant il est marran et taquin, qui me faict penser que, si vous voulez donner une bonne somme de deniers en mariage à vostre fille, que la luy ferez espouser, chose qui retournera au grand honneur de vous et d'elle, effaceant par là tout ce qui a esté faict cy-devant.

GERARD.

Qu'il ne tienne à de l'argent, si tu penses que cela se puisse faire.

RUFFIN.

L'argent peut tout, principalement envers ce viel avaricieux.

GERARD.

Dieu le veuille! Mais je ne puis penser qu'un jeune homme s'accorde jamais espouser une fille dont il a usé comme d'une putain.

RUFFIN.

Oh! il sçait bien qu'elle n'a jamais bougé de la maison, et que homme ne l'a oncques touchée que luy.

GERARD.

S'il est ainsi, l'argent ne luy manquera, car, Dieu mercy, j'en ay assez. Mais je la voudrois bien veoir.

RUFFIN.

Elle est icy dedans, venez. Tic, tac, holà! J'enten je ne sçay qui.

SCÈNE II

SEVERIN, RUFFIN, GERARD.

SEVERIN.

Qui est là ?

RUFFIN.

Amys.

SEVERIN.

Qui me vient destourner de mes lamentations ?

RUFFIN.

Seigneur Severin, bonnes nouvelles.

SEVERIN.

Quoy ? elle est trouvée ?

RUFFIN.

Oy.

SEVERIN.

Dieu soit loué ! le cœur me saute de joie.

RUFFIN.

Voyez, il fera ce que vous voudrez.

SEVERIN.

Pense si ces nouvelles me sont agreables. Qui l'avoit ?

RUFFIN.

Le sçavez-vous pas bien ! C'estoit moy.

SEVERIN.

Et que faisois-tu de ce qui m'appartient ?

RUFFIN.

Devant que je la livrasse à Urbain, je l'ay eue quelque peu en ma maison.

SEVERIN.

Tu l'as donc baillée à Urbain ? Or fay te la rendre et me la rapporte, ou tu la payeras.

RUFFIN.

Comme voulez-vous que je me la face rendre, s'il ne la veut pas quitter ?

SEVERIN.

Ce m'est tout un, je n'en ay que faire ; tu as trouvé deux mille escus qui m'appartiennent, il faut que tu me les rende, ou par amour ou par force.

RUFFIN.

Je ne sçay que vous voulez dire.

SEVERIN.

Et je le sçay bien, moy. Monsieur, vous me serez tesmoin comme il me doibt bailler deux mille escuz.

GERARD.

Je ne puis tesmoigner de cecy, si je ne voy autre chose.

RUFFIN.

J'ai pœur que cestuy soit devenu fol.

SEVERIN.

O effronté! tu me disois à ceste heure que tu avois trouvé les deux mille escuz que tu sçais que j'ay perdus, puis tu dis que tu les as baillez à Urbain, affin de me les rendre. Mais il n'en ira pas ainsi : Urbain est emancippé, je n'ay que faire avecques luy.

RUFFIN.

Seigneur Severin, je vous enten : nous sommes en equivoque : car, quant aux deux mille escuz que dictes avoir perdus, je n'en avois encores oy parler jusques icy, et ne dis que je les ay trouvez, mais bien que j'ay trouvé le père de Feliciane, qui est cest homme de bien que voicy.

GERARD.

Je le pense ainsi.

SEVERIN.

Qu'ay-je afaire de Feliciane? Vostre male peste, que Dieu vous envoye à tous deux, de me venir rompre la teste avec vos bonnes nouvelles, puisque n'avez trouvé mes escuz!

RUFFIN.

Nous disions que seriez bien ayse, que vostre fils doit estre gendre de cest homme de bien.

SEVERIN.

Allez au diable, qui vous emporte, et me laissez icy!

RUFFIN.

Escoutez, seigneur Severin, escoutez. Il a fermé l'huys.

GERARD.

Ruffin, j'ai pœur que tu ne me trompes; je te dis que tu me mènes veoir ma fille, et tu me mènes veoir un fol.

RUFFIN.

Je ne sçay que diantre il a trouvé aujourd'huy,

il n'y a pas encor longtemps qu'il me parloit de ne sçay quels esprits. C'est le père de l'amy à vostre fille.

GERARD.

Ma foy, voilà un gentil personnage! Est-elle leans?

RUFFIN.

Je pense que non, puisqu'il y est; mais voicy qui nous en sçauroit bien dire des nouvelles.

SCÈNE III

RUFFIN, FRONTIN, GERARD.

RUFFIN.

Nous sçaurois-tu enseigner où est Urbain et Feliciane?

FRONTIN.

Ah glouton!

RUFFIN.

Parle, où sont-ils?

FRONTIN.

Au lict.

GERARD.

Je commance à me repentir d'estre venu icy.

FRONTIN.

Qu'en veux-tu faire?

RUFFIN.

Voicy le père de Feliciane, qui la voudroit bien veoir.

FRONTIN.

A la bonne heure! Elle desire aussi le veoir, car elle a sçeu qu'il estoit venu; mais elle ne veut retourner à la maison, et, si vous en parlez à Urbain, vous le ferez devenir fol, car en despit de tout le monde il la veut espouser.

GERARD.

Il n'y a chose qui ne se fasse. Je te prie me mener où elle est, car je meurs d'envie de la veoir.

FRONTIN.

Ils sont chez le seigneur Hilaire. Allons par de çà; nous entrerons par l'huys de derrière.

SCÈNE IV

FORTUNÉ, DESIRÉ.

FORTUNÉ.

Ne vous souciez, je feray pour vous envers mon père comme je voudrois qu'on fist pour moy, prenez seulement courage, tout se portera bien.

DESIRÉ.

Je vous prie, parce que je suis reduict à ces termes que je ne puis plus vivre si je n'obtiens ce desir.

FORTUNÉ.

Laissez-moy faire : je vous promets que je luy en parleray d'avant que je souppe.

DESIRÉ.

A Dieu donc, Monsieur, je me recommande à vous.

FORTUNÉ.

Je n'ay pas dict à ceste sote qu'elle revint, voilà pourquoy elle ne se haste pas. Que c'est grand pitié de l'indiscretion des serviteurs! Il me prend quelquefois envye de me servir moy-mesme. Elle s'amuse quelque part, car il faut que ces causeuses de femmes babillent tousjours. Il vaut mieux que j'alle au-devant d'elle; mais voicy mon père : d'où vient-il ?

SCÈNE V

HILAIRE, FORTUNÉ.

HILAIRE.

Il me tarde que je trouve Fortuné.

FORTUNÉ.

Il me semble que c'est luy ; toutesfois je n'en suis bien asseuré.

HILAIRE.

Je ne sçay si je luy dois dire que c'en est faict, ou qu'elle est preste d'acoucher.

FORTUNÉ.

C'est luy-mesme.

HILAIRE.
Où le pourray-je trouver?
FORTUNÉ.
Je veux entendre qu'il dict.
HILAIRE.
Je vas veoir s'il est en la maison.
FORTUNÉ.
Bonsoir, mon père.
HILAIRE.
O Fortuné! je te cherchois; j'ai des nouvelles à te dire.
FORTUNÉ.
Dieu me soit en ayde!
HILAIRE.
Et peut-estre les meilleures que tu puisses recevoir, s'il est vray ce que naguères tu m'as dict.
FORTUNÉ.
Quoy! Apoline a-elle eu congé sortir hors du convent?
HILAIRE.
C'est chose meilleure.
FORTUNÉ
Qu'elle n'est pas grosse?
HILAIRE.
Encores meilleure.
FORTUNÉ.
Et quoy! meilleure? Je ne puis imaginer rien de meilleur.
HILAIRE.
Apoline a faict un beau petit garson.
FORTUNÉ.
O chetif que je suis! Voilà la pire nouvelle que j'eusse peu recevoir.
HILAIRE.
Laisse-moy dire: et, parce qu'elle n'est religieuse, d'autant qu'elle n'a encor faict profession, comme tu sçais, l'abbesse veut que tu l'espouses.
FORTUNÉ.
Vous vous mocquez de moy.
HILAIRE.
Il est vray ce que je te dis, à ceste condition que la moitié de la succession demeurera au convent et l'autre moitié sera tienne, qui sont environ dix-huict mille francs.

FORTUNÉ.

Cecy me semble si grand chose que j'ay peine à le croire.

HILAIRE.

Haa! penses-tu que je me veuille mocquer de toy en choses de si grande consequence? Je te dis d'avantage que, quand tu ne la voudrois espouser, on t'y contraindroit, car tu ne t'en pourrois sauver.

FORTUNÉ.

Je vous croy. O Dieu! que je suis heureux! se porte-elle bien, au moins?

HILAIRE.

Très-bien.

FORTUNÉ.

Et qui a moyenné cela?

HILAIRE.

Moy-mesmes : car, si tost que j'ay esté adverty qu'elle estoit acouchée, je suis allé parler à l'abbesse, que j'ay trouvée du commancement plus fière qu'un toreau; mais, quand j'ay eu parlé à elle, je l'ay faict devenir plus douce qu'un agneau, et avons conclud cest afaire.

FORTUNÉ.

Helas! mon père, je vous suis en cecy aultant redevable comme si de rechef vous m'aviez adopté.

HILAIRE.

Demain je l'envoyeray querir, car elle n'est pas bien là.

FORTUNÉ.

O Dieu! quel changement est-ce-cy? J'étois le plus mal'heureux du monde, et craignois d'heure en heure l'estre encore d'avantage; et en un moment je suis devenu tant heureux que je ne changerois mon heur à un royaume.

HILAIRE.

Il se faut contenir, et regarder de ne faire plus ces folies : car, si ceste-cy a reussy selon ton intention, c'est par hazard.

FORTUNÉ.

Par hazard? Non, mais par vostre prudence et bon advis, qui doublement me rendent vostre obligé : premierement pour m'avoir delivré de la plus grande douleur et angoisse que j'euz onques, secondement pour m'avoir faict un tel plaisir qu'autre que Dieu ne m'en sçauroit faire un plus grand.

HILAIRE.

C'est trop parlé; il faut seulement que tu penses à te resjouyr avec ton Apoline, puis qu'elle te plaist tant, et faire en sorte que ma bonté ne t'entretienne en desbauches, mais qu'elle serve à augmenter ton bien et ton honneur.

FORTUNÉ.

Je m'y efforceray de tout mon pouvoir. Je sçay bien que la jeunesse ne me fera (comme par le passé) decliner de la ferme et bonne intention que j'ay de me bien gouverner et vous obeyr.

HILAIRE.

Tu cognois si je sçay excuser la jeunesse.

FORTUNÉ.

Je n'en ignore, pour l'avoir eprouvé assez souvent. Je ne veux faire comme beaucoup du jourd'huy, qui en leur prosperité ne se souviennent de leurs parens et amys; ains ores que j'ay ce que je demande, je me veux souvenir de mes amys, principalement de Desiré, qui m'a affectionnement prié vous supplier faire en sorte que, par le moyen des escuz qu'il a trouvez, il puisse espouser ma sœur Laurence; et, vrayment, son desir n'est qu'honneste.

HILAIRE.

S'il veult mettre les deniers entre mes mains, je m'oblige les marier ensemble.

FORTUNÉ.

Il en rendra la moitié, l'autre sera pour son mariage.

HILAIRE.

Oh! voilà autre langage: je ne pense pas que Severin luy veulle bailler mille escuz.

FORTUNÉ.

Le père de luy ne veut qu'il l'espouse autrement.

HILAIRE.

Voilà le point! Tu sçais qu'il est plus mal'aisé tirer un liard des mains de Severin qu'oster la massue à Hercules. Toutesfois, je luy en parleray. Je suis heureux à faire mariages.

SCÈNE VI

FRONTIN, FORTUNÉ, HILAIRE.

FRONTIN.

Il semble que le mal'heur veulle que, quand on a affaire de quelcun, on ne le puisse jamais trouver.

FORTUNÉ.

Je gage qu'il nous cherche.

FRONTIN.

Il n'est pas au logis.

HILAIRE.

Appelle-le.

FORTUNÉ.

Frontin ! ô Frontin !

FRONTIN.

J'enten la voix de Fortuné.

FORTUNÉ.

Où regardes-tu ? Nous voicy.

FRONTIN.

Ha ! Messieurs, je vous cherchois.

FORTUNÉ.

Qu'y a-t-il de nouveau ?

FRONTIN.

Bonnes nouvelles : le père de Feliciane est arrivé, lequel après avoir esté dëuement informé des deportemens de sa fille, qu'il a baisée et rebaisée plus de mille fois, a prié Urbain, puis qu'il avoit cueilly la fleur de sa virginité, de l'espouser, et il luy baillera en mariage quinze mil francz, ce qu'il a accordé, et est Urbain tant transporté de joye qu'il semble qu'il soit fol; il ne craint sinon que son père ne s'y veulle accorder. Toutesfois, affin de l'y faire consentir, il delibère luy donner deux mille escuz du bien de la fille, au lieu des deux milles qu'il a perduz. A ceste cause, il m'a envoyé par devers vous, pour vous prier en porter la parole à son père et le convertir à cela, s'il est possible.

HILAIRE.

Si ce que tu dis est veritable, il ne luy faudra guères tirer l'oreille, car deux mille escuz le feroient marier luy-mesmes.

FRONTIN.
Il est comme je le vous dy.
HILAIRE.
Qu'il ne se mette point en peine : il ne faut qu'il s'eslargisse tant en promesses ; je luy feray faire à moins. Mais il me semble qu'Urbain devoit venir jusques icy.
FRONTIN.
Il n'a peu, et voudroit que ce fust vous qui en parlast à son père.
HILAIRE.
Cecy avancera les affaires de Desiré, car Severin consentiroit à sa mort mesme, pourveu qu'il eust ses deux mille escuz. Or Desiré les luy rendra, et Urbain en baillera mille à Desiré pour la dot de sa sœur ; ainsi et l'un et l'autre seront contens.
FRONTIN.
C'est bien advisé. Envoyez donc, s'il vous plaist, querir Desiré, et en allons dès maintenant parler à Severin, affin que d'un train nous puissions faire trois paires de nopces.
HILAIRE.
Frontin, va dire à Desiré qu'il vienne parler à moy et qu'il m'apporte les deux mille escuz.
FORTUNÉ.
Va, il sera en son logis.
FRONTIN.
J'y vas.
FORTUNÉ.
L'adventure d'Urbain a esté bien grande, quand, après qu'il a eu jouy d'une fille, il a trouvé qui luy donne quinze mille francz. Mais quelle adventure a esté plus grande que la mienne? Bref, il vaut mieux une once de fortune qu'une livre de sagesse.
HILAIRE.
Urbain craint que son père n'en soit pas content ; mais, quand il entendra parler de quinze mil francz, il luy tardera tant, qu'une heure luy durera mille années.
FORTUNÉ.
Je le pense, mais il faut premièrement parler de Desiré.
HILAIRE.
Aussi feray-je.

SCÈNE VII

DÉSIRÉ, FRONTIN, FORTUNÉ, HILAIRE.

DESIRÉ.
Où dis-tu qu'ils sont?
FRONTIN.
Les voilà.
FORTUNÉ.
Voicy Desiré. Desiré, nous vous voulons marier avec Laurence.
DESIRÉ.
Je ne desire autre chose. Voicy les escuz de Severin, et vous jure que, quant à moy, j'ayme et cherche la fille, et non ses biens; mais il faut que j'obeisse à mon père, qui m'a exprès commandé ne traitter rien avec elle sans cela.
HILAIRE.
Nous le sçavons bien. Allons parler à Severin, car sans luy on ne peut rien faire. Quant à vous, Desiré, allez querir vostre père et le menez en ma maison, où je me rendray incontinent avec la compagnie, et là nous traicterons de tout à la fois.
DESIRÉ.
J'y vas. Ce pendant, Monsieur, je vous prie vous souvenir de moy.
HILAIRE.
Ne vous souciez, laissez-moy faire. Et toy, Frontin, va mettre ordre à la cuisine, car nous souperons tous chez moy.
FRONTIN.
Que diray-je à Urbain?
HILAIRE.
Rien : je parleray à luy.
FRONTIN.
Il sera faict.
HILAIRE.
Fortuné, hurte à la porte.
FORTUNÉ.
Tic, tac, toc.
HILAIRE.
Frappe plus fort!

FORTUNÉ.

Tic, tac, tic, toc.

SCÈNE VIII

SEVERIN, HILAIRE, FORTUNÉ.

SEVERIN.

Qui est là ?

HILAIRE.

Mon frère, ouvrez.

SEVERIN.

On me vient icy apporter quelques meschantes nouvelles.

HILAIRE.

Mais bonnes : vos escuz sont retrouvez.

SEVERIN.

Dictes-vous que mes escuz sont retrouvez ?

HILAIRE.

Oy, je le dy.

SEVERIN.

Je crain d'estre trompé comme auparavant.

HILAIRE.

Ils sont icy près, et devant qu'il soit long temps vous les aurez entre voz mains.

SEVERIN.

Je ne le puis croire, si je ne les voy et les touche.

HILAIRE.

D'avant que vous les ayez, il faut que me promettiez deux choses : l'une, de donner Laurence à Desiré ; l'autre, de consentir qu'Urbain prenne une femme avec quinze mil livres.

SEVERIN.

Je ne sçay que vous dictes : je ne pense à rien qu'à mes escuz, et ne pensez pas que je vous puisse entendre si je ne les ay entre mes mains ; je dy bien que, si me les faictes rendre, je feray ce que vous voudrez.

HILAIRE.

Je le vous prometz.

SEVERIN.

Et je le vous prometz aussi.

HILAIRE.

Si ne tenez vostre promesse, nous les vous osterons. Tenez, les voilà.

SEVERIN.

O Dieu ! ce sont les mesmes ! Helas ! mon frère ! que je vous ayme ! Je ne vous pourray jamais recompenser le bien que vous me faictes, deussé-je vivre mille ans.

HILAIRE.

Vous me recompenserez assez si vous faictes ce dont je vous prie.

SEVERIN.

Vous m'avez rendu la vie, l'honneur et les biens que j'avois perduz avec cecy.

HILAIRE.

Voilà pourquoy vous me devez faire ce plaisir.

SEVERIN.

Et qui me les avoit desrobez ?

HILAIRE.

Vous le sçaurez après ; respondez à ce que je demande.

SEVERIN.

Je veux premierement les compter.

HILAIRE.

Qu'en est-il besoin ?

SEVERIN.

Ho ! o ! S'il s'en failloit quelcun ?

HILAIRE.

Il n'y a point de faute, je vous en respond.

SEVERIN.

Baillez-le-moy donc par escrit.

FORTUNÉ.

Oh ! quel avaricieux !

HILAIRE.

Voyez ! il ne me croira pas.

SEVERIN.

Or sus, c'est assez : vostre parolle vous oblige ; mais que dites-vous de quinze mille francs ?

FORTUNÉ.

Regardez s'il s'en souvient !

HILAIRE.

Je dy que nous voulons, en premier lieu, que baillez vostre fille à Desiré.

SEVERIN.

Je le veux bien.

HILAIRE.
Après, que consentiez qu'Urbain espouse une fille avec quinze mille francs.
SEVERIN.
Quant à cela, je vous en prie; quinze mille francs! il sera plus riche que moy.
HILAIRE.
Et Urbain est content vous donner mille escuz pour bailler à vostre fille, affin que ne desboursiez rien.
SEVERIN.
Cela me semble le meilleur du monde.
HILAIRE.
Vous semble-il rien d'avoir aujourd'huy gaigné sept mille escuz?
SEVERIN.
Comment, sept mille?
HILAIRE.
Deux mille qu'avez retrouvez et cinq mille qu'on baille à Urbain.
SEVERIN.
Faictes comme vous l'entendez.
HILAIRE.
Je veux, quoy qu'il en soit, que cela se face.
SEVERIN.
Nous ferons donc deux mariages tout à la fois?
HILAIRE.
Voire trois, car j'ay marié Fortuné.
SEVERIN.
Avec qui?
HILAIRE.
Je vous le diray en allant.
SEVERIN.
J'en suis bien ayse, vrayement : bon prou luy face.
HILAIRE.
Allons, car les autres sont en mon logis qui m'attendent.
FORTUNÉ.
Encores faut-il envoyer querir ma sœur Laurence.
SEVERIN.
Elle sera demain icy; je l'envoyeray en vostre maison, où nous ferons le festin, s'il vous plaist :

car la mienne est tant mal commode qu'on n'y sçauroit danser, baller, ny faire rien de bon.

HILAIRE.

Je vous enten ; bien, bien, je suis content. Allons.

FORTUNÉ.

Messieurs et dames, vous voyez que c'en est : on ne peult faire le festin à ce soir, pource que Laurence est encor au village, et mon Apoline en couche. Voilà pourquoy je vous supplie nous excuser et faire signe si la comedie vous a pleu. A Dieu, je me recommande.

FIN DES ESPRITS, COMÉDIE.

NOTICE SUR ODET DE TURNÈBE

Il naquit avec un beau nom, et pour ainsi dire en pleine aristocratie littéraire. Il en fut digne. Sa comédie des *Contens* lui suffirait comme titre à cette noblesse des lettres, qu'il tenait de son père, le célèbre Adrien Turnèbe, ou Tournebu, un de nos premiers professeurs royaux en langue grecque, directeur de l'Imprimerie royale, à ses commencements, et, avant tout, un des hommes dont le savoir aida le mieux aux progrès en France des deux littératures, la grecque et la latine, d'où sortit notre Renaissance.

Turnèbe s'était marié tard à Magdeleine Clément. Il n'avait pas moins de quarante-un ans, quand ce fils, son aîné, lui naquit le 23 novembre 1553. Il le dressa de bonne heure aux études, qui étaient sa vie, mais il ne put l'y guider longtemps. En 1665, il mourut lorsqu'Odet n'avait pas encore treize ans.

La plupart des œuvres du père restaient à publier. La femme et les amis s'en chargèrent. L'enfant même fut de ce pieux travail. C'est lui, qui de son latin de quatorze ans, aussi élégant et aussi ferme que celui d'un maître, écrivit en 1567 l'épître dédicatoire mise en tête des *Commentaires* de Turnèbe sur les *Discours* de Cicéron, *de Lege agraria*.

Plus tard, dix ans après, il se donna le même soin pour le commentaire de son père sur Horace. On n'a pas autre chose de lui dans cette langue latine qu'avait si bien parlée Turnèbe, et qui lui était à lui-même comme une langue paternelle. Le français, que des maîtres, philosophes ou poëtes, tiraient alors de son enfance, pour en faire un digne rival de ce langage du savoir et de l'esprit, l'attirait davantage.

Il s'y donna tout entier. Devenu avocat au Parlement de Paris, il sut le parler avec une élégance, une précision, une maturité de style, dont nous sont garantes les rares qualités de langage qui distinguent sa comédie, une des œuvres les plus pures en ce genre et les plus avancées que nous ait léguées son époque; poëte, il sut l'écrire avec un charme au moins égal. Bien peu de ses œuvres nous sont restées, mais ce que nous en possédons suffit pour lui marquer une belle place.

C'est moins à Paris qu'à Poitiers et dans ses environs

où l'attira je ne sais quel devoir ou quelle amitié, qu'il écrivit tout ce qu'on a de lui, en dehors de la principale de ses œuvres, sa comédie.

En 1574, il était de ce côté, lorsque Louis de Bourbon, prince de Montpensier, vint donner l'assaut à l'antique château de Lusignan, où les Huguenots s'étaient logés « en grande force, » le prit et le fit raser, sans pitié pour les souvenirs qui auraient dû lui être une défense, comme ils lui étaient une couronne.

Odet avec la pieuse compassion du poëte les releva, et les fit revivre dans une gerbe de douze sonnets, où chaque histoire, celle par exemple des Lusignan, souverains de Chypre, et chaque légende, comme celle de Mélusine, restée la fée du vieux manoir, qu'on disait qu'elle avait bâti, renaissent dans leur fleur, éclatent avec toute leur poésie.

Cinq ans après, il était encore dans le Poitou ; il prenait part, comme légiste, à ces solennels débats des *Grands Jours* de Poitiers, dont un des amis de son père, et l'un de ses guides à lui-même, Etienne Pasquier, nous a si bien parlé. Dans l'intervalle des séances, ou pendant les veillées qui les suivaient, il allait, comme tous les beaux esprits de cette haute cour, chez les dames Desroches, qui donnaient alors le ton pour les choses de poésie et de mode dans la capitale poitevine.

Tout y était prétexte à jeux d'esprit, matière à galanteries, aussitôt moulées en jolis vers par quelques-uns des rimeurs de cette magistrature en gaieté. Un soir qu'il faisait chaud et que la fille de la maison, la belle Madelaine Desroches, se faisait voir dans toute l'éclatante blancheur de ses épaules et de leur voisinage, une puce vint « sauteler » dans ces entours, et s'y fixer comme une tache noire sur de l'hermine. Grande rumeur d'éclats de rire et de propos de toute sorte sur cette insolente, cette gloutonne, qui d'ailleurs, on n'y pouvait contredire, choisissait si bien la place de ses hardiesses et de sa gourmandise.

Ce fut à qui dirait son mot, puis ferait son madrigal. Beaucoup allèrent jusqu'au poëme, si bien qu'il y en eut bientôt tout un recueil, qui fut imprimé et fit grand bruit. Odet pour son compte n'avait pas écrit moins de deux cents vers, dans le rhythme de huit syllabes, alerte et leste comme ce qu'il chantait. On juge par là de ce qu'aurait été son souffle et son entrain en des sujets plus grands et plus dignes.

Sa comédie des *Contens*, la seule de ses œuvres où ce souffle ait passé plus fort et plus soutenu, était alors déjà faite, et j'aime à le voir la lisant dans ce logis de la belle Madelaine et de sa mère, où l'on était si bien en éveil pour les choses sérieuses de l'esprit, comme pour ses subtilités.

S'il y fit cette lecture, le succès dut en être vif, car il le fut partout, dès que la pièce put se répandre.

Elle le méritait. C'est bien certainement la meilleure de tout ce cycle théâtral, la plus française et, malgré quelques concessions encore, la mieux dégagée de l'influence italienne, dont Larivey s'était cru faire une originalité par la moins discrète des imitations. On pensa qu'Odet de Turnèbe avait fait comme lui. La Monnoie, trompé par la similitude des titres, affirma dans une de ses notes de la *Bibliothèque françoise* de Du Verdier que cette pièce des *Contens* était une copie en français de *I Contenti*, comédie aussi en cinq actes et en prose de Girolamo Parabosco. Comparaison faite, elle ne lui doit rien que son titre. Elle se rapproche davantage de *Gl' Inganni*, de Secchi, en laissant de côté ce qui s'y trouve d'ordures sans nom, quoique tout le monde, même le dévot Philippe II, devant qui ils furent joués à Milan, les applaudît alors. Elle a quelque chose aussi de la comédie du *Sacrifice*, de Charles Estienne, et plus encore peut-être de la *Fantesca* de Parabosco, où la *ruffiana* Jacente et le *bravo* Arsenico sont les dignes devanciers de deux de ses types.

Enfin, elle touche d'assez près par quelques parties à la *Celestina*, cette grande comédie en vingt-un actes qui nous était venue d'Espagne dès 1542; mais nulle part, ni d'un côté ni de l'autre, l'imitation n'est précise ni directe. Elle tourne autour de la comédie de Turnèbe, l'imprègne et la colore, mais ne la pénètre pas. Elle n'y paraît que transformée et à l'état de variante. Comme feront les maîtres qu'il devance, il invente dans ce qu'il imite. Ainsi, au lieu du déguisement d'un garçon en fille, que lui donnaient la *Fantesca* et bien d'autres pièces d'Italie, il imagine, tout au rebours, la fille déguisée en garçon. De même pour le reste.

Le style surtout est bien à lui. La meilleure et la plus durable part de succès en est venue.

Il durait encore un demi-siècle après. En plein règne de Louis XIII, quand la langue s'était de plus en plus formée, au moment même où Corneille allait venir, la comédie d'Odet de Turnèbe passait encore pour un modèle de langage et était donnée comme telle par ceux qui en faisaient leçon. Un maître d'école, nommé Charles Maupas, qui enseignait à Blois, ville où l'on avait alors le renom de parler le plus pur français, donna, en 1626, une nouvelle édition des *Contens*, à la prière de ses élèves et de plusieurs personnes, désolés que cette merveille de style et d'esprit se fût faite si rare, et qu'on ne pût la posséder qu'en la copiant sur l'unique exemplaire du maître.

Il la publia donc, mais — on ne sait par quel caprice — en substituant au premier titre celui des *Déguisez*; et —

l'on ne sait par quel oubli — en omettant de nommer l'auteur.

Était-ce pour se mettre à sa place et lui voler sa comédie en la démarquant? Point du tout. Son *épître dédicatoire* « à tous seigneurs et gentilshommes amateurs de la langue françoise » ne permet pas qu'on le soupçonne de cette mauvaise intention. Il fait les plus grands éloges de l'auteur, « un des beaux esprits de ce siècle; » et dans l'*avant-propos*, il enchérit encore sur cette louange, en raison surtout de l'originalité de la pièce, si différente en cela, suivant lui, de tant d'autres, faites de pillage : « Notre auteur, dit-il, justifiant ainsi ce que nous venons de dire de son indépendance d'inventeur, ne fait pas de même; son discours coulant, ses naïves conceptions et ses heureuses rencontres le portent au-dessus du commun, et témoignent assez que tant s'en faut qu'il ait imité les autres, lui-même se rend inimitable. »

Turnèbe n'eut pas le bénéfice de son talent. Tout cela ne fut que succès posthume. Il était mort, quand sa comédie fut publiée par les soins d'un ami dont vous lirez plus loin le nom et la préface. Le 25 février 1581, comme il n'avait pas encore vingt-neuf ans, au moment même où il venait d'être pourvu de l'état de premier président de la « Cour des Monnaies à Paris, » une fièvre chaude l'avait emporté.

Il laissa de nombreux amis, tous lettrés comme lui, tous désolés de sa fin si prompte, et auxquels il ne fallut pas moins qu'un volume pour que chacun d'eux fît connaître par quelques pièces latines l'expression profonde de ses regrets.

Ils lui composèrent aussi une épitaphe, que Mamert Patisson transcrivit dans son *recueil*, et qui a été notre meilleur guide pour cette notice, la plus complète, je crois, qu'on lui ait encore consacrée.

LES CONTENS.

NIVELET.

J'ay eu beau faire, mais je n'ay sceu
empescher que ces dames ne m'ayent
aussi tost recogneu.

Acte I, sc. II.

LES CONTENS

COMÉDIE NOUVELLE EN PROSE FRANÇOISE

1584

A MONSIEUR DU SAULT

CONSEILLER DU ROY, ET SON ADVOCAT GENERAL EN LA COUR DE PARLEMENT, A BORDEAUX.

Monsieur, les plaisirs que j'ay receu de vous sont si grands et si singuliers, que je suis du tout hors d'esperance de jamais pouvoir acquitter la moindre partie de la debte par laquelle vous me tenez obligé à vous rendre service tant que je vivray, si d'aventure vous ne daignez prendre en payement la bonne et parfaite souvenance des biens faits dont je vous suis redevable, laquelle je tesmoigne à toutes sortes de personnes, en tous lieux et en toutes guises. Et veritablement il est bien raisonnable que je face ainsi, puisque mon peu de puissance et vostre grandeur m'empeschent egalement de vous guerdonner de pareilles faveurs que celles dont vous avez usé envers moy. Le plus de ce que je puis faire, c'est une confession et aveu de vos liberalitez et un simple recit de vos louanges, affin que je ne me moustre estre du tout ingrat et indigne des biens que je tiens de vous seul après Dieu ; et encores qu'en tous endroits où je me treuve, je ne face rien plus volontiers que conter à un chacun en particulier toutes les courtoisies dont vous m'avez caressé, bien que je ne le meritasse, je ne me suis nonobstant contenté de cela ; mais, passant outre, il m'a semblé tousjours que je devois les tesmoigner generalement à tout le monde, en quelque façon que ce fust. Pour à quoy parvenir le dernier voyage que je feis à Paris m'a servi aucunement, car, me trouvant au logis de quelques miens parens de par delà, je rencontray en ma voye une comedie escrite à la main, dont Odet de Tournebu, qui est allé de vie à trespas n'a pas longtemps [1], estoit auteur ; de laquelle je me saisis et feis maistre comme de chose esgarée ou perdue, avec intention deslors de vous en faire un present, affin qu'estant lassé par les affaires continuelles que vous maniez pour nostre roy, avec l'honneur et renommée qu'un chacun sçait, vous ayez de quoy passer une heure de temps à la desrobée, vous faisant lire ou lisant ceste plaisante histoire ; m'asseurant que le don que je vous en fais maintenant ne vous sera que trop agreable, vous estant offert par celuy qui jà long-temps s'est à vous dedié et consacré, partie aussi en consideration du nom de l'auteur, qui est assez cogneu à cause de son père, et maintenant le pourra estre de son chef propre si vous, qui estes l'advocat des vefves et des orphelins et autres personnes miserables, daignez entreprendre la

---

1. Nous avons vu qu'il mourut en 1581. L'impression de sa pièce est de 1584. Il ne l'avait faite que trois ans avant sa mort, car il y est parlé, comme on le verra, du siége d'Issoire, qui est de 1577.

deffence de ce livret contre ceux qui voudroient luy courrir sus par leur medisance et calomnie ; vous suppliant, au reste, et tous autres, de croire que c'est icy le moindre œuvre de tout ce qu'on se promettoit de celuy qui le feit en s'esbatant, si Dieu luy eust presté plus longue vie, comme l'on peut juger par cest echantillon, qui, tant pour l'invention du sujet que pour la pureté et la nayveté du langage, est assez recommandable, et que je ne vous loueray plus amplement, de peur qu'on ne me reproche que je loue ma marchandise afin de la mieux debiter ; tant seulement vous priray-je d'avoir memoire de moy, et d'honorer parfois de vos commandemens celuy qui se sentira trop heureux de vous faire service.

Vostre humble et affectionné serviteur,

PIERRE DE RAVEL.

SONNET

Resjouy-toy, Paris, œil unique de France !
Un de tes citoyens monte sur l'eschafaut [1]
Du Theâtre-François, à qui point il ne chaut
De ceder la couronne au comique Terence.
Ainçois, si nous voulons poiser à la balance
Du sage Cristolas [2] le faict ainsi qu'il faut,
Nous trouverons en fin que de Tournebu vault
Trop plus que l'Africain [3] et que son eloquence.
Terence ne fesoit luy seul son beau latin :
Deux grands seigneurs romains avoient part au butin
Et au los qu'il gaignoit par sa douce Thalie.
Il n'est ainsi du nostre ; ains il a ce bon heur
Qu'il n'a second ny tiers qui partisse l'honneur,
N'ayant pour compagnons Scipion ne Lelie [4].

PROLOGUE

Mesdames, j'estois venu icy en intention de vous raconter en deux mots le sujet de nostre comedie, comme chose fort necessaire à ceux qui desirent entendre clairement tout le succès des affaires qui s'y manient ; mais j'ay pensé en moy-mesme que ma peine seroit inutile, et que je ne le sçaurois mieux declarer ny plus facilement que le poëte mesme, lequel s'est étudié de se rendre si facile, que celuy-là seroit bien lourd d'entendement qui, après avoir ouy reciter les deux ou trois premieres scènes, ne verroit incontinent le but où il veut viser. Davantage j'ai pensé que, si je m'amusois à vous faire l'argument, je tomberois en un grand inconvenient, d'autant que, me sentant un peu foible de reins et ayant la voix cassée et enrouée, je ne vous pourrois pas entretenir de

---

1. Ce mot s'employait alors pour théâtre. Plus tard, on ne l'employa que pour les farceurs, dans le sens de tréteaux, puis il ne lui resta que son acception sinistre.
2. Ou Critolaüs, philosophe grec qui s'occupa surtout de la recherche du bien et du beau.
3. On sait que Térence était né en Afrique.
4. Lélius et Scipion Émilien, amis et protecteurs de Térence, passaient pour avoir eu part à ses comédies.

longs propos, ny faire le devoir ainsy que vos bonnes graces le meritent. Aussi suis-je bien asseuré, quand je serois le plus galant homme du monde, que j'aurois assez de peine à satisfaire aux questions de la moins fascheuse de toute la troupe : car je puis connoistre à vostre mine que vous avez desjà desbouché les trous de voz oreilles, afin de recevoir par icelles le plaisir que l'on peut prendre en oyant reciter matières semblables à celles que nous avons deliberé vous representer. Je laisse à penser à tout bon entendeur si les dames curieuses, comme celles de Paris, se contentent de poires molles et de peu de paroles ; encores qu'à la verité elles ayent l'esprit vif et la capacité de leur entendement si grande, que c'est un gouffre et un abisme duquel on ne peut bonnement trouver le fond. Au contraire, je puis dire à bon droit qu'elles sont si affres et si importunes, que l'on est contraint de recommencer ; et ne se contentent aisement d'une, deux ou trois fois, mais bien souvent se font redire jusques à la septiesme, s'il advient que le jeu leur agrée et que le discours soit gaillard et plaisant, tant que le pauvre homme qui s'est proposé de satisfaire à leurs demandes et appetis se trouve bien empesché, et est, à la fin, contraint de dire : Madame, je me rens ; pardonnez-moy, je n'en puis plus. Asseurez-vous, Mesdames, qu'il n'y a pas un de nostre bande qui ne se sentist trop heureux d'avoir le moyen de vous faire entendre clairement l'argument de la comedie, et, par manière de dire, vous le mettre dans la main. Aussi ont-ils bien deliberé de representer si au vif toutes les particularitez, qu'il n'est point besoin que je me mette tout seul en pourpoint [1] pour tascher à vous le faire mieux entendre qu'eux tous ensemble. Que si, après les avoir ouïs, il vous reste encores quelque scrupule, et que vous ayez desir qu'on vous le face plus privement entendre, s'il vous plaist, aussi tost que la comedie sera parachevée, venir derrière ceste tapisserie [2] communiquer avec eux, je m'asseure tant de leur gentillesse et leur courtoisie, qu'ilz en prendront bien la peine, et besongneront en sorte que toutes les doutes et difficultez que vous leur pourrez faire vous seront sur-le-champ resolues, se sentans bien heureux d'employer tous les nerfs et les forces de leur engin et esprit à celle fin que vous demeuriez satisfaites et contentes. J'ay charge de leur part de vous faire ces offres, et vous asseurer qu'ils ne demanderont point delay ny temps d'advis pour mettre leurs promesses à execution. Ils vous prient par un mesme moyen qu'il vous plaise avoir la patience de vous tenir paisiblement en vostre place, la bouche close et les yeux ouvers, pour deux ou trois heures seulement : lequel temps estant expiré, il vous sera loisible de vous remuer, rire et caqueter à vostre aise en toute liberté de conscience, et sans qu'ils s'en scandalizent en aucune sorte.

1. Comme nous dirions aujourd'hui « en bras de chemise, » pour être plus à l'aise et mieux faire effort.
2. Les *coulisses*, qui jusqu'au temps de Corneille ne furent guère faites que de tapisseries, comme on le voit au livre premier de la *Pratique du théâtre*, de l'abbé d'Aubignac.

PERSONNAGES

LOUYSE, mère de Geneviefve.
GENEVIEFVE, fille.
RODOMONT, capitaine.
NIVELET, laquais de Rodomont.
BASILE, jeune homme.
ANTOINE, serviteur de Basile.
FRANÇOISE, vieille femme.
GIRARD, vieillart.
EUSTACHE, fils de Girard.
SAUCISSON, escornifleur et maquereau.
GENTILLY, laquais d'Eustache.
THOMAS, marchant.
TROIS SERGENS.
ALIX, femme de Thomas.
ALFONSE, frère de Louyse.
PERRETTE, chambrière de Geneviefve.

ACTE PREMIER

SCÈNE I

LOUYSE, GENEVIEFVE

LOUYSE.

Et bien ! avez-vous tantost assez musé ? ne serez-vous preste d'aujourd'huy ! Vrayement, voilà bien fait des mistères ! Quand j'estois fille comme vous, si j'eusse esté si longue à m'habiller et à me coiffer, ma bonne mère, à qui Dieu face pardon, m'eust bien hasté d'aller autrement. Mais à qui parlé-je ? Geneviefve !

GENEVIEFVE.

Plaist-il, ma mère ?

LOUYSE.

Serez-vous tantost assez desbarbouillée ? Sus, qu'on se despesche de descendre ; car je veux qu'aujourd'huy, qu'il est feste à nostre parroisse, nous oyons la messe du point du jour. Et puis vous viendrez desjeuner, si vous voulez, avant que l'on dise la grand'messe.

GENEVIEFVE.

Mon Dieu, ma mère, je ne suis pas encore agrafée. Il me semble qu'il est bien matin pour sortir en ce temps-cy. Ne sçavez-vous pas bien qu'on se meurt de maladie dangereuse près de l'eglise, et que le medecin vous a dit qu'il ne faut sortir avant le soleil levé ?

LOUYSE.

Après? causeuse. Ceux qui servent Dieu de bon cœur, et qui disent devotement l'oraison de monsieur S. Roc [1], ne doivent rien craindre. Prenez en vostre bouche un peu d'angelique, et une esponge trempée en vinaigre en vostre main.

GENEVIEFVE.

Bien, ma mère. Mais je sçaurois volontiers, s'il vous plaisoit me le dire, qui vous meut de sortir si matin.

LOUYSE.

Geneviefve, pour te dire la verité, aujourd'huy qu'il est feste à nostre parroisse, je crains, si nous y allons plus tard, que nous rencontrions en nostre chemin cest importun de Basile ou le capitaine Rodomont, qui ne faudront à se rendre icy pour nous guetter au passage sur l'heure du sermon.

GENEVIEFVE.

N'est-ce que cela? Vrayement je n'ay pas peur de ce beau capitaine de foin. Quant est du seigneur Basile, la rencontre n'en peut estre que bonne ; car vous sçavez que c'est l'homme du monde lequel ayme mieux nostre maison.

LOUYSE.

Voyez-vous ceste becquenaud [2] ! D'autant qu'elle sçait bien que je ne voy volontiers Basile, elle m'en dit du bien. Mais venez çà. Comment sçavez-vous que Basile nous ayme? qui vous l'a dit? Je croy que vous l'avez songé ou que vous estes de son conseil.

GENEVIEFVE.

Pardonnez-moy, ma mère ; je n'en sçay rien sinon ce que vous m'en avez apris autrefois, lorsque vous me voulustes marier avec luy ; et aussi d'au-

---

1. Patron de la peste, et sous l'invocation duquel on mit, à cause de cela, le monticule voisin de la rue Saint-Honoré, qui n'était qu'une *butte* faite d'immondices empestées.

1. Bavarde, mot encore employé dans le patois de la Brie.

tant que je le voy nous saluer bien humblement quand nous passons pardevant luy.

LOUYSE.

Geneviefve, Geneviefve, ta bouche sent encores le laict et la boulie. Tu monstres bien que tu n'es qu'un enfant.

GENEVIEFVE.

Pourquoy donc, ma mère ?

LOUYSE.

Ne vois-tu pas bien qu'il saluë ainsi toutes les filles de la parroisse ?

GENEVIEFVE.

Vous direz ce qu'il vous plaira : si est-ce que je sçay bien ce que je sçay.

LOUYSE.

Ne l'oublies pas. Par ma foy, tu es encores bien peu rusée, et aurois bon mestier d'aller à l'escole. Mais, quoy qu'il en soit, ce n'est pas pour luy que le four chaufe, car j'ay bien resolu, avant qu'il soit demain nuict, de t'accorder avec Eustache, fils unique du seigneur Girard, lequel m'en presse fort. Et n'eust esté ce beau Basile, qui m'a tenu longtemps le bec en l'eau, ce seroit desjà fait. Mais qu'avez-vous à souspirer ?

GENEVIEFVE.

C'est une foiblesse qui m'a prise, pour ce que je n'ay accoustumé de me lever si matin. Mais ce ne sera rien.

LOUYSE.

Avez-vous bien entendu ce que j'ay dit ?

GENEVIEFVE.

Trop bien, ma mère.

LOUYSE.

Geneviefve, je t'ai tousjours estimé fille obeissante ; c'est à ceste heure que tu me le dois monstrer.

GENEVIEFVE.

J'aymerois mieux mourir qu'estre autre. Toutesfois, il me semble que vous ne deviez si tost vous resoudre de me marier ; et quand vous aurez bien consideré la qualité de celuy que vous me voulez donner, encores qu'il soit fils unique, si est-ce que l'avantage n'est point tel que vous deussiez si tost conclure, sans vous en conseiller, mesmes en ce temps dangereux. Ma mère, pensez-vous que tous les bons marchez soient passez, et quand je n'espouserois Eustache, que je vous demeurasse sus les bras, sans trouver qui voulust de moi? Non, non; croyez qu'en tout evenement le seigneur Basile ne nous manqueroit point, avec lequel je serois aussi bien, pour le moins, qu'avec Eustache, qui est assez jeune pour manger tout mon bien et le sien.

LOUYSE.

Qu'on ne m'en parle plus, car, pour mourir, je ne voudrois que Basile fust ton mary.

GENEVIEFVE.

Si est-ce que vous l'avez recherché autrefois.

LOUYSE.

Je ne sçavois ce que je faisois alors, et m'en repens de bien bon cœur.

GENEVIEFVE.

Dieu veuille que vous n'ayez occasion de vous repentir de ce que vous voulez faire!

LOUYSE.

Repentir ou non repentir, si faut-il que vous en passiez par là, et que Basile s'en torche hardiment la bouche.

GENEVIEFVE.

Ce sera donc contre ma volonté.

LOUYSE.

Qu'est-ce que vous grommelez entre vos dents, de volonté ?

GENEVIEFVE.

Je dis qu'il me sera force d'en passer par vostre volonté.

LOUYSE.

Geneviefve, si tu m'obeis, avec ce que tu gaigneras le royaume de paradis, tu seras bien la plus heureuse fille de Paris. J'ay cognu par beaucoup de signes que Eustache t'ayme plus que son cœur, et si j'ay bien pris garde à ces masques qui vindrent hier, après souper, chez nous[1], desquels il estoit l'un; car il fut à deviser avec toy près d'une grosse heure d'orloge, à quoy je pris un singulier plaisir, d'autant mesme que je voyois que tu l'escoutois, et luy respondois d'assez bonne affection.

1. A l'époque du carnaval, toutes les compagnies de masques avaient le droit d'entrer dans les maisons et d'y danser sans se faire connaître.

Je prie à Dieu que ce soit pour la salvation[1] de l'ame de tous deux.

GENEVIEFVE.

A la verité, j'avois un grand plaisir escoutant les gentils propos du masque qui me mena danser ; mais je ne vous asseure pas que c'estoit Eustache.

LOUYSE.

Penses-tu que je ne le cognoisse pas ? N'avoit-il pas les mesmes habis qu'il avoit portez tout le jour ?

GENEVIEFVE.

Mon Dieu, que ma mère est abusée ! Celuy qui parla à moy n'estoit autre que le seigneur Basile, lequel s'estoit vestu des accoustremens d'Eustache, qui ne s'est jamais aperceu de l'affection mutuelle que Basile me porte.

LOUYSE.

Il m'est advis que l'on sonne pour le dernier coup de la messe : hastons-nous si nous voulons estre au *Confiteor*. Mais qui est ce garson habillé de verd[2], qui attend au coing de ceste ruelle ? Je vay gager bonne chose que c'est le laquais du capitaine Rodomont.

GENEVIEFVE.

Vous avez bien deviné.

LOUYSE.

Je croy qu'il nous a apperceues et qu'il est venu icy exprès pour espier et porter nouvelles de nous à son maistre. Passons par ceste autre ruelle.

SCÈNE II

NIVELET, LAQUAIS DE RODOMONT.

J'ay eu beau faire, mais je n'ay sceu empescher que ces dames ne m'ayent aussi tost recogneu qu'elles m'ont veu, bien que mon maistre m'ayt donné charge de ne me faire cognoistre ; car il dict que ce n'est une chose guères bien seante que de guetter les passans. Mais qui diable est celuy qui ne me cognoistroit en ces rues icy, que je sçay par

---

1. Salut.
2. C'était la couleur dont on habillait les bouffons, en la bariolant de jaune le plus souvent.

cœur mieux que mon *Deus det*[1], et mieux que l'asne qui tire l'eau aux Chartreux ne sçayt son chemin. Qu'au diable soit l'amour, et qui premier le trouva! Je croy qu'il sera cause, avant peu de temps, que mes souliers ne me feront guères de mal à la veue, pour les voyages extraordinaires qu'il me convient faire tout le long du jour. Encores ne suis-je pas asseuré que mon maistre m'en redonne bien tost de neufs; au contraire, j'ay peur qu'il en veuille faire comme de son habit de velours, lequel il porte autant meschant que bon. Cela me tourmenteroit peu si c'estoit en autre temps qu'en hyver, et en autre lieu qu'à Paris, là où ces vieux escarpins tous decousus qu'il me donne, après les avoir portez un an ou deux, ne me peuvent guères bien remparer la plante des pieds contre le froid et les boues. Patience. Encores ne faut-il pas qu'il sçache que je m'en plains, car, s'il en estoit adverty, ce seroit faict de moy, tant il est brave et furieux, comme celuy qui faict souvent de son regard tomber les hommes tous morts à terre, et d'un coup de pied met par terre la plus forte porte qui se puisse trouver, tant soit-elle barrée et verrouillée. Je m'en rapporte à ce qui en est; pour le moins il s'en vante, et je pense qu'il feroit conscience de mentir. Mais il m'est advis que je le voy. Je m'en vay, pour l'apaiser, luy dire que j'ay veu sa maistresse, avant qu'il me tance; autrement, je serois en danger de recevoir quelque coup de poing en faisant ma monstre.

SCÈNE III

RODOMONT, CAPITAINE; NIVELET, SON LAQUAIS.

RODOMONT.

Il faut bien dire que ce petit dieu Cupidon est beaucoup plus puissant que Mars, le grand dieu des batailles, puis que sa force m'a peu reduire sous son obeissance et vaincre mon courage invincible, ce qu'un camp de cinquante mille hom-

[1]. Premiers mots de la prière : « Que Dieu me donne... »

mes n'eust sçeu taire. Je pense m'estre trouvé pour le moins en vingt et cinq batailles rangées, et m'asseure d'avoir combattu cent fois, sans la première, en champ clos, armé, desarmé, à cheval, à pied, à la masse [1], à l'estoc [2], à la lance, à la pique, à l'espée et cappe, à l'espée et dague, à la hache et à l'espée à deux mains ; mais je ne pense avoir jamais eu affaire à un si rude ennemy, ny qui me donnast plus de traverses et dures attaintes que fait le cœur impiteux [3], de ceste cruelle Genevielve, de laquelle les regards mortels sont autant de coups de canon qui battent en flanc dans les bastions de mon âme, et mettront bien tost la forteresse par terre, s'il ne luy plaist me recevoir à quelque composition

NIVELET.

Ne vous avois-je pas bien dit que tous ses propos n'estoient autre chose que fer esmoulu, feu et sang ?

RODOMONT.

J'ay entendu la voix de mon laquais. Et bien ! Nivelet, as-tu rien descouvert en faisant ta ronde ?

NIVELET.

Monsieur, je vous portois de bonnes nouvelles, si vous-mesmes ne fussiez venu les querir.

RODOMONT.

Dis-moy, qui a-il ?

NIVELET.

Tout à ceste heure, madame Louyse et vostre maistresse viennent de passer par ce coing, et s'en vont, comme je pense, ouir messe. Vous avez maintenant belle commodité de les veoir sans que personne vous en puisse empescher.

RODOMONT.

Tu dis vray ; mais, pour quelque respect que je ne te veux dire, j'ayme mieux les attendre icy au repasser que d'aller les voir en l'eglise.

NIVELET.

Il ne dit pas tout : c'est qu'il craint de rencontrer quelcun de ses creanciers, qui, au sortir de l'eglise, le face mettre en cage.

RODOMONT.

Qu'est-ce que tu dis ?

1. La masse d'armes.
2. La pointe.
3. Sans pitié, impitoyable.

NIVELET.

Je dis que ce n'est faute de courage qui vous fait faire cela.

RODOMONT.

Tu t'en peux bien asseurer, car je puis dire que tous les diables d'enfer ne me sçauroient estonner. Et pour l'amour que je luy porte, je ne craindrois d'affronter le camp du roy d'Espagne, m'asseurant que le seul souvenir de ses perfections m'enfleroit tellement le courage et redoubleroit mes forces, que je demourerois facilement victorieux d'une armée de jannissaires, spacchis [1] et mammelus. Pleust à Dieu qu'il ne tint qu'à tuer dix ou douze mille hommes d'armes ou à prendre quelque ville imprenable, que je feusse en ses bonnes graces! j'aurois bientost faict un bon service au roy.

NIVELET.

Monsieur, les filles de Paris ne se plaisent point à ouir parler de meurtres et carnages : elles veulent qu'on les entretienne de petits propos joyeux, de chansons, de masques et de danses. Et tant s'en faut que vos discours vous puissent faire aymer d'elles; au contraire, ils sont cause qu'elles vous fuyent comme une mauvaise beste, tant vous leur faites pœur.

RODOMONT.

Je cognois à tes propos que tu n'as guères bien retenu ce que je t'ay monstré touchant le fait de la guerre, car, si tu eusses pris plaisir au mestier des armes, tu ne parlerois de la sorte que tu fais; et te dis bien plus, que tu trouverois la fumée des canons et mousquetades plus douce et aromatisante que la civète, le musque et l'ambre gris; et le son des trompettes, fifres et tambours, plus harmonieux que celuy des violons, luths et espinettes.

NIVELET.

Je ne sçay comment vous l'entendez, mais, quant à moy, j'aymerois mieux me donner au travers du

---

[1]. Ce sont les *spahis* ou *sipahis*, corps de cavalerie irrégulière qu'Amurat 1er créa en même temps que les janissaires. Le dey d'Alger en avait à sa solde, qui sont passés dans notre armée d'Afrique.

corps d'une lance de fougère[1] pleine de bon vin blanc d'Anjou que d'une balle de mousquet ou fauconneau ; et me semble que le pain de munition n'a point si bon goust que le pain de chapitre de Paris[2].

RODOMONT.

Qu'il ne t'advienne plus d'user de telz propos, principalement quand tu me verras en compagnie de capitaines, car tu ferois tort à ma reputation, mesme que l'on dict en proverbe commun : Tel maistre, tel valet.

NIVELET.

Bien donc, Monsieur. Mais avez-vous proposé de faire icy long temps la jambe de grue ? Il me semble qu'il vaudroit mieux que je courusse vous faire aprester à desjeuner.

RODOMONT.

Je ne veux perdre ceste occasion, puis que je la tiens par les cheveux. On recouvre bien tousjours à desjeuner.

NIVELET.

Mais, Monsieur, cognoissez-vous bien cest homme qui vient ? Il me semble que c'est Basile, vostre competiteur.

RODOMONT.

Il ne nous a point encores veu. Retirons-nous un peu à quartier sous cet auvent, pour espier ce qu'il dira et fera : car je croy qu'il est ici des attendans, aussi bien que moy.

SCÈNE IV

BASILE, JEUNE HOMME ; ANTOINE, SON SERVITEUR ; RODOMONT, NIVELET.

BASILE.

Antoine, trouves-tu que cest habit neuf me soit bien fait ?

ANTOINE.

Il vous est faict comme de cire, et vous arme fort

---

1. Un verre à boire fait avec de la fougère.
2. Le meilleur pain se faisait pour les chanoines.

bien; mais cela ne vient pas de l'habit, c'est le corps.
BASILE.
Tu as envie de rire.
ANTOINE.
Monsieur, pardonnez-moy, ce que j'en fais n'est que pour vous oster ceste melancolie qui vous afflige depuis quelque temps en çà, encores que vous n'en ayez point d'occasion, ainsi qu'il me semble.
BASILE.
Antoine, Antoine, si tu estois en ma place, tu ne dirois pas ainsi. Il nous est bien aisé de donner conseil aux malades pendant que nous nous portons bien.
ANTOINE.
Je sçaurois volontiers quelle cause vous avez d'être si triste. N'estes-vous pas aux bonnes graces de Geneviefve? ne sçavez-vous pas bien qu'elle n'ayme que vous en ce monde?
BASILE.
J'en suis aussi asseuré que je suis de mourir une fois; mais sa mère, qui tient la queuë de la poisle, ne veut point ouir parler de moy.
ANTOINE.
Sauf vostre grace, c'est vous qui avez la queuë de la poisle.
BASILE.
Je voy bien que c'est, tu as envie de gosser.
RODOMONT.
Vertubieu! qu'est-ce que j'entens? Si ce que cest homme-cy dit est vray, j'en puis bien donner ma part pour un liard.
NIVELET.
Il vous a possible aperceu, et dit cecy pour vous faire enrager tout vif.
ANTOINE.
Si j'estois en vostre place, je ne me soucierois beaucoup de la vieille, estant certain du cœur de la fille.
BASILE.
Ne sçais-tu pas bien que les filles n'ont autre volonté que celle de leurs mères?
ANTOINE.
Je pense qu'il seroit bien malaisé de disposer

Geneviefve à aymer autre que vous, et sa mère, avec tous ses parens, y seroit bien empeschée.

BASILE.

C'est cela qui me tourmente le plus, car je suis bien seur que la pauvre fille, pour la bonne affection qu'elle me porte, ne s'accordera jamais de prendre celuy que sa mère luy veut donner, si ce n'est par contrainte, dont elle prend telle fascherie, ainsi que je sceus hier d'elle, qu'elle en est pire que folle. Que si je n'y remedie en brief, tout le mal retombera sur moy, et seray contraint de porter son tourment et le mien tout ensemble.

ANTOINE.

Mais se pourroit-il bien faire que madame Louyse fust si despourveue d'entendement que de bailler sa fille à ce capitaine qui luy fait l'amour à descouvert, lequel pour tous biens n'a que quelque vieil harnois tout descloué, et quelque meschante haridelle qu'encores possible il doit.

RODOMONT.

Ha poltron ! ma vaillance seule vaut mieux que tous les revenus de ton maistre, et tandis que j'auray le bras en la manche, je n'auray que trop de biens.

BASILE.

Non, non, ne pense pas que ce beau capitaine de trois cuites [1] y puisse jamais parvenir. Vrayement, elle seroit pourveue d'une belle happelourde [2] ! Louyse est trop accorte pour faire un contract si peu à l'avantage de sa fille. Elle pourroit bien dire que son douaire seroit assigné sur un gibet, car je pense que ce beau traine-gaine [3] n'a point de plus certain heritage.

RODOMONT.

Que me conseilles-tu, Nivelet ? Dois-je endurer une telle bravade ? Que dira le grand Turc quand il sçaura que celuy qui a tant de fois rompu la

---

1. Capitaine de rien. Rabelais dans le même sens a dit (liv. II, ch. 32) : « Roy de trois cuites. » Selon Cotgrave, un des sens de *cuite* était *pot, marmite* (shetcing). Capitaine de trois cuites, c'est donc « capitaine de trois pots. » Nulle part cette expression n'avait été expliquée.
2. Perle fausse. V. une des notes de la *Reconnue*.
3. Nous dirions aujourd'hui traineur de sabre.

teste à ses armées a esté bravé par un citadin de Paris ?

NIVELET.

Il me semble qu'ils sont plus forts que nous ; partant, je vous conseille de temporiser.

RODOMONT.

Je te croyray pour ce coup, bien que ce soit contre ma volonté.

ANTOINE.

J'ay bien tousjours pensé à ce que vous dites, mais je ne sache point qu'autre luy face la court.

BASILE.

Ne t'es-tu jamais apperceu que Eustache ne cesse de luy jetter des œillades quand il est en l'eglise ?

ANTOINE.

Il m'en souvient bien, mais, par mon ame ! je n'eusse jamais creu qu'il en eust esté amoureux, vous voyant si bons amis ensemble.

BASILE.

Eustache m'est bon amy, mais tu sçays bien que l'amour ne veut point de compagnon. Je sçay bien qu'il l'ayme, mais non pas si ardemment que l'on diroit bien ; mesme j'ay descouvert qu'il n'avoit pas deliberé de se marier si tost, n'eust esté son père, qui l'en presse fort, et a la matière tellement à cœur qu'il ne cesse d'en parler à toute heure à Louyse, laquelle luy a desjà baillé les articles.

ANTOINE.

Eustache ne vous en a-il jamais parlé ?

BASILE.

Non, encore que je l'aye mis souvent sur ce propos.

ANTOINE.

Si la chose est ainsi que vous dites, il n'y auroit meilleur remède pour vous mettre en repos que de trouver moyen de consommer le mariage avec Geneviefve, prenant gentilement un pain sur la fournée ; pour le moins auriez-vous tousjours cela sur et tant moins, et puis, si Eustache la prenoit, à son dam.

BASILE.

Pleust à Dieu qu'il ne tinst qu'à hazarder ma vie que ta proposition sortist effet ! Mais Geneviefve est si craintive et si chaste que pour rien du monde elle ne s'y voudroit accorder.

ANTOINE.

Ouy bien si vous luy demandiez ouvertement; mais il faut faire sans dire. Trouvons seulement moyen d'entrer au logis lors qu'elle sera toute seule, comme il luy advient souvent.

BASILE.

Je craindrois d'estre recogneu de quelcun.

ANTOINE.

Un amoureux craintif n'eust jamais belle amie. Toutesfois, si vous avez peur que l'on vous cognoisse, allez-y habillé des vestemens du seigneur Eustache, lesquels vous portastes hier en masque; par ce moyen, si vous estes veu de quelcun, on vous prendra pour luy : ainsi vous serez hors de danger.

BASILE.

Ta raison n'est pas trop mauvaise.

RODOMONT.

Nivelet, entens-tu bien ce qu'ils disent?

NIVELET.

Oui dà, Monsieur; mais attendez jusques à amen.

BASILE.

Toute la difficulté sera à l'entrée; mais, si dame Françoise vouloit pousser à la roue et parler en ma faveur à Geneviefve, je me fay fort d'en venir à mon honneur.

ANTOINE.

Monsieur, je m'en vay jusques chez elle pour luy dire que vous l'attendez icy.

BASILE.

Despesche-toy donc, et reviens incontinent.

RODOMONT.

Nivelet, il me fasche de tant attendre icy : je commence à avoir froid. Il vaut mieux que je m'en aille prendre l'air d'une bourrée, et puis je retourneray sur mes brisées. Ce pendant, prens diligemment garde à ce qu'ils feront et diront.

NIVELET.

Je n'y feray faute.

BASILE.

O Dieu! que l'homme amoureux endure de mal! Je ne pense pas qu'il y ayt tourment au monde, tant cruel soit-il, qui se puisse egaler à sa misère.

Tantost il vit en soupçon, tantost en espoir, tantost
en desespoir, tantost en crainte et desfiance, selon
que la dame se monstre douce ou cruelle. Encor
n'est-ce pas tout : car s'il est tant soit peu favorisé, la crainte qu'il a de perdre ce qu'il a acquis
ne le laisse un seul moment en repos. Mais ne
voy-je pas desjà revenir mon homme avec dame
Françoise ? Il faut bien dire qu'il l'a trouvée en
chemin, car il n'eust sceu aller jusques à son logis
et revenir en si peu de temps.

SCÈNE V

FRANÇOISE, VIELLE ; ANTOINE, BASILE.

FRANÇOISE.

Mon amy, vostre maistre a occasion d'aymer Geneviefve, pour les bonnes parties qui sont en elle ;
et croyez que je n'en eusse mis si avant les fers au
feu si je n'eusse bien sceu de quel bois elle se
chauffe, pour l'avoir cogneuë dès le berceau.

ANTOINE.

Ma dame, si vous continuez à entretenir mon
maistre en ses bonnes graces, vous n'aurez fait
plaisir à une personne ingrate.

FRANÇOISE.

Antoine, je le sçay bien, pour l'avoir desjà par
plusieurs fois experimenté : et asseurez-vous que,
deussé-je perdre si peu que j'ay vaillant en ce
monde, il ne tiendra pas à moy qu'il ne jouisse de
sa maistresse : j'entens au loyal mariage ; autrement, non.

ANTOINE.

Je pense que mon maistre l'entend ainsi. Mais le
voylà qui nous attend ; avançons-nous.

FRANÇOISE.

Bon jour, Monsieur. Il y a dix mille ans qu'on
ne vous a veu.

BASILE.

Madame Françoise, je vous eusse esté trouver,
n'estoit que je crains d'estre veu si souvent en
vostre quartier. Au demourant, il n'y a qu'un mot
qui serve. Il faut que vous me monstriez maintenant si vous avez envie de me faire plaisir.

FRANÇOISE.
Commandez, et vous serez obei.
BASILE.
Il faut, s'il vous plaist, que vous trouviez le moyen de me faire parler aujourd'huy à Geneviefve, et si je voudrois bien que ce fust en sa maison.
FRANÇOISE.
Benedicite Dominus! que dites-vous! jamais elle ne s'y accordera.
BASILE.
Si fera bien, pourveu que vous luy conseilliez, car elle ne croit qu'en vous. Et puis j'ay avisé d'y aller habillé des vestemens d'Eustache.
FRANÇOISE.
Pourveu que Dieu n'y soit en rien offencé, je me fay fort de vous y conduire pendant que sa mère sera au sermon ceste après-disnée.
BASILE.
Penseriez-vous bien que je voulusse damner mon ame pour un plaisir transitoire?
FRANÇOISE.
Je croy que non; mais la jeunesse, la beauté et la commodité sont bien souvent cause de beaucoup de maux.
BASILE.
Non, non, l'amour que je luy porte n'est tel que celuy de plusieurs hommes envers les femmes, lesquels, aussi tost qu'ils en ont eu la jouissance, ne les voudroient jamais voir. Avisez si vous me voulez faire ce plaisir, car le temps nous presse. Comme je traversois tout à ceste heure l'eglise, je l'ay veuë avec sa mère, qui n'a pas faict semblant de me voir.
FRANÇOISE.
Je sçay bien pourquoy; mais motus, on ne sauroit empescher les mauvaises langues de babiller. Puis qu'elle est à l'eglise, je pourray bien parler à elle.
BASILE.
Je vous en supplie bien humblement.
FRANÇOISE.
Reposez-vous-en hardiment sur moy, car je m'attens bien d'en venir à bout.

BASILE.

Madame Françoise, ma vie et mon salut sont maintenant entre vos mains.

FRANÇOISE.

Allez-vous-en chauffer, de par Dieu et de par sa mère, vous ne vous faictes que morfondre icy; et me revenez trouver dans une demie heure, ou bien laissez-moy vostre homme; mais qu'il me suyve de loin, afin que personne n'entre en soupcon.

BASILE.

Antoine, suis madame Françoise, et fais tout ce qu'elle te dira, et garde bien de la perdre de veuë.

ANTOINE.

Bien, Monsieur.

SCÈNE VI

NIVELET, seul.

Par la mort bieu! mon maistre en a d'une à ce coup, et si j'ay grand peur que ses bravades n'y serviront de rien. Qui eust pensé qu'un tel capitaine, lequel ne merite rien moins en mariage qu'une princesse, deust estre saintré[1] de la sorte par un jeune homme de Paris? Ha! par Dieu! c'est cela que l'on dit argent faict tout; et qui a de l'argent a belle amie. Fy du mestier qui ne peut nourrir son maistre! Au temps où nous sommes, le mestier des armes ne vaut rien qu'à creer des debtes. Et, combien que mon maistre face aussi bien valoir son estat qu'homme de sa robbe, soit à piller, rançonner, desrober les gaiges des soldats, faire trouver force passevolans[2] à la monstre, partir le gain avec le thresorier et controleur, et chauffer les pieds à son hoste[3], si n'a-il jamais assemblé cent escus en une bourse qu'il ne les ayt aussi tost despendus aux dez, aux bordeaux et aux cabarets; et tout le pis que j'y voy, c'est qu'il n'y

---

. Pour ceintré, c'est-à-dire entouré, comme par une ceinture.
2. C'étaient de faux soldats qu'on louait pour les revues, afin de faire croire que les compagnies étaient au complet.
3. Comme faisaient les chauffeurs d'Orgères pour obliger les fermiers de dire où était leur argent.

a si petit en ceste ville qui ne le sçache, jusques là mesme, quand on veut parler d'un homme liberal, voire plustost prodigue, on n'use d'autre comparaison, sinon que l'on dit : Il ressemble au capitaine Rodomont. Vrayement, je ne m'estonne pas si le seigneur Basile est en grace puis qu'il a le bruit d'estre riche et de ne faire folles despenses. Quand il seroit plus vieil que Mathusalem, plus puant qu'un retrait [1] et plus laid qu'un diable, les bonnes qualitez qu'il a auroient bien la puissance de le faire sembler aagé seulement de vingt-cinq ans, mieux fleurant qu'une rose et plus beau qu'un ange. Mais ne voy-je pas la maistresse de mon maistre qui revient desjà de l'eglise avec une vielle? Vrayement, ses devotions ont esté bien courtes. Il faut bien dire qu'il y a anguille sous roche, puis qu'elle retourne si tost, car elle a accoustumé d'estre plus à l'eglise qu'à la maison. Je veux, s'il m'est possible, ouïr ce que luy dict ceste vielle. Le jour n'est encores guères clair, elles n'auront garde de me voir en ce petit coin, quand bien elles seroient tout contre moy.

SCÈNE VII

FRANÇOISE, GENEVIEFVE, NIVELET, ANTOINE.

FRANÇOISE.

Geneviefve, m'amie, je ne vous conseille chose que je ne fisse si j'estois en vostre place, et certes vous le devez faire, puisqu'il n'y va en rien de vostre honneur.

GENEVIEFVE.

Madame Françoise, il me semble qu'il n'en est point de besoin, d'autant que, si le seigneur Basile eust eu quelque chose à me dire, il me l'eust bien dit hier au soir, qu'il vint en masque chez nous habillé des accoustremens d'Eustache.

FRANÇOISE.

Ce qu'il vous veut dire est survenu de nouveau, et faut necessairement qu'il parle à vous si vous

---

[1]. Lieu d'aisance.

avez envie que le mariage de vous et d'Eustache soit rompu.
GENEVIEFVE.
Vous le pouvez asseurer que jamais Eustache n'aura part en moy.
FRANÇOISE.
M'amie, je vous en croy ; mais Basile ne le peut croire quand je luy dis : il faut qu'il le sçache de vous-mesme.
GENEVIEFVE.
Et bien donc, je luy feray sçavoir par lettres.
FRANÇOISE.
Ne cherchez tous ces eschapatoires ; il faut qu'il parle à vous aujourd'huy en vostre maison, quoy qu'il couste, ou vous luy pouvez bien dire adieu pour tout jamais.
NIVELET.
Voyez comme ceste vielle sçait bien prescher, et avec quelle audace ! je vay gaiger mes oreilles à couper qu'elle ne cessera tant qu'elle l'ayt convertie.
GENEVIEFVE.
Voire, mais je crains...
FRANÇOISE.
Vous estes une hardie lance, de craindre vos amis.
GENEVIEFVE.
Ce n'est pas cela : je crains que quelcun de nos voisins ne le voye entrer ou sortir.
NIVELET.
La pauvre fille ! elle n'a peur que de l'entrée et de la sortie, car elle seroit bien aise qu'il fust tousjours dedans.
FRANÇOISE.
M'amie, nous avons remedié à tout cela. Il viendra habillé de l'habit qu'Eustache luy presta hier au soir, et se couvrira la face du bout de son manteau pour n'estre recognu ; si bien que si on le voit de fortune [1], on pensera incontinent que c'est Eustache, lequel on a veu plusieurs fois entrer en vostre maison, à cause du voisinage ; et, pour mieux donner le fil, il sera bon qu'il se retire au logis d'Eustache quand il sortira de chez vous.

---

1. Par hasard.

Mais quand il y viendroit mesmes habillé de ses accoustremens ordinaires, vous ne devez craindre qu'il soit veu des voisins, d'autant que, à cause de la feste, les boutiques sont fermées, et personne ne se tient à la porte, à cause du froid. D'avantage, ce sera à une heure après midy, ce pendant que beaucoup de gens sont encores à table et les autres au sermon.

NIVELET.

Je croy que ceste vielle sempiternelle a esté à l'escole de quelque frère frapart, tant elle sçait doctement prescher et amener de vives raisons. O quelle fine femelle !

GENEVIEFVE.

Madame Françoise, je cognois à peu près que ce que vous dites a grande apparence de verité ; mais encores ne puis-je croire que, faisant entrer Basile en nostre maison, je ne face une grande bresche à mon honneur, et tous ceux qui en ouyront parler ne le pourront interpreter qu'à mal.

FRANÇOISE.

Que vous souciez-vous que dise le peuple ? Ne sçavez-vous pas bien que c'est une beste à plusieurs testes ? Mais, je vous prie qui est-ce qui le sçaura si vous-mesme ne le dites ou vostre servante ?

GENEVIEFVE.

Je n'ay pas peur, Dieu mercy, que ma servante en parle ; je me fie bien en elle. Mais je crains.

FRANÇOISE.

Que craignez-vous ?

GENEVIEFVE.

Que sçay-je ?

FRANÇOISE.

Vous estes une amoureuse peu hardie, vous n'avez pas encores monté sur l'ours.

GENEVIEFVE.

Je crains que Basile, se voyant seul avecques moy, ne veuille entreprendre quelque chose sur mon honneur. Que m'en conseillez-vous ? N'ay-je pas occasion de craindre ?

FRANÇOISE.

Geneviefve, m'amie, je vous ayme comme ma propre fille, et serois bien marrie que Basile, que j'ayme aussi comme mon fils, eust fait en vostre endroit chose qui ne fust à faire ; mais asseurez-vous aussi que je le cognois tel et si bien complexionné qu'il ne voudroit pour mourir faire rien qui soit contre vostre volonté, et seroit marry de vous avoir tiré un cheveu de la teste que vous ne luy eussiez mis premierement le bout en la main. Je vous sçay bon gré, toutesfois, de ce que vous m'en demandez mon advis, car on dit communement : Conseille-toy, et tu seras conseillé ; et on ne sçauroit trop apprendre, principalement des vielles gens, qui, pour avoir long-temps vescu, sont plus fines et ont plus d'experience que les jeunes barbes ; mesme j'ay ouy prescher cest advent dernier que le diable est fin pour ce qu'il est vieil [1].

NIVELET.

Voilà comment il faut faire son profit des sermons. O quelle belle instruction !

FRANÇOISE.

M'amie, en ma conscience, je ne vous conseille rien qui ne soit bon, et pouvez bien penser qu'estant sur le bord de ma fosse, preste de rendre conte à Dieu de ce que j'ay fait en ce monde, ne vous voudrois induire à faire chose qui peust tant soit peu souiller mon ame ou la vostre, car autant vaut celuy qui tient que celuy qui escorche. La demande de Basile, qui vous ayme de si bon amour, est sainte, juste et raisonnable. Vous avez ouy dire souvent à vostre confesseur, comme je croy, qu'il faut aymer son prochain comme soy-mesme, et qu'il se faut bien garder de tomber en ce vilain vice d'ingratitude, qui est l'une des branches d'orgueil, lequel a fait tresbucher au plus creux abisme d'enfer les anges, qui estoient les plus belles et les plus heureuses creatures que Dieu eust faites. Ne seriez-vous pas une ingrate, une glorieuse, une outrecuidée, si vous ne faisiez conte des justes prières de celuy qui ne voit par autres yeux que par les vostres ?

GENEVIEFVE.

Vos raisons me semblent si bonnes, que je pen-

---

[1]. On sait que les plaisanteries de ce genre n'étaient pas rares chez les prédicateurs de ce temps. Les sermons d'Ol. Maillard et de Menot en sont farcis.

serois faire un grand peché si j'ouvrois seulement la bouche pour y contredire.
NIVELET.
C'est à ce coup que la vache est vendue. Mon maistre n'a que faire de delier sa bourse.
FRANÇOISE.
Geneviefve, ma fille, je vous ayme encores mieux que je ne le faisois, puis que je voy que vous croyez ceux qui desirent vostre bien et avancement. Je m'en vay tout de ce pas faire dire une messe du S.-Esprit, à celle fin qu'il luy plaise inspirer vos parens à vous donner le mari que vous meritez. Avisez de faire en sorte que vous soyez en la maison pendant que vostre mère sera au sermon, laquelle j'entretiendray le mieux que je pourray.
GENEVIEFVE.
Je luy feray à croire que je me trouve un peu mal, à cause du froid que j'ay eu ce matin.
FRANÇOISE.
C'est bien dit. Il faut aussi que vous laissiez la porte entr'ouverte, à celle fin que l'on n'aye que faire de heurter, car ce seroit assez pour faire mettre le nez à la fenestre à quelcun des voisins.
GENEVIEFVE.
Mais par qui ferons-nous sçavoir à Basile ce que nous avons conclud ?
FRANÇOISE.
Ne vous souciez point : voilà son homme qui me suit de loing, par lequel je luy feray tout sçavoir.
GENEVIEFVE.
Il sera donc bon que j'entre en la maison et que je n'en sorte de tout le jour.
FRANÇOISE.
C'est bien dit ; retirez-vous. Adieu, Geneviefve.
GENEVIEFVE.
Adieu, madame Françoise, n'oubliez à faire mes recommandations.
FRANÇOISE.
Je n'y faudray pas. Antoine, allez à vostre maistre, qu'il ne face faute de se trouver à une heure après midy, habillé des habits qu'il avoit hier en masque, au lieu où il sçait, et il trouvera la porte ouverte.
ANTOINE.
Bien, Madame.

FRANÇOISE.
Dites-luy aussi que sa maistresse se recommande aussi à ses bonnes graces.
ANTOINE.
Aussi feray-je.
FRANÇOISE.
Allez, despechez-vous, et s'il veut parler à moy, il me trouvera en la chapelle de monsieur S. Roc.

SCÈNE VIII

NIVELET, *seul*.

Et par la vertubieu, j'en advertiray mon maistre, et puis nous verrons beau jeu si la corde ne rompt. J'ay bien tout entendu, Dieu mercy; encores n'en falloit-il pas tant : à bon entendeur il ne faut une charretée de paroles. Si mon maistre est galant homme, c'est à ce coup qu'il aura sa Geneviefve entre ses bras, bon gré maugré, au moins s'il sçait bien prendre l'ocasion par le poil ; mais s'il la laisse eschapper, qu'il s'asseure que jamais elle ne se presentera si belle. S'il me croit, il s'habillera de l'habit que doit porter Basile, et luy sera fort aisé de l'avoir pour la familiarité qu'il a avec Eustache. Et puis, quand il sera entré chez Geneviefve, s'il ne sçait jouer de ses outils, à son dam. Je m'en vay l'advertir tout de ce pas, encores qu'il m'aye enchargé de l'attendre icy ; mais, pour ce coup, je ne craindray de transgresser son commandement, puisqu'il est besoing d'user de diligence.

ACTE DEUXIÈME

SCÈNE 1

GIRARD, VIELLARD ; EUSTACHE, FILS DE GIRARD.

GIRARD.
Eustache, tu vois que de tous les enfans qu'il a

pleu à Dieu me donner, il ne me reste que toi en ce monde ; et par là tu peux penser que ce que j'en fais n'est que pour ton avancement ; aussi que je serois bien aise, avant que Dieu m'oste de ce monde, de te voir bien pourveu et allié en quelque bonne maison : car quant est des biens, Dieu mercy tu en auras assez, et serois bien maraut si, ta mère et moy estans morts, tu ne pouvois vivre seul de ce qui suffit bien maintenant à en entretenir trois. Partant, il te faut resoudre sans plus differer, d'autant que j'espère ceste apresdisnée t'accorder à Geneviefve ou demain pour le plus tard ; et puis j'ay apris dès mon jeune aage qu'il ne faut jamais laisser traîner une affaire, mais qu'il faut battre le fer tandis qu'il est chaud.

EUSTACHE.

Mon père, pardonnez-moi, s'il vous plaist ; mais je ne puis si tost lascher une parolle qui me pourroit prejudicier tout le temps de ma vie.

GIRARD.

Comment dis-tu cela ? Tes propos monstrent bien que tu n'es qu'un enfant. Il n'y a pas encores deux jours que tu ne cessois de m'en rompre la teste, et maintenant il semble que tu veuilles retirer ton espingle du jeu.

EUSTACHE.

Vous dites vray que je ne suis qu'un enfant, et vous dis bien plus, qu'estant encores enfant, et ne me pouvant pas bien gouverner moi-mesme, à grand'peine en pourrois-je gouverner deux. Mon père, il me semble qu'il sera temps de me marier quand j'auray attaint l'aage de discretion.

GIRARD.

Si est-ce que je ne t'estime point si volage et de si peu de jugement que sans occasion tu ayes deposé l'affection que tu portois à Geneviefve. Il faut bien dire qu'il y a autre chose. Eustache, ne me cèle rien, et pense que je ne te suis moins bon amy que bon père.

EUSTACHE.

Pardonnez-moy, rien ne m'a destourné de mon premier propos, sinon qu'il me semble que rien ne nous presse.

GIRARD.

Cela s'appelle, en bon françois, tourner la truye

au foin[1]. Dis-moy hardiment la cause qui t'en a faict perdre le goust, ou asseure-toy que tu ne me fais plaisir.

EUSTACHE.

Je ne voudrois pour rien du monde entrer en vostre male grace. Sçachez doncques que hier au soir, comme nous estions allez en masque, Basile et moy, au logis de madame Louyse, je m'aperçeu de ce dont je ne m'estois douté auparavant, et vis clairement que si Geneviefve avoit par ci-devant fait semblant de m'aymer, ce n'avoit esté que pour complaire à sa mère, laquelle, à la verité, voudroit bien que je fusse son gendre ; mais j'ay cognu que Basile estoit mieux aux bonnes graces de la fille que moy.

GIRARD.

Nostre-Dame ! que me dis-tu ? Je suis plus estonné que si cornes m'estoient venues. Mais possible que l'amour, lequel est ordinairement accompagné de jalousie, te fait croire cela ; et possible qu'elle prenoit Basile pour toy, d'autant qu'il estoit vestu de tes habits.

EUSTACHE.

Je vous diray comme tout passa. Quand nous fusmes entrez en la sale, et que nous eusmes dancé un petit ballet, Basile, en rompant la promesse qu'il m'avoit faite de ne prendre Geneviefve, s'adressa de plain saut à elle, et moy à sa cousine, pour dancer un bransle[2], lequel estant fini, chascun se mist à deviser avec celle qu'il menoit. Ce fust lors que je cognu clairement l'affection mutuelle qu'ils se portoient, tant aux façons de faire de Geneviefve que à leurs propos, lesquels j'entendois parfois, m'estant assis tout exprès auprès d'eux ; et ce pendant que je faisois semblant de deviser avec sa cousine, j'avois, comme l'on dit, une oreille aux champs et l'autre à la ville. Ils furent plus d'une bonne demi-heure en discours et menus devis, et m'asseure qu'il ne leur ennuyoit pas. Je vous laisse à penser s'ils parloient d'enfiler des perles ou d'encherir le pain.

1. Répondre d'une façon évasive. V. une des notes de la comédie des *Esprits*.
2. C'étaient les danses plus gaies par lesquelles on finissait les bals, comme aujourd'hui par le cotillon.

GIRARD.

S'il n'y a que cela, non force : peut-estre que Basile n'y pensoit pas à mal ; mais comme il est accort, s'estant mis en quelque propos, il vouloit monstrer qu'il n'estoit aprenty d'entretenir les filles ; ou bien il faisoit cela pour esprouver ta patience et te donner un peu de martel en teste. Je cognois l'humeur du pelerin.

EUSTACHE.

Il seroit bien homme pour l'avoir fait à ceste intention, et vous puis asseurer que peu s'en falut que je ne luy ravisse Geneviefve d'entre les mains.

GIRARD.

Cela n'eust esté ny beau ny honneste.

EUSTACHE.

Croyez que je ne sçavois sus quel pied dancer, et me servit bien que j'estois masqué : autrement un chascun eust peu cognoistre facilement, aux changemens de ma face, l'alteration en laquelle j'estois ; car pour ne vous deguiser les matières, je serois bien content d'espouser Geneviefve, quant je sçaurois qu'elle m'aymeroit ; mais aussi si elle ne m'aymoit, je ne daignerois en faire un pas.

GIRARD.

Nous nous en esclaircirons alors qu'il faudra qu'elle dise ouy.

EUSTACHE.

Avisez au moins que ce ne soit trop tard

GIRARD.

Nous ne saurions sçavoir plustost que ceste apresdisnée que l'on fera, comme j'espère, le premier ban [1].

EUSTACHE.

Si Basile l'ayme, je ne voudrois entreprendre sur ses marches [2], car il m'est trop amy.

GIRARD.

Si j'ay quelque peu d'entendement, elle ne nous peut pas eschapper. Tu luy as ouy dire souvent qu'elle n'a autre volonté que celle de sa mère : or, quant est de sa mère, elle est toute à nostre devotion.

---

1. La première publication pour le mariage.
2. Aller sur ses brisées.

EUSTACHE.

Mon père, les filles bien souvent disent d'un et pensent d'autre ; puis, quand ce vient au faire et au prendre, c'est alors qu'elles monstrent leur tête, et puis je vous laisse à penser si ce n'est pas pour rendre un homme bien camus.

Mais voilà madame Louyse et sa commère Françoise qui s'en reviennent de l'eglise.

GIRARD.

Je seray donc relevé de peine de l'aller chercher, car je n'eusse esté en repos tant que j'en eusse sçeu le *tu autem* [1]. Allons au devant d'elles.

SCÈNE II

LOUYSE, FRANÇOISE, GIRARD, EUSTACHE.

LOUYSE.

Mon Dieu, ma commère, que le sermon m'a ennuiée ceste matinée ! Jamais je n'ay pensé veoir l'heure que ce jacobin sortiroit de chaire, tant j'avois froid aux pieds !

FRANÇOISE.

Je n'ay pas esté à l'eglise si longtemps que vous, et si je suis toute gelée. Mais, dites-moy, où est madame l'accordée ?

LOUYSE.

Quelle accordée ?

FRANÇOISE.

Vostre fille Geneviefve.

LOUYSE.

Par mon ame, vous estes une mauvaise femme ! Je l'avois amenée ce matin avec moy, mais le froid l'a chassée de l'eglise après qu'elle a ouy une basse messe.

FRANÇOISE.

Vous estes donc sorties du logis avant que les chats fussent chaussez. C'estoit, comme je croy, de peur des mouches.

---

1. Le mot de la fin. Pour faire cesser la lecture aux repas des moines, le supérieur frappait sur la table en disant : *Tu autem*, et les moines continuaient avant de se lever : *Domine, miserere nobis*.

LOUYSE.

Vous dites mieux possible que vous ne pensez ; mais qui vous a dit qu'elle estoit accordée ?

FRANÇOISE.

Me le demandez-vous ? Les petits enfans en vont à la moustarde [1].

LOUYSE.

Ma commère, m'amie, Geneviefve est une mauvaise fille, car il n'a tenu qu'à elle qu'elle n'ayt esté accordée.

FRANÇOISE.

A qui donc ? Au seigneur Basile ?

LOUYSE.

Ne me parlez jamais de cest homme-là si vous me voulez faire plaisir.

FRANÇOISE.

Pourquoy, ma commère ?

LOUYSE.

Par sainct Jehan ! pour ce que ma fille n'est pas pour lui et qu'il s'en torche hardiment le bec.

FRANÇOISE.

Si est-ce qu'il a le bruit d'estre honneste homme, et pensois en bonne foy (Dieu me le vueille pardonner !) que vostre fille le deust avoir, d'autant que vous luy en avez fait autrefois parler et que je pensois qu'ils s'aymassent l'un l'autre.

LOUYSE.

Ma commère, je sçay bien que Basile est de vos bons amis et voysins, et, à cause du voysinage, il n'est pas qu'il ne vous ayt communiqué de ces affaires, d'autant mesmes qu'il vous voit hanter avec nous assez privement, de vostre grace ; mais je vous supplie, sur tous les plaisirs que vous me voudriez faire, de ne parler de luy à Geneviefve : car j'ay deliberé de la donner à Eustache, fils de Girard, lequel me presse bien fort, et luy fait de beaux avantages, ayant desjà accordé les articles ainsi que je les luy ay baillez.

FRANÇOISE.

Saincte dame ! je n'ay garde de luy sonner mot, puisque vous me l'avez deffendu, mais j'ay grand

---

1. C'est-à-dire s'en moquent, quand ils vont chercher la moutarde. On disait aussi : « les enfants en iront au vin et à la moutarde. » De cette locution populaire, qui fut longtemps en cours, sont venues les expressions *s'amuser à la moutarde*, et *moutard*.

peur que Girard et Eustache ayent ouï ce que nous avons dict, car les voylà tout contre nous. Voyez comme ils sont esmerillonnez [1] et sentent desjà tout leur rost.

GIRARD.

Bon jour, Mesdames.

LOUYSE.

Dieu vous gard de mal, Messieurs.

GIRARD.

Je ne pensois en bonne foy que nous deussions à ce matin faire si bonne rencontre.

LOUYSE.

Si vous l'estimez bonne, nous la pensons avoir faite encores meilleure.

GIRARD.

Et bien ! Madame, ne mettrons-nous jamais fin à ce dont nous avons tant parlé depuis un mois en çà ?

LOUYSE.

Je vous promets ma foy qu'il ne tiendra pas à moy.

GIRARD.

Il ne tiendra donc à personne, si ce n'est possible à Geneviefve ?

LOUYSE.

Non, non, ma fille voudra tout ce que je voudray ; mais pour ce que le froid me presse d'aller trouver les tisons, et que j'ay bonne envie de vous dire beaucoup de choses, je vous prie, entrons en la maison. Et puis ce que je vous veux dire n'est pas chose qui se doive traicter en ruë.

GIRARD.

Je le veux bien.

LOUYSE.

Adieu, ma commère ; excusez-moy si je vous fausse compagnie.

EUSTACHE.

Mon père, mais que j'aye dit deux mots à madame Françoise, je vous iray trouver.

GIRARD.

Ne faux donc pas, car je croy que nous aurons affaire de toy.

---

1. Gais, vifs comme l'émerillon, qui est la femelle du faucon.

FRANÇOISE.

Ce jeune homme-cy pense me tirer les vers du nez; mais il y viendra à tard. Fin contre fin n'est pas bon à faire doubleure.

EUSTACHE.

Madame Françoise, eh bien! que dit le cœur? Quelle femme estes-vous?

FRANÇOISE.

Une pauvre pecheresse qui court à la mort le grand galop, et qui a trois pauvres filles à marier sur les bras, sans sçavoir où est le premier denier de leur mariage.

EUSTACHE.

Ceux qui ont bonne esperance en Dieu ne sont que trop riches.

FRANÇOISE.

Cela est bien vray; mais ce qui me fasche le plus, c'est mon hoste, lequel menaçoit encores hier de m'envoyer un sergent pour deux termes que je luy dois.

EUSTACHE.

N'avez-vous point quelque amy qui vous les preste?

FRANÇOISE.

Une pauvre femme n'a que trop d'amis de bouche, mais bien peu de bourse.

EUSTACHE.

Que n'employez-vous le seigneur Basile, vostre voisin? car je m'asseure qu'il vous presteroit volontiers dix escus et davantage, si vous l'en requeriez.

FRANÇOISE.

Hélas! Monsieur, je n'oserois, de peur d'estre esconduite; c'est celuy que je ne cognois comme point, et ne pense pas avoir parlé à luy plus de deux fois, encores il y a plus de sept semaines.

EUSTACHE.

Touchez là; si vous me voulez dire la verité de quelque chose que je vous demanderay, ne vous souciez: je payeray ce que vous devez.

FRANÇOISE.

Je vous remercie, Monsieur; croyez que l'aumosne sera aussi bien employée en moy qu'en autre qui vive.

EUSTACHE.

Dites-moy, ne vous estes-vous point aperceue que Basile fait l'amour à la fille de madame Louyse ?

FRANÇOISE.

S'il en estoit quelque chose, je le sçaurois. Il est bien vray qu'on en a autrefois parlé, mais il y a plus d'un an que les choses sont demourées là. Et si je vous dirois bien quelque chose, n'estoit que je crains que vous soyez babillard.

EUSTACHE.

Dites hardiment.

FRANÇOISE.

Je veux devant que me promettiez de ne le redire à personne, non pas mesmes à vostre père.

EUSTACHE.

Je vous le promets sur ma foy.

FRANÇOISE.

Monsieur, vous sçavez comme je hante privement chez madame Louyse, et qu'elle me communique toutes ses affaires, de telle façon qu'elle ne tourneroit pas un œuf, par manière de dire, sans m'en demander conseil. Vous pouvez penser que sa fille n'en fait pas moins, et que je suis comme la thresorière de ses menues affaires. Sçachez donc que, hantant et frequentant en la maison, j'ay cognu que, si la mère a grande affection que vous soyez son gendre, la fille ne desire pas moins que vous soyez son mary, bien qu'elles soient induites à faire ce souhait par diverses raisons.

EUSTACHE.

Dites-moy quelles.

FRANÇOISE.

Je ne me ferois prier de vous les dire, n'estoit que je crains que vous m'ayez en reputation d'une flateuse.

EUSTACHE.

Madame Françoise, vous me faites tort. Je vous ay en opinion de la plus femme de bien de toute nostre parroisse, et suis bien seur que vous ne voudriez, pour mourir, tacher vostre conscience de ce vilain vice de flaterie.

FRANÇOISE.

Vous dites bien quant à ce dernier point ; mais, quant au premier, je ne vous l'accorde pas. Au contraire, je confesse et recognois que je suis une pauvre femme, qui offence Dieu plus souvent qu'il n'y a de minutes au jour, et que, si Dieu ne m'use de misericorde, à grand'peine le pourray-je jamais contempler en sa gloire.

EUSTACHE.

Ma foy, si vous n'estes sauvée, beaucoup de gens de bien doivent avoir belle peur. Mais, je vous prie, laissons ces propos, et ne craignez de me dire tout ce qu'il vous plaira.

FRANÇOISE.

Donc, puisque vous le trouvez bon, je vous dis que Louyse, estant advertie des grans biens que vous avez, desire sur tout vostre alliance. Quant à sa fille, j'ay sceu d'elle que, devant qu'elle sceut jamais qui vous estiez, une fois pour vous avoir veu dancer en une nopce dont vous estiez tous deux, elle devint ce jour-là si extremement amoureuse de vostre beauté et bonnes graces, qu'elle delibera deslors, s'il luy estoit possible, vous avoir pour mary, ou plustot estre religieuse que d'en espouser un autre; si bien que la pauvre fille endure la plus cruelle passion que l'on sçauroit imaginer: car, estant de nature fort honteuse et nourrie de la crainte de Dieu et de ses parens, elle est contrainte de ronger son frain à part-soy, sans oser monstrer par aucuns signes l'amitié qu'elle vous porte.

EUSTACHE.

Vrayement si je pensois qu'elle m'aymast tant soit peu, l'affection que je luy porte redoubleroit en moy de moytié.

FRANÇOISE.

M'estimeriez-vous bien si meschante et malheureuse que je voulusse mentir, mesmes aujourd'huy qu'il est nostre feste?

EUSTACHE.

Vostre preud'hommie sera donc cause que je croiray plustost vostre bouche que mes yeux.

FRANÇOISE.

Monsieur, vous faites fort bien d'aymer Genevielve: car, outre qu'elle vous ayme uniquement et qu'elle vous porte continuellement dans son cœur et dans ses yeux, elle a beaucoup de bonnes qualitez qui la rendent aymable autant que fille qui soit en France. Elle est bonne catholique, riche et bonne mesnagère. Elle dit bien, elle escrit comme un ange; elle joue du luth, de l'espinette[1], chante sa partie seurement, et sçait dancer et baller aussi bien que fille de Paris. En matière d'ouvrages de lingerie, de point coupé[2] et de lassis[3], elle ne craint personne; et quant est de besogner en tapisserie, soit sur l'estamine, le canevas ou la gaze[4], je voudrois que vous eussiez veu ce que j'ay veu. Et outre tout cela, elle est des plus belles de tout le quartier; et croyez, si sa beauté n'est point de celles que l'on enferme dans des boëtes et que l'on prend le matin quand on se lève: elle est naturelle, et suis seure que tout le fard dont elle use pour la face, pour les dents et pour les mains, n'est autre chose que la belle eau claire du puys de sa maison.

EUSTACHE.

Je croy que tout ce que vous dites est vray, et vous dis davantage que ceste beauté naïve, dont elle monstre ne tenir grand conte, me plaist sans comparaison plus que ces grandes dames si attiffées, goderonnées[5], licées, frisées et pimpantes, qui ne font autre chose tout le long du jour que tenir leur miroir pour voir si elles sont bien coiffées et si un cheveu passe l'autre, et à toute heure ont la main à leur collet. Sur tout une femme fardée me desplaist quand elle seroit belle comme une Helène, et ne la voudrois baiser pour grand chose, d'autant que je sçay bien que le fard n'est autre chose que poison. Il me souvient d'avoir une fois gouverné une femme fardée, et par mignardise il m'advint de luy baiser le front et la jouë: je vous jure Dieu que les lèvres m'en levèrent aussi tost et pensay bien estre empoisonné.

FRANÇOISE.

Il ne se faut donc plus estonner si ces visages blan-

---

1. Le piano de ce temps-là, où les cordes étaient égratignées pour produire le son par des becs de plumes pointus comme des épines.
2. On disait aussi, comme dans le tarif du 18 avril 1667: « dentelle de fil point coupé, » ce qui en explique le sens.
3. Réseaux faits avec des *lacs* (cordonnet) de fil ou de soie. On voit dans la *Bergerie* de Rémi Belleau que ce travail occupait les filles des champs à leurs loisirs.
4. Mot alors tout nouveau. Ronsard parle de « gazes peintes. »
5. Parées de collerettes à gros plis (*godrons*).

chis, vermeillonnez, et qui ont une crouste de fard plus espesse que les masques de Venise, commencent à perdre leur credit entre gens de bon esprit; puis qu'au temps où nous sommes les jeunes hommes de dix-huit ans sçavent plus de besongnes que les vielles gens qui vivoient lorsque j'allois à l'école.

EUSTACHE.

Pensez-vous que les jeunes hommes facent la court aux dames pour sçavoir quel goust a le sublimé, le talc calciné, la biaque de Venise,[1] le rouge d'Espagne, le blanc de l'œuf, le vermillon, le vernis, les pignons[2], l'argent vif, l'urine, l'eau de vigne, l'eau de lis, le dedans des oreilles, l'alun, le canfre, le boras, la pièce de levant[3], la racine d'orcanète[4], et autres telles drogues dont les dames se plastrent et enduisent le visage[5], au grand prejudice de leur santé? d'autant que, avant qu'elles ayent attaint l'aage de trente-cinq ans, cela les rend ridées comme vieil cordouan[6], ou plustost comme vielles bottes mal gressées, leur fait tomber les dents et leur rend l'haleine puante comme un trou punais? Croyez que, quand je pense seulement à telles villenies, peu s'en faut que je ne rende ma gorge.

FRANÇOISE.

Sainct-Jean! vous estes plus sçavant que je ne pensois; mais vous ne devez craindre que Genevielve use de tous ces artifices.

EUSTACHE.

Je penserois avoir commis un grand peché si je l'en avois soupçonnée tant seulement.

---

1. Ou *blaque,* sorte de plante italienne dont on fait cuire la fleur avec du blanc d'œuf, pour la composition du fard.

2. Graines de la pomme de pin.

3. Sorte de drogue orientale.

4. Comme la précédente, l'*orcanette,* dont le nom vient de l'arménien *orak* (couleur), etait une importation du Levant. L'*Instruct. pour la teinture,* du 18 mars 1671, art. 141, dit qu'elle « fait un rouge brun et est drogue étrangère. »

5. On trouve de pareilles recettes pour le maquillage des coquettes du xvie siècle dans la *Courtisane repentie* de Du Bellay, la *Fidelle* de Larivey (acte II, sc. x), et la comédie espagnole, la *Célestine.*

6. Cuir de *Cordoue,* dont on faisait les bottes, d'où le mot *cordonnier,* qui se disait d'abord *cordouanier.*

FRANÇOISE.
Je vous asseure que, si elle vous plaist maintenant, avant qu'il soit un mois elle vous reviendra davantage.

EUSTACHE.
Vous voulez dire, comme je croy, mais qu'elle ayt senti le masle?

FRANÇOISE.
Sauf vostre grace, ce n'est pas cela.

EUSTACHE.
A quoy tient-il donc qu'elle n'est aussi belle qu'elle sera quelque jour?

FRANÇOISE.
Je le vous diray, à la charge d'estre secret. Vous devez sçavoir que la pauvre fille est infiniment tourmentée d'un chancre qu'elle a à un tetin, il y a près de trois ans, et n'y a autre que sa mère et moy qui en sçachent rien. Mais nous avons bonne esperance qu'elle se portera bien avant qu'il soit quinze jours.

EUSTACHE.
Je suis bien aise et marry tout ensemble d'avoir sceu cela, et vous en remercie bien fort.

FRANÇOISE.
N'estoit que je suis seure que vous l'aymez et que vous supporterez facilement ceste petite imperfection, qui n'est comme rien, je me fusse bien gardée de vous entamer le propos. Avisez seulement de tenir cela secret, car, si vous le redites, c'est assez pour me ruiner.

EUSTACHE.
N'en ayez point de peur.

FRANÇOISE.
Vous plaist-il me commander quelque chose?

EUSTACHE.
Vous savez bien que je vous voudrois obeir.

FRANÇOISE.
Adieu donc, Monsieur, et ne vous desplaise si je vous sommeray bien tost de votre promesse.

EUSTACHE.
Vous n'en aurez la peine, car je satisferay à vostre hoste avant qu'il soit demain nuict.

FRANÇOISE.
Je vous en remercie bien fort, Monsieur.

SCÈNE III

EUSTACHE, *seul*.

Vrayement, j'en avois bien dans le dos si je n'eusse trouvé ceste bonne femme, laquelle, sans y penser, m'a descouvert un vice de Geneviefve qui est suffisant pour estaindre toute l'affection que je lui ay jusques icy portée. Je croy, en bonne foy, qu'il n'y a eu que cela qui a tant fait trainer le mariage de Basile et d'elle et a esté cause à la fin de le rompre du tout. Je ne m'estonne plus de ce que Geneviefve n'ouvroit jamais son collet par devant comme font les autres filles, ni de ce que je la voyois parfois si triste et si descontenancée; c'estoit sans doute le mal qu'elle sentoit qui causoit tout cela. Or je remercie Dieu de ce qu'il m'a envoyé aujourd'huy ceste bonne femme, comme l'ange à Tobie, pour m'advertir de mon salut. Je serois une grand'beste si j'en faisois jamais un pas, et partant, que mon père m'attende tout son saoul chez Loyse : il perdra ses peines, car je n'ay pas deliberé d'y mettre jamais le pied. Au contraire, je vay chercher quelque compagnie pour me desennuyer, car encores que j'aye proposé de quitter ceste poursuite, si est-ce que toutes les fois que je pense à Geneviefve, il ne se peut faire que je n'y aye regret. Mais ne voy-je pas là le capitaine Rodomont, qui vient tout resvant et parlant à part soy ? Vrayement, je suis bien aise de l'avoir rencontré.

SCÈNE IV

RODOMONT, EUSTACHE, GENTILLY, LAQUAIS D'EUSTACHE.

RODOMONT.

J avois tousjours jusques icy pensé que tout ce que l'on lit dans Perceforest, Amadis de Gaule,

Palmerin d'Olive [1], Roland le furieux et autres romans, fussent choses controuvées à plaisir, comme du tout impossibles, ne me pouvant mettre en la teste que l'amour ayt peu induire ces chevaliers et paladins à faire choses si estranges; et toutes les fois que je lisois le desespoir du beau Tenebreux, les preuves de Florisel [2], les combats d'Agesilan, les folies de Roland et autres semblables, je ne pouvois croire qu'une seule desfaveur de leurs dames ou une petite jalousie qu'ils se forgeoient en la teste les peust faire entrer en telle furie que les uns en perdoient le sens, les autres ne craignoient de s'exposer à des aventures estranges, qu'ils mettoient heureusement à fin, eschapans des dangers incroyables. Mais maintenant que j'esprouve en moy-mesme quelles sont les passions qu'une beauté cruèle peut donner, je ne m'estonne plus des armes que ces anciens preux faisoient, et il me semble encores qu'ils s'y portoient assez laschement: car l'amour qui me brusle me feroit entreprendre non de conquerir une isle ferme, de tuer un Cavalion ou un Endriague [3], mais d'assaillir une armée de cent mil hommes, voire toutes les forces du Turc, du sophy et du grand can de Tartarie, quand elles seroient ensemble.

EUSTACHE.

Il seroit bien facile de les assaillir, mais malaisé de les desfaire.

RODOMONT.

J'entens quelcun parler auprès de moy. Ha! seigneur Eustache, c'est donc vous? Que dit le cœur? Vous me semblez tout triste : quelcun vous a-il fait tort? Dites-moy qui c'est et me laissez faire, car, par Dieu! j'ai bien deliberé de lui faire voler la teste de dessus les espaules, et fust-ce un Cesar ou Charlemagne.

EUSTACHE.

Seigneur Rodomont, pardonnez-moy ; autre ne m'a fait tort que mon propre vouloir, duquel je ne puis avoir raison.

1. *Palmerin de Oliva*, roman espagnol, dont la première traduction française avait paru en 1546.
2. Don Florisel de Niquea, dont les exploits, écrits par don Feliciano de Sylva, forment la dixième partie de l'Amadis en espagnol.
3. Deux héros des romans dont le titre précède.

RODOMONT.

Vous me faites tort, si vous ne me dites que c'est.

EUSTACHE.

Excusez-moy, s'il vous plaist; je ne puis pour ceste heure; une autre fois nous aurons tout le loysir d'en parler.

RODOMONT.

Il ne me veut pas dire ce qu'il a, mais je le sçay aussi bien que luy. Et bien! je ne vous importuneray maintenant touchant cela; je vous prieray seulement me faire un autre plaisir.

EUSTACHE.

Je le feray s'il est en ma puissance.

RODOMONT.

J'ay entendu que vous fustes hier en masque avec Basile; je ne me suis autrement enquis en quelle compagnie vous allastes.

EUSTACHE.

Pleust à Dieu que je n'y eusse point esté!

RODOMONT.

Que parlez-vous d'esté, maintenant qu'il fait si froid?

EUSTACHE.

Rien, rien; je dis seulement que j'y ay esté.

RODOMONT.

Or je vous voudrois prier qu'il vous pleust me prester votre habit que Basile portoit, et je vous le rendray avant qu'il soit quatre heures d'icy.

EUSTACHE.

Je le veux bien, mais il faut devant que je le renvoye querir, car Basile ne me l'a pas encores rendu. Toutesfois, si vous voulez, je vous en feray bien bailler un tout de mesme le mien, que le cousin René fit faire pour une nopce de laquelle nous estions tous deux.

RODOMONT.

Je serois bien aise d'avoir le vostre, et pour cause que je vous diray puis après.

EUSTACHE.

Je m'en vay donc envoyer mon laquays le requerir. Laquays!

GENTILLY.

Plaist-il, Monsieur?

EUSTACHE.
Va-t'en chez le seigneur Basile.
GENTILLY.
Bien, Monsieur, je m'y en vay.
EUSTACHE.
Veux-tu attendre ! Où cours-tu si viste ?
GENTILLY.
Chez le seigneur Basile.
EUSTACHE.
Eh bien! que luy diras-tu ?
GENTILLY.
Je ne sçay.
EUSTACHE.
C'est ce qu'il me semble. Tu es si estourdy, que tu n'as pas la patience que je te disc ce qu'il faut que tu faces. Dis-luy que je le prie qu'il me renvoye mon habit, et que j'en ay bien affaire.
GENTILLY.
Bien, monsieur.
EUSTACHE.
Entrons ce-pendant en la maison, et en attendant qu'il revienne nous jouerons un coup de trictrac, et puis nous disnerons. Aussi bien je pense que mon père ira faire un tour hors la ville, et qu'il ne disnera ceans.
RODOMONT.
Je le veux bien, puis qu'il vous plaist.

SCÈNE V

SAUCISSON, ESCORNIFLEUR ET MAQUEREAU ;
EUSTACHE.

SAUCISSON.
Holà ! seigneur Eustache, encore un mot. Où allez-vous si viste ?
EUSTACHE.
Est-ce toy, Saucisson ? Pardonne-moy, je ne t'avois pas aperceu.
SAUCISSON.
Monsieur, il y a plus de huit jours que je suis gros de vous voir[1]. Et bien ! quel homme estes-

---

1. C'est-à-dire : « j'en ai envie comme une femme grosse. »

vous? Il y a long-temps que je ne vous ai veu tenir le verre, et ne sçay plus, par ma foy, de quelle main vous beuvez.

EUSTACHE.

Vien-t'en disner avec nous, et tu le sçauras. Au reste, je te donneray du meilleur vin bourru [1] de France.

SAUCISSON.

J'iray volontiers; mais j'ay peur que je ne mette la famine chez vous : vous avez plusieurs fois veu de mes prouesses, et comme je sçay jouër dextrement de l'épée à deux mains à table quand j'ay mes coudées franches. Partant, si vous voulez avoir le plaisir de me voir bauffrer, faites en sorte que la table soit si bien couverte qu'on ne puisse voir la nappe, et qu'il n'y ayt faute de breuvage. Je croy que vous m'avez ouy dire souvent, quand je mange un coq d'Inde [2] ou un cochon de trente-cinq sols, qu'il m'est advis que je casse une noix.

EUSTACHE.

Ne te soucie que d'apprester tes dents et tes ongles.

SAUCISSON.

Ce sera donc à pis faire, à ce que je voy.

EUSTACHE.

Tu en feras comme tu l'entendras.

SAUCISSON.

Attendez un peu. Quelle heure est-ce là qui sonne?

EUSTACHE.

Ce ne sçauroit estre que dix heures.

SAUCISSON.

Touchez là; avant qu'il soit une heure d'icy, je vous feray voir une autant belle garce que vous en ayez veuë de cest an.

EUSTACHE.

Je voy bien que c'est. Pour nous flater, tu nous

1. Vin blanc nouveau, qui se conserve doux quelque temps, avec sa *bourre* (son duvet). D'Aubigné, dans *Fœneste*, emploie *bourru* dans ce sens pour un jeune homme neuf, naïf.
2. C'était un mets nouveau et par conséquent de luxe. Les trente-cinq sols qu'on lui donne ici pour prix, et qui n'étaient pas alors une petite somme, se trouvent presque d'accord avec les trente sols tournois dont fut payé le coq d'Inde servi, en 1580, à un repas des échevins d'Orléans.

veux produire quelque reste de chanoines ou quelque lampe de couvent.

SAUCISSON.

Par la vertu! sans jurer Dieu, c'est quelque chose de respect.

EUSTACHE.

Ainsi en disent tous ceux de ton mestier.

SAUCISSON.

Contentez-vous que c'est une marchande de la rue S.-Denis, qui a fait accroire à son mary qu'elle alloit en pelerinage à Nostre-Dame de Liesse, et au lieu d'y aller s'est gentiment retirée en ma maison, pour faire plaisir aux compagnons et prendre du bon temps pendant ces jours gras.

EUSTACHE.

Voilà vrayement un gentil traict, et duquel je n'avois encore esté déjeuné[1]. Mais, dis-moy, quelle bague[2]?

SAUCISSON.

Je ne vous veux point vanter ma marchandise et vous paistre de paroles. La veuë n'en coustera rien.

EUSTACHE.

Va-t'en donc la querir et l'ameine ceans, car je pense que mon père ny viendra pas disner, et quand bien il nous surprendroit, je la cacherois en mon cabinet.

SAUCISSON.

Je m'y en vay. Avisez ce-pendant de faire coucher au feu, et que nous ayons quelque chose qui ait bec.

---

1. C'est-à-dire : « dont je n'avais pas encore tâté, dont j'étais encore en jeûne. » On se servait alors beaucoup de cette expression, qui est dans Rabelais, les *Contes* d'Eutrapel, Montaigne, d'Aubigné, etc. C'est au reste le premier sens du mot *déjeuner*, repas où l'on rompt le *jeûne*.
2. Le présent fait en pareil cas s'appelait ainsi. Grévin, dans les *Esbahis* (acte III, sc. 2), l'emploie pour une situation toute semblable, avec la même réplique :

LE GENTILHOMME.
Viens-çà, dit Claude, à savoir
Quelle *bague*?

CLAUDE.
Il le faut savoir.
La veuë n'en coustera rien.

SCÈNE VI

EUSTACHE, RODOMONT, GENTILLY.

EUSTACHE.

Vistes-vous jamais un plus gentil fallot que ce venerable Saucisson?

RODOMONT.

Nenny, par ma foy. Il a la gueule fresche, et dit mots nouveaux.

EUSTACHE.

Il n'y a que le vin et les frians morceaux qui le gastent, et sans cela je vous promets que ce seroit le plus gentil poisson d'avril qui soit d'icy à Rome.

RODOMONT.

Il est venu tout à temps pour chasser vostre melancolie.

EUSTACHE.

Ma melancolie n'estoit pas grande, et, quand bien elle eust esté extresme, vostre presence m'est si agreable qu'elle me l'eust bien tost fait mettre sous le pied. Mais il me semble que je voy mon laquays qui revient.

RODOMONT.

C'est luy-mesme. J'ai grand peur que nous aurons mauvaises nouvelles, car il ne r'aporte rien.

EUSTACHE.

Gentilly, as-tu trouvé Basile?

GENTILLY.

Ouy, Monsieur.

EUSTACHE.

Et bien! que t'a-il dit?

GENTILLY.

Il m'a dit ainsi qu'il vous prioit de l'excuser s'il ne pouvoit rendre vos habits plus tost que sur les quatre heures du soir.

RODOMONT.

Je m'en doutois aussi bien.

GENTILLY.

Et qu'il vous viendroit trouver tout à ceste heure pour faire luy-mesme ses excuses.

EUSTACHE.
Il n'en estoit point de besoing.
GENTILLY.
J'ay trouvé en chemin monsieur vostre père, qui m'a dit qu'il ne reviendroit disner à la maison, et qu'il s'en alloit jusques à Charenton.
EUSTACHE.
Ne t'a-il dit autre chose ?
GENTILLY.
Non, Monsieur, sinon qu'il est bien marry qu'il n'a faict ce qu'il pensoit.
EUSTACHE.
Et moy, tout au contraire, j'en suis bien aise. Seigneur Rodomont, puis que vous voyez que nous ne pouvons avoir mes habis, je m'en vay envoyer querir ceux-là du cousin, qui sont tout de mesme les miens.
RODOMONT.
Je vous en supplie bien humblement.
EUSTACHE.
Gentilly, va-t'en chez mon cousin René, et luy dis que je le prie bien fort qu'il m'accommode, pour une heure ou deux, de son pourpoint et chausses de satin incarnat [1] et de son manteau de taftas [2], et qu'il te les baille tout à ceste heure.
GENTILLY.
Bien, Monsieur.
EUSTACHE.
Entrons ce pendant, car je voy venir vers nous une femme encappée que je pense cognoistre.

SCÈNE VII

FRANÇOISE, BASILE.

FRANÇOISE.
Je ne sçay où je pourray trouver Basile. Je vou-

---

1. Cette couleur rouge-chair, dont le nom vient de l'*incarnato* italien, était alors fort à la mode, comme on le voit par plusieurs passages de Rabelais.
2. Etoffe aussi fort à la mode, dont le nom s'écrivait quelquefois *taffetaf*, comme dans la *Nef des fous* de 1499, ce qui le remettait dans son étymologie même, pure onomatopée tirée du bruit que fait la soie remuée.

drois avoir payé bonne chose et l'avoir r'encontré en mon chemin pour luy dire des nouvelles qui le resjouyront : car depuis que j'ay laissé Eustache j'ay espié l'heure que Girard sortiroit de chez Louyse, et aussi tost que je l'ay veu sortir je suis venue tout bellement escouter à la porte ce que l'on disoit, et ay entendu que Louyse tansoit sa fille, luy disant entre autres choses : Eh bien ! madame la glorieuse, vous avez tant fait, par vos journées, que Eustache ne sera point vostre mary ; mais allez chercher qui prendra jamais la peine de vous en trouver d'autre. C'est raison : il vous faut peindre des maris. Par ces propos j'ay peu comprendre que tout estoit rompu, dont je suis très aise ; et le serois encores davantage si j'avois trouvé Basile, pour le faire participant de ma joie. Mais on dit bien vray : quand on parle du loup on en voit la queuë. Monsieur, je prie à Dieu qu'il vous donne ce que vous desirez.

BASILE.

Ha ! madame Françoise, si Dieu me donnoit ce que je souhaite, je serois plus heureux que l'empereur.

FRANÇOISE.

N'y pensez plus, vous l'aurez. Mais, Monsieur, encores faut-il faire une resolution, et ne se donner en proie à la passion ainsi que vous faites. Si vostre maistresse vous voyoit, que diroit-elle ? En bonne foy, elle auroit occasion de vous estimer homme de lasche courage. Sus, resjouissez-vous. Ne sçavez-vous pas bien que cent livres de melancolie n'acquittent jamais pour un sol de debtes ? Et puis, je vous prie, dites-moy de quoy vous vous plaignez ?

BASILE.

Je ne me plains de rien, Dieu mercy ; mais je suis en une perpetuelle crainte que l'on ne me face torcher la bouche avant que d'avoir disné.

FRANÇOISE.

Je veux que vous ostiez tous ces doutes de vostre entendement.

BASILE.

Je ne puis, si je ne suis asseuré d'une autre façon.

FRANÇOISE.

Voulez-vous meilleure asseurance que les paroles de Geneviefve que je vous ay fait sçavoir par Antoine?

BASILE.

Je croy bien que Geneviefve ne me voudroit faire un faux bon; mais je crains la mère.

FRANÇOISE.

Si vous sçaviez ce que je sçay, vous ne diriez pas ainsi.

BASILE.

Hé! madame Françoise, je vous prie de ne m'estre point chiche de si bonnes nouvelles. Mais je croy que vous vous mocquez de moy.

FRANÇOISE.

Je me moque, jà! à Dieu ne plaise!

BASILE.

Si n'en croyray-je rien autre chose, jusques à ce que je sçache ce qu'il y a de nouveau.

FRANÇOISE.

Allez, je le veux bien. Il faut donc que vous sachiez que j'ay ouy de mes propres oreilles que tout est rompu, au moins quant à Eustache.

BASILE.

Je n'en croy rien si vous ne me dites de qui vous l'avez sceu.

FRANÇOISE.

Je voy bien que c'est, vous ne croyez Dieu que sur bon gaige; mais n'est-ce pas assez que je le vous dis? Et quand bien je ne l'aurois ouy dire à madame Louyse il n'y a pas une heure, si est-ce que je pense que malaisement Eustache en voudroit.

BASILE.

Ne dites pas cela, je sçay qu'il l'ayme, et si sçay bien que son père l'en sollicite fort.

FRANÇOISE.

Voylà grand cas: vous estes des confrères de S. Thomas et ne voulez jamais croire les choses si vous ne les voyez. Soyez asseuré que si Eustache l'a aimée par cy devant, il la hait maintenant comme poison.

BASILE.

Comment le sçavez-vous?

FRANÇOISE.

Je ne vous veux point desguiser les matieres. Aussi tost que je vous eus renvoyé Antoine, j'allay ouïr la grand'messe auprès de madame Louyse, et quand le service fut fini, nous sortismes de l'eglise ensemble. Alors je commence à la raisonner, et luy ayant demandé comment elle se portoit et s'il estoit vray ce que j'avois ouy dire, que sa fille estoit accordée, elle me fist responce qu'il n'en estoit rien et qu'il n'avoit tenu qu'à Geneviefve; toutesfois, qu'elle esperoit d'en faire bien tost le mariage.

BASILE.

Ce commencement-là ne me plaist guères.

FRANÇOISE.

Escoutez jusques à la fin. Comme nous estions sur ces propos, surviennent Girard et son fils Eustache, lesquels, après nous avoir saluez, Girard entra avec Louyse en la maison et me laissa deviser avec son fils.

BASILE.

Encores il n'y a rien là à mon avantage.

FRANÇOISE.

Je commence à me fondre en discours avec luy, et comme l'on entre de propos en propos, je vins à luy dire que je sçavois de bon lieu que Geneviefve l'aymoit parfaictement; et luy au contraire me respond qu'il ne le pensoit pas, mais qu'à la verité il perdoit les pieds pour son amour. Quand je vy qu'il estoit ainsi aux altères[1], je luy dis tous les biens du monde de la fille, et qu'il faisoit bien d'assoir ses pensées en si bon lieu : tant que j'ay cogneu clairement que, à mesure que nos propos croissoient, son affection aussi s'augmentoit.

BASILE.

Madame Françoise, vous m'avez ruiné. Au lieu de verser de l'eau sur son feu, vous y avez respandu de l'huile.

FRANÇOISE.

Laissez-moy achever. Quand je vy qu'il m'escoutoit attentivement et qu'il me croyoit de tout ce

---

1. Aux agitations. Il en est venu le verbe *altérer*, avec le sens que Despréaux lui donne dans ce vers :

Quel sujet inconnu vous trouble et vous *altère ?*

que je disois, je vins à muer de chance et luy dire que Genevielve estoit la plus vertueuse fille de Paris, et qu'elle le monstroit bien : car, encores qu'elle eust une mamelle toute mangée de chancre, si est-ce qu'elle portoit son mal avec telle patience, que personne ne s'en estoit jamais aperceu.

BASILE.

A ce coup, vous m'avez resuscité. Et bien ! que dit-il là-dessus ?

FRANÇOISE.

Je le vy à l'instant changer de couleur, demeurer muet et enfoncer son chapeau sur les yeux, par lesquels signes je cogneu clairement que l'amour commençoit desjà faire place à la haine : car bien tost après il me dit adieu, et ne daigna aller trouver son père qui l'attendoit chez Louyse, encores qu'il luy eust enchargé de ce faire.

BASILE.

O madame Françoise ! vous estes la plus galante femme de France, si Eustache a creu ceste fable si bien inventée !

FRANÇOISE.

Asseurez-vous qu'il l'estime vraye comme evangile. Mais avez-vous avisé à ce que je vous ay mandé par Antoine ?

BASILE.

Je n'ay garde de faillir à l'assignation.

FRANÇOISE.

C'est assez dit. Retirez-vous doncques, de peur que quelcun ne vous voye parler à moy.

BASILE.

Vous plaist-il pas venir disner chez moy ?

FRANÇOISE.

Allons, j'en suis contente.

BASILE.

Je vous prieray de me raconter une autre fois toute ceste histoire, tant j'y prens plaisir. J'avois proposé d'aller faire un tour chez Eustache, mais je croy qu'il est maintenant à table. Il vaut mieux remettre mon voyage à une autre fois.

ACTE TROISIÈME

SCÈNE I

THOMAS, MARCHAND ; TROIS SERGENS.

THOMAS.

L'on dit bien vray que pour faire plaisir on reçoit souvent desplaisir, et pour prester à un mauvais rendeur, d'un amy on en fait un ennemy. Je le cognois clairement par moy-mesme, qui n'avois un meilleur amy que le capitaine Rodomont. Avant que je luy eusse baillé à credit de ma marchandise, il avoit accoustumé de me venir voir fort souvent; mesmes il venoit par fois manger et boire en ma maison, et estoit la plus grande part du jour en ma boutique à deviser avec moy ou avec ma femme. Mais depuis un an en çà que je le fis adjourner en recognoissance de cedule[1], et qu'il fut dit par sentence du prevost de Paris que les quatre moys passez il seroit contraint par corps, tant s'en faut que nous soyons amis que au contraire il me menace de me tailler en pièces et de me faire passer son cheval sur le ventre. Mais je ne le crains pas, Dieu mercy ! d'autant que je sçay bien qu'il y a plus de braverie en son fait que d'hardiesse, et aussi que nous sommes en une ville où la justice règne. J'ay esté adverti par un de mes valets qu'il estoit entré au logis de Girard et qu'il parloit d'y disner. Je serois bien de mon pays si je perdois ceste oportunité de le faire payer ou de le mener en prison. Partant, mes amis, je le vous recommande ; guettez-le icy au passage, et ne plaignez vos peines de l'attendre plustost jusques à la nuict, car je vous contenteray bien.

SERGENS.

Monsieur, il ne nous eschappera pas, mais à quoy le recognoistrons-nous ?

---

[1]. En reconnaissance de l'obligation qu'il avait signée pour sa dette.

THOMAS.

Vous le recognoistrez à ses grandes moustaches noires, retroussées en dents de sanglier, et à un grand abreuvoir à mouches qu'il a sur la jouë gauche ; et puis il meine ordinairement après luy un laquais habillé de verd et assez mal chaussé.

SERGENS.

C'est assez dit : retirez-vous.

THOMAS.

J'ayme mieux attendre un peu et vous le monstrer quand il sortira, de peur qu'il n'y ait abus. Mais j'entens que l'on ouvre la porte de Girard. Le voylà qui sort. Aussi tost qu'il aura la teste tournée, ne faillez de vous ruer sur luy. Je vay ce temps pendant vous faire aprester la collation.

SCÈNE II

RODOMONT, NIVELET, TROIS SERGENS.

RODOMONT.

Adieu, seigneur Eustache ; je vous retourneray trouver incontinent, s'il m'est possible. Mais si je ne reviens si tost, ne laissez pour moy à disner. Il m'est advis que je vay maintenant me presenter à quelque brèche, la rondache[1] au bras et l'estoc au poing. Et quand je pense là où je vay, il me souvient de la prise d'Issoire[2] ou de Mastric : encor je suis seur que la place où je vay donner l'assaut est de plus difficile accès et plus malaisée à gaigner que ne sont les chasteaux de Milan, de Corfou, de la Goulète[3], ou la citadèle d'Anvers. Mais Amour, qui me conduit sous son estandart, me promet que je demoureray maistre de la place sans effusion de beaucoup de sang, pourveu que je conduise mes troupes en silence, pendant que ceux de dedans ne se doubtent de l'embuscade que je leur ay dressée, et qu'ils se preparent de se rendre à Basile, sur lequel je raviray aujourd'huy une belle victoire. J'ay envoyé mon homme faire une patrouille au-

1. Bouclier.
2. Issoire en Auvergne, prise par le duc d'Anjou, dans l'année 1577.
3. Port de Tunis.

tour des avenues, et, selon le raport qu'il m'en fera, je jetteray mes gens à la campaigne et feray marcher mes bataillons. Le voylà qui s'en revient. Je croy qu'il m'aporte bonnes nouvelles.

NIVELET.

Monsieur, hastez-vous ! J'ay veu tout maintenant Louyse qui s'en va toute seule au sermon.

RODOMONT.

Sçays-tu bien que c'est elle ?

NIVELET.

Aprenez-moy à coguoistre mouches en lait. Il ne faut tant de propos. Despechez-vous, et quand vous serez entré, ne faillez de fermer la porte, afin que si Basile vient, qu'il trouve visage de bois.

RODOMONT.

S'il vient, il ne s'en retournera sans beste vendre, je t'en asseure.

SERGENS.

Demourez, Monsieur, ou vous estes mort.

RODOMONT.

Hé ! mes amis, que me voulez-vous ? Pourquoy m'ostez-vous mes armes ?

SERGENS.

Nous vous faisons commandement de par le roy de payer deux cens escus que vous devez au sire Thomas, envers lequel vous estes condamné par ceste sentence.

RODOMONT.

Mes amis, je vous prie me laisser aller à un affaire[1] que le roy m'a expressement enchargé, et puis je ne faudray de vous satisfaire incontinent, car aussi bien je n'ay pas ceste somme dessus moy.

SERGENS.

Tout cela sont parolles. Si vous ne les payez presentement, et les despens compris en ceste executoire, nous vous faisons prisonnier de par le roy.

NIVELET.

Par Dieu ! il vaut mieux que je gaigne le haut, de peur que ces beaux sergens icy ne me meinent avec mon maistre au logis des gens de pied.

1. Le mot *affaire* était alors masculin. C'est l'Académie qui lui donna, dès son origine, le genre qu'il a gardé. V. nos *Variétés histor.* et Littré, t. I, p. 133.

RODOMONT.

Hé! Messieurs, n'userez-vous point de misericorde en mon endroit?

SERGENS.

Allons, allons, c'est trop caqueté. Encores s'il avoit l'esprit de nous gresser la main, on le pourroit faire evader; mais au diable la maille [1] qu'il nous presente!

RODOMONT.

S'il vous plaist de me mener à mon logis, je vous rendray contens.

SERGENS.

Ce ne seroit pas sagement fait à nous.

RODOMONT.

Attendez pour le moins une heure, que j'aye mis le commandement du roy à execution.

SERGENS.

Voire, pardieu! je croiroys tantost que le roy se voulust servir de telles gens que vous. C'est trop contesté. Marchez, si vous ne voulez qu'on vous haste d'aller à coups de baston.

RODOMONT.

Hé! mes amis, ayez pitié de moy.

SERGENS.

Nous ne pouvons. C'est trop presché. Sus! sus! menons-le par dessous les bras comme une mariée.

RODOMONT.

Ha Dieu! que je suis miserable! Au lieu d'aller fiancer ma maistresse, l'on me fait espouser une prison.

SCÈNE III

BASILE, seul.

J'ay eu du plaisir pour plus de dix mille francs de voir ce fendeur de naseaux si empesché au millieu de ces sergens qui le veulent, comme je croy, mettre en cage pour apprendre à parler. Mon Dieu! qu'il filoit doux! qu'il faisoit le courtois et gracieux! N'estoit que je l'ay recognu à sa balafre, je

---

1. Pièce d'argent.

n'eusse jamais pensé que ce fust luy, et qu'un homme de faction, qui a accoustumé de manger les charrettes ferrées,[1] se fust laissé devaliser par trois pauvres malotrus de sergens. Vrayement, il avoit bien affaire de se faire si brave aujourd'huy pour aller à telles nopces. Mais, à propos, quand j'y songe, il estoit habillé comme moy. Je vais gaiger bonne chose qu'il avoit sceu mon entreprise, et qu'il avoit deliberé de me prévenir. C'est cela sans doute, et pense que Eustache n'avoit envoyé requerir son habit que pour l'en accommoder, car j'ay sceu de son laquais qu'ils disnoient ensemble. Or j'ay bien deliberé de prendre l'occasion au poil, puisque mon bonheur m'a tant favorisé que de m'avoir osté cest empeschement, qui, à la verité, n'eust esté petit, si ce grand pendart fust entré avant moy, ainsi qu'il luy eust esté bien aisé sans ces sergens, à qui Dieu doint bonne et longue vie.

SCÈNE IV

SAUCISSON, ESCORNIFLEUR; ALIX, FEMME DE THOMAS; BASILE.

SAUCISSON.
Vous verrez un jeune homme aussi gaillard que vous en ayez esprouvé.

ALIX.
Nous verrons tantost si vous dites vray.

SAUCISSON.
Tenez, le voylà qui se cache le visage de peur d'estre cognu. Je croy qu'il venoit au devant de nous.

ALIX.
Vrayement, il est de taille et a la grève[2] assez bien faite.

SAUCISSON.
Il a encores quelque chose de plus beau. Mais arrestons-le, car il fait semblant de passer outre.

---

1. On disait, pour fanfaron, un avaleur de charrettes ferrées.
2. Botte qui serrait la jambe et en montrait bien la forme.
A. Paré appelle le tibia « os de la grève. »

Seigneur Eustache! Et bien! suis-je homme de promesse? que vous en semble? Le tendron ne merite-il pas un bon peché ou deux?

BASILE.

Quel tendron? quelle promesse? Ma foy, vous resvez des genoux, ou vous me prenez pour un autre.

SAUCISSON.

Ho! ho! ne vous souvient-il plus que je vous ay promis de mener ceste dame en vostre maison pendant que vostre père n'y est pas?

BASILE.

L'amy, je croy que tu as beu de la lessive. Va, va, passe ton chemin et me laisse aller.

SAUCISSON.

Pensez-vous que je ne vous cognoisse pas bien, encores que vous contrefaisiez vostre voix, et que vous ayez changé d'habillement depuis le matin?

BASILE.

Tu es un importun. Regarde! me cognois-tu à ceste heure?

SAUCISSON.

Monsieur, pardonnez-moy; l'habit que vous portez m'a fait faire cette faute.

BASILE.

Va, va, je ne m'en soucie, et veux bien te dire qu'Eustache est l'un de mes meilleurs amys, et suis bien aise de ce que tu luy mènes une si belle garce, qui luy pourra faire passer beaucoup de tintouins qu'il a dans la teste. Au reste, dis-luy que tu as trouvé un homme vestu de ses habis, qui va boire à luy de bon courage, s'il est si hardy que de le pleger[1]. Adieu, j'ay affaire un peu en ceste prochaine porte. Antoine, attens-moy en ceste ruelle.

SCÈNE V

ALIX, SAUCISSON.

ALIX.

Vrayement, Saucisson, vous avez bonne grace de me mener chez un homme que vous ne cognoissez.

---

1. *Lui faire tête en buvant*, expression dont Est. Pasquier indique l'origine en ses *Recherches de la France*, liv. VII, ch. 57.

Que sçay-je s'il a point quelque mal sur luy? En bonne foy, je ne fusse jà venue si j'eusse pensé que m'eussiez voulu faire ce tour.

SAUCISSON.

Foy d'homme de bien, il n'y a point de ma faute, et tout homme y eust esté trompé comme moy.

ALIX.

Regardez bien qu'il ne nous advienne un pareil scandale.

SAUCISSON.

J'y mettray bon remède, car je ne parleray de ma vie à homme qui aura son manteau devant le nez. Pour ce coup, non force ; je seray une autre fois plus sage. On dit vray : le chat, une fois eschaudé, craint l'eau froide. Nous voilà maintenant arrivez près de son logis. Je m'en vay heurter. Mais, puisque la porte est ouverte, entrons dedans sans faire tant de ceremonies.

SCÈNE VI

ANTOINE, *seul*.

C'est à ce coup que mon maistre sera payé content de tous les travaux et peines qu'il a soufertes en ceste poursuite! c'est à ce coup qu'il tiendra à plaisir entre ses bras ceste cruelle Genevièfve, qui s'est jusques icy monstrée si sauvage! Je suis seur qu'elle ne sera point si farouche qu'elle ne permette bien qu'on la baise et qu'on luy face quelque autre chose, bien qu'au commencement elle face semblant d'y resister : car une fille ne veut jamais accorder de parolle ce qu'elle laisse prendre de fait, et est bien aise d'estre ravie. Si mon maistre ne sçait à ce coup user de sa fortune et insinuer gentiment sa nomination, il merite d'estre degradé dés armes, et de ne combattre jamais sous le drapeau d'Amour. O Antoine! si tu estois en sa place, ou si tu avois un aussi beau suget pour pleger ton maistre, avec mesme commodité, dis, par ta foy, que ferois-tu? T'amuserois-tu seulement à luy faire des contes de la cigogne [1], luy demander comment elle

---

1. « *Contes de la cigogne*, ou de ma mère l'Oie, » dit Furetière en son *Roman bourgeois*. Or, ma mère l'Oie était la reine Péda-

se porte et luy lecher le morveau (comme font un tas d'amoureux de caresme qui ne touchent point à la chair) sans executer ce qui importe le plus? Je croy que tu ne te ferois point prier de dancer le bransle de un dedans et deux dehors. Que je sois coqu si je ne luy faisois la folie aux garçons, et n'y auroit excuse ou empeschement qui tint! Non, non, je ne demanderois point à remettre la partie à demain : car, en ce cas, qui remet la partie, il la doit perdre, et n'aurois que faire de manger du satirion, des culs d'artichauts, des huîtres à l'escaille, ny des truffles, comme j'ay veu que faisoit un viellart que j'ay servi autrefois le jour qu'il se maria à sa troisième femme. Pleut à Dieu que Perrette fust venue à la porte! J'avois bien deliberé de luy offrir mon service et tout ce que je porte; mais ceste friande de Geneviefve l'aura envoyée quelque part en commission, affin de demourer toute seule au logis et avoir plus de commodité. Mais, mon Dieu, qu'est-ce que je voy? Par Dieu! nous sommes vendus. Voilà Louyse qui s'en revient de l'eglise. Que feray-je? en advertiray-je mon maistre? Je ne puis entrer en la maison sans estre aperceu d'elle, et moins en sortir. Il y aura tantost beau mesnage, quand elle verra mon maistre avec sa fille en bel estat! Je n'y sçaurois que faire. Ils ont fait la follie, qu'ils la boivent.

SCÈNE VII

LOUYSE, ANTOINE.

LOUYSE.

Jamais je ne vy faire un temps si morfondant, si ce n'a esté possible l'année du grand hyver ; s'il geloit à pierre fendre, je n'aurois si froid de la moytié. J'ai vestu un manteau fouré, et si j'ay un bon plisson[1] et deux cottes bien doublées l'une sur

---

que, dont la légende se contait aux petits enfants avec toutes celles de son cycle : « Cependant, dit Rabelais (liv. I, ch. 29), Panurge leur contoit les fables de Turpin, les exemples de fr. Nicolas, et le conte de la Cigogne. »

1. *Pelisson*, ou pelisse ordinairement doublée d'hermine. C'est pour cela, que les Précieuses avaient appelé l'ami de Mlle de Scudéry, Pelisson, *Herminius*

l'autre ; mais tout cela n'a peu si bien me couvrir que le froid ne m'aye chassée de l'eglise comme le sermon ne faisoit que de commencer. Je voy bien qu'il faudra que je perde vespres aujourd'huy ; mais nous les dirons, Geneviefve et moy, auprès du feu. Aussi bien je pense qu'il luy ennuye d'estre toute seule en la maison. Vrayment, le bon vrayment, je serois bien marrie si ceste fille-là avoit mal : car c'est bien la meilleure fille et la plus obeissante qui soit possible dans Paris. Tout le long du jour, après qu'elle a donné ordre à mon mesnage, au lieu de lire dans les livres d'Amadis, de Ronsard et de Desportes, elle ne fait que dire ses heures ou prier Dieu en son petit oratoire, à genoux devant un crucefis et une Nostre-Dame de Pitié. Je prie à Dieu qu'il la veuille tenir en sa saincte protection, et luy donner un mary tel qu'elle merite. Mais qui a laissé ainsi la porte ouverte ? Vierge Marie ! les larrons seroient-ils bien venus pendant mon absence ? J'ay grand'peur qu'ils n'ayent emporté toute la vaisselle d'argent qui estoit dans la salle. Il n'y a remède ; je m'y en vay voir.

ANTOINE.

Nous sommes perdus : car c'est en la salle que mon maistre gouverne sa Geneviefve. Je luy disois bien qu'il montast en haut. Il n'y a plus moyen d'eschaper. Ce sera grand'pitié de la vie qu'elle fera tantost, mais que tout nostre mystere soit descouvert. Mais contre fortune bon cœur. Au pis aller, mon maistre en sera quitte pour la prendre à femme, qui est tout ce qu'il souhaite : car je ne pense pas que Louyse soit si despourveuë d'entendement que de faire declarer sa fille putain par arrest de la court de Parlement, comme ont fait quelques autres, qui s'en sont repenties après tout à loysir. La voylà qui sort. Je me veux retirer dans l'allée de ceste maison voisine pour ouïr ce qu'elle dira.

LOUYSE.

Vray Dieu ! qu'est-ce que j'ay veu ! Qui eust jamais pensé que Geneviefve eust voulu faire une telle playe à son honneur ? J'en suis si estonnée que je ne sçay si je songe ou si je veille. J'avois peur que les larrons fussent entrez en ma salle, et pour m'en esclaircir, avant que d'y entrer je me suis mise à regarder par le trou de la serrure de l'huis ; mais je n'y ay veu qu'un larron qui voloit l'honneur de ma fille et le mien. O Eustache ! je t'avois en autre opinion, et n'eusse jamais pensé que tu m'eusses voulu jouer un si lasche tour. C'est toy sans doute, et, encores que le lieu où est le lict verd soit assez obscur, je t'ay bien recognu à ton habit incarnat que tu portes souvent.

ANTOINE.

Tout va bien, puis qu'elle prent mon maistre pour Eustache. Si je le puis faire sortir sans qu'elle le voye, à eux deux le debat.

LOUYSE.

Geneviefve ! Geneviefve ! ce n'est pas là l'instruction que ton père, à qui Dieu face pardon, et moy, t'avons donnée. J'y ay esté trompée la première : car, te voyant si devote et faire tant la saincte Nitouche, par mon ame ! j'avois tousjours eu peur que tu ne te fisses religieuse.

ANTOINE.

Il n'est pire eau que celle qui dort.

LOUYSE.

Mais quel conseil puis-je prendre en ce cas si inesperé ? Dois-je envoyer querir le commissaire ? Si je le mets en justice, un chascun se rira de moy, et, qui plus est, on me jouera aux pois pillez[1] et à la bazoche. Si, d'autre costé, je luy fais espouser ma fille, je ne seray pas assez satisfaite de l'outrage qu'il m'a fait. Mais aussi lui doys-je donner la clef des champs, afin qu'il se vante par tout de son beau chef-d'œuvre ? Non, non ! je les tiendray prisonniers dans ma salle, que j'ay fermée à double resort, attendant que j'aye sceu de mes parens et amis ce que j'en doy faire. Je m'en vay premiere-

---

1. Au théâtre des *farces*, faites de toutes sortes de plaisanteries et d'anecdotes, comme un salmigondis, une purée, un plat de *pois pilés*. Malherbe, dans sa lettre à Peiresc, du 21 mars 1607, emploie le mot avec ce sens. Dans ces bouffonneries à l'impromptu qui se donnaient au théâtre de l'Hôtel de Bourgogne, on s'amusait de tout, choses et personnes. C'était un journal en action, où chacun, s'il prêtait à rire, courait risque de se voir passer. (V. à ce sujet notre *Introduct.* aux *Chansons de Gautier Garguille*, édit. elzévirienne, p. x.-xiv).

ment trouver Girard, pour me plaindre à luy de son fils, et le menasser, s'il ne m'en fait raison, de le faire mettre en une basse fosse où il ne verra ny soleil ny lune de long-temps. Mais voylà son laquais qui tient une bouteille. Je vay sçavoir de luy, sans faire semblant de rien, si Girard est en la maison.

SCÈNE VIII

GENTILLY, LOUYSE

GENTILLY.

Qu'au diable soit donné le brouillon de tavernier, qui m'a fait attendre près d'un quart d'heure avant que de me rendre ma bouteille ! J'ay peur que mon maistre m'en tance. Mais je feray comme les femmes, je crieray le premier.

LOUYSE.

Mon amy, atten un peu que je te dise un mot.

GENTILLY.

Que vous plaist-il, Madame ? Dites viste, car j'ay haste.

LOUYSE.

Girard est-il à la maison ?

GENTILLY.

Nenny, il n'y a que son fils.

LOUYSE.

Voyez comme ce petit coquin est desjà fait au badinage, et comme il ment asseurement ! Mais, dis-moy, où pourray-je trouver Girard ?

GENTILLY.

Il est allé à Charanton, et ne reviendra possible d'aujourd'huy. Voulez-vous autre chose de moy ? Adieu.

LOUYSE.

Mon Dieu ! que feray-je ? Que dira le monde quand il sçaura la faute de ma fille ? Nous voylà deshonnorées à jamais si mon frère ne trouve quelque expedient pour sauver l'honneur de l'une et de l'autre. Je m'en vay le trouver et luy conter tout le fait, et puis je me gouverneray selon le conseil qu'il me donnera.

SCÈNE IX

ANTOINE, PERRETTE, CHAMBRIÈRE DE GENEVIEFVE ; BASILE.

ANTOINE.
Encore ay-je bonne esperance que tout se portera bien s'il est possible de tirer mon maistre de sa prison. Si faut-il y tascher, et puis nous adviserons au demourant. Je vay voir si je pourray entrer au logis pendant que Louyse est allée trouver son frère, qui demeure assez loing d'icy. Mais je ne sçay comment j'y pourray entrer, car la porte est fermée. Je m'en vay heurter en tous evenemens. Tic, toc, tac.

PERRETTE.
Qui est là-bas, qui frappe si rudement?

ANTOINE.
Est-ce toy, Perrette? Je ne te pensois pas icy. Ouvre-moy la porte.

PERRETTE.
Par sainct Jehan! non feray, si tu ne me donnes premièrement asseurance de ne me rien faire.

ANTOINE.
Tes fiebvres quartaines! ay-je accoustumé de te faire mal?

PERRETTE.
Que sçay-je?

ANTOINE.
Essayes-en, et puis tu le sçauras; aussi bien n'engendré-je point.

PERRETTE.
Vrayement, tu veux deviser! Mais retourne hardiment d'où tu viens, car il n'y a rien ceans pour toy. L'aumosne est faite dès le matin.

ANTOINE.
Ho! ho! depuis quand es-tu devenue si glorieuse que tu refuses tes serviteurs, maintenant que tu as si bon loisir d'exercer les œuvres de misericorde et loger les nuds?

PERRETTE.
Je ne puis pour ceste heure.

ANTOINE.

Pourquoy donc? Aurois-tu bien la fiebvre rouge qui prent aux femmes tous les mois?

PERRETTE.

Voyez-vous ce vilain, comme il est engueulé!

ANTOINE.

Perrette, ouvre-moy, je te prie, et pour cause.

PERRETTE.

Tu me veux abuser de ton caquet; je n'en feray rien pour ceste heure, et tu peux bien trainer tes dandrilles ailleurs.

ANTOINE.

Ouvre-moy, si tu es sage, et ne t'en fais plus prier. Je ne veux pas faire cela que tu penses, et que possible tu voudrois bien.

PERRETTE.

Hé! mon amy, tant vous estes bon fils et sage! Je vous cognois comme si je vous avois nourry.

ANTOINE.

Voylà que c'est: si on dit à un larron que l'on va ouïr messe, il pensera incontinent que ce soit pour aller derober un calice ou les ornemens d'un autel. Mais il n'est plus temps de se mocquer; c'est trop barguigné[1], despesche-toy de descendre et de m'ouvrir la porte si tu veux sauver ta vie et l'honneur de ta maistresse, car je te puis asseurer que dame Louyse ne fait que de partir d'icy, et a veu par le trou de la serrure mon maistre qui jouoit beau jeu avec Genevielve, car il couchoit gros.

PERRETTE.

Vierge de grace! qu'est-ce que tu dis? Mais comment a-elle peu entrer sans heurter.

ANTOINE.

Mon maistre avoit oublié de fermer la porte?

PERRETTE.

Mon Dieu! mon père! mon createur! dis-tu vray, ou si tu me donnes la baye[2]?

ANTOINE.

Vray comme Evangile. Et si tu t'en veux mieux asseurer, tu trouveras qu'elle les a enfermez dans la salle.

1. Mot des anciens marchands pour dire « marchandé. »
2. Mot qui se trouve encore dans le *Menteur* de Corneille, et qui avait le sens de *bourde, mensonge*.

PERRETTE.

J'y vay voir, et, si tu dis vray, je te feray entrer.

ANTOINE.

Ce diable de sexe feminin ne veut croire les choses si on ne les luy fait toucher avec la main!

PERRETTE.

Antoine, mon amy, nous sommes perdues si Dieu n'a pitié de nous; et tout le mal retombera sur moy, d'autant que l'on pensera que j'en auray esté la courtière.

ANTOINE.

Ne sçauroit-on sortir de la salle par les fenestres, qui respondent sur la court?

PERRETTE.

Si fera bien; mais, par Nostre-Dame! j'estois si troublée que je ne pensois plus à ce moyen.

ANTOINE.

Va-t'en donc vistement faire sortir mon maistre par là, et dis à Geneviefve qu'elle ne s'estonne de rien, mais qu'elle ayt bon bec à nier tout. Dis-luy aussi que je luy mande qu'avant qu'il soit une heure j'espère de remedier à tout. L'on dit bien vray que l'amour est aveugle, c'est-à-dire que ceux qui ayment ne sçavent ordinairement ce qu'ils font, et se mettent souvent en des dangers dont ils se passeroient bien. Je vous prie, quel besoin avoit mon maistre de venir voir sa maistresse de ceste sorte et la ravir jusques dans le logis de sa mère? Si falloit-il en venir là, puis qu'il en estoit si fort coiffé que, si je ne luy eusse trouvé ce moyen d'alleger ses passions, il estoit prest de se desesperer et de getter, comme l'on dit, le manche après la coignée, de la crainte qu'il avoit qu'Eustache ne luy coupast l'herbe sous le pied. Mais le voilà qui sort du sepulchre. Dieu soit loué! J'espère que tout se portera bien.

BASILE.

Antoine, mon amy, j'ay eu aujourd'huy la dernière de mes peurs, non tant pour mon regard que pour l'amour de ceste pauvre fille, qui me porte une amitié si grande.

ANTOINE.

Monsieur, il faut conter pour une et n'y retourner plus à telles enseignes.

BASILE.

Mais encores ne la veux-je abandonner que premierement je ne sçache le moyen d'apaiser sa mère.

ANTOINE.

Je vous promets, foy de pauvre garson, que je pourvoyray bien à tout, pourveu que vous disiez la verité de ce que je vous demanderay. Avez-vous eu d'elle ce que vous pretendiez?

BASILE.

Sans point de faute nous avons vuidé les poins principaux et les plus fascheux, et estois prest de rentrer en lice lors que j'ay ouï quelcun fourgonner à la serrure. Mais je te puis dire que tout ce que j'en ay eu a esté plus de force que de son bon gré.

ANTOINE.

Il se peut bien faire ; toutesfois, difficilement en fussiez-vous jamais venu à bout si elle n'y eust presté son consentement et qu'elle ne se fust aydée de ses membres. Mais venez-çà : avez vous deliberé de continuer à luy faire la court?

BASILE.

Je serois bien malheureux si je faisois autrement, et pense que toute l'eau qui passe sous le Pont au Meusnier ne seroit suffisante à laver mon peché, si je recompensois de traïson une faveur si signalée.

ANTOINE.

Ce qui m'a fait vous tenir tel propos, c'est que je sçay beaucoup de personnes qui ne voudroient pour rien espouser une femme de qui ils auroient jouy auparavant le jour des nopces, quand bien elle les aymeroit uniquement.

BASILE.

Ceux-là meritent d'espouser une potence ou un pilory.

ANTOINE.

Puis que vous avez ceste ferme resolution, il ne faut point perdre le temps en vains discours ; mais tout de ce pas il nous faut aller chez Eustache, qui vous est tant amy, et luy conter comme le tout s'est passé.

BASILE.

Pourquoy faire? Ne sçays-tu pas bien qu'il a fait

long-temps la court à Geneviefve, de laquelle possible il se voudra vanger s'il sçayt une fois ce qui s'est passé entre elle et moy?
ANTOINE.
Non fera : je le cognois de trop bon naturel.
BASILE.
Je ne m'y voudrois pas trop fier.
ANTOINE.
Je vous diray ce dont je me suis avisé. Il a maintenant en sa maison une jeune femme que Saucisson luy a amenée : s'il vous vouloit permettre de la vestir de l'habit que vous portez et la mettre en vostre place avec Geneviefve, ce seroit un brave trait pour la reconcilier avec sa mère ; et ce pendant le temps nous donnera conseil de ce que nous avons à faire. Pour le moins son honneur luy sera sauvé.
BASILE.
Il y a quelque aparence en ton dire; mais j'ai peur qu'Eustache me la refuse.
ANTOINE.
Il ne le fera pas quand il verra que le fait vous touche de si près. Allons viste l'accoustrer et l'instruire de ce qu'elle aura à faire et dire.
BASILE.
Allons au nom de Dieu.

ACTE QUATRIÈME

SCÈNE I

THOMAS, BASILE, ALIX, ANTOINE.

THOMAS.
C'est grand cas que, tant plus on se pense avancer, tant plus on se recule. Je pensois avoir à ce coup ma debte entière, mais je suis contraint de me contenter de la moytié : car, ainsi que mes sergens menoient ce capitaine vers le Chastelet et que je

le suivois de loin, de peur qu'ils ne le laissassent aller en prenant de luy un pot-de-vin, est survenu un gentilhomme mien amy, lequel, ayant recognu Rodomont, m'a prié de ne luy faire passer le guichet, me promettant que luy-mesmes me payeroit presentement la moytié de sa debte, et qu'il me prioit de l'atermoier pour l'autre, ce que je n'ay voulu refuser pour luy faire plaisir, et aussi d'autant que je craignois que mon homme, se voyant prisonnier et sans moyen de s'acquitter envers moy, me payast d'une belle cession de Dieu. Ainsi, je l'ay laissé aller après que j'ay touché deniers, et après qu'ils se sont obligez tous deux solidairement de me payer dans six mois le reste de mon deu. Par ce moyen, je croy que je ne perdray rien, d'autant mesmes que mon nouveau debiteur est homme riche et qui a pignon sus rue. Et, par ma foy, quand je n'en aurois jamais autre chose, encores me devrois-je contenter, d'autant que ceste debte est pour marchandise vendue à perte de finance que je luy ay fait acheter au double de ce qu'elle valoit. Mais qui sont ces gens qui viennent vers moy? Je pense cognoistre les deux de veuë, et quand au troisiesme, qui est habillé d'incarnat et qui se couvre la face, je ne sçay qu'il est. En bonne foy, tant plus je le regarde, il me semble qu'il a la façon d'une femme plustost que d'un homme. Je croy que c'est quelque bonne pièce déguisée qui va planter des cornes au plus haut des biens de quelque pauvre mary. Ô Dieu! que l'homme est malheureux qui espouse de telles chiennes et bagasces[1]! Quant à moy, je remercie Dieu de ce qu'il m'a donné une des plus preudes femmes qui soit d'icy à Nostre-Dame-de-Liesse, là où elle est allée faire un pelerinage, sans que l'hyver et le temps dangereux l'ayent peu destourner de sa devotion.

BASILE.

Allons, Madame, et ne craignez rien. Il ne vous

1. Filles de mauvaise vie. Molière dit encore dans l'*Étourdi* (act. V, sc. 14):

On n'entend que ces mots : chienne, louve, *bagasse*.

On sait combien ce mot, qui a pour racine l'arabe *bagi*, prostituée, est resté dans le provinçal.

recognoistra jamais, sur mon honneur. Ayez seulement l'avisement de vous couvrir bien le visage du pan de vostre manteau.

ALIX.

Monsieur, je suis perdue si une fois il me regarde entre deux yeux!

BASILE.

S'il fait tant soit peu semblant de vous toucher, asseurez-vous qu'il ne portera son peché fort loing.

THOMAS.

Il me semble que ces messieurs ne prennent pas plaisir que je les regarde ; partant, il vaut mieux que je me retire en ma maison pour voir si tous mes escuz sont de poix.

BASILE.

A la fin, il est escampé[1]. Ne laissons donc de parachever nostre entreprise. Vous sçavez que tout mon salut est maintenant entre vos mains, lequel j'auray incontinent recouvré si vous jouez dextrement vostre personnage.

ALIX.

Laissez-moy seulement faire, et vous cognoistrez que je ne suis pas une petite novice.

BASILE.

Antoine, cours-t'en vistement devant faire ouvrir la porte, afin que madame Alix n'attende point.

ANTOINE.

Bien, Monsieur, je m'y en vay.

BASILE.

Je croy que vous avez bien retenu ce que nous avons dit, et qu'il n'est besoin de vous rafreschir la memoire de ce que vous avez à dire à la mère et à la fille ?

ALIX.

Je ne me fourvoyeray pas aisement.

BASILE.

Je vous supplie d'avoir ceste affaire pour recommandée. Voylà la chambrière qui a ouvert la porte. Entrez vistement, que vous ne soyez veuë de quelcun. — Antoine, va-t'en jusques au logis de ma-

1. Pour *décampé*, d'où la *poudre d'escampette*, et les *escampativos* dont parle Molière dans *Georges Dandin*.

dame Françoise voir si elle y est, car je voudrois bien parler à elle, et me le viens dire au logis où je t'attendray de pied coy. Mais n'arreste guères et ne t'amuse nulle part en chemin.

ANTOINE.

Je seray incontinent de retour.

SCÈNE II

EUSTACHE, RODOMONT.

EUSTACHE.

Que je suis marry que le seigneur Basile ne m'a plustost declaré l'affection mutuelle que Geneviefve et luy se portoient! Je me fusse bien gardé de m'y embarrasser si avant, et luy eusse tousjours de bien bon cœur quitté la place, pour l'interest que j'y puis pretendre. Il merite certes une bonne fortune, et n'y a si grande dame dans Paris qui ne se deust sentir heureuse d'estre courtisée d'un si galant homme, pour les bonnes et grandes parties qu'il a. Mais quand tout est bien consideré, il ne pouvoit mieux s'adresser qu'à Geneviefve, puis qu'il est vray que l'affection qu'elle luy porte est si demesurée qu'elle n'a point craint mesmes de hazarder son honneur pour luy monstrer le bien qu'elle luy vouloit. Mais ne voy-je pas Rodomont qui vient tout eschauffé? Seroit-il bien homme pour avoir mis la main à l'espée contre quelcun? Je m'en vay luy demander... Seigneur Rodomont, Dieu vous gard de mal!

RODOMONT.

Ha! seigneur Eustache, pardonnez-moy, la colère m'avoit si fort transporté que je ne vous apercevois point.

EUSTACHE.

Comment! vous a-t-on faict quelque tort?

RODOMONT.

Non, pas autrement, sinon que trois grans pendars de matois [1], armez à blanc [2] jusques au col-

---

1. Filous. On disait aussi « compagnons de la matte, » comme on le voit dans le *Baron de Fœneste* de d'Aubigné.
2. Complétement armés, selon Cotgrave.

let, me sont venus assaillir, et, pensant avoir aisement la raison de moy, d'autant qu'ils me voyoient seul, de tout loing qu'ils m'ont aperceu se sont pris à crier : Mets la main à l'espée, poltron ! Alors, voyant qu'ils n'estoient que trois, je n'ay daigné tourner le dos, encores qu'ils fussent armez à l'avantage ; mais, mettant bravement la main à ma flamberge, je les ay receus de telle façon, que, d'une imbroncade¹, que j'ay ruée au milieu de la pance du premier, je l'ay jetté tout plat dans le ruisseau, et n'a eu autre mal, à cause de la cuirasse qu'il avoit, sinon qu'il est evanouy. Aux deux autres, en deux revers et deux maindroit², j'ay coupé les jarrets droits et avalé³ les espaules gauches.

EUSTACHE.

Voylà vrayement bien exploité. Il n'estoit pas possible, en si peu de coups, faire plus de pièces.

RODOMONT.

Ouy bien, ce dites-vous ; mais je vous puis asseurer que, à la bataille de Moncontour⁴, d'un seul coup donné en taille ronde, j'ay coupé deux hommes par la ceinture ; vray est qu'ils n'estoient armez que de jaques de maille. Et de ceste façon je pense avoir fait mourir plus de quarante hommes, à la rencontre de Jarnac, en moins de quinze coups. Pleust à Dieu que vous eussiez esté avec moy à la journée de Lepanthe⁵ ! vous m'eussiez veu souvent abbatre quatre testes de Turcs d'un seul coup d'espée.

EUSTACHE.

Cela est un peu suget à caution ; mais, pour vous faire plaisir, je le croiray, car je voudrois faire davantage pour vous.

RODOMONT.

Sans mentir, ceux qui n'ont jamais sorti la ville, comme vous, et qui ne virent de leur vie combatre en bataille rangée, ne peuvent pas bonnement croire ces histoires veritables ; mais il n'y

---

1. Coup de pointe, comme pour *embrocher*. On disait en cuisine *imbrocation*.
2. Coups droits.
3. Abattu.
4. Gagnée en 1569, par le duc d'Anjou, plus tard Henri III.
5. Victoire navale de don Juan d'Autriche contre la flotte turque, le 5 octobre 1571.

a si petit corporal[1], sergent de bande, lancepessade[2], soldat, voire mesme goujat qui ne vous disc que c'est le moins de ce que je sçay faire. Je vous demande, pourquoy pensez-vous que je suis quasi tout le jour aux boutiques des armuriers?

EUSTACHE.

Je ne sçay, si ce n'est pour acheter quelque corselet ou salade.

RODOMONT.

Ha! je le vous veux dire : aussi tost que quelque capitaine veut acheter un corps de cuirasse ou une rondache, il me prie de luy faire compagnie pour esprouver ces armes, et si elles sont si bien trempées qu'elles puissent resister à un coup de poing deschargé de toute ma force sans estre faucées, alors il les achète, s'asseurant bien qu'il n'y a mousquet qui les puisse enfoncer.

EUSTACHE.

Vous me dites merveilles. Je cognois bien à ceste heure que je suis nouveau au fait des armes, car je n'avois encores esté desjeuné de telles prouesses, et ne les croirois pas facilement si un autre me les racontoit, Dieu me le veuille pardonner!

RODOMONT.

Je ne suis homme qui prenne plaisir de me vanter; mais si ma rapière pouvoit parler, elle diroit choses qui vous feroient faire le signe de la croix; seulement je vous puis dire sans vanterie que mon bras fait plus d'eschec en une bataille que ne feroit une coulevrine de dix-sept pieds.

EUSTACHE.

Vostre espée doit estre d'une merveilleuse trempe?

RODOMONT.

Vous le pouvez penser; et quand vous sçaurez dont elle est venue, vous ne vous en estonnerez pas fort, d'autant qu'elle a esté faite en Damas par le mesme ouvrier qui forgea Durandal[4] et Flam-

---

1. Notre mot caporal n'est, avec le même sens, qu'une altération de celui-ci.
2. Bas officier, au-dessous du caporal, dont le nom venait de l'italien *lancia-spezzata*, lance rompue, parce que ce grade était donné à tout chevau-léger qui passait dans l'infanterie après avoir rompu une lance, et glorieusement perdu son cheval.
3. Valet d'armée.
4. Nom de l'épée de Roland, comme *Flamberge* était le nom de l'épée de Renaud de Montauban.

berge; c'est pourquoy je la nomme Flamberge, encores que son droit nom soit Pleure-Sang, ainsi qu'un grand cler m'a dit avoir trouvé escrit sur la poignée en lettres grecques, que je n'ay peu jamais lire, ny tous mes parens, car jamais homme de ma race n'eust le cœur si lasche que de s'adonner aux lettres.

EUSTACHE.

Tout beau! tout beau! Vous vous esgarez en vostre discours. J'ay veu de braves seigneurs, et autant vaillans que l'on peut dire, qui prenoient bien la peine de feuilleter les livres pour y apprendre la vertu. Mais achevez vostre compte.

RODOMONT.

Ce grand cler que je vous disois m'a aussi dit qu'il y avoit en escrit sur la lame tels mots : *Ceste espée a esté forgée pour le soudan de Babylone.* Et quant à moy, je le trouve bien vray semblable, d'autant que je la conquis sur le sangiach d'Alexandrie, que je deffis sur mer entre Cypre et Damiette, lors que je delivray plus de deux mille chrestiens qu'il avoit faits chevaliers de la chiorme de ses galères[1], lesquelles j'ay mené à Venise, et vous les pourrez voir encores à l'arsenal, car pour lors j'estois à la solde des Venitiens.

EUSTACHE.

J'en ay appris aujourd'huy plus que je ne pensois; mais c'est dommage qu'une lame si singulière soit tombée entre vos mains.

RODOMONT.

Pourquoy? mort Dieu! Y a-il homme qui la merite mieux porter que moy?

EUSTACHE.

Je ne le dis pas pour cela; mais elle devroit estre à quelque roy, pour la garder en un cabinet bien precieusement, et ne la mettre en œuvre tous les jours, comme vous faites.

RODOMONT.

Non, non, je ne la desgaine pas si souvent que vous penseriez bien : car si j'ay affaire à quelque poltron ou quelque homme qui ne soit gentil-

---

1. De la troupe (*chiorme*) de ses forçats. Le mot chiorme, qui vient du turc *tcheurmé*, s'est conservé dans le nom des *gardes-chiourme* du bagne.

homme, je me contente de l'erner[1] à coups de baston; et vous dis bien plus, que mon espée est encores vierge de sang de poltron.

EUSTACHE.

Je vous en croy sans jurer, mais non pas demain.

RODOMONT.

Que dites-vous de main?

EUSTACHE.

Je dis que chascun doit bien craindre vostre main.

RODOMONT.

Par Dieu! je puis bien dire que je suis plus craint qu'aymé; sinon possible des medecins, barbiers et chirurgiens, ausquels je donne force pratiques.

EUSTACHE.

Laissons, je vous prie, ces beaux contes pour une autre fois: car, encores qu'ils soient joyeux, si ne sont-ils bons à tous mets. Et puis il me semble que je voy mon père qui s'en revient. Je serois bien aise qu'il me trouvast en la maison. Adieu, seigneur Rodomont.

RODOMONT.

Adieu, seigneur Eustache, nous nous reverrons quand il vous plaira. Cependant commandez-moy, et vous asseurez que je vous feray service d'aussi bon cœur que je revins jamais de l'escole.

EUSTACHE.

Je vous en remercie bien fort; mais quand vous aurez faict de l'habit du cousin, renvoyez-le-moy.

SCÈNE III

RODOMONT, GIRARD.

RODOMONT.

Amour est une estrange passion: car, pour tout le malheur qui m'est aujourd'huy arrivé, je ne sçaurois tant faire que je ne pense tousjours aux beautez de Genevièfve, et à la belle commodité que

---

[1]. On disait plutôt *éréner* (casser les reins). *Éreinter* en est venu.

ce poltron de mercadant m'a fait perdre. Mais contre fortune bon cœur ; encores n'entreray-je en desespoir pour cela, et si je puis trouver la porte ouverte, je ne laisseray de tenter l'avanture, voire au hazard de ma vie et de mon honneur, que j'estime beaucoup plus. Ha! mon Dieu! je croy bien que Basile a pris la place, puis que la porte est fermée. Je croy que, si j'attens icy plus longtemps, je n'y gaigneray que de la honte et du froid.

GIRARD.

Je pensois aller me promener jusques à Charanton ; mais j'ay esté estonné de voir le chemin si villain, et n'ay pas esté si tost à la Rapée[1] que j'ay senti tomber une guillée d'eau, ce qui a esté cause que j'ay tourné bride, et ay remis mon voyage à une autre fois. Mais n'est-ce pas là mon fils ? Eustache, où vas-tu à ceste heure?

RODOMONT.

Bon homme, passez vostre chemin, vous me prenez pour un autre ; et chaussez un peu mieux vos bezicles une autre fois.

GIRARD.

Penses-tu que je ne te cognoisse pas bien, encores que tu te caches la face ?

RODOMONT.

Ha! seigneur Girard, vous me cognoissez pour l'un des meilleurs amis de vostre fils. Regardez, je suis Rodomont.

GIRARD.

Vous avez raison ; pardonnez-moy si je vous ay esté importun. L'habit que vous portez m'a trompé, sans point de faute.

RODOMONT.

Là où il n'y a point d'offence il n'y faut point de pardon. A Dieu, seigneur Girard.

---

1. Tous les historiens de Paris donnent pour parrain à ce quai un certain commissaire des guerres, au xviie siècle, M. de la Rapée. On voit que son nom est bien plus ancien. Je l'ai trouvé vers la même époque dans le *Journal historique* de P. Fayet, p. 97. Il y avait au cœur même de Paris, vers les halles, un *fief de la Rapée*, dont devait dépendre, sur ce quai, une maison qui lui aura transmis son nom.

SCÈNE IV

GIRARD, LOUYSE, ALFONSE.

GIRARD.

Je ne sçay quel temps il fait maintenant ; pour un mois de janvier, il fait merveilleusement villain, au lieu qu'il devroit faire sec et geler à bon escient. Si ce temps-cy dure, j'ay grand peur qu'à ce renouveau la maladie ne se reveille plus forte que devant, qui seroit, par mon ame, grand pitié, principalement pour une infinité de pauvres artisans, lesquels n'auront pas le moyen de gaigner leur vie s'il faut que les plus riches abandonnent la ville, comme ils ont fait l'année passée. Mais n'est-ce pas là ma commère Louyse et son frère Alfonse ? Elle me semble toute troublée. Je croy que c'est de ce que nous n'avons peu rien conclure. Je ne veux laisser pour cela de luy faire la reverence. Bon vespre, ma commère ! Où allez-vous à ceste heure ?

LOUYSE.

Je suis bien aise de vous avoir trouvé, car j'ay bien à parler à vous, et de près.

GIRARD.

Comment ? Avez-vous receu quelque injure de ma part ? Je ne le pense pas. Et si nous n'avons contracté ensemble, vous sçavez bien à qui il a tenu. Mais j'ay bonne envie que nous ne laissions pour cela à demeurer amis comme devant.

LOUYSE.

Il n'est pas possible que vous ne soyez consentant du malheureux acte que vostre fils a commis, et vous proteste que, si vous ne m'en faites raison, il me coustera tout mon bien, ou je luy feray perdre la teste sur un eschaffaut.

GIRARD.

Ma commère, ne dites pas cela. Mon fils est homme de bien, et n'y a homme qui m'osast dire le contraire que je ne luy donnasse un dementy par la gorge.

LOUYSE.

Comment, est-ce fait en homme de bien que de venir en plain jour ravir l'honneur de ma fille ?

GIRARD.

Qui le dict?

LOUYSE.

Moy, qui l'ay veu de mes propres yeux.

GIRARD.

Vous aviez la barluë. Eustache est de trop bonne maison pour avoir faict un peché si execrable.

LOUYSE.

Afin que vous n'en doutiez plus, je vous advertis que je l'ay surpris avec ma fille, et l'ay enfermé dans ma salle, d'où je vous asseure qu'il ne sortira pas aysement sans mon congé.

ALFONSE.

Ma seur, ma seur, ne vous faschez. Puis que Girard ne vous veut faire raison et qu'il use encores de menaces, nous luy apprendrons bien à tourner au bout. Il y a bonne justice en ceste ville, Dieu mercy! et nous avons assez de parens et amis qui embrasseront nostre cause et ne nous laisseront au besoing.

GIRARD.

Je ne puis croyre que mon fils se soit tant oublié; et, quand bien il auroit faict la faute, il en seroit quitte pour l'espouser.

LOUYSE.

Dites-vous? Pensez-vous donc que je face si peu de conte de mon honneur? Le cas me touche de trop près. Venir en plain midy desbaucher ma fille, et la ravir, par manière de dire, jusques dans mes bras! Et puis vous pensez qu'il en soit quitte pour l'espouser? Par la mercy Dieu! il ne sera pas vray.

GIRARD.

Je ne pense pas qu'Eustache soit si meschant d'avoir eu affaire à elle que premierement il ne luy ayt promis foy de mariage.

LOUYSE.

Il se peut bien faire; mais il n'y a si beau mariage qu'une corde ne deface.

GIRARD.

Cela est bien vray entre gens barbares, et qui voudroient user de toute rigueur; mais entre chrestiens, ceste maxime ne peut avoir lieu, d'autant qu'il est escrit qu'il n'apartient pas à l'homme de separer ce que Dieu a conjoint. Davantage, il me semble quand vous aurez mis mon fils en justice que vous y gaignerez peu, car l'on ne vous croira pas toute seule; et puis vostre fille ne sera pas si eshontée, comme quelques unes ont esté, que de dire qu'elle a esté despucelée. Cela ne seroit ny beau ny honneste, et serois bien marry, tant pour vous que pour moy, qu'il nous en fallust venir là. Partant, il me semble que vous feriez bien de vous tenir à mes offres, qui sont que mon fils espouse vostre fille aux conditions que vous m'avez baillées, lesquelles, encores qu'elles soient un peu dures, je suis content qu'il les accepte comme pour punition de sa follie, s'il est vray qu'il l'aye faite

ALFONSE.

Ma seur, je trouve que Girard commence à se renger à la raison. Encor faut-il faire une fin.

LOUYSE.

Mais, mon frère, pourrois-je endurer que Eustache fust mon gendre après avoir ainsi deshonoré ma maison? Serois-je bien si sotte que de livrer mon propre sang entre les mains de mon mortel ennemy? Je ne le feray jamais.

GIRARD.

Madame, quand la colère vous aura laissée, je suis bien seur que vous trouverez mes offres plus que raisonnables. Vous en ferez neantmoins ce qu'il vous plaira, et si vous estes deliberée de nous assaillir, je suis aussi prest de me defendre. Je vous prie cependant d'aviser deux fois à ce que vous voulez faire.

LOUYSE.

Ne vous souciez de mes affaires : je ne feray rien sans conseil, mais j'ay bien en la teste de ne laisser un tel forfait impuny, quoy qui me doibve couster. Mon frère, allons trouver ce fameux advocat monsieur Bartole, qui demeure tout icy contre, pour avoir de son conseil.

ALFONSE.

Allez devant, je vous suyvray incontinent. Seigneur Girard, ne vous tourmentez point, je vous prie; et j'espère que ceste faute sera cause d'une bonne alliance, ou bien je ne seray pas creu. Il ne faut pas prendre garde à ma seur, car c'est une femme qui est en colère.

GIRARD.

Il me deplaist bien que mon fils se soit tant oublié ; mais, puis qu'il a fait la follie, qu'il la boyve. Je ne vous puis dire autre chose, sinon que je vous prie bien humblement de faire tant qu'il espouse Geneviefve, à quelque pris que ce soit, et qu'il ne soit point mis en prison, s'il est possible.

ALFONSE.

Asseurez-vous que je m'y employeray comme pour moy-mesmes, puis que je vous voy homme de raison. Adieu.

SCÈNE V

GIRARD, EUSTACHE.

GIRARD.

O Dieu ! que ceux-là sont heureux qui n'ont jamais mis sur leur col le pesant joug de mariage! que ceux-là pareillement sont heureux qui, estant mariez, se sont veus aussi tost en liberté par la mort de leurs femmes ; ou bien (si le malheur a voulu que leurs femmes fussent de longue vie) n'en ont eu aucuns enfans, ou, s'ils en ont eu, ils les ont perdus pendant leur bas aage, avant qu'ils eussent le moyen de tourmenter leurs pères par leurs follies et desbauches ! Si la mort eust ravi dès le berceau mon Eustache, je ne serois maintenant en peine pour luy, et ne serois en crainte de le voir chastier comme un ravisseur de filles. Faudra-il que celuy que j'ay eslevé avec tant de peine, et que j'ay nourri si delicatement, serve bien tost d'exemple à tout un peuple, au millieu d'une Grève et d'une halle ! Mon Dieu ! je te prie de m'oster de ce monde, plustost aujourd'huy que demain, s'il est arresté que mon fils doive estre pasture des corbeaux ou forçat d'une gallère ! Mais pourquoi est-ce que je me desconforte ainsi ? Dois-je croire aux premières paroles de ceux-cy, qui possible ont controuvé ceste fable de despit qu'ils ont que je n'ay voulu accorder leurs articles desraisonnables? Vrayement, ce n'est pas sagement fait de me faire malheureux avant le temps. Je m'en vay faire un tour en mon logis pour m'enquerir de mes gens qu'est devenu Eustache. La porte est fermée. J'ay peur qu'ils soient tous allez à vespres. Tic, toc, tac.

EUSTACHE.

Qui est là-bas ?

GIRARD.

Il me semble que j'entens sa voix. Tic, toc, tac.

EUSTACHE.

Qui diable est-ce qui frape ainsi ?

GIRARD.

C'est luy, sans doute. Dieu soit loué ! Il faut bien dire qu'il aura trouvé moyen d'eschapper. Eustache, ouvre-moy.

EUSTACHE.

O mon père ! je ne pensois pas que vous deussiez revenir si tost. Avez-vous disné ? Vous plaist-il pas d'entrer ?

GIRARD.

Attens, je te veux dire icy deux mots en la ruë, pendant que personne ne passe... Eustache, Eustache, je n'eusse jamais pensé que tu eusses esté si volage et outrecuidé[1] que de faire une si lourde faute. Ce n'est pas là la leçon que je t'ay monstrée.

EUSTACHE.

Comment ! mon père, quelques envieux vous auroient-ils bien fait acroire quelque mensonge, afin de me mettre en vostre male grace ?

GIRARD.

Tu ne gaignes rien à me le nier. Je sçay comme le tout s'est passé.

EUSTACHE.

Mon Dieu ! j'ay peur que quelcun des voisins ayt veu entrer ceans la femme de Thomas.

GIRARD.

Tu me mets la mort entre les dents de ne me vouloir confesser une chose que tu ne sçaurois nier.

EUSTACHE.

Mon père, je vous supplie bien humblement de me vouloir pardonner. La jeunesse et l'amour

---

1. En faisant de ce participe passé du verbe *outrecuider* (faire au delà de ce qu'on peut) un participe présent, nous avons eu *outrecuidant*, qui s'emploie tout à fait dans le même sens de présomptueux : « Outrecuidé et sot, lit-on dans les *Contes* d'Eutrapel, ces deux pièces vont ordinairement ensemble. »

m'avoient aveuglé de telle sorte, que je me suis laissé tomber en ce peché.
GIRARD.
Mais ne craignois-tu autrement le danger auquel tu me mettois ?
EUSTACHE.
Quel danger ? Il n'y en avoit point, que je sache.
GIRARD.
Eustache, Eustache, tu es encores bien jeune. Tu penses donc qu'il n'y ayt autre mal, que de ravir une fille de bonne maison jusques dans le logis de sa mère ?
EUSTACHE.
Qui vous a dit cela ? Jamais je n'y pensay.
GIRARD.
Et, de par Dieu, si tu y eusses bien pensé, tu ne l'eusses pas possible osé entreprendre : car, faute de bien considerer l'evenement des choses, tu as faict un acte qui est suffisant pour te ruiner, si Dieu ne t'ayde.
EUSTACHE.
Je vous prie de croire que ce n'est une garse publique et qui face mestier et marchandise de se prester ; partant, vous ne devez avoir peur que j'y aye gaigné quelque mal.
GIRARD.
Je le sçay bien, de par Dieu ! Mais il vaudroit mieux que tu eusses gaigné la verolle et la pelade[1] que de t'estre adressé en tel lieu, car l'on pourroit te faire guarir à moins de cinquante escuz ; mais si on te garde la rigueur, tout mon bien ne te pourra sauver la vie, si sa mère ne te veut regarder en pitié et permettre que tu la prennes pour femme.
EUSTACHE.
Que dites-vous ? elle est mariée.
GIRARD.
Geneviefve est mariée ! A qui ?
EUSTACHE.
Ce n'est pas d'elle que je parle
GIRARD.
Comment doncques ? Aurois-tu bien fait une

---

1. Maladie qui faisait tomber les cheveux et les poils (*pili*). Les Romains qu'elle avait rasés s'en consolaient en adorant la Vénus chauve.

seconde faute? O Dieu ! quel enfant ay-je nourry ! Au lieu que le pensois accuser d'une simple paillardise, il me confesse en outre un adultère qualifié.

EUSTACHE.

Mon père, je vous prie de me pardonner la faute que j'ay faite et ne garder vostre courroux à l'encontre de moy, vous asseurant que je ne retomberay facilement en semblable erreur, puis que je sçay que cela vous est desagreable.

GIRARD.

Eustache, j'ay trop supporté tes jeunesses. Si je t'eusse esté ainsi rude et severe que sont plusieurs pères à leurs enfants, tu cheminerois mieux en la crainte de Dieu que tu ne fais. J'ay grand peur que Dieu ne me punisse de ce que je t'ay esté trop doux et facile.

EUSTACHE.

N'ayez regret, je vous prie, d'avoir faict du bien à celuy qui ne sera jamais enfant ingrat.

GIRARD.

Je n'y ay pas regret, non ; mais il me desplaist que ma bonté a esté cause que tu as fait aujourd'huy deux fautes pour lesquelles il faudra que tu vuides le pays.

EUSTACHE.

Je ne pense avoir fait autre faute que d'avoir receu chez nous, en vostre absence, une femme que Saucisson m'a amenée.

GIRARD.

Que gaignes-tu de me nier la verité ? Penses-tu que je ne sache pas bien que tu as esté voir Geneviefve pendant que sa mère estoit au sermon ?

EUSTACHE.

Je vous entens, à ce coup. Mais qui vous a fait ce beau conte ?

GIRARD.

C'est Louyse mesme, laquelle a juré ses grands dieux qu'elle nous en feroit repentir; et ne m'a rien servi de luy dire que tu l'espouserois.

EUSTACHE.

Moy ? que je l'espouse ? Je m'en garderay fort bien, puis qu'un autre en a fait ses choux gras. Qu'elle aille chercher un gendre ailleurs.

GIRARD.
Nostre-Dame! qu'est-ce que j'entens!
EUSTACHE.
Je ne vous veux rien celer. Il faut que vous entendiez que celuy que Louyse a veu avec sa fille, habillé d'un habit incarnat, n'est autre que Basile, lequel a trouvé moyen de sortir par les fenestres de la salle, et s'en est venu rendre ceans, où, après qu'il m'a eu conté tout au long l'amour que Geneviefve lui portoit, le long temps qu'il l'a servie, et le moyen qu'il avoit tenu pour parler à elle privement, il m'a prié de luy prester ceste dame que Saucisson m'avoit amenée, ce que je ne luy ay refusé; puis il l'a fait vestir du mesme habit qu'il avoit, et l'a mise en sa place avec Geneviefve.

GIRARD.
Voilà une plaisante histoire. Vrayement, je n'en voudrois pas tenir un fer chaud [1], et suis bien aise que tu n'es point embrouillé en ce patelinage. Mais puis-je croire en seureté ce que tu viens de conter?

EUSTACHE.
Quel profit y aurois-je à le dire s'il n'estoit vray? Au demeurant, Basile, se deffiant de pouvoir entrer facilement en la bonne grace de Louyse, m'a prié de faire ce qui seroit en moy pour luy faire avoir Geneviefve à femme, et de vous parler en sa faveur, pour la familiarité que vous avez avec Louyse.

GIRARD.
Vrayement, il merite qu'on luy face plaisir. Laisse-moy faire; j'espère qu'avant qu'il soit nuict nous aurons mis ses amours en bon train. Mais j'ay peur qu'on ne le trouve guères bon de nous, et qu'en ce fait mesmes il nous ayt un peu bravez.

EUSTACHE.
Il ne le voudroit pas avoir pensé seulement. Vous sçavez que toute l'affection que j'ay portée à Geneviefve n'estoit que pour obeir; et puis j'ay sceu que Basile luy a fait l'amour plus d'un an devant moy.

GIRARD.
Si tout ce que tu me dis est vray, je t'absous de bien bon cœur de l'autre offence que tu as faicte,

1. C'est-à-dire me soumettre à l'épreuve du fer chaud, qui était une des plus ordinaires parmi les *épreuves judiciaires* du moyen âge.

pourveu que Dieu te la vueille pardonner. Allons, pendant que la chose est toute fresche, trouver Louyse, pour voir si elle est encores courroucée.

EUSTACHE.

Je le veux bien. Allez devant; je vous suyvray d'assez loing, afin de voir quelle mine elle tiendra à l'aborder. Et puis, quand elle sera bien en colère, je sortiray de mon embusche[1]. Tenez, la voylà qui sort de chez monsieur Bartole.

GIRARD.

Je la voy bien. Retire-toy un peu arrière.

SCÈNE VI

LOUYSE, ALFONSE, GIRARD, EUSTACHE.

LOUYSE.

Voylà grand cas : tous tant que vous estes à qui je conte ma fortune me conseillez de ne le mettre point en procès, et accepter le party que l'on me presente. Mais vous avez beau faire, je ne vous croiray pour ce coup.

ALFONSE.

Ma sœur, ma sœur, il fait bon croire conseil, et non sa propre teste. Quant à moy, d'autant que le fait me touche aussi bien qu'à vous, je vous conseille en saine conscience comme je voudrois que l'on fist en mon endroit si la fortune m'estoit advenue, dont je prie Dieu me vouloir garder.

LOUYSE.

Vous dites autrement que ne pensez, et estes bien aise de vous en laver les mains, de peur d'avoir la male grace de Girard.

ALFONSE.

Je ne vous conseillerois pas d'accorder avec luy si je ne voyois qu'il se soumet à la raison, vous baillant, par manière de dire, la carte blanche. Et quand vous vous serez consumé à plaider l'espace de trois ou quatre ans, je ne voy point que vous en puissiez avoir meilleure raison que celle qu'il vous offre. Au demourant, j'ay tousjours ouy dire que

---

1. Le même mot qu'*embuscade*, qui, sous cette forme, donne le sens de l'expression dresser des embûches.

l'on ne sçauroit avoir trop d'amis. Voylà Girard. Je croy qu'il nous vient trouver. Avisez, je vous prie, à le contenter.

GIRARD.

Eh bien! ma commère, vous plaist-il pas que nous demourions bons amis?

LOUYSE.

Quant à moy, je ne vous hay point; mais que Eustache s'asseure bien n'avoir affaire à une gruë.

GIRARD.

Mais, ma commère, c'est un jeune homme : il luy faut pardonner, il n'y retournera plus.

LOUYSE.

Saint-Jean! je l'en garderay bien, car je le mettray en lieu d'où je respondray bien de luy.

GIRARD.

Dites-vous? N'aurez-vous autrement pitié de celuy qui a pensé estre vostre gendre? Vrayement, vous luy ferez tort, et ne sçay homme qui luy voulust donner par cy après sa fille en mariage.

LOUYSE.

Aussi ne sera-il en ceste peine, si la justice règne à Paris.

GIRARD.

Ma commère, touchez là. Pardonnez-luy, et il vous pardonnera les injures que vous luy avez dites.

LOUYSE.

Où pensez-vous estre arrivé? Il ne vous suffit pas d'avoir deshonnoré ma maison, encores vous vous en mocquez.

GIRARD.

Je vous promets, ma foy, que je suis bien marry qu'il ne vous plaist r'entrer en grace avec luy, car je suis seur que, s'il sçait ce que vous ayez dit de luy et que vous l'ayez menacé de le mettre en prison, il ne voudra jamais ouïr parler de vostre fille.

LOUYSE.

Non, non; aussi bien n'est-ce pas pour luy. Et, par la mercy Dieu! puisque vous parlez des grosses dents, avant qu'il soit demie heure d'icy, il sera en une basse-fosse.

ALFONSE.

Girard, je vous estimois homme de bien et entier; mais je vous cognois maintenant pour un homme double. Ne m'aviez-vous pas dit tantost que vous vouliez que Eustache espousast ma niepce à quelque pris que ce fust?

GIRARD.

Il est vray, mais je ne sçavois pas son vouloir. Depuis, il m'a dit qu'il n'en voudroit pour tout l'or du monde.

ALFONSE.

Comment avez-vous peu parler à luy?

GIRARD.

Demandez-luy; le voylà qui vient à nous.

LOUYSE.

Vierge de grace! comment a-il peu sortir?

EUSTACHE.

Madame, je prie à Dieu qu'il vous garde de mal. J'ay esté adverty que vous aviez opinion que j'avois fait tort à vostre fille; cela a esté cause que je vous suis venu trouver pour m'en purger.

LOUYSE.

Meschant desloyal! osez-vous bien vous presenter devant moy, après m'avoir faict un tel tort? Au larron, mes amis! prenez ce voleur.

EUSTACHE.

Tout beau, Madame! tout beau! Aprenez à parler autrement, car, de tout ce que vous venez de dire, il n'en est rien.

LOUYSE.

Que t'avois-je faict, meschant, pour me jouer un si lasche tour? Mais qui t'a ouvert la porte? Il faut que ce ayt esté ceste meschante carogne de Perrette.

EUSTACHE.

Madame, personne n'avoit que faire de m'ouvrir, puis que je n'y estois pas entré.

LOUYSE.

Ne t'ay-je pas enfermé dans ma salle il y a environ une bonne heure et demie?

EUSTACHE.

Vous resvez, ou bien vous me prenez pour un autre, car je n'ay bougé de la maison.

LOUYSE.

Mon frère, qu'est-ce à dire cecy? Voilà Eustache que je pensois avoir enfermé estroitement, et si il ne porte plus l'habit qu'il avoit tantost.

ALFONSE.

Regardez bien que vous ne vous abusiez. Je vous

ACTE IV, SCÈNE VI.

conseille de faire un tour jusques en vostre salle pour voir si vostre prisonnier y est encores.

LOUYSE.

C'est bien dit. Cependant que j'y vay, je vous prie, entretenez Girard et son fils.

ALFONSE.

Messieurs, ne prenez garde à ce que dit ma sœur; c'est une femme soupçonneuse, et qui s'esmeut aussi tost qu'il luy passe une mouche devant le nez. Au demourant, elle est bien du meilleur naturel du monde quand elle a passé sa colère.

GIRARD.

Je la cognois telle que vous me la despeignez. Aussi n'ay-je pas deliberé de prendre pied à ses parolles.

EUSTACHE.

Mais ce pendant elle nous fait grand tort de me soupçonner d'avoir eu affaire avec sa fille.

ALFONSE.

Cela n'empeschera pas que nous n'achevions ce que nous avons desjà si bien commencé.

EUSTACHE.

Vous me pardonnerez, s'il vous plaist... Jamais Genevieſve ne me sera rien, et pour cause.

GIRARD.

Vous voyez comme il ne tient pas à moy, et si ce que je vous disois est vray. Mais voylà vostre sœur qui revient.... Eh bien! ma commère, est-ce mon fils qui vous a offensé?

LOUYSE.

Seigneur Girard, il me desplaist de vous avoir tenu de si fascheux propos; mais je croy que vous serez plus raisonnable que moy, et que vous me pardonnerez plustost la faute que j'ay faicte, que je n'ay voulu pardonner à vostre fils celle qu'il n'avoit pas faicte.

GIRARD.

Faictes-moy ce bien de me dire qui est celuy que vous avez surpris avec vostre fille.

LOUYSE.

C'est une jeune femme de la ruë Sainct-Denis, habillée en homme, que je cognois aucunement pour avoir autrefois acheté de la marchandise en sa boutique.

ALFONSE.

Mais quelle excuse prend-elle d'estre venue voir ma niepce en accoustrement d'homme?

LOUYSE.

Elle ne m'a dit autre chose, sinon que son mary la traite mal, à cause d'une garce qu'il entretient ici près; de quoy se voulant esclaircir, et le voulant surprendre sur le faict, a pris une porte pour l'autre, et, ayant trouvé ma maison ouverte, y est entrée en deliberation de bien crier après son mary, si elle l'y eust trouvé. Depuis, ayant recognu ma fille, elle est entrée en discours avec elle jusques à l'heure que je les ay surpris ensemble.

GIRARD.

Voylà une plaisante farce; mais, quand tout est bien consideré, il ne se faut guères esmerveiller qu'une femme s'habille en homme en ceste ville, pour la liberté qu'elles y ont. J'ay tousjours ouy dire que Paris estoit le purgatoire des plaideurs, l'enfer des mules et le paradis des femmes.

LOUYSE.

S'il vous plaist d'entrer, vous verrez que je dis vray.

GIRARD.

Nous le croyons bien sans y aller voir, et n'en est point besoin pour ceste heure. Adieu, Madame.

LOUYSE.

Adieu, Messieurs. Mon frère, entrons en la maison pour mettre ordre un peu à nos affaires.

ALFONSE.

Je le veux bien; passez devant.

ACTE CINQUIÈME

SCÈNE I

ANTOINE, BASILE, FRANÇOISE

ANTOINE.

J'ay faict, comme je pense, près de deux mille

lieuës depuis une heure par ceste ville pour trouver Françoise; mais au diable si je l'ay peu jamais rencontrer! J'ay esté en son logis, où j'ay trouvé une petite fille qui m'a dit qu'elle estoit allée ouïr le Saint-Esprit, où je suis allé en toute diligence, pensant l'y trouver; mais elle n'y estoit pas. De là j'ay esté à Saint-Jean, Saint-Gervays, Saint-Paul, Saint-Antoine, l'Ave Maria, pour voir si je la trouverois, d'autant qu'elle est plus souvent aux eglises qu'à sa maison. Après j'ay passé par les Blancs-Manteaux, les Billètes, Sainte-Croix, et m'en suis venu à Saint-Merry, Saint-Jacques, Saint-Eustache, Saint-Germain et autres eglises et lieux de devotion; mais jamais je n'ay trouvé personne qui m'en peust dire certaines nouvelles. Voylà que c'est: quand on a affaire des personnes, on n'en peut finer; mais quand l'on n'en a que faire, on ne les rencontre que trop. Je ne sçay que je diray à mon maistre, d'avoir si mal employé le temps. Mais le voylà qui vient au grand pas vers moy.... Il faut trouver quelque bourde pour l'apaiser.

BASILE.

Antoine, où as-tu tant musé toute ceste après-disnée?

ANTOINE.

Monsieur, j'ay esté chercher Françoise, et, voyant que je ne la trouvois point, je me mis à espier icy autour si je verrois rien qui vous peust nuire, ou à Geneviefve, pour vous en advertir.

BASILE.

Tu as bien fait. Mais, dy-moy, que me conseilles-tu de faire?

ANTOINE.

Monsieur, si j'avois affaire de conseil, je vous en voudrois demander, et me semble que vous, qui en donnez aux autres, en pouvez bien retenir pour vous, sans aller ailleurs aux empruns.

BASILE.

Ne sçais-tu pas bien que nous voyons bien les fautes de nostre voisin, mais nous sommes aveugles aux nostres? Comment pourrois-je donc bien me resoudre en ce faict d'amour, qui me touche de si près, veu mesmes que l'on ne peint amour aveugle pour autre cause, sinon pour monstrer que ceux qui ayment ne sçavent le plus souvent ce qu'ils font, où ils vont, ne ce qu'ils disent.

ANTOINE.

Cela est bien certain. Mais aussi je croy que l'amour n'a point tant aveuglé vostre esprit qu'il ne vous ayt laissé l'usage de la raison pour vous conduire en vos affaires, et puis la jouyssance vous doit avoir mis en repos de conscience. Toutefois, si vous avez desir de prendre conseil, voylà madame Françoise qui vient vers vous, laquelle, pour son aage et l'experience au fait d'amours, vous en pourra departir plus que ne pourroit faire un pauvre jeune garson ignorant comme moy.

BASILE.

Allons donc au devant d'elle... Bonsoir, madame Françoise!

FRANÇOISE.

Bon vespre, Monsieur! Je suis bien aise de vous avoir trouvé pour vous conter des nouvelles que j'ay aprises toutes fresches.

BASILE.

Qu'y a-il de nouveau?

FRANÇOISE.

Je vous veux bien advertir que vos affaires iroient fort bon train, n'estoit une chose. Sçachez doncques que je viens du logis de Louyse, où j'ay trouvé la femme du sire Thomas habillée en homme, et tout à l'heure je me suis imaginée qu'il y avoit là de vostre invention, et que vous l'aviez supposée en vostre place, ainsi que peu après j'ai sçeu de Geneviefve qui, m'ayant tirée à part, m'a tout conté, et, qui plus est, m'a dit que vous l'aviez espousée. Est-il pas vray?

BASILE.

Ouy, graces à Dieu!

FRANÇOISE.

Peu après, je me suis mise à deviser avec Louyse et son frère, taschant toujours de vous mettre sur les rancs; mais aussi tost que je vous ay eu nommé, Louyse m'a renvoyée bien loing, jurant ses grans dieux qu'elle aymeroit mieux estre morte que vous fussiez son gendre. Quand j'ay veu qu'elle estoit si fort en colère, je n'ay plus rien voulu dire touchant vostre faict; mais changeant de propos, nous nous sommes mis à deviser de plusieurs choses, et, allant de fil en eguille, l'on est venu à faire mention du capitaine Rodomont. Tout aussi tost elle a commencé à dire que ce seroit bien le cas de sa fille, et qu'elle luy en vouloit faire parler dès aujourd'huy.

BASILE.

Mon Dieu! que me dites-vous?

FRANÇOISE.

Aussi tost qu'elle a eu lasché la parolle, j'ai trouvé moyen de le redire à Genevielve, qui s'estoit retirée en sa chambre; mais la pauvre fille, ne pouvant dissimuler la douleur qu'elle sentoit de si fascheuses nouvelles, s'est mise à pleurer avec telle abondance de larmes, que j'en ay eu très-grande pitié.

BASILE.

O Dieu! comment pourray-je jamais recognoistre cette constante amitié! Non, non, je suis resolu de perdre la vie ou d'arracher celle de ce glorieux[1] capitaine, et serois un lasche poltron si je faisois autrement.

FRANÇOISE.

Monsieur, vous avez grand tort de faire une telle deliberation; pardonnez-moy si je vous le dis. Ne voyez-vous pas bien que, si Rodomont meurt par vostre main, vous augmentez tousjours les difficultez, et faites que Louyse vous hayra comme la peste, estant mesmes en danger de perdre avec la vie le bien qui ne vous peut eschaper, comme l'ayant conquis avec si grand heur? Faites, si vous m'en croyez, de deux choses l'une : trouvez le moyen de faire vostre paix avec Louyse, ou faites en sorte que le capitaine sçache ce qui s'est passé entre vous et Genevielve. Voilà le seul moyen de luy faire laisser la poursuite en laquelle il est si chaud.

BASILE.

Je suis plus marry du mal que Genevielve endure à mon occasion que je ne suis de ce que vous dites qu'on la veut donner à ce mangefer, car je pense

---

1. Fanfaron, plein de vanité. C'est la traduction exacte du *gloriosus* de Plaute dans sa comédie, d'où sont venus, par imitation, tous ces fiers-à-bras. La pièce de Destouches, *le Glorieux*, emploie encore le mot dans cette acception, en substituant toutefois l'orgueil arrogant à la fanfaronnade.

que malaisement il pourra entendre à se marier, maintenant qu'il tient garnison dans le chasteau de Saint-Prix [1].

FRANÇOISE.

Dites-vous? Et bien! voylà desjà bon commencement; il ne se faut desesperer.

BASILE.

J'ay, Dieu mercy! bon espoir de venir au bout de mes desseins; mais je voudrois bien avoir consolé ceste pauvre fille. Je m'en vay voir si je pourray parler à elle, vienne qui plante.

FRANÇOISE.

Regardez-y bien à deux fois, et que, pour un mal, vous ne luy en donniez deux. Toutefois, je vous conseille de vous y acheminer, puisque voylà Louyse qui en sort avec son frère. Retirons-nous un peu à quartier, de peur qu'elle ne nous voye.

SCÈNE II

LOUYSE, ALFONSE.

LOUYSE.

Je vous dis que je ne suis point bien edifiée de ceste masquarade, et ne suis guère aise que ceste belle madame Alix, que nous avons faict sortir par l'huys de derrière, soit venue voir ma fille.

ALFONSE.

Quant à moy, je ne sçay qu'en penser. Toutefois, elle me semble d'assez bonne sorte. Au pis aller, quand elle seroit la plus desbauchée de Paris, si ne pourroit elle avoir fait grande playe à l'honneur de ma niepce.

LOUYSE.

Je ne sçay. Ne vous souvient-il point que maistre Damian, nostre medecin, nous disoit dernièrement qu'il y avoit des hommes qui avoient les deux sexes, et les nommoit, ce me semble, garsons-fillettes et barbes-fleuries?

ALFONSE.

Vous voulez dire hermafrodites. Je ne croy pas

---

[1]. Maintenant qu'il est *pris*. Ces sortes de plaisanteries avec allusion aux noms des saints nous venaient du moyen âge.

que dame Alix soit de ce nombre. Mais vous faictes bien, en ce cas icy, de craindre et prendre tousjours les choses au pire.

LOUYSE.

Voylà pourquoy je suis bien deliberée de marier ma fille à ce capitaine qui luy faict la court, et qui a le bruit d'avoir beaucoup de bien, avant que le monde soit abruvé de ceste histoire. Je sçay que Girard est de ses amis, et, partant, allons le trouver pour luy en faire porter la parolle.

ALFONSE.

Je ne trouve pas bon que Girard s'en mesle.

LOUYSE.

Pourquoy?

ALFONSE.

Pour autant qu'il vous en a prié autrefois pour son fils, et j'aurois peur que maintenant il nous fist un faux-bon, et qu'il la voulust encores faire avoir à Eustache.

LOUYSE.

J'ay bien pensé à ce que vous dites; mais quand bien il la voudroit retenir pour Eustache, je n'en serois pas trop marrie. Au reste, je le pense tant homme de bien et tant de mes amys, qu'il taschera à faire que Rodomont espouse Geneviefve, s'il voit que son fils n'en vueille point.

ALFONSE.

Vous voulez dire que vous avez deux cordes en vostre arc. Ce n'est pas trop mal avisé. Entrons en sa maison, puisque la porte est ouverte.

SCÈNE III

FRANÇOISE, BASILE, PERRETTE, GENEVIEFVE.

FRANÇOISE.

Et bien! que vous en semble? vous voyez maintenant si j'ay dit vray.

BASILE.

Hastons-nous pendant que la commodité se presente et qu'il fait desjà assez obscur. Antoine, fais le guet cependant que je vay heurter à la porte. Tic, toc, tac.

PERRETTE.

Qui est là?

BASILE.

Perrette, m'amie, je te prie, ouvre-moy la porte.

PERRETTE.

Est-ce vous, Monsieur? Mananda, je suis bien marrie que je ne puis. Madame a emporté la clef.

BASILE.

N'y a-il point de moyen de parler à ta maistresse?

PERRETTE.

Si a bien, mais ce ne sera que par ceste fenestre.

BASILE.

Ce m'est tout un, pourveu que je puisse avoir l'heur de la voir et de luy dire trois ou quatre mots.

PERRETTE.

Ayez donc un peu de patience, que je l'aille querir en sa chambre, où elle s'est retirée pour pleurer et gouverner ses pensées mieux à son aise.

BASILE.

Despesche-toy. O! que je suis un homme miserable d'avoir esté cause que ceste pauvre fille soit tombée en la male grace de sa mère pour aymer trop ardamment! Il ne sera jamais en ma puissance, quand je vivrois jusques à la fin du monde et que je possederois tous les honneurs et richesses de l'univers, d'acquiter la centiesme partie de l'obligation qu'elle a sur moy, si ce n'est qu'il luy plaise de prendre pour argent contant ma bonne volonté et le ferme amour que je luy porte, lequel je sens d'heure en heure croistre dans mon cœur, et avec ses traits d'or y engraver en cent endrois le beau pourtrait de ma belle Genevielve. O Dieu! que je fus abusé quand je pensay que ma passion amoureuse prendroit quelque relasche par la jouyssance, tout ainsi que la faim s'apaise par les viandes, la soif par le boire, et le froid par un beau grand feu! Au contraire, ayant descouvert tant de beautez et douceurs, auparavant incognues à mes sens, je brusle maintenant d'un ardent desir de les posseder, lequel ne me laisse en repos, pour la crainte que j'ay qu'on ne me les ravisse, ainsi qu'un avaricieux qui, ayant peur qu'on ne luy desrobe ses escuz, passe et repasse cent fois en un jour autour du lieu où ils sont ensevelis ; et quand il en est absent, son cœur neantmoins ne laisse d'estre avec son thresor.

FRANÇOISE.

Vrayment, vous avez grand tort de vous tourmenter de la sorte, maintenant que vous avez occasion de vous resjouir. Mais escoutez... je l'entens venir.

BASILE.

O mes yeux ! repaissez-vous goulument de ceste douce lumière qui sort des siens, et vous, mes oreilles, escoutez attentivement ceste voix angelique, et ne perdez une seule parole de ceste belle bouche.

GENEVIEFVE.

Perrette, il m'est advis que j'entens quelcun parler là-bas. Ouvre la fenestre.

BASILE.

Madame, je prie à Dieu qu'il vous veuille rendre contente.

GENEVIEFVE.

Monsieur, je le prie qu'il luy plaise vous donner ce que vostre gentil cœur desire, car je seray assez contente si vous l'estes.

BASILE.

Je suis maintenant assez content, puis que j'ay l'heur de vous voir ; mais aussi tost que je vous auray perdu de veuë, je demeureray plus estonné et confus que celuy qui, en une nuict d'hyver, chemine par mauvais païs, le vent luy ayant estaint sa lumière.

GENEVIEFVE.

Si ce que vous dites est vray, je desire de pouvoir entrer dans vos yeux sans vous faire mal, et y demeurer perpetuellement, à celle fin que vous soyez tousjours content, voyant devant vous celle qui ne vit d'autre viande[1] que du souvenir de vos perfections.

BASILE.

Vous faites donc une maigre chère, si vous vous repaissez seulement de mes perfections ; mais si

---

1. Ce mot se prenait alors dans le sens absolu de *nourriture*, comme le *victus* latin, d'où il dérive.

vous eussiez dit de l'amour que je vous porte, je n'eusse lors craint de dire que vous ne sçauriez estre nourrie d'une viande plus exquise. Et m'en pouvez hardiment croire, comme celuy qui ayme la plus belle, la plus gentille dame qui soit en l'univers.

GENEVIEFVE.

Cela procède de vostre grande courtoisie, d'aymer ainsi celle qui tient à grande faveur de vous estre humble servante; mais je puis dire aussi que vostre amour n'est point plus extreme que le mien, et, n'estoit que je crains d'offencer mon seigneur et maistre, je dirois que je ne pense pas estre aymée de la façon que je vous ayme.

BASILE.

Madame, quant est de l'amour que je vous porte, je dis que vous devez estre plus asseurée de mon amour que moy du vostre, d'autant que vostre beauté est suffisante non seulement d'attirer les hommes à soy, mais elle peut forcer mesmes les bestes les plus cruelles. D'autre costé, vous sçavez comme je vous suis obligé, principallement pour les recentes faveurs que de vostre grace vous m'avez departies. Mais, je vous prie, comment puis-je estre asseuré d'estre justement aymé de vous, n'ayant chose en moy qui merite d'arrester vostre affection, et n'ayant jusques icy fait chose qui vous puisse exciter à m'aymer, combien que à la verité je pense estre assez bien voulu de vous, tant pour vostre douceur et gentillesse que pour l'envie que vous sçavez que j'ay de m'employer à vostre service quand l'occasion se presentera, et qu'il vous plaira m'honorer de vos commandemens.

GENEVIEFVE.

Mon grand amy, je vous remercie bien humblement de ceste offre si liberale; seulement je vous prie, sur tous les plaisirs que vous me voudriez faire, de parler à ma mère le plus tost que vous pourrez, ou luy faire parler par vos parens et amys, et mettre ordre que le mariage de Rodomont et de moy ne se face.

BASILE.

Je le feray, n'en ayez doute. Cependant je vous prie de ne vous contrister de chose que vous oyez.

J'espère mettre si bon ordre à tout, que ce beau balafré, au lieu de vous, ne trouvera que du vent entre ses bras. Au demeurant, vous n'avez occasion de craindre que vostre mère luy en parle, maintenant qu'il est prisonnier en la Conciergerie ou au Chastelet, que je ne mente.

GENEVIEFVE.

Mon Dieu, que vous me faictes aise de me dire telles nouvelles! Mais en estes-vous bien asseuré?

BASILE.

Je l'y ay veu mener par trois sergens, qui l'ont pris ceste apres-dinée, près de vostre logis, un peu devant que je vous eusse espousée.

GENEVIEFVE.

Monsieur, excusez-moy si je ne vous puis tenir plus long propos. Je croy que ma mère reviendra incontinent, car elle n'est allée loing.

BASILE.

Je serois bien marri qu'elle m'eust veu parler à vous avant que ce trouble-cy soit appaisé. Adieu, Madame.

GENEVIEFVE.

Adieu, Monsieur. Je vous prie de vous souvenir de la promesse que vous m'avez faicte. Perrette, ferme la fenestre.

BASILE.

Madame Françoise, nous avons assez esté en ce lieu.

FRANÇOISE.

Retirons-nous en mon logis.

BASILE.

Je le veux bien. Antoine, je te prie de ne bouger d'icy, et de prendre garde soigneusement à ce que tu verras ou entendras dire de moy.

SCÈNE IV

RODOMONT, NIVELET, ANTOINE.

RODOMONT.

Que j'endure une telle bravade! Il sera donc dit qu'un petit bourgeois de Paris ayt parlé tant au desavantage d'un tel homme que moy, et non seulement mal parlé, mais qui plus est luy ayt volé sa maistresse! Non, non, il me coustera plustost la vie que je n'en aye la raison; mais avant que je meure, je suis seur que ma flamberge fera un bel eschec, abatant plus de testes qu'un faucheur ne fait d'herbes au moys de juing. Nivelet!

NIVELET.

Plaist-il, Monsieur?

RODOMONT.

Vas-t'en querir ma rondache et mon casquet, car je veux entrer de cul et de teste chez Louyse et enlever Geneviefve; que si elle ne veut venir d'amitié, je veux mettre le feu au logis et brusler toute la ruë, voire, pardieu! la moitié de Paris; et puis après, j'iray trouver ce galant de Basile pour le hascher plus menu que chair à pasté, tant que les fourmis en puissent aisement emporter chacun leur lopin.

ANTOINE.

Ho! le mauvais! il tuera tantost un peigne pour un mercier [1].

NIVELET.

Il seroit donc bon que vous eussiez compagnie pour vous seconder.

RODOMONT.

Tu as raison; cours-t'en au corps de garde du Louvre, et dis au corporal que je luy prie de m'envoyer trois ou quatre harquebusiers et autant de mousquetaires pour me faire compagnie en un affaire qui importe au service du roy.

ANTOINE.

Pardieu! si vous y venez, on vous chargera de bois comme un asne.

NIVELET.

Il me semble que vous vous mettez en un grand danger sans propos ny apparence. N'avez-vous pas bien ouy que Basile se vantoit d'avoir espousé Geneviefve? Voudriez-vous bien ravir une femme à son mary? ce seroit assez pour vous ruiner.

RODOMONT.

Tu dis vray, ne bouge d'icy pour ceste heure. Je

---

1. C'est le proverbe comiquement retourné, et dit à rebours, afin de mieux qualifier ce faux brave: «Tuer un mercier pour un peigne.»

suis d'advis de remettre l'assaut à demain, sur la diane [1].

ANTOINE.

Vous faites que sage.

RODOMONT.

Mais que dira-t'on quand on sçaura que j'ay esté ainsi mocqué?

NIVELET.

Qui le dira, je vous prie, si vous mesmes ne le dites? Mais je sçay bien que vous n'avez garde : vous voudriez plustost faire acroire d'avoir tué une douzaine d'hommes que de confesser d'avoir esté bravé.

RODOMONT.

Je me trouve par fois assez bien de ton conseil, et pense qu'il ne sera pas trop mauvais pour ce coup.

NIVELET.

Vous ferez fort bien de me croire; mais, je vous prie, seriez-vous bien si poltron que de prendre le reste de Basile? Par ma foy! jamais je n'aurois bonne opinion de vous.

RODOMONT.

Penses-tu que Basile aye eu le pucelage de Genevielve?

NIVELET.

Doutez-vous d'une chose si claire? Penseriez-vous bien qu'il eust esté si lasche que de faillir à l'assignation? Et puis, vous avez ouï ce qu'ilz se disoient l'un à l'autre, car vous estiez assez près d'eux, sans qu'ils vous peussent voir, tant à cause du temps obscur qu'il faict que à cause d'une charrète qui vous cachoit.

RODOMONT.

Qu'ilz te remercient hardiment du conseil que tu m'as donné, car, en la colère où j'estois, si j'eusse poursuyvi ma pointe, j'eusse fait mourir cinq cens hommes pour le moins, lesquels peuvent bien dire ne tenir la vie, après Dieu, que de toy. Allons trouver Eustache; puis que j'ai failly à mon entreprise, j'ay deliberé de faire comme luy et prendre le temps

---

[1]. Batterie de tambour ou sonnerie de trompette pour réveiller les soldats le matin. Chateaubriand, dans les *Martyrs*, y voit un souvenir du culte de Diane; c'est possible. Les Italiens, de qui l'expression nous est venue, appellent l'étoile du matin *Stella Diana*.

ainsi qu'il vient, sans plus m'embroüiller le cerveau de ces amoureuses passions.

NIVELET.

Si vous voulez parler à Girard, il m'est advis que le voylà avec une femme et un autre homme.

RODOMONT.

S'il me voit, je parleray à luy; sinon, je passeray outre.

SCÈNE V

GIRARD, LOUYSE, RODOMONT, ALFONSE, ANTOINE.

GIRARD.

Quant à moy, je ne pense pas de pouvoir disposer le capitaine à espouser vostre fille, quelque mine qu'il face de l'aymer, et ne luy conseillerois, ny à vous aussi.

LOUYSE.

Pourquoy donc, mon compère? Ma fille ne le vaut-elle pas bien?

GIRARD.

Je n'en doute point; mais il me semble qu'elle ne seroit trop à son aise d'estre mariée à un homme qui possible ne la verroit quatre fois en un an. Vous sçavez qu'aussi tost qu'il est bruit de guerre, il est des premiers à cheval.

ALFONSE.

A la verité, je craindrois qu'il se fist brave [1] des biens de ma niepce, et qu'il employast l'argent de son mariage à se monter.

LOUYSE.

Si ay-je esté advertie de bonne part qu'il jouist pour le moins de quatre mille livres de rente.

GIRARD.

Je croy bien qu'il en jouiroit, et de plus, s'il ne devoit rien.

ALFONSE.

Sans mentir, il se voit peu souvent qu'un homme de sa condition n'aye affaire aux confrères de Saint-Mathieu [2].

1. Bien vêtu, pimpant.
3. Usuriers.

GIRARD.

Je ne laisseray toutefois de luy en parler, si vous voulez.

LOUYSE.

Je vous en prie bien humblement, et à cela je cognoistray que nous sommes bons amys. Il me semble que le voylà; au moins je le pense recognoistre à son laquais habillé de verd.

GIRARD.

Seigneur Rodomont, je suis bien aise de vous avoir trouvé pour communiquer un affaire qui vous importe.

RODOMONT.

Comment! avez-vous eu des nouvelles que l'on va en Flandres à ce coup, ou en Portugal?

GIRARD.

Je ne vous veux point parler de guerre, mais de paix. J'ay charge de sçavoir si vous avez desir de vous marier?

RODOMONT.

Je vous diray que tous mes amys me le conseillent, et me disent qu'il est temps que j'y pense si je veux voir mes enfans avancez aux armes.

GIRARD.

Si vous voulez entendre à un bon parti que je sçay, j'espère de faire tant par mes journées que vous l'emporterez facilement.

RODOMONT.

Dites-moy donc qui c'est.

GIRARD.

Cognoissez-vous bien madame Louyse que vous voyez icy presente?

RODOMONT.

Ouy, vrayement, et vous asseure que je luy voudrois faire tout service.

LOUYSE.

Monsieur, je vous en remercie bien humblement. Vous plaist-il pas vous couvrir?

GIRARD.

Je croy aussi que vous cognoissez sa fille Geneviefve, ou je suis bien trompé.

RODOMONT.

Je la cognois pour une des plus belles de tout le quartier.

GIRARD.

C'est d'elle que je vous voulois parler, et si vous luy portez affection, comme je me suis laissé dire, je me fay fort de vous en faire bien tost passer vostre envie.

RODOMONT.

Vous me faictes plus d'honneur que je ne merite, de me vouloir faire avoir une si belle femme; mais je suis d'un humeur bizarre qui ne simpatiscroit pas fort bien avec le sien. Partant, je vous prie de m'excuser si je n'y puis entendre pour ceste heure.

GIRARD.

Comment! l'on m'avoit dit que vous perdiez les pieds pour son amour, et maintenant que vous estes en beau chemin pour en jouïr, vous reculez arrière! Il semble, en bonne foy, que vous craigniez la touche.

RODOMONT.

Sans mentir, je l'ay aymée, pendant qu'elle estoit fille, d'aussi bonne amour que jamais gentilhomme ayma; mais depuis que j'ay descouvert qu'un autre estoit le mieux venu en son endroit, et qu'elle avoit laissé aller le chat au fourmage, je ne suis pas deliberé de m'en rompre jamais la teste.

LOUYSE.

Vrayement, Monsieur, vous avez tort: Geneviefve est fille de bien.

ALFONSE.

Mon capitaine, vous monstrez bien, à voz sots propos, que vous avez la teste sans cervelle, de parler ainsi au desavantage de ma niepce, qui vaut mieux que vous.

RODOMONT.

Je ne pense point avoir parlé autrement que je ne dois.

LOUYSE.

Ce n'est pas parler en homme de bien d'accuser les filles d'un peché où elles ne songèrent de leur vie.

ALFONSE.

C'est bien loing de soustenir leur honneur et de couvrir leurs fautes, quand elles seroient coupables, ainsi que faisoient les anciens chevaliers de la table ronde.

ACTE V, SCÈNE V.

RODOMONT.

Je ne dis rien que je n'aye veu et ouy. Voudriez-vous bien que vostre fille eust deux maris à la fois? Madame, puis qu'elle a choisi Basile pour son mary, je suis bien d'advis que vous luy laissiez, et croy que leur mariage se portera bien.

LOUYSE.

Qui vous a fait croire ceste belle bourde?

ALFONSE.

Je vay gaiger que c'est une invention de Basile.

RODOMONT.

Basile ne me l'a point dit ny fait dire. Je l'ay veu tout maintenant parler à vostre fille, et j'ay entendu d'eux que le mariage avoit esté consommé ceste après-disnée, et que Basile estoit venu accoustré des habillemens d'Eustache.

ANTOINE.

Il me semble que l'on parle de mon maistre; je me veux approcher plus près pour ouyr ce qu'ils disent.

LOUYSE.

Vous vous trompez : c'estoit une femme desguisée en homme qui estoit venue pour voir ma fille et luy porter un mommon[1]. Voycy mon compère qui vous en pourroit asseurer.

GIRARD.

Ma commère, puis que le capitaine a tout sceu aussi bien que moy, il n'est plus temps de desguiser les matières. Je croy que vous estes si equitable que vous seriez marrie d'oster la femme à celuy à qui elle appartient pour la bailler à un autre. Asseurez-vous que le capitaine dit vray, et que Basile a espouzé vostre fille, et qui plus est, a consommé le mariage.

LOUYSE.

Vray Dieu! que me dites-vous?

GIRARD.

La verité, que Basile mesmes m'a confessée.

LOUYSE.

O Dieu! que je suis miserable! Ha! traistre et desloyal Basile! Je me doutois bien que tu me

---

1. Présent qu'on portait dans les maisons où l'on allait en masque, et qu'on jouait contre quelque autre enjeu. Molière, dans l'*Étourdi* et dans le *Bourgeois gentilhomme*, et Scarron, dans le *Roman comique*, font encore allusion à cet usage.

jouërois quelque meschant tour; mais encore ne le puis je croire, car comment seroit-il sorti sans que je l'eusse veu?

GIRARD.

Fort bien! par les fenestres de la salle. Et puis, pour sauver l'honneur de vostre fille, il a mis madame Alix en sa place.

ALFONSE.

Mais regardez bien à ce que vous dites.

GIRARD.

Je sçay bien ce que je dis et ne parle point par cœur.

LOUYSE.

Ne suis-je pas bien fortunée, d'avoir nourry une fille qui sera cause de ma mort!

GIRARD.

Ma commère, le seigneur Basile est honneste jeune homme, riche et de bonne parenté; il vous ayme, il vous respecte plus qu'homme qui vive. Je pense que vous ferez fort bien de luy bailler vostre fille : aussi bien est-elle desjà à luy.

LOUYSE.

J'ay grand peur qu'il n'en vueille plus, maintenant qu'il en a fait à sa volonté.

GIRARD.

Ne dites pas cela. Je le cognois trop homme de bien pour commettre un acte si lasche.

LOUYSE.

S'il la veut, qu'il la prenne; je ne m'en tourmenteray autrement, puis qu'aussi bien je n'y gaignerois rien.

ANTOINE.

Je m'en vay advertir mon maistre, qui n'est pas loing d'icy, des nouvelles que je viens d'ouïr. Mon Dieu, qu'il sera aise!

LOUYSE.

Mes amys, je vous prie ne me laisser au besoing.

GIRARD.

Pourquoy dites-vous cela? Ne sçavez-vous pas bien que je voudrois, pour vous, faire la fausse monnoye?

LOUYSE.

Ha! mon compère, j'ai grand'peur qu'il n'en vueille point; mais, s'il la refuse, je le ferai le plus miserable homme de la France. Je vous prie, si nous en venons là, de me servir, au besoin, de vostre tesmoignage.

GIRARD.

J'aymerois mieux mourir que de faire autrement.

RODOMONT.

Non, non, Madame ; s'il ne vous fait raison, mon espée et mon bras luy feront faire maugré ses dens.

LOUYSE.

Mes amys, vous m'obligez beaucoup. Helas ! mon Dieu, je cognois à ceste heure que ce que l'on dit est vray, que les mariages se font au ciel et se consument en la terre. Il falloit de necessité que Basile fust mon gendre, et ne l'en pouvois empescher, puis que Dieu l'avoit resolu en son conseil privé.

GIRARD.

Je vous puis bien dire en l'oreille icy, entre vous et moy, que vous ne perdez pas au change. Je vous prie, quel avantage est-ce qu'eust eu vostre fille avec ce beau trainegaine de foin ?

LOUYSE.

Elle n'eust esté des mieux mariées ; mais la crainte que j'avois des choses faictes ceste aprèsdisnée m'avoit fait haster de vous en parler.

GIRARD.

Je voy bien que Dieu nous ayde. Voyez-vous comme il fait tomber Basile entre noz mains ?

RODOMONT.

Pardieu ! il espousera vostre fille tout presentement, ou je luy plongeray dans le corps mon espée jusques aux gardes.

LOUYSE.

Attendons-le icy de pied coy : aussi bien vient-il droit à nous.

SCÈNE VI

BASILE, ANTOINE, LOUYSE, GIRARD, ALFONSE, RODOMONT.

BASILE.

Es-tu bien asseuré que Louyse a tout sceu ?

ANTOINE.

Je ne le dirois s'il n'estoit vray.

BASILE.

Et que j'avois esté veoir sa fille?

ANTOINE.

Vous vous en pouvez asseurer.

BASILE.

Et que je suis eschappé, laissant Alix en ma place?

ANTOINE.

Elle le sçait aussi bien que vous et moy.

BASILE.

Mais dy-moy qui lui a dit?

ANTOINE.

Le capitaine et Girard.

BASILE.

Ne s'en est-elle point autrement courroucée contre moy?

ANTOINE.

Si est bien, mais enfin elle a esté appaisée par Girard, auquel elle a promis de vous donner sa fille si vous luy faites cest honneur que de la prendre.

BASILE.

Comment! cest honneur? Pense-t-elle que je sois homme pour refuser un offre si à mon advantage? Allons les trouver plustost aujourd'huy que demain, de peur qu'elle ne change d'opinion.

ANTOINE.

Nous n'avons que faire d'aller loing : les voilà devant vous.

BASILE.

Bon soir, Madame; bon soir, Messieurs. J'ay esté adverty que vous aviez envie de parler à moy pour une chose qui ne m'importe rien moins que de la vie. Je vous prie me faire ce bien que de me commander, et vous verrez si puis après je seray prompt à vous obeyr.

LOUYSE.

Basile, je vous avois jusques icy estimé homme sage; mais la faute que vous avez faite monstre bien le contraire. Remerciez hardiment ces messieurs de ce qu'ils ont tant fait envers moy, que je n'ay deliberé de punir autrement vostre offence que de vous condamner à vivre avec celle qui est des complices de vostre meschanceté; de laquelle, si vous eussiez esté si amoureux que le bruit couroit, vous n'eussiez pas entrepris de ravir l'honneur, comme vous avez fait.

BASILE.

Madame, toute la faute que j'ay faite a esté en ce que je n'ay point attendu vostre consentement, ainsi que je devois; mais je vous puis dire que je n'ay point ravi l'honneur de vostre fille, d'autant que j'estime son honneur estre le mien propre, puis qu'il luy a pleu m'accepter pour son mary; et, s'il vous plaist me recognoistre pour tel, j'espère vous faire paroistre un jour, par mes bons services, que vous ne pouviez eslire un meilleur gendre, quand bien vous eussiez cherché par tout Paris.

LOUYSE.

Je suis marrie seulement de la sorte dont vous y avez procedé.

BASILE.

Madame, quand vous aurez bien pesé les raisons d'une part et d'autre, vous aprouverez ce que j'ay fait. Il vous peut souvenir qu'il y a plus d'un an que je suis après pour faire ceste alliance aux conditions que vous m'avez offertes autrefois; vous sçavez que j'ay perdu ma peine, et que n'y avez jamais voulu entendre. D'autre costé, vous vous estes bien peu apercevoir, si vous n'estiez du tout aveugle, de l'affection que vostre fille me portoit. Je vous demande maintenant, qu'eussé-je peu faire autre chose, pour m'asseurer, que ce que j'ay fait? Devois-je attendre vostre parolle, laquelle vous ne m'eussiez jamais donnée? Devois-je attendre qu'un autre prist la place, et puis me fermast la porte au nez? Madame, je vous prie de considerer de près toutes ces raisons, et vous cognoistrez que mon dire est fondé sur quelque raison apparente.

GIRARD.

Ma commère, vous avez tort de tant contester avec Basile; recevez-le hardiment pour vostre gendre, puis que Dieu l'a marié avec vostre fille.

LOUYSE.

Je serois bien marrie de vous contredire.

ALFONSE.

Puis que Dieu a permis que les choses se fissent

ainsi, ce ne seroit bien fait de penser les corriger.
BASILE.
Ma mère, vous ne vous repentirez point d'avoir fait alliance avec moy; et, puis que je vous trouve si benigne en mon endroit que de me pardonner une faute qui, à la verité, de prime face, semble bien grande, asseurez-vous que vous n'aurez plus-tost aujourd'huy donné un mary à vostre fille que acquis un humble serviteur pour vous.
LOUYSE.
Basile, mon amy, je prie à Dieu qu'il vous vueille pardonner, car, quant à moy, je vous pardonne de bon cœur. Mes amys, il me semble qu'il est bien près de six heures. Je vous prie de me faire ce bien que de venir souper en mon logis, pour achever ce que de vostre grace vous avez si bien encommencé.
GIRARD.
Si nous pensions que nostre presence vous peust servir de quelque chose, nous ne nous en ferions pas prier deux fois.
LOUYSE.
Entrons doncques, car je suis seure que nous aurons encores affaire de vous. J'envoyeray querir Eustache et dame Françoise, afin que la compagnie soit plus complète.
GIRARD.
Je ne m'en feray tirer l'oreille deux fois, puis qu'il vous plaist.
RODOMONT.
Et moy, je serois bien marry de vous desdire. Mesdames, qui avez pris patience de nous ouïr ceste après-disnée, s'il vous plaist revenir en ce lieu le jour des noces de Basile et Geneviefve, vous aurez le plaisir de voir courir la bague, rompre la lance en la lice, combattre à la barrière, à la pique et à l'espée, et dix mil autres passetemps, desquelz une bonne troupe de capitaines, mes amys et moy, honorerons ce bien heureux mariage. Et là vous pourrez cognoistre avec quelle dexterité je manie un cheval à courbettes, au galop, à bons, à ruades, et luy donne carrière, et de quelle grace j'emporte une bague, de quelle force je sçay rompre une lance de droit fil jusques à la poignée, branler la pique et manier l'espée. Mais, Mesdames, gardez

que les esclats qui en voleront ne vous touchent, et que le vent de mon espée, lequel a fait souvent esvanouïr les hommes d'armes, ne vous face choir à la renverse toutes plates contre terre : car ce seroit fait de vous, et pourriez bien dire votre *In manus.* Cependant vous ferez bien de vous retirer chez vous, car voicy l'heure que l'on commence à souper aux bonnes maisons. Et si nostre comedie vous a esté agreable, je vous prie de nous le faire cognoistre à quelque signe d'allegresse.

FIN DES CONTENS.

NOTICE SUR FRANÇOIS D'AMBOISE

Nous le connaissons déjà par son ami P. Larivey, qui lui dédia ses comédies, mais il mérite que nous le connaissions mieux.

Par l'activité de l'esprit, la variété du savoir, et je ne sais quelle souplesse à se transformer, pour mieux grandir, il fut bien de son temps tout d'intrigues et de métamorphoses.

Son père, J. d'Amboise, était médecin du Roi. Venu de Douai, sous François I*er*, et presque aussitôt attaché à la Cour, il ne s'en était plus éloigné; mais c'est sous Charles IX que son crédit s'était surtout accru. Des lettres de naturalité lui avaient été données en 1566, et le roi s'était chargé de faire élever à ses frais, au collége de Navarre, ses deux fils : François, dont nous parlons ; et Adrien, qui, après une vie très-diverse et très-mêlée, que nous n'avons pas à raconter ici, mourut en 1604, évêque de Tréguier.

François ne fut d'abord qu'un homme de collége n'ayant que l'ambition d'apprendre et d'enseigner. En 1568, il était régent de seconde à ce même collége de Navarre où il avait été élevé, et pendant quatre ans il n'aspirait pas à mieux. L'étude du droit le séduisit alors, et l'attacha.

Avocat au Parlement de Paris, il y gagna, dit-on, des causes brillantes, et fut ainsi entraîné à ne plus quitter la robe. C'est comme magistrat qu'il la porta le plus longtemps, non à Paris d'abord, mais en Bretagne, où le Parlement l'eut pour conseiller, puis pour président. Il revint ensuite au grand conseil, et y fut en 1586 avocat général.

Henri III, qui paraît l'avoir eu en grande estime, lui donna le titre de chevalier, et le mit ainsi en des prétentions de noblesse qu'il poussa plus que de raison, jusqu'à tenter de faire croire qu'il descendait de la grande maison d'Amboise, et qu'il avait ainsi pour aïeul le fameux Chaumont d'Amboise, compagnon de Charles VIII en son expédition de Naples.

La position que ses emplois lui avaient faite était assez haute pour qu'on n'osât pas le démentir; aussi n'a-t-il pas fallu moins qu'une enquête de d'Hozier, un siècle après, pour le déposséder de la noblesse, dont il s'était gratifié et de laquelle personne, sa vie durant, ne l'avait dérangé.

Quand il mourut, il était conseiller d'État, après avoir passé, de 1589 à 1604, par la charge de maître des requêtes et par le conseil privé ; et il prenait le titre de baron de La Chartre-sur-Loire, seigneur d'Emery et de Vezeul en Touraine.

Larivey n'oublia pas de lui donner tous ces titres dans la dédicace qu'il lui fit du second recueil de ses comédies. Ils étaient amis, je l'ai dit déjà, et ils semblent avoir suivi quelque temps les mêmes études, fréquenté le même monde. Nous avons vu Larivey s'éprenant de Piccolomini, qu'il avait connu chez le président Pardessus à Paris, et se faisant son traducteur ; nous trouvons chez François d'Amboise le même goût et des travaux pareils, par suite sans doute des mêmes hantises.

Il traduisit de Piccolomini, en 1577, *Les Notables Discours en forme de Dialogues touchant la vraie et parfaite amitié*, et comme la littérature italienne était alors de mode, et qu'il suffisait de la cultiver pour se mettre en crédit auprès de Catherine de Médicis et de ses fils, il ne la quitta pas sans en avoir tiré quelques autres œuvres, mais moins sérieuses.

Les Regrets funèbres de quelques animaux, qu'il traduisit d'Ortensio Lando, touchent au burlesque ; et l'on ne sent guère l'homme grave, d'abord régent de collège, puis magistrat, dans *Les Amours comiques, contenant plusieurs histoires facecieuses*, dont l'inspiration lui vint aussi de quelques œuvres d'Italie.

La comédie des *Néapolitaines*, qui parut ensuite séparément, était une de ces « histoires facecieuses. » Bayle nous la donne comme « la traduction d'une comédie italienne, » mais sans dire laquelle. Nous l'avons cherchée, et ne l'avons pas découverte. Il nous semble toutefois que Bayle a raison, et que si la pièce n'est pas une traduction textuelle, comme la plupart de celles de Larivey, elle doit être au moins une imitation assez peu déguisée de la comédie qui nous échappe, et qui se retrouvera quelque jour.

François d'Amboise y aura, suivant la méthode de Larivey, fait quelques changements de personnages, par élimination ou même par addition. Le type de Gaster me semble par exemple une interpolation de son fait. L'ancien régent du collège de Navarre se sera souvenu du Gnathon de l'*Eunuque* de Térence, et d'après ce parasite, il aura créé son « escornifleur. »

Ces imitations plus ou moins voilées, qu'aujourd'hui nous traiterions bel et bien de plagiats, étaient alors d'usage et, comme nous l'avons vu pour le chanoine Larivey, ne tiraient pas à cas de conscience.

François d'Amboise ne dut pas avoir plus de scrupule. Peut-être même, si j'en juge par un autre fait resté assez obscur de sa vie littéraire, en eut-il encore moins. Vers la fin de 1616, il publia, avec notes et préface apologétique, les *Manuscrits* d'Abélard recueillis au Paraclet. Après sa mort une seconde édition en fut faite, sans que son nom y reparût. Celui d'André Duchesne le remplaçait. Lancelot, qui voulut plus tard éclaircir cette singularité, n'hésita pas à conclure que François d'Amboise s'était servi, pour l'édition qu'il avait signée, du savoir de Duchesne, et que celui-ci, d'abord trop jeune pour réclamer, surtout contre un tel personnage, n'avait pas manqué, lorsqu'il fut mort, de rentrer dans son bien, en signant seul l'édition suivante.

François d'Amboise, qui s'attribuait ainsi des travaux graves où il n'était pour rien, redoutait en revanche qu'on ne lui attribuât les œuvres moins sérieuses où il s'était délassé de sa gravité. On ne sera donc pas surpris de voir qu'il ait signé d'un pseudonyme, « Thierri de Timophile, gentilhomme picard, » sa comédie des *Néapolitaines*. Il ne mit jamais d'autre signature aux écrits où l'ancien régent et le magistrat monté en dignité semblaient s'être un peu trop oubliés.

LES NEAPOLITAINES

COMÉDIE FRANÇOISE DE FRANÇOIS D'AMBOISE

FORT FACECIEUSE, SUR LE SUBJECT D'UNE HISTOIRE
D'UN PARISIEN, UN ESPAGNOL ET UN ITALIEN

1584

PRÉFACE

DE THIERRI DE TIMOFILE, GENTILHOMME PICARD,
A HAULT ET PUISSANT PRINCE MESSIRE CHARLES DE LUXEM-
BOURG, COMTE DE BRIENNE ET DE LIGNI.

L'auteur ne se pensoit à rien moins qu'à mettre en lumière, MONSEIGNEUR, les comedies qu'il faisoit en la prime-vère de son adolescence, non plus que ses autres poesies, et se contentoit d'y avoir joué quelques heures perdues, et que sur le theatre [1] elles avoient esté veües et receües avec un plaisir indicible, sans vouloir tant de fois hazarder son ouvrage aux divers jugemens des hommes, sachant bien que ce n'est pas trop discretement faict de tenter, souvent sans propos, la fortune, et que telle fois un poëme recité ou une comedie representée pourroit plaire aux spectateurs, voire emporter des applaudissemens, et ces mesmes œuvres, redigez par escrit, leuz et releuz, deplairont aux doctes lecteurs, et offenceront leur censure severe et equitable. Ce cauteleux Romain, encores qu'il eust le bruit d'estre des plus faconds et qu'il fist profession de monter souvent sur la tribune aux harangues, si ne voulut-il onques publier ce qu'il faisoit, affin que, s'il luy eschappoit quelque chose dont quelqu'un eust voulu le remordre, il eust le moyen de le desadvoüer et nier d'y avoir onques pensé. Ce qui entre par une oreille sort legerement par l'autre, et ne laisse sinon une flaterie chatouilleuse, selon que la parolle est confite en miel ou en sucre. Au contraire, ce qui est proposé à lire, et plus meurement consideré, est mieux epuré en la fournaize, et demeure plus longuement entre le marteau et l'enclume de celuy qui en veut juger avec toute austerité. Ce n'est pas ce qui a refroidi nostre autheur, de l'estude duquel il est sorty plusieurs belles pièces, et y en est encore resté des plus excellentes, qu'il nous garde pour un meilleur loysir; mais ses amis, le voyant constitué en dignité

---

1. On ne sait sur quel théâtre ni par qui fut jouée la pièce. Ce dut être à Paris, où elle se passe, et sans doute par Como La Gamba, qui, un peu auparavant, comme nous l'avons vu, avait joué la *Reconnue* de Rémi Belleau. A la même époque, en 1583, l'Italien Batista Lazarro, qui était peut-être de sa troupe, donnait des représentations à l'Hôtel de Bourgogne, et payait pour cela une redevance aux confrères de la Passion.

et occupé en affaires plus graves [1], luy ont soubstraict ces NEAPO-
LITAINES pour en faire un present à vous, Monseigneur, et au public, affin que, par le moyen d'un qui est tresaffectionné à vostre
service, on cognoisse que la France, ayant de long-temps surpassé
les Itales en l'artifice de bien faire de doctes tragedies, a aussy
dequoy maintenant arracher le laurier aux plus sçavants, et mesmes
aux plus grands seigneurs de l'Italie, qui s'y sont exercez à l'envi
à qui composeroit et exhiberoit de plus ingenieuses et somptueuses
comedies, jusques à là que les princes mesmes ont tellement affecté
ceste gloire, qu'ils n'y ont espargné ny leur plume et leur esprit,
ny leur bource et leur magnificence. Scipion et Lelie, sage sena-
teur, aidoyent à Terence et luy servoient de protocole à minuter et
recorriger ses comedies, tant prisées et admirées de tous les estats
de la republique romaine. C'estoit en ces exercices et spectacles
que les triomphans Cesars faisoyent plus de despence et somptuo-
sité. Nos roys, de toute ancienneté, ont pris plaisir d'en voir de
telles que leur siècle rude le pouvoir porter, affin d'apprendre par
icelles la manière de vivre de leurs subjects, et ne se soucioyent
guères d'y faire observer les preceptes des Grecs et Romains anciens. Si ceste-cy se fust imprimée avec le sceu et congé de l'autheur, il n'eust peu se garder, en vous la presentant, de cueillir
au spacieux verger de voz loüanges quelques fleurons de ceste il-
lustre et royalle maison de Luxembourg, en laquelle y a eu tant
d'empereurs, roys, ducs, princes et vaillans capitaines, desquels
vous vous monstrez digne successeur et imitateur. Mais, reservant
cela pour une autre occasion plus propre, je desire seulement que
ceste comedie vous soit agreable et vous puisse apporter quelque
recreation, m'asseurant qu'aux autres qui la liront elle apportera
aussi un grand proffict et contentement, autant ou plus que pas
une de celles qui ont esté divulguées jusques à present, d'autant
qu'en ceste-cy on y trouvera un françois aussi pur et correct qu'il
s'en soit veu depuis que nostre langue est montée à ce comble, à
l'aide de tant de laborieux et subtils esprits qui y ont chacun con-
tribué de leur travail et diligence pour la rendre polie et parfaicte. La lecture et la conferance en rendront seur tesmoignage,
outre la gentillesse de l'invention, le bel ordre, la diversité du
subject, les sages discours, les bons enseignemens, sentences,
exemples et proverbes, les faceties et sornettes dont elle est semée
de toutes parts, et n'y a rien qui ne soit bien digne de venir devant les yeux les plus chastes et modestes.

LE PROLOGUE OU AVANT-JEU

Ceux qui ont donné les preceptes de l'art poetique disent que
les graves tragedies sont basties, le plus souvent, sur un sujet veritable traitant les tristes accidens qui tourmentent et ruinent les
roys, princes et potentas, tesmoing ce qu'en dit Euripide au roi
Archelas, et que les comedies ont pour argument quelque nouvelle
inventée à plaisir pour servir de miroir au simple populaire. Mais
cette reigle, Messieurs, n'est pas si generale que nous ne luy ayons
apporté pour exception cette comedie, que nous vous allons repre-

---

[1]. Fr. d'Amboise, qui n'était que simple avocat au Parlement, lorsqu'en 1579
Larivey lui dédiait son premier recueil de comédies, se trouvait-il donc déjà,
cinq ans après, *conseiller du Roy, maistre des requestes ordinaires de son
hostel ?*

senter sous le nom des *Neapolitaines*, laquelle, pour estre plaisante et facecieuse autant qu'autre qui ait cy-devant animé le riant theatre, ne laisse pas de contenir une histoire vraye et fort recreative avenue de nostre tems, en la ville capitale de ce royaume, entre trois personnages de diverses nations, de laquelle plusieurs se peuvent bien ressouvenir pour avoir veu ou par ouidire ; et peut-estre en vois je çà et là, parmy cette honnorable troupe, qui en pourroient bien parler asseurement ; et moy-mesme, qui porte la parolle pour l'auteur, personnage de grandes lettres, pour l'aage qu'il a, duquel, parce qu'il est depuis monté en dignité [1], je tairay à present le nom, je prendrois plaisir de vous declarer tout le fait par tenans et aboutissans, si je ne craignois d'irriter les fées, et aussi que voicy venir un enfant de Paris assez secret et discret en ses amours, qui aura l'honneur d'entamer ce gasteau. Oyez-le, s'il vous plaist, avec faveur et attention. Il dit assez proprement et parle bon courtisan pour un homme de sa sorte, car au temps qui court chacun veut prendre un peigne et s'en mesler ; chacun veut ecorcher le renard [2]. Mais mot... N'ayez point envie, Messieurs, de vous enquerir de son surnom et de l'enseigne de la maison de son père, lequel, sans rien nommer, se tient à la rue Sainct-Denis, auprès l'église de..., et plus n'en dit le deposant.

1. Voir la note précédente.
2. Pour prendre sa peau et faire le fin. Rabelais dit au chapitre de l'adolescence de *Gargantua*, dans un sens tout pareil : « Il faisoit le sucré, *escorchoit le renard*, disoit la patenostre du singe. »

PERSONNAGES

Le seigneur AUGUSTIN, jeune marchant parisien.
BETA, servante de madame Angelique.
Dom DIEGHOS, gentilhomme espagnol.
Maistre GASTER, extravagant escornifleur [1].
Sire AMBROISE, marchant de Paris.
JULIEN, son facteur.
LOYS, serviteur d'Augustin.
Le sieur CAMILLE, escholier neapolitain.
Madame ANGELIQUE, veufve neapolitaine.
CORNEILLE, fille de chambre.
MARC-AUREL, lapidaire.
L'HOSTELIER de l'Escu de France.
LOUPPES, messager.

1. Le mot *extravagant* se prenait alors dans un sens plus étendu qu'aujourd'hui. Cotgrave le traduit en anglais par *idle*, oisif, paresseux. Gaster n'est pas autre chose dans la pièce, et comme en pareil cas la gourmandise parasite suit d'elle-même, il est *écornifleur*.

ACTE PREMIER

SCÈNE I

Le sieur AUGUSTIN, *seul*.

Ho! Loys! holà! Je m'en vay me promener icy près. Si le sieur Ambroise, mon père, me demande, di-luy que je suis allé faire ce qu'il sçait; mais s'il ne me demande point, ne luy en fais point ramentevoir, afin que ceste excuse me serve pour une autre foys. Et puis, de là, tu me viendras retrouver au fauxbourg Sainct-Germain, où tu sçais. C'est grand cas que l'amour de ceste belle et gentille veufve me tourmente si fort que je n'en puis reposer jour ne nuict, non pas arrester un quart d'heure en place. Et puis on dit que la teste des amoureux donne souvent bien des tourmens à leurs pieds! Mais voilà tout à propos Beta, la servante, et tout le conseil de ma maistresse. Il faut que je lui die un mot. Dieu gard', Beta, ma grand' amye.

SCÈNE II

BETA, servante; **AUGUSTIN**.

BETA.
Dieu gard', seigneur Augustin! Que vous dit le cœur? Vous mettez bien matin la plume au vent?

AUGUSTIN.
Comment se porte-on chez vous?

BETA.
A l'accoustumée. Ne sça'vous pas bien, vous qui nous faites cest honneur de frequenter chez madame Angelique, ma maistresse, que depuis le trepas du seigneur Alphonse de Grifano, son mari, nous n'avons eu une seule heure de repos, tant elle s'afflige et tourmente; et surtout après cette pau-

vre orfeline, madamoiselle Virginie, qui est le plus cher et precieux joiau qu'elle ayt en ce monde?
AUGUSTIN.
Encor faut-il à la parfin donner quelque relache à ses ennuis avec la raison, ou du moins avec le temps, qui est le medecin ordinaire de toutes les maladies d'esprit. Mais ce remède que j'enscigne à autruy, je le voudrois bien sçavoir prendre pour moy-mesme.
BETA.
La perte d'un bon seigneur et mary ne se peut jamais recouvrer.
AUGUSTIN.
Il n'est si bon qu'aussi bon ne soit.
BETA.
Pour bien juger de la bonté, il faudroit qu'il y eust une fenestre au cœur.
AUGUSTIN.
La playe qui est faicte au cœur ne se peut guerir, sinon de la main mesme qui a fait la blessure.
BETA.
Chacun sent son propre mal.
AUGUSTIN.
Puisque le trop celer ne me peut en rien profiter, Beta, l'extremité en laquelle je me voy reduit, la confiance que j'ay en vous, et le moien que vous avez de me secourir à mon besoin, me contraignent de m'adresser à vous pour vous declarer une affaire qui m'importe autant que chose que j'aye, vous suppliant me vouloir aider et me donner quelque bon conseil, affin que je puisse sortir de ceste langueur que je n'ay osé decouvrir qu'à vous seule.
BETA.
Je vous asseure, seigneur Augustin, que je feray pour vous tout ce qui me sera possible d'aussi bon cœur que vous m'en sçauriez prier, voyre commander : vous en avez bien le pouvoir. Je voudrois faire pour vous autant que le cheval pour l'esperon.
AUGUSTIN.
Je vous remercie, Beta; vous ne me trouverez point ingrat.
BETA.
Dès le premier jour que je vous vis, lorsque nous nous rencontrames par les hostelleries, venans en-

semble à Paris, vous me semblates homme de bien, et jugeay à vostre visage et contenance qu'estiez bien né et de bons parens. Si feist bien le feu seigneur Alphonse, mon maistre, de qui Dieu ayt l'âme, tellement que depuis Marseille jusques ici ne se voulut acointer que de vous.

AUGUSTIN.

Si[1] en rencontra-il plusieurs par les chemins qui se vouloient mettre en sa compaignie.

BETA.

Il est vrai, mais il trouvoit envers eux quelque excuse pour s'en deffaire, comme personne soupçonneuse, ainsi que sont tous estrangiers au pays d'autruy; toutesfois il n'eut jamais aucune mauvaise fantaisie de vous.

AUGUSTIN.

Il me le montroit bien : il me racontoit privement[2] toutes ses fortunes.

BETA.

Et vous laissoit user de grande familiarité envers sa femme, ce qu'il n'avoit pas à coustume de faire, ny aussi l'usage de nostre pays de Naples ne le permet point. Or, quand à moy, je vous promets, seigneur Augustin, que si ma foible puissance vous peut aider en quelque chose, je ne m'y espargneray, ains mettray peine, par toutes les façons du monde, de vous satisfaire en tout ce qu'il vous plaira. Mais je suis bien sotte ! En quoi pourriez-vous avoir affaire de moy, pauvre servante, vous qui estes riche en vostre cité, et je suis indigente en païs estranger? Je croy que vous vous mocquez de moy de m'user de tel langage.

AUGUSTIN.

Mocquer? Beta, je vous supplie, laissons toutes mocqueries : elles ne sont à propos. Si vous sçaviez le mal que je sens, vous ne diriez pas cela.

BETA.

Et comment! estes-vous malade? Il me semble bien à vostre visage que ne vous trouvez pas bien. Dites-moi quelle maladie c'est, peut-estre y trouveray-je quelque remède : car d'autrefois, à Naples, j'ay eu l'amitié d'une vieille femme qui avoit co-

---

1. Pour : et cependant.
2. En particulier.

gnoissance de toutes les herbes du monde, et par icelles guerissoit plusieurs maladies, et en la frequentant j'ay eu l'experience de beaucoup de choses qu'elle m'a apprinses, desquelles j'ai fait la preuve envers aucuns qui s'en sont bien trouvez.

AUGUSTIN.

Ah Beta! ma maladie est de telle sorte qu'elle ne se peut guerir par herbes, charmes ny enchantemens.

BETA.

Qu'est-ce donc?

AUGUSTIN.

Faut-il que je vous la nomme? Vous la sçavez trop : vous avez de longue main aperceu, à ma contenance et à mon visage pasle et defaict, que je suis serviteur tout outre [1] de madame Angelique, vostre maistresse.

BETA.

Que voudriez-vous d'elle?

AUGUSTIN.

Demandez-vous à un malade s'il veut santé? Que je voudroy! Qu'elle m'aymast comme je l'ayme. Ce seroit grande cruauté de donner la mort à qui donne le cœur!

BETA.

Ha! j'entens bien le patelinage[2]; je ne suis pas si grue. Mais vous sçavez comme sainctement elle garde la memoire de son defunct mary.

AUGUSTIN.

Je pense qu'il n'y a femme au monde qui trouve mauvais que l'on luy parle d'amour; et, encore qu'elle n'accorde ce qu'on luy demande, si n'est-elle point marrie d'avoir esté priée, ny ne sçaura jamais mauvais gré à celuy qui en portera la parolle, et fust-ce à l'heure du chartier [3].

BETA.

A telle heure la pourroit-on prendre qu'elle ne s'en sçauroit malcontenter.

AUGUSTIN.

Sa fille n'en laissera pas de trouver bon party. Et

1. A outrance.
2. Les ruses et finesses, comme celles de Patelin.
3. On a dit depuis, dans le même sens, *l'heure du berger*; expression encore nouvelle et à la mode, lorsqu'en 1662 C. Le Petit publia *l'Heure du berger, demy-roman comique, ou roman demy-comique*.

quant à ce que vous dites de son mari, elle a satisfait en sa vie à l'amour qu'elle luy devoit, et encores après sa mort plus longuement que son aage, sa beauté et la poursuitte que j'en ay faicte ne requeroit. Et Dieu sait s'il se soucie à presen', mort qu'il est, de la rigueur et austerité de sa femme!

BETA.

Je ne le vey jamais jaloux en sa vie, à grand peine le sera-il après sa mort.

AUGUSTIN.

Ce sont les resveries d'anciennes commères importunes qui travaillent sans cesse les cerveaux des jeunes, et les veulent faire devenir vieilles par opinion, comme elles le sont par nature. Je vous prie, Beta, vous qui estes sage, considerez bien le tout, ma necessité et sa commodité : car, ne pouvant, ou pour le moins ne devant vivre sans amy, elle ne sçauroit mieux rencontrer que moy ; et qui choisit et prend le pire est maudit.

BETA.

Mieux ne sçauroit-elle, seigneur Augustin : car vous meritez beaucoup, et n'estes point reffusable à qui auroit envie d'aimer.

AUGUSTIN.

Je le di pour ce que je l'aime parfaictement, et suis seur et fidèle, et n'ay faulte de bien, ny de riches parens, ny de suport en ceste ville ; de quoy elle, qui est estrangière et mal-aisée, se pourra servir, et mesme de ma personne, comme de chose sienne.

BETA.

Elle ne peut nier qu'elle vous soit tenue des honnestes offres que vous luy faites.

AUGUSTIN.

Davantage, madamoiselle sa fille trouvera par ma faveur plus facile moien d'estre mariée en quelque bon lieu. Or je vous prie derechef, Beta, employez les forces de vostre esprit, et faites pour moy ce que je n'ay sceu faire ; sondez le gué, et comme de vous-mesme, par manière de conseil, admonnestez-la, sollicitez-la, persuadez-la de m'aymer, et m'oster de la misère où vous me voyez. Je vous asseure, Beta, que, ce faisant, je vous seray perpetuel amy, et vous feray participante de tous mes biens.

BETA.

Seigneur Augustin, vos raisons et la pitié de vostre mal m'ont tellement vaincue que je suis disposée de vous obeir; et encores que je trouve la partie bien forte, si mettray-je toutes mes forces et mon credit, et inventeray tous les moyens que je pourray pour vous contenter.

AUGUSTIN.

Contenter, Beta! Si vous le faictes, je tiendray la vie de vous, et vous recongnoistray pour mère : car veritablement mère se peult appeler celle qui donne la vie, delivrant autruy de mort; et affin qu'il vous souvienne mieux de moy, prenez cependant ce petit present.

BETA.

Ha! seigneur Augustin! je ne vends point ma peine, et ce que j'en fais n'est que d'amitié.

AUGUSTIN.

Aussi ne le vous donné-je pas pour recompense, j'espère vous faire plus grand bien; et si vous refusez cecy de moy, je penseray que ne me voulez obliger à vous, puis que ne me voulez en rien estre obligée.

BETA.

Or sus donc, puis que vous avez cesté opinion, je le prendray.

AUGUSTIN.

Et dictes-moy, quand auray-je response de vous?

BETA.

Le plus tost que je pourray. Attendez-moy icy près, je m'en vay achever de les habiller.

AUGUSTIN.

Mais quand sera-ce, Beta? Une heure m'est une année.

SCÈNE III

DOM DIEGHOS, espagnol, et **MAISTRE GASTER,**
EXTRAVAGANT ESCORNIFLEUR.

DIEGHOS.

Et puis, Gaster, mon frélaut[1], a-elle esté bien aise de sçavoir de mes nouvelles?

1. Pour : *mon beau, mon gentil*. On disait aussi, comme dans

GASTER.

Comme de la chose du monde qu'elle ayme le plus après vostre personne; je croy qu'elle en rit encore de joye.

DIEGHOS.

Ce n'est pas signe qu'elle me haisse. Et du present que je luy ay envoyé par toy?

GASTER.

Je ne vous sçaurois dire le grand contentement qu'elle en a, et non pas tant pour la valeur, encore qu'il soit beau et de grand prix, comme de ce qu'il est venu de vous, et aussi pour l'amour de vostre effigie qui y est.

DIEGHOS.

Doncques, tu penses qu'elle m'aime de bon cœur?

GASTER.

Ouy, si l'on peut juger des femmes à la contenance : car, soudain que je luy ai presenté l'anneau et fait le message que m'aviez commandé, l'eau luy est venue à la bouche : elle s'est toute esmuë sans rien dire, et après qu'elle a eu longuement contemplé l'image avec un visage content et gracieux, je luy ay demandé : Et donc, Madame, recognoissez-vous ce pourfil?

DIEGHOS.

Que t'a-elle respondu?

GASTER.

Ha! Gaster, mon amy, que dites-vous? Ne pensez-vous pas que je la cognoisse? Voulez-vous que je mette en oubly celuy qui est le bien de mon bien, la vie de ma vie? Et puis l'a prise et baisée plus de cent fois aux yeux et à la bouche, et, la regardant en grande douceur, elle disoit : Je t'ay bien encore mieux engravée dedans mon cœur!

DIEGHOS.

A! a! a! Je prends grand plaisir à ce que tu m'en contes ; mais je te diray bien, maistre Gaster, que c'est un don de nature, que je ne feis jamais chose qui ne fust agreable à tout le monde, ce que peu de gens ont.

---

la *Ménippée*, « frelu, » mot qui n'eut qu'à s'étendre un peu pour devenir *freluquet*.

ACTE I, SCÈNE III.

GASTER.

Il y a long-temps que je m'en suis apperceu, et me semble que toutes vos actions sont plaines de bonnes graces; vous avez une façon de faire si bonne qu'elle attire un chacun, et pour ce n'est point de merveilles si la seignore Angelique est prinse de vostre amour.

DIEGHOS.

Oh! ce n'est pas la première. Du temps que j'estois à Naples, où j'ay faict longue demeure, il n'y avoit jeune gentilhomme qui fust bien venu entre les dames que moy : toutes me desiroyent, m'aymoient et me vouloient à leur compaignie, et s'estimoit bien heureuse celle qui pouvoit fournir de moy.

GASTER.

Ha! je l'ay bien ouy dire; mais il ne s'en faut point esbahir, veu les vertus qui sont en vous : que l'on vous prenne à baller, à chanter, dancer, saulter, jouer de la guitarre et donner les matinades [1] aux seignores et damoiselles, qui sont toutes choses duisantes [2] à l'amour, il n'y en a point de si accompli.

DIEGHOS.

O! combien de martels [3], combien de jalousies j'ay donné en Naples, quand sur les vingt-quatre heures [4], je prenois le frais, me promenant par la ville sur mon cheval bardé, et faisant l'amour! tu le peux penser!

GASTER.

Certainement, je croy qu'il y avoit de ces pauvres maris qui estoient bien marris quand vous voyoient passer soubz leur fenestre, veu la galanterie dont vous estes plain, et ce beau visage que vous avez.

DIEGHOS.

Mesmement, Gaster, quand je donnois l'esperon

---

1. Concert du matin, à l'aube. On disait déjà plus volontiers : aubade, comme Ronsard :

Quand aurons-nous, au matin, les aubades?

2. Qui *duisent*, qui plaisent.
3. Soucis, chagrins. « Donner *martel* ou soupçon, » dit Ronsard. « Avoir martel en tête, » s'emploie encore dans le même sens.
4. C'est-à-dire à la nuit tombante, l'usage en Italie étant de compter vingt-quatre heures, à partir du coucher du soleil.

20.

à mon genet ¹, qui sautoit un doit près de leur fenestre : tu sçais bien comme j'y suis adroict !
GASTER.
Je vous ay, Monsieur, veu picquer vos chevaux, et me semblez estre collé dans la selle. Aha ! ces chevaux vont comme le vent et tombent comme la gresle.
DIEGHOS.
Doncques, que penses-tu que devenoient ces dames quand elles me voyoient ainsi ?
GASTER.
Mais laissons celles de Naples ; parlons des nostres d'icy. Quand vous allez par la ville, elles ne bougent l'œil de dessus vous, et disent entre elles : O ! quelle contenance et grace de gentilhomme ! O ! comme il est richement et proprement vestu, et en bonne conche ² ! Que son cas est droit et leste ! Qu'il doit estre de quelque haut lieu ! Regardez quelle suitte il a ! Et puis elles m'appellent et me demandent qui vous estes.
DIEGHOS.
Et que leur responds-tu ?
GASTER.
Non pas ce que je doy, mais ce que je puis dire : car vostre vertu surmonte toute louange. Mais quoy ! Par toutes les compaignies où je me trouve, soit en nopces ou autres festins, je ne leur oy parler que de vous. L'une dict que vous estes beau ; l'autre, que vous estes d'une des bonnes maisons d'Espagne, et qu'elle a ouy dire que vous vivez très magnifiquement, et qu'estes tant liberal et honneste qu'il n'est possible de plus. Ha ! dict une autre, si vous le voiez en compagnie de femmes, comme je le vis l'autre jour, vous seriez toute esbahye comme il tient bon propos. Certainement il monstre qu'il a esté bien nourry ³, et si quant à la langue vous ne le jugeriez estranger, car il parle aussi bon françois qu'un François naturel. Mais qu'est-ce que je n'oy poinct dire de vous ?
DIEGHOS.
Il est vrai, Gaster, que devant hyer je fuz chez

1. Petit cheval d'Espagne, qui servait surtout aux parades.
2. *Arrangement*, de l'italien *concia*, ou *concio*, qui a le même sens.
3. Bien élevé.

un gentilhomme où estoient assemblées plusieurs dames aussi belles que j'en aye veu en ceste ville, et quand j'entray elles se levèrent toutes; je les baisay l'une après l'autre, et je m'assis parmy elles, puis commençasmes à deviser et tenir propos de plusieurs choses; il me sembla bien qu'il y en avoit une des plus belles qui eut tousjours l'œil sur moy, et quand je la regardois elle devenoit un peu rouge.

GASTER.

De quel age est-elle?

DIEGHOS.

D'environ seize ans.

GASTER.

Vous enquistes-vous poinct où elle se tient?

DIEGHOS.

Ouy, et me dict-on que c'est là auprès d'où nous estions, en la mesme rue.

GASTER.

Et où estoit-ce?

DIEGHOS.

Près de l'eglise Nostre-Dame.

GASTER.

A! c'est ceste-là pour vray qui parloit de vous tant honorablement; je cogneu bien aussi qu'elle estoit ferue [1], que c'estoit amour qui luy faisoit proferer ces parolles.

DIEGHOS.

Je le pense.

GASTER.

Il est ainsi...

DIEGHOS.

C'est quelquefois grand peine d'estre si aymable : car on n'est que trop pressé, et ne sçauroit-on departir son amour en tant de lieux.

GASTER.

Vous y fourniriez bien, Monsieur, si n'estoit la seignore Angelique, qui vous ayme tant qu'elle vous veut tout pour elle.

DIEGHOS.

Mais comme est-il possible que deux choses si contraires puissent estre si bien en moy, et que je les conduise si dextrement qu'on ne sçauroit dire en laquelle je suis plus excellent?

---

1. Frappée, du latin *ferire*.

GASTER.

Et qui sont-elles?

DIEGHOS.

Ne le sçais-tu pas?

GASTER.

Non, pas encore.

DIEGHOS.

Et tu as bien peu d'esprit : les armes et l'amour.

GASTER.

Ha! il est vray, je ne m'en advisois poinct.

DIEGHOS.

Et quoy! n'as-tu point ouy conter de mes faits d'armes?

GASTER.

Souventes fois.

DIEGHOS.

Ce que j'ay fait en toutes les guerres de mon temps? O! si tu sçavois en quelle estime m'avoit le marquis [1]! Sa Majesté Catholique n'en a point de plus brave. Tu n'as pas entendu comme j'acoustray à Naples ce desesperé qui faisoit du Rodomont, qui se vantoit n'avoir son pareil! C'est la cause pourquoy je suis icy.

GASTER.

Si ay, si : vous l'envoiastes où il falloit.

DIEGHOS.

Et de quelle sorte! Combien de fois ay-je combatu en camp cloz, et combien d'entreprises ay-je mises à fin! Si tu sçavois le nombre des batailles où je me suis trouvé, et les grands dangers que j'ay passé, et de tous suis sorti à mon honneur!

GASTER.

Et bagues saulves [2].

DIEGHOS.

Et quoy donc! Et s'y ay gaigné de tous butins, desquels ne me suis voulu enrichir, ains les ay departis aux soldats.

GASTER.

Regardez combien peut la prudence et le courage en un homme valeureux! Si vous n'eussiez

1. Le marquis de Pescaire, qui commanda longtemps en Italie pour l'Espagne, et faillit être roi de Naples.
2. On disait : « sortir vie et bagues sauves, » lorsqu'après la capitulation d'une place on avait permission d'en sortir avec tout ce qu'on pouvait emporter.

esté de tel cœur, c'estoit assez pour y laisser les bottes.

DIEGHOS.

Je voudrois que tu m'eusses veu quand il est question de quelque bonne affaire, et quel je suis estant armé de toutes pièces ! Tu me vois bien à ceste heure paisible et aimable, tellement que je te semble un petit ange, ou plustost un petit Cupidonneau ; c'est pourquoy je porte en ma devise une abeille, avec ces mots : *Frezia y miel*, voulant donner à entendre, par la flèche et le miel, que je suis brave guerrier et amoureux tout ensemble ; auparavant je portois une autre devise : *Mas honra que vida* [1].

GASTER.

Proprement.

DIEGHOS.

Je suis bien lors aussi furieux et terrible, de sorte qu'il n'y a si brave qui ne tremble devant moy cent pieds dans le corps. As-tu jamais veu painct le dieu Mars ?

GASTER.

Qui ? mardi-gras ?

DIEGHOS.

Ha ! ha ! ha !

GASTER.

Qui donc ? Celuy qu'on dict le dieu des batailles ? N'est-ce pas cestuy-là qui est pourtraict en une medaille que vous portez au bonnet [2] ?

DIEGHOS.

C'est luy-mesme ; me voyla tout faict.

GASTER.

Il me semble bien ainsi : comme une omelette de deux œufs.

DIEGHOS.

O ! s'il y avoit quelque tournoy en France cependant que j'y suis !

GASTER.

Vous triompheriez bien !

---

1. Fanfaronnade espagnole : « plus d'honneur que de vie. »
2. La mode de porter au bonnet ce qu'on appelait des *enseignes*, petites figures ou médailles, d'or, d'argent ou de plomb, comme les madones de Louis XI, existait encore.

DIEGHOS.

Je ne m'y trouvay jamais que je n'en emportasse le pris.

GASTER.

Je le croy : car je pense qu'il n'y fut oncques ; mais n'est-ce pas vous à qui les lisses furent deffendues à Tollède ou à Castille la Vieille ?

DIEGHOS.

C'est moy-mesme.

GASTER.

Il en advint de l'inconvenient.

DIEGHOS.

Il y en eut qui s'en trouvèrent bien mal, et n'y avoit personne qui n'aymast mieux combattre un autre à outrance qu'avecques moy en tournoy.

GASTER.

Or, rejouissez-vous, j'entens qu'il y en aura un en brief en ceste cour.

DIEGHOS.

Les dames y seront-elles ?

GASTER.

Toutes aux fenestres et sur des eschafaux, louans et estimans ceux qui feront bien.

DIEGHOS.

Je n'y seray pas oublié.

GASTER.

Vous y serez cogneu comme un oyson parmy les cygnes... Je voulois dire comme un cygne parmy les oysons.

DIEGHOS.

Ha ! je voyois bien que tu faillois. Mais pourrois-je point trouver quelque bonne fortune parmy les dames de la cour, qui sont tant estimées et de si bonne volonté ?

GASTER.

Cela ne vous peut faillir : il n'y a rien qui tant gaigne les cœurs des honnestes dames que de voir un homme vaillant et qui est aymé de plusieurs aultres, car elles sont envieuses de leur nature, et veulent sçavoir par effect d'où vient la cause de cest amour.

DIEGHOS.

Je ne suis donc pas mal. O ! que ie donneray de rudes coups !

GASTER.

Vous les donnez rudes quand il vous plaist, et quand il vous plaist les sçavez bien adoucir, ce disent les femmes.

DIEGHOS.

Madame Angelique en sçauroit bien que dire. Mais envoyeray-je voir ce qu'elle faict et comme elle se porte, si elle est de loisir que j'y puisse aller ?

GASTER.

Il ne sera que bon.

DIEGHOS.

Or, va-y donc, Gaster ; baise-luy la main de ma part.

GASTER.

Et ce pendant, que ferez-vous ?

DIEGHOS.

Je m'en vay promener à l'eglise.

GASTER.

Et quoy ! voulez-vous aller ainsi avec ce petit bout de laquais ?

DIEGHOS.

Ho ! tu dis vray, je ne m'en advisois poinct. Où sont tous mes estaffiers ? Ils me laissent tousjours seul. Juro Dios ! je les mettray un jour hors de ce monde.

GASTER.

A ! je m'en vois là.

DIEGHOS.

Va, et revien bien tost, et me viens trouver à l'eglise où je t'attendray.

SCÈNE IV

GASTER, *seul*.

Par Nostre-Dame ! je luy en ay bien donné ! C'est un tel homme qu'il me le faut. Il est venu à la bonne heure ; jamais chose ne me fut mieux à propos. Ce pendant que je l'ay entre mes mains, je le manieray de bonne sorte, à courbettes et à passades. Il m'en faut icy arracher ce que je pourray : on tire d'un mauvais payeur tout ce qu'on peut, car je ne le veux suivre à Naples ny en Espaigne.

C'est un grand cas : l'on dict que ceux de son pays sont avaricieux et marranes [1], et j'ay faict cestuy-cy en peu de temps le plus liberal du monde. Mais ce n'est rien de nouveau, j'en ay bien manié d'autres plus habiles et plus haut huppez que luy ! Quand j'ay abordé quelqu'un, il est bien fin et cauteleux s'il m'eschappe sans laisser de la plume. On m'appelle Gaster : je fais tout pour le ventre. Gaster est le premier maistre aux arts et aux arbalestes. On m'appelle l'extravagant [2] : vous sçavez assez pourquoy. Aussi m'appelle-on Bastien, non sans cause : car je bastis des finesses nompareilles, mesmement à ceux qui sont tels que mons Dieghos. La plus part des gens qui me cognoissent s'esbahissent de mon fait, me voyant si bien nourry et si bien en ordre, veu que je n'ay rente, maison ny buron [3], et si n'exerce nulle marchandise ny autre art qui paroisse publiquement devant les gens. Dieu gard le bon homme qui n'a ni vaches ni moutons et se vest de la laine de ses brebis ! Les uns pensent que je fais l'alchimie et que je soufle le charbon [4]; les autres, que j'ay trouvé quelque tresor; ceux qui me cognoissent un peu de plus près, et à la verité, disent : C'est un gallant, c'est un donneur de bons jours [5]; il va çà et là affronter les seigneurs, et arracher d'eux ce qu'il peut; et ne se contente de cela, il s'aide encor d'un autre mestier. Et m'appellent d'un nom qu'ils estiment vil et deshonneste : C'est un faiseur de messaiges, un ambassadeur d'amour, un poisson d'avril; et par là me mesprisent. O ! l'ignorance et sotize du peuple ! Il n'y a art si profitable au monde ny moins subject aux inconveniens de fortune ; et qu'on l'appelle comme l'on vouldra, art de flaterie, bouffonnerie, macquerelage ou autrement, il ne m'en

---

1. Traîtres. C'est le nom qu'on donnait en Espagne aux Juifs et aux Maures convertis.
2. V. la note ci-dessus.
3. Pauvre cabane, poor cottage, dit Cotgrave. C'est encore le nom qu'on donne en Auvergne à des espèces de chalets de montagne.
4. On nommait souvent les alchimistes souffleurs. Hamilton appelle leurs fourneaux et engins « l'attirail de la soufflerie. »
5. Un officieux, de qui l'on ne tire que des politesses, des bondies, comme dit Régnier : « On ne rapporte de la cour que des bonjours enflés, » dit la Satire Ménippée.

chaud¹ du nom, pourveu que le profict y soit, comme il est à bonnes enseignes. Et si n'y a pas grand peine, car c'est proprement ma nature, et y prens plaisir, sinon qu'au temps present il y a trop de gens, et des plus grands, qui s'en meslent. Il ne me fault point lever devant le jour pour travailler, comme font les autres artisans, qui se tourmentent le corps et l'ame depuis le matin jusques au soir; je ne me mettray point au danger de la mer et de la terre, comme font les marchans pour leur traficque et les soldats pour la guerre; je n'ay le soin des procès ni des querelles d'autruy. Ma vie est bien d'une autre façon : je me mets à suivre quelque jeune seigneur nouveau venu; j'ay tousjours le mot de gueule², et me dedie à luy complaire en tout ce qu'il veut, et luy advoue tout ce qu'il dict et faict. S'il se vante d'estre homme de guerre, je le fais un Achille; s'il se donne à l'amour, je le fais un Paris; si aux lettres, un Aristote, et ainsi de toutes autres choses; où je voy que son humeur l'encline, je m'accommode. Si c'est à l'amour, je me mets à faire pour luy quelque ambassade aux dames, où il y a du plaisir de parler à elles et estre souvent en leur compaignie, entendre leurs menées et astuces, et puis paistre ³ l'oiseau de mensonges, luy donner mille bourdes, luy faisant acroire ce qui n'est ny ne sera jamais, et par ce moien je deviens son favori; il me tient pour son compaignon, il me porte luy-mesme en croupe et me donne tout ce que je luy demande, me faict servir assis à table auprès de luy; s'il y a quelque bon morceau, il est mien; du bon vin, j'en ay ma part; et me tient si cher, qu'il aime mieux mon amitié que du plus grand personnage de France, comme a faict le seigneur Dieghos, lequel dès que je eus acointé au commencement qu'il arriva en ceste ville (car je suis tousjours adverti des nouveaux venuz), il me fit de grandes caresses et me presenta sa maison, me disant qu'il se vouloit gouverner par moy. Dieu sçait si je faisois lors le gracieux à le remercier et luy offrir mon service,

1. Il ne m'importe.
2. Invitation de gourmandise.
3. Régaler.

avecques les reverences acoustumées! Dès lors nous nous commençames d'aprivoiser, si bien que dans peu de jours je descouvris l'humeur et le naturel du pellerin, et, le voiant un peu subject à l'amour, je le mettois souvent en propos des dames de ceste ville, luy disant qu'elles sont volontaires à aimer les estrangers, specialement gens de sa sorte; de là j'entray en ses louanges, et peu à peu m'insinuay si fort en sa bonne grace qu'il croit du tout en moy, et ne faict rien que par mon conseil. Je m'accorde si bien avecques luy que nous sommes tousjours de mesme opinion : s'il fait bonne chère à quelqu'un, et moy aussi; s'il se courouce à luy, et moy encores plus; s'il dit *Juro dios, veillaca*[1]! et moy *Pesardios, gloton chocarero!* Par ce moyen je gouverne sa maison et sa bourse; et Dieu sçait si je m'oublie! Charité bien ordonnée commence par soy-mesme. Tous les gens de mestier, comme tailleurs, cordonniers, pasticiers, taverniers, rotisseurs, drappiers et autres marchans, qui par mon moyen gaignent avecques luy, me saluent, me font honneur, me viennent au devant comme si j'estois quelque grand seigneur. Voilà l'excellence de mon mestier, et le blasme qui voudra. De moy, je pense fermement que c'est la vraye pierre philosophale, que les anciens ont tant cherchée. Mais, ce dira quelqu'un, cela ne peult pas tousjours durer. Quand l'Espaignol s'en sera allé, que feras-tu? Quand je l'auray perdu, j'en recouvreray d'autres : il y a plus d'un asne à la foire; le monde n'est point despourveu de telle manière de gens. J'en ay, Dieu mercy, tousjours eu entre les mains; Paris produict assez de pareilles adventures, car il n'y a guère gentilhomme ne autre qui n'y vienne faire son apprentissage, soit François ou estranger. Il faut payer son becjaune[2], c'est la cause que je m'y trouve si bien. Mais que fais-je icy? En parlant je me pers, et j'oublie l'ambassade qu'il me faut faire à la seignore Angelique. Or il me semble que c'est là Beta,

---

1. *Valaque*, terme de mépris, parce que les *zingari*, ou bohémiens, venaient presque tous alors de la Valachie. Dans quelques provinces on dit encore *veillac* ou *vaillac*, pour mauvais sujet, voyou.

2. Sa bienvenue, comme dans les colléges, où le régal, donné par tout nouvel arrivant, s'appelait *bejaunium*, selon Du Cange.

sa servante, qui vient en çà. Je l'attendrai ici; elle me dira des nouvelles de sa maistresse.

ACTE DEUXIÈME

SCÈNE I

GASTER, BETA.

GASTER.
Bien soit trouvée celle qui est la vraye bonté du monde, et que j'aime comme moi-mesme! O Beta! Dieu vous gard et vous doint accomplissement de vos desirs! Il me semble que de jour en jour vous devenez plus jeune.

BETA.
Qui est-ce? Ha! maistre Travagant, estes-vous là? Bon jour! Je m'esbahissois bien qui estoit ce beau harangueur! Vous n'avez pas encore laissé voz mocqueries accoustumées?

GASTER.
Qu'appelez-vous mocqueries?

BETA.
Ce que vous dictes.

GASTER.
Quoy? que devenez jeune? Je ne dis rien qu'il ne me semble ainsi. A-vous point esté à la fontaine de Jouvence? Auriez-vous point quelque amy qui vous fist ainsi rajeunir, ou n'uzeriez-vous point de ces fards à la napolitaine?

BETA.
Quels fards?

GASTER.
Dont les dames de Naples usent. J'entens qu'en ce pays-là une femme de cinquante ou soixante ans, par le moyen de certaines drogues, s'accoustrera si bien qu'elle semblera n'en avoir que vingt-cinq, tant elle se monstrera belle et fresche. Que pleust à Dieu en eussé-je pour les nostres d'icy!

j'en ferois bien mon profit! je vendrois bien ma poudre d'oribus [1] !

BETA.

De belles! On vous en a bien baillé d'une! C'estoit quelqu'un qui en avoit de deux. Ce ne sont que toutes bayes; c'est seulement l'air du païs qui fait cela.

GASTER.

Je l'ay entendu tout autrement, Beta, et si vous me pouviez enseigner ce secret, je vous ferois riche. On commence fort à se sublimer [2] en France.

BETA.

Laisse-moi, je te prie, tu ne fais que m'importuner.

GASTER.

Où allez-vous si tost? Revenez, je n'en parleray plus. Dictes-moi, que faict la seignore? Mon maistre m'envoye sçavoir de ses nouvelles. Est-elle à sa maison, seule ou accompaignée?

BETA.

Voilà un bon propos! Comme si elle avoit accoustumé d'estre accompaignée! Et quelle compaignie penseriez-vous qu'elle eust, si ce n'est de sa fille et de Cornelie, ma compaigne? Que vous puisse advenir ce que vous meritez, tant vous estes fascheux et mal parlant! Je croy qu'en ceste ville n'y a une pire langue!

GASTER.

Ha! ne vous courroucez pas! Je n'entendois que de celles-là.

BETA.

Sçait-il bien accoustrer son cas! Je suis bien folle de m'amuser à tes paroles.

GASTER.

Arrestez-vous un peu, c'est à bon escient. Le seigneur dom Dieghos m'a envoié voir si elle est empeschée, et s'il y peut aller à ceste heure.

BETA.

Elle est empeschée.

---

1. Faite de résine pulvérisée, et vendue comme remède par les charlatans. C'était d'abord un des noms de la « poudre de projection » employée par les alchimistes; peu à peu il était tombé en moquerie, comme tout ce qui se rapportait à la pierre philosophale.
2. Se mettre du fard, où il entrait du *sublimé*, de l'arsenic.

GASTER.

Ho! je m'en doutois bien. Et quelle affaire est-ce qu'elle a?

BETA.

Vous sçavez qu'il a pleu tousjours dempuis trois jours en çà, et qu'aujourd'huy s'est monstré un beau soleil, qui est cause que de grand matin elle s'est mise à laver sa teste [1].

GASTER.

J'entens bien : elle n'est pas à la maison ; elle s'en est allée pourmener ; elle dort ; elle s'accoustre ; elle fait la blonde ; elle se baigne ; elle disne ; elle se trouve mal ; elle a des occupations ; elle a plus d'affaires que le legat. Voilà tousjours vos excuses ; et ce pendant le jour se passe, et les pauvres amans ont la trousse.

BETA.

Ouy ; que nous vous avons souvent usé de ces termes, vous en devez bien parler ! C'est grand' peine d'avoir affaire à gens si soupçonneux. Si vous ne me voulez croire, allez le voir.

GASTER.

Ha! Beta! ne vous mettez point en colère, je suis trop de vos amis ; mais dictes moy pour vray, n'y pourra-il aller d'aujourd'huy ? Il me semble que sur le soir il n'y aura point de danger.

BETA.

Ma foy, Gaster, il vaudra mieux attendre à demain : car le reste du jour elle l'emploiera pour quelque depesche qu'elle fait à Naples.

GASTER.

A demain?

BETA.

Ouy, il vaut mieux.

GASTER.

A demain, soit.

---

1. Les femmes d'Italie, surtout de Venise, dont la coquetterie était de se faire blondes, se lavaient la tête « avec diverses sortes d'eaux ou compositions faites exprès, » et se faisaient ensuite sécher les cheveux par un grand soleil. La 119ᵉ figure du livre de Cesare Vecellio, *Habiti antichi et moderni*, 1598, in-fol., représente une Vénitienne pendant cette occupation.

SCÈNE II

GASTER, seul.

Que j'ay trouvé Beta bien à propos ! S'il m'eust fallu aller jusques à la maison d'Angelique, je n'eusse pas eu assez de temps pour visiter Mathuon, nostre paticier, qui en venant icy m'a faict signe que je l'allasse voir. Je croy qu'il est pourveu de quelque bonne friandise ; j'ay tousjours quinze aunes de boyaux vuides pour festoyer mes amis. Je m'en iray là recreer un peu ma personne, ce pendant que mon Dieghos se pourmenera à l'eglise, attendant ma venue, et puis je le payeray de belles bourdes et billesvesées, comme j'ay accoustumé.

SCÈNE III

AUGUSTIN, BETA.

AUGUSTIN.

Qu'est-ce que j'ay veu ? qu'est-ce que j'ay ouy ? Que n'estoy-je sans yeux, sans aureilles ! Pourquoy me suis-je tant hasté pour trouver ce que je ne cherchois point, pour entendre ces beaux mots que Beta a dit à ce galand : A demain ! à demain ! Ce n'est pas sans quelque menée, puisque cest homme de bien, Gaster, est de la partie : c'est à luy qu'elle parloit. Ne suit-il pas ce gentil-homme espaignol qui faict tant de profession d'aymer ? Il me semble que ouy. Je l'ay veu souvent avecques luy. Ha ! c'est cela, j'en ay tout du long ; il ne me falloit autre chose pour m'achever de paindre !

BETA.

Je croy que voilà le seigneur Augustin qui vient en çà pour entendre ma responce ; aussi est-ce. Il est tousjours triste et pensif ; je le feray bien aise à ceste heure, quand je luy diray les bonnes nouvelles que je luy porte.

AUGUSTIN.

O Dieu ! qu'estrange est ma fortune ! En lieu de

sortir de la peine d'amour par jouissance, j'entre au tourment de jalousie pour souffrir encores plus.
BETA.
Qu'est-ce qu'il dict de jalousie? Il me faut un peu escouter cecy; il me semble que ces propos s'adressent à nous : ce sont pierres jetées en nostre jardin.
AUGUSTIN.
N'estoit-ce pas assez d'un mal, sans en avoir deux? O Angelique! tu es bien née en ce monde pour me tourmenter! J'estimois que ton refus procedast de chasteté et d'amour que tu portasses à ton feu mari; mais j'estois bien loing de mon compte!
BETA.
Qu'est-ce qu'il veut dire? Auroit-il bien entendu quelque chose?
AUGUSTIN.
C'est pour ce que ton amour estoit en un autre; je le cognois maintenant à l'assignation.
BETA.
J'ai peur qu'il ne m'aie veu parler à Gaster, et en ait pris quelque martel de quoy vienne son malcontentement. Je m'en vois droict à luy, et luy osterai, si je puis, ceste opinion... Or, sus, seigneur Augustin, chassez de vostre teste toute fascherie, je vous porte aussi bonnes nouvelles que les sçauriez souhaiter : ma maistresse m'envoie devers vous, et se recommande à vostre bonne grace, et vous prie que la veniez voir; elle n'est plus ennemie de l'amour comme elle souloit, mais se tient du tout vaincue, et vous aime uniquement.
AUGUSTIN.
Ha Beta! que dictes-vous?
BETA.
La verité.
AUGUSTIN.
Elle m'aime?
BETA.
Plus que je ne sçauroys exprimer.
AUGUSTIN.
Or fust-il ainsi!
BETA.
Ainsi est-il.

AUGUSTIN.

Je n'en crois rien.

BETA.

Et pourquoy ?

AUGUSTIN.

Pour ce que j'ai veu le contraire.

BETA.

Et qu'avez-vous veu ?

AUGUSTIN.

Elle en aime un aultre.

BETA.

Ha Dieu ! ostez cela de vostre fantaisie !

AUGUSTIN.

Je le sçay pour certain.

BETA.

Et comment ?

AUGUSTIN.

Je le vous diray.

BETA.

Dictes doncques ; je suis bien asseurée qu'il n'en est rien, et que ce ne sont que toutes resveries qui entrent aux cerveaux de vous aultres jeunes gens, et vous semble souvente foys ouyr ce que vous n'oyez point, et voir ce qui n'est, ny ne fut oncques, ny ne sera.

AUGUSTIN.

Ha ! pleust à Dieu qu'il fut ainsi ! Mais j'ai trop veu et trop ouy : les pauvres amoureux, Beta, ont les aureilles grandes et les yeux qui voient cler et de loing, de sorte qu'ils entendent souvent ce qu'ils ne vouldroient poinct, comme j'ay fait venant icy.

BETA.

En quoy ?

AUGUSTIN.

N'ay-je pas veu un homme qui parloit à vous ?

BETA.

Il est vray.

AUGUSTIN.

Qui est-il ?

BETA.

C'est un homme de ceste ville.

AUGUSTIN.

Où se tient-il ?

BETA.
Icy près.
AUGUSTIN.
Avecques qui?
BETA.
Avecques un gentilhomme espaignol.
AUGUSTIN.
A! velà le poinct. Comme a-il nom?
BETA.
Attendez... Ma foy, je ne le sçay guères bien.
AUGUSTIN.
N'est-ce pas Gaster l'Extravagant?
BETA.
Je croy que ouy.
AUGUSTIN.
Jean, c'est mon comte. Or, quelle assignation luy avez-vous donnée à demain?
BETA.
Ha! seigneur Augustin! est-ce là ce qui vous trouble ainsi? Est-ce l'occasion d'où procède vostre fascherie? C'est peu de chose.
AUGUSTIN.
Que m'appelez-vous peu de chose?
BETA.
Ouy: car l'affaire ne va pas comme vous pensez; je vous en conteray la verité, et quand vous entendrez le tout, je suis certaine que vous serez content.
AUGUSTIN.
A grand peine.
BETA.
Si serez; vous le verrez.
AUGUSTIN.
Or, sus donc; je vous prie, contez-le-moy.
BETA.
C'est Espaignol avec lequel est l'homme à qui j'ay parlé est d'une grande maison, et a de riches parens.
AUGUSTIN.
C'est mauvaise nouvelle pour moy.
BETA.
Son père se tient à Naples, là où cestuy-cy a demeuré longuement.
AUGUSTIN.
Encores pis.

BETA.

Et ayant entendu que ma maistresse estoit de ce païs-là, il a souvent cherché les moiens de parler à elle et prendre sa cognoissance.

AUGUSTIN.

Ce qu'il a faict.

BETA.

Non a, non; oyez, si vous voulez, la fin.

AUGUSTIN.

Or dictes.

BETA.

Il m'a souvent fait dire, ainsy que j'allois par la ville pour le service de ma maistresse, qu'il avoit faict si bonne chère à Naples, et y avoit receu tant de plaisir, qu'il aymoit comme ses propres frères ceulx qui en estoient, prenant grand plaisir quand il en trouvoit quelqu'un, et plusieurs autres belles parolles, me faisant faire tout plein de promesses.

AUGUSTIN.

J'entens bien : il fut pris au mot.

BETA.

Elle n'en a jamais tenu compte ny n'a voulu son accointance, et a tousjours cherché quelque defaicte; maintenant j'ay trouvé son homme, qui me parloit de cela, et pour me depêtrer bien tost de luy et vous venir trouver, ne aiant à ceste heure autre moïen, je l'ay remis à demain pour luy faire responce si son maistre la pourroit venir voir ou non, et alors on trouvera quelque autre excuse.

AUGUSTIN.

Pleust à Dieu qu'il en allast ainsi!

BETA.

Ma foy, je vous ay conté ce qui en est.

AUGUSTIN.

Je le desire tant, Beta, m'amie, que je ne le puis croire, et crains grandement qu'elle ayme cest Espaignol, et, l'aymant, qu'elle ne me puisse aimer. L'amour ne se peut porter en deux, et si ne peut souffrir compagnie. O divine Angelique! si vostre affection estoit esgalle à la mienne, je serois bien hors de ceste peine!

BETA.

Esgalle est-elle pour le moins, et pense, s'il y a du plus, qu'il est de son costé, d'autant que les

femmes aiment plus affectueusement et ardemment que les hommes.
AUGUSTIN.
Ce n'est pas en mon endroict.
BETA.
Quelle opiniastreté ! Il vous faudra quelque bonne preuve pour le vous faire croire. Depuis quand est-ce qu'à Paris on ne veut faire credit que sur bon gage? Laissons doncques les paroles, et allons vers la seignore, qui vous en asseurera par effect.
AUGUSTIN.
Y dois-je aller, Beta, ma grand amie? A quoy m'en dois-je tenir? Car les paroles sont femelles et les effects sont masles.
BETA.
Mais hastons-nous : il envie tant à qui attend !
AUGUSTIN.
Il me semble que je l'ay entrevüe à la fenestre. O ! le doux fare[1] de mes yeux !
BETA.
Peut bien estre : elle regarde si nous venons.
AUGUSTIN.
C'est un grand cas ; si tost que de loing je l'ai veüe, un frisson m'a pris, de sorte que je tremble tout.
BETA.
Ayez bon courage ; quand vous serez près d'elle cela vous passera, vous trouverez du feu qui chassera ce froid ; mais il vaut mieux que je me mette devant, et vous attendray à l'huis, afin qu'on ne nous voye entrer ensemble.
AUGUSTIN.
Allez doncques. Je vous suis pas à pas.

SCÈNE IV

AUGUSTIN, *seul*.

A combien de troubles et changemens soudains est subjecte la condition des amans ! Qui ne l'a essaié ne le peut comprendre. Après une longue

---

1. Phare, clarté.

tempeste j'avois trouvé la mer calme et tranquille pour l'esperance que je prins aux promesses de ceste servante, et en un instant le vent furieux de jalousie m'a remis en tourmente; puis le temps s'est rendu un peu plus serain, le vent m'a donné en pouppe, qui me fait surgir au port tant desiré, mais non sans que la peine ne se mesle avecques le plaisir et la crainte avec l'esperance. En amour y a guerre, trèves, paix, mort et vie, qui règnent tour à tour. Je verray quelle en sera la fin.

SCÈNE V

SIRE AMBROISE, vieillart marchant de Paris, et JULIEN, son facteur.

AMBROISE.

Il est bien vray ce qu'on dict communement, que des choses que l'on tient les plus chères, on en a souvent le plus d'ennui. Je le vois en moy, Julien, qui ai mon fils aisné, que j'aime comme ma vie, que j'esperois devoir estre le baston de ma vieillesse, et toutefois il ne me donne que desplaisir.

JULIEN.

Si vous est-il autant tenu, sire, que fils fut onc à père.

AMBROISE.

Tu sçais comme je l'ai faict nourrir soigneusement, premièrement aux lettres, puis au louable exercice de marchandise, affin de conserver et accroistre les richesses que je luy ay acquises : en quoy il a si bien profité, que j'ai eu occasion de m'en contenter; mais à ceste heure, que je devrois me reposer et luy prendre la peine de nos affaires, il meine une vie oysive, sans avoir soing de rien, et, qui pis est, je ne le voy comme poinct, qui me faict mal penser, car ceulx qui faillent craignent tousjours la presence de ceulx qui les peuvent corriger et reprendre.

JULIEN.

Il seroit bon y adviser de bonne heure, sire : car nostre trafic se pourroit bien perdre et aneantir par ceste negligence et faineantise, et fault que je vous die, puisqu'il vient à propos, que vostre bien se diminue, ce que je ne vous voulois aussi plus celer, estant vostre principal serviteur, en qui vous avez le plus de fiance; et vous diray plus fort, j'ay entendu qu'il commence à s'endetter.

AMBROISE.

Ho! je m'en doubtois bien, que la fin n'en seroit pas bonne; mais d'où peut venir cela?

JULIEN.

Il n'est poinct joueur. Je ne le vois jamais jouer qu'à la paulme pour exercice, et pour le soupper de ses compagnons.

AMBROISE.

Ny n'est subject à gourmandise ny paillardise, qui sont les moyens pour s'apauvrir.

JULIEN.

Je ne m'aperceus jamais qu'il fust vicieux, ne qu'il hantast mauvaise compagnie, mais tousjours avecques jeunes hommes de sa sorte, desquels il acqueroit amitié et louange, sans aucune envie.

AMBROISE.

Tu dis vray; aussi je m'en resjouissois grandement, et s'il leur faisoit quelque honneste present, j'en estois bien ayse. Mais d'où vient ce changement? où est-ce qu'il hante?

JULIEN.

Je ne le sçaurois dire au vrai, il se cache de nous tous, et mesmement de moi; si est-ce qu'on m'a dict qu'il va souvent chez une Neapolitaine qui est logée au fauxbourg Sainct-Germain [1].

AMBROISE.

Ha! par Dieu! tu as trouvé le mal. Il ne s'en fault plus enquerir, c'est cela. Se met-il sur l'amour, nous sommes freschement [2]! Voilà la ruine de nostre maison, qui n'y mettroit remède; voilà d'où vient la maigreur et la palleur qui se voit en son visaige. Il a trouvé quelque terre malaisée à labourer, puisqu'il y laisse la couleur et la substance. Il a de l'aage pour se gouverner; quant à mes biens, je y donneray bon ordre. Seroient-ce point les menées de ce mauvais garçon Loys? A ce que j'entens, il

1. C'était alors le quartier des étrangers, surtout du côté du Pré-aux-Clercs.
2. Nous voilà bien, nous voilà *frais*, comme on dirait aujourd'hui trivialement.

est son favori, mesmement depuis qu'il revint avec luy de la court, il y a un an. Il est, ce crois-je, bien ayse de se retirer de la marchandise, affin d'avoir occasion de ne rien faire.

SCÈNE VI

LOYS, *seul*.

J'ay ouy le sire Ambroise tout mal content. Ce pourroit bien estre contre moy, car je me suis ouy nommer. Ce n'est point mocquerie, il s'en vient droit à moy. Il ne faut pas qu'il me trouve despourveu de responce.

SCÈNE VII

AMBROISE père, LOYS, JULIEN.

AMBROISE.

Voicy nostre galland. Ne faict-il pas bonne mine! Vous diriez qu'il ne sçauroit troubler l'eau. Si faut-il qu'il me dise la verité, ou qu'il face son conte de ne se trouver jamais devant moy. Je commenceray doucement, sans faire semblant de rien. O Loys! d'où viens-tu?

LOYS.

Sire, je viens d'avec mon maistre.

AMBROISE.

Où l'as-tu laissé?

LOYS.

Aux Cordeliers, oyant la messe; et de là il s'en va où vous sçavez.

AMBROISE.

Et tous ces autres jours passés, où a-il esté, que je ne l'ay point veu?

LOYS.

En bonne compaignie, avecques gens de bien qui luy peuvent beaucoup ayder et à vostre maison.

AMBROISE.

Quelles gens sont-ce?

LOYS.

Ce sont des seigneurs de la court qui sont naguères venus en ceste ville.

AMBROISE.

Et quelle affaire avoit-il avec eux?

LOYS.

Du temps qu'il a esté à la court par vostre commandement, il leur a vendu plusieurs choses, quelquefois à credit, et quelquefois argent content, leur delivrant tousjours tres bonne marchandise, à pris raisonnable. Par ce moyen, il a si bien gaigné leur amitié, qu'ils luy veulent à present beaucoup de bien et en font cas. J'ay veu souvent qu'ils luy ont fait de bonnes offres. Maintenant qu'ils sont en ceste ville, il n'a voulu faillir de les aller voir, et leur tient bonne compagnie pour entretenir leur amytié. Ce n'est pas tout d'aquerir des amis, il les faut garder.

AMBROISE.

Et bien! quel profit en peut-il avoir?

LOYS.

A! sire, vous l'entendez trop mieux que moy!

AMBROISE.

Et comment?

LOYS.

N'estimez-vous rien avoir accointance avec gens d'auctorité et de credit? Premièrement, vous leur vendez mieux vos marchandises que aux autres, car estant nourris aux grandeurs, ils ont le cœur plus grand et sont plus liberaux; davantage vous aquerez un appuy, un support contre vos ennemis pour le repos de la vieillesse, et à vos enfans donnez le moyen d'esperer des estats et des benefices, s'ils sont gens de bien, ce que tous vos escuz ne sçauroient faire. Mon maistre ne bastit pas seulement ce dessein pour luy, mais plus pour son jeune frère, qui pretend à l'Église.

AMBROISE.

Et où sont-ils logez?

LOYS.

Près du Palais.

AMBROISE.

Si n'est-il pas tousjours en ces quartiers-là : on le voit quelquefois aux fauxbourgs Sainct-Germain.

LOYS.

Quelquefois pour s'esbatre en ces beaux jardins qu'on y faict de nouveau[1].

JULIEN.

Il se garde bien de se coupper, le finet! Je n'ouis jamais mieux dire.

LOYS.

Je dy ce que je sçay.

AMBROISE.

Ha! gallant, il s'en faut beaucoup. Me penses-tu si lourdaut de te croire? Je sçay comment tout va. N'y a-il pas une Neapolitaine qui se tient là? Ce sont les gentilshommes à qui il delivre sa marchandise à credit... Il en aura bon payement, en bonne monnoye.

LOYS.

Je vous diray, sire, et ne vous veux point mentir, mon maistre prevoit de loin à ses affaires pour le temps advenir, et, pour ce que la profession des marchans est d'aller en diverses regions chercher leur adventure, et estant l'Italie voisine et plus commode à son trafic, à cause des soyes, il a desiré en sçavoir le langage pour plus dignement et commodement faire son estat. C'est la cause qu'il hante chez ceste Neapolitaine, pour prendre, je voulois dire pour apprendre la langue italienne, et non pour autre chose. Vous le trouverez ainsi.

AMBROISE.

Or, pleust à Dieu qu'elle fust sans langue, affin qu'il ne l'aprint jamais! Je me suis bien contenté de la françoise, et si le vaux bien : jamais les enfans ne vaudront leurs pères. Qu'il en use comme il voudra, je ne m'en veux plus travailler. J'ay assez de biens pour ma vie, et mettray bon ordre qu'il ne les consommera point. Quand à sa personne, je le laisse en sa liberté : aussy ne sçaurois-je qu'y faire. La jeunesse d'aujourd'huy est trop licencieuse et trop sujette à son plaisir pour estre tenue en crainte et obeissance.

---

1. Les plus beaux de tous ces jardins, qu'on plantait alors en effet dans le faubourg Saint-Germain, furent celui du poëte des Yveteaux, rue des Marais, et celui de M. Tambonneau, rue de l'Université, où la Quintinie fit ses premiers essais de jardinage. La rue du Pré-aux-Clercs a été bâtie sur son emplacement.

LOYS.

Je ne vous puis garder, sire, de penser ce qu'il vous plaira; mais, quoy qu'on vous die, je vous veux bien asseurer qu'il vous sera tousjours humble et obeissant fils, comme il doit. Je sçay son intention.

AMBROISE.

J'en croiray ce que j'en verray : si trouvera-il à la fin le bien et le mal qu'il fera. Et toi, Loys, si tu es si prompt à lui obeir et complaire en ses folles entreprises, en lieu que tu luy devrois remonstrer ses fautes comme bon serviteur, je te promets ma foy, et m'en crois hardiment, que tu en auras mauvais loyer. Et toy, Julien, quoy qu'il y ayt, garde, sur la vie, que mon fils n'aye plus rien de ceans, argent ne soyes. Je luy bailleray seulement ce qui luy est necessaire et ce que je ne luy puis refuser pour vivre; et fais entendre de ma part à tous mes autres facteurs [1] et tous mes amys, qu'ils ne luy prestent plus rien s'ils ne le veulent perdre. Par ce moyen, j'assureray mes biens et vivray à mon aise, attendant que je voye s'il s'amendera. Or, va, porte-luy ces nouvelles.

LOYS, *seul*.

Vrayement, le sire Ambroise a bonne raison de vouloir que les opinions et mœurs de son fils soyent semblables aux siennes, et ne considere la difference qu'il y a de jeunesse à vieillesse ! Il est de bonne nature, mais c'est le vice commun de son âge et de tous les vieux, qui mesurent toutes choses par ce qu'ils sont, non par ce qu'ils ont esté, et n'excusent pas en leurs fils les fautes que eux-mesmes souloyent faire. Ils ne louent que leur temps, et disent que tout va en empirant, et ne pensent que ce sont eux et leurs plaisirs qui empirent et diminuent, non le temps ny les choses qui demeurent en mesme estat. Ceux qui s'apprestent de passer en l'autre monde ressemblent ceux qui montent en haute mer, qui pensent que leur navire ne bouge, et que les ports, les villes et les tours s'enfuyent, et au contraire la terre est ferme et stable, et le vaisseau, avec un vent de terre, emporte les navigans. Si faut-il que j'en advertisse mon maistre, mais non de façon qu'il s'en fasche :

---

1. Commis. — Voltaire dit dans le même sens que « Jacques Cœur avait trois cents *facteurs*, en Italie et dans le Levant. » Le mot *factorerie*, qui est resté, en vient.

cela ne serviroit de rien. Il est ce matin allé chez la seignore Angelique, et croy qu'il y est encore. Dieu veuille qu'il ait quelque meilleure nouvelle de sa maistresse que je n'ay eu de son père! Je le vois attendre là auprès, comme j'ay de coustume.

SCÈNE VIII

AUGUSTIN, LOYS.

AUGUSTIN.

J'ay tousjours ouy dire qu'un plaisir longuement attendu est cherement vendu, et je dy que mon plaisir est tel qu'il ne se peut acheter ny estimer; et si l'attente a esté longue, le contentement que j'ay en faict bien la recompense. Mais qui se peut dire aujourd'huy plus heureux que moy?

LOYS.

J'oy de bonnes nouvelles : il faut que j'en aye ma part. Bonjour, Monsieur. Vous faictes bonne chère, à ce que je voy?

AUGUSTIN.

Je me porte assez bien, Loys, et n'ay cause de me plaindre.

LOYS.

Vostre fortune a esté donc meilleure qu'elle ne souloit [1] ?

AUGUSTIN.

Telle que je ne porte envie à prince, roy ny empereur qui vive. O quel plaisir! Qu'est-ce que jouer? qu'est-ce que la chasse? qu'est-ce que la musique? qu'est-ce que boire ny manger? Ce n'est rien au pris. L'ambroisie ni le nectar des dieux n'eurent jamais tant de douceur. C'est une chose divine que la jouissance d'une amye; je ne l'eusse sceu comprendre sans l'esprouver. O dame Nature! que les hommes te sont obligez de leur avoir presenté un bien si parfaict, qui efface tous les autres! C'est un nectar qui fait oublier tous les ennuis. Je ne sçaurois croire qu'il vive homme si ingrat qui puisse faire desplaisir à sa femme, ny varier, ayant un tel contentement que le mien. La jouissance (comme

---

1. Qu'elle n'avait l'habitude; du latin *solebat*.

aucuns disent) ne m'a amoindry mon desir, ains plustost augmenté : c'est une huile dans la flamme, et s'il y a de l'inconstance en l'amour, elle doit estre du costé des femmes, qui ne trouvent les perfections en nous que nous trouvons en elles. Je n'en voudrois jamais partir ; la souvenance seule me donne la vie. Or, pense, Loys, que ce peut estre des effets.

LOYS.

Ce doit bien estre quelque chose... Vous oyant seulement, je deviens tout je ne sçay quoy. Vous avez donc juché sur le poulailler ?

AUGUSTIN.

Il est vray, Loys, qu'il me souvient à ceste heure d'une chose que je ne te veux celer, car tu es seul participant de tous mes secrets. Ce matin, venant icy, j'ay veu ce gallant Gaster avec Beta, et nommoyent Angelique ; j'ay ouy qu'elle lui disoit : A demain ! qui m'a troublé bien fort, me doutant de quelque assignation, dont j'ay voulu avoir le cœur eclaircy.

LOYS.

Il y en avoit grande apparence ; et n'en avez-vous rien dit à Madame ?

AUGUSTIN.

Me trouvant avecques elle, pour le commencement, ne luy en ay voulu parler : j'avois d'autres choses à faire et à jouer des couteaux ; mais à la fin, sur l'heure du partement, je ne m'ay sceu garder de luy en ouvrir le propos.

LOYS.

Vous avez bien fait, pour vous oster de doute.

AUGUSTIN.

De quoy elle a esté bien esbahie et en grand peine : je l'ay cogneu à son visage ; et après quelques excuses legeres, voyant que je m'y arrestois et la pressois tousjours de me dire la verité, m'embrassant, elle m'a commencé ce propos :

LOYS.

Par bien servir et loyal estre,
De serviteur on devient maistre [1].

---

[1]. Gabriel Meurier, en son *Tresor des sentences*, qui est du même siècle, donne ce proverbe retourné ainsi :

Pour bien servir et léal estre,
On voit souvent le valet maistre.

Vous avez usé de grand'authorité pour la première rencontre, et avez voulu entrer trop avant au cabinet de ses menues pensées.

AUGUSTIN.

Si j'avois affaire (ce dit-elle) à quelque personne desraisonnable, seigneur Augustin, mon amy, je ne luy confesserois jamais une faute, et luy desguiserois la verité ; mais je suis tant certaine de l'amour que vous me portez il y a long-tems et de vostre debonnaireté, que je vous diray franchement ce qui me touche de plus près, ne voulant rien sçavoir que vous ne sachiez, m'asseurant aussi que prendrez en bonne part ce que j'auray faict à bonne intention, et me sçaurez bien excuser s'il y a de la faute, car vous cognoissez quel est le cœur et l'affection que j'ay envers vous.

LOYS.

Je m'esbahy que ne l'aviez jamais cogneue qu'aujourd'hui, d'autant qu'auparavant vous en estiez tousjours en peine, pensant qu'elle ne feist conte de vous.

AUGUSTIN.

Et elle m'a dit ceste raison : Je vous ay longuement dissimulé mon amour, craignant, ce qui m'est advenu, de perdre ma liberté et me mettre du tout en vostre puissance ; car il faut que vous die, je ne suis plus mienne et me trouve en un estat où je n'avois jamais esté. Je me sens toute possedée de vous et m'oublie moy-mesme pour ne penser qu'en vous. Je prevoyois bien que si les effets s'en ensuyvoient je deviendrois, telle que je suis, vostre serve et esclave. Par ainsi j'ay fuy tant que j'ay peu jusques à ce jour, que vostre perseverance et la pitié que j'ay eue de vostre ennuy m'ont vaincue, mesmement par ce que j'ay entendu de Beta, qui m'a dict vous avoir veu demy-mort, et laissé aux plus piteux termes du monde, et aussi que l'occasion s'y est presentée pour l'absence de ma fille.

LOYS.

Mais de l'assignation elle n'en disoit rien.

AUGUSTIN.

Je te conteray ce qu'elle m'en a dit. Il y a (dit-elle) ici un gentil-homme espagnol de bonne maison, qui s'est longuement tenu à Naples, où il a son père riche en auctorité ; et, pour un homme qu'il tua, à ce que j'entens, bien laschement, il s'en est venu en France, et se tient en ceste ville. Il m'a tant et si longuement importunée, tantost par presens (car il est bien liberal en mon endroit), tantost par menaces de mal traiter mes parens et amis à Naples, d'autant qu'on sçait assez quelle puissance les Espagnols ont, et comme ils usent de tyrannie, aussi par esperance de faire rendre à ma fille les biens de son père, que à la fin, seule et estrangère, n'estant pas trop bien pourveue de ce qui me falloit, j'ay esté contraincte, plus par importunité que par amour, plus par force que par ma volonté.

LOYS.

A hà! le trop en guerre n'est pas bon.

AUGUSTIN.

Et, ce disant, elle me baisoit avecques la larme à l'œil, et me prioit de croire que autre que moy n'auroit jamais part en son cœur, sans lequel le corps n'est rien. Voy, je te prie, Loys, quelle puissance elle a acquis sur moy et comme l'amour luy a presté d'asseurance, de n'avoir point eu crainte de me conter tout cecy.

LOYS.

Vous avez donc compaignie? Vous ne vous egarerez pas si tost, puisque le chemin est frayé et bien hanté.

AUGUSTIN.

Il m'en desplaist, je ne le sçaurois nyer; mais si suis-je certain de son amour, et ne me trompe point: j'en ay faict bonne experience, j'en ay de bonnes arres, et n'y a meilleur juge en cela que soy-mesme.

LOYS.

Si est-ce que les dames ont beaucoup de finesse, et n'y a au monde malice par dessus celle de la femme. Il se faut garder du devant d'un toreau, du derrière d'une mulle et de tous costez d'une femme.

AUGUSTIN.

Ouy, ceux qu'elles n'ayment point.

LOYS.

Je vous asseure que la compaignie y est bien dangereuse; il vaudroit beaucoup mieux estre seul, car un homme liberal, comme elle dict qu'il est, riche et de grand lieu, est mal aisé à hair ou oublier; et puis ne cognoissez-vous point le naturel de sa nation?

AUGUSTIN.

Comment?

LOYS.

Pour peu d'entrée que les Espagnols ayent en une maison, ils s'en font à la fin maistres, si on leur permet. Et davantage, je vous veux bien advertir d'une chose : vous n'aurez plus le moyen que vous avez eu jusques icy de donner à la seignore, et vous tenir bien en poinct, si Dieu ne nous aide.

AUGUSTIN.

A cause de quoy?

LOYS.

Le sire Ambroise, vostre père, s'ennuye de vostre façon de vivre, voyant la despence que vous faictes, et est très bien adverty du tout.

AUGUSTIN.

Par quel moyen?

LOYS.

Ainsi qu'il est songneux de vous, ne vous voyant si souvent qu'il souloit, n'a jamais cessé qu'il n'aye sceu de voz nouvelles, et m'en a ce matin parlé, comme je venois vers vous.

AUGUSTIN.

Luy as-tu confessé?

LOYS.

Non, mais luy ay osté le plus que j'ay peu ceste fantasie, vous excusant tousjours.

AUGUSTIN.

Et à la fin?

LOYS.

Je n'ay sceu si bien prescher qu'il ne vous aye tranché voz morceaux, de sorte que n'aurez que ce qui vous est necessaire pour vivre, et vous a osté le moyen d'emprunter de ses amis.

AUGUSTIN.

O! voilà une fascheuse nouvelle! C'est un grand cas de ma fortune que je ne puis avoir plaisir qu'avec grand peine, ne qu'il ne soit incontinent troublé par quelque male adventure. Si faut-il que j'en trouve, et n'en fust-il point, pour faire un honneste present à celle qui tient ma playe en sa verdeur.

LOYS.

Il se treuve remède en toutes choses.

AUGUSTIN.

Remède! Il viendra donc bien tost après quelque nouvel inconvenient.

LOYS.

Ne vous souciez, Monsieur, et ne pensez les choses mauvaises avant qu'elles adviennent; attendez ce qu'amour et le temps vous apporteront de bien ou de mal pour vous resjouir ou endurer selon les occurances. On dit que le sage suit le temps. Ma bourse est aplatie comme une punaise, son apostume [1] est crevee.

AUGUSTIN.

Mais quel remède penses-tu, Loys?

LOYS.

Si les amis de vostre père vous faillent, il vous faut aider des vostres.

AUGUSTIN.

Je n'ay que de mes compagnons, jeunes gens qui dependent comme moy.

LOYS.

Je me suis advisé d'un de qui vous ne penseriez point.

AUGUSTIN.

Et qui?

LOYS.

Le jeune Neapolitain, qui est eschollier et se tient avec vostre jeune frère au collége des Lombards [2].

AUGUSTIN.

Qui? le seigneur Camille?

LOYS.

Ouy.

AUGUSTIN.

Et que peut-il faire pour moy? il est eschollier, il est estranger et loin de son païs.

LOYS.

Vous l'avez quelquefois secouru d'argent et de dras de soye pour l'amour de vostre frère, et luy avez faict bonne chère chez vous.

1. Enflure.
2. Il était situé rue des Carmes, et s'appelait aussi collége de Tournai à cause de son fondateur, en 1338, le Florentin Ghini, évèque de Tournai.

AUGUSTIN.

Il est vray.

LOYS.

J'ay sceu par un banquier qu'il a receu une bonne somme de deniers : je suis seur qu'il vous en fera part. Il est honneste gentil-homme, et vous ayme bien; davantage, il est du païs de la seignore : il sera fort aise de la cognoistre, et elle luy. Jeunes gens preignent plaisir à telles accointances, et elle sera bien contente de voir un gentilhomme de sa nation. Il a l'esprit bon et vous sçaura bien aider à vous entretenir en sa bonne grace, et obvier aux empeschemens qu'on vous y pourroit donner. Le langage et le païs ont une grande force pour faire beaucoup de choses pour les amis, et si il vous pourra servir d'escorte, s'il vous faut venir aux mains avec ce Marrane.

AUGUSTIN.

Tu dis bien vray, voire; mais je crains que, evitant un inconvenient, je n'entre en un autre, et que, me voulant sauver de la poesle, je ne tombe en un brasier.

LOYS.

Et quel inconvenient craignez-vous ?

AUGUSTIN.

Qu'il en soit pris luy-mesme : tu sçais comme elle est belle !

LOYS.

Ha ! ne vous souciez de cela... Vous estes beaucoup plus aimable, et avec ce il est de bonne nature : il ne vous voudroit point faire ce tort. Au surplus, j'y pourvoiray bien : je le meneray en lieu où il se pourra bien arrester s'il a envie d'aymer, mesmes que communement les choses nouvelles plaisent. Il aymera mieux s'adresser aux Françoises, pendant qu'il est icy, qu'aux Italiennes, qu'il recouvrera tousjours assez ; et ainsi, par l'aide de son argent et de ses autres offices d'amitié, pourrez donner la chasse à l'Espagnol et regner seul sans alternatif.

AUGUSTIN.

O mon Dieu ! que tu dis bien, Loys ! Jamais chose ne fut mieux discourue ; tu as plus de sens que d'ans. Va-t'en donc vers le sieur Camille ; le plus tost sera le meilleur, et monstre ce que tu sçais faire. Je mets mon ame entre tes mains. Cependant, je m'en iray promener icy auprès, là, où j'attendray de tes nouvelles.

ACTE TROISIÈME

SCÈNE I

Le seigneur AUGUSTIN, seul.

Loys tarde beaucoup à venir. J'ay peur qu'il n'aye point trouvé le sieur Camille, ou qu'il ne voye plus de difficulté à mon affaire qu'il ne pensoit. J'y pouvois bien aller en personne : il n'est si bon messager que soy-mesme. Cela me touche trop ; je ne sçay où aller, et si ne puis arrester en un lieu, tant j'ay de trouble en ma teste. Si la fortune ne m'apporte quelque bonne rencontre, j'ai grand peur que la chance se pourra bien tourner : car, tant plus je pense aux propos que Loym s'a tenuz, plus j'entre en diverses pensées, tan tost m'asseurant, tantost me defiant. Je ne sçay à la fin que ce pourra estre. Il est noble, il est riche et liberal, il l'ayme bien fort; elle est femme, hors de son pays, mal pourveue ; et quand je dy femme, ce mot-là s'estend bien loin : ce me sont autant d'espines aux pieds et de poinçons dans le cœur.

SCÈNE II

LOYS, LE SIEUR AUGUSTIN.

LOYS.

O Monsieur !

AUGUSTIN.

A ! es-tu là, Loys ? Je t'attendois en grand devotion ; une demy-heure m'a semblé demy-an ; ta presence me resjouit, et tonvisage, qui ne monstre rien de triste.

LOYS.

Aussi n'en ay-je point d'occasion. J'ai faict ce que je voulois : le sieur Camille est tout vostre, ses biens et sa personne, trippes et boudins, et n'y a rien qu'il ne fasse pour vous, et mesmement il dit qu'il vous sçaura bien seconder, et s'asseure que vous en ferez autant pour luy en quelque autre endroit : car, Dieu mercy, vous avez assez de cognoissances en ceste ville. Quant au brave Espagnol, il dit que ne vous en devez soucier ny faire conte non plus que d'une pomme pourrie, pour ce que vous l'effacerez de bonne grace et luy de force, s'il est besoin : il a assez d'escholliers à son commandement.

AUGUSTIN.

Je ne sçaurois mieux souhaitter pour ceste heure; je cognois bien par effet ce que j'ay souvent ouy dire, qu'il se trouve parmy les Italiens des meilleurs amis du monde. Mais où est-il?

LOYS.

Il m'a dict que je me misse devant, et que incontinent après il viendroit vers vous au logis que sçavez.

AUGUSTIN.

Il vaut mieux donc que je l'aille attendre. Et ce pendant tu t'en iras vers la seignore Angelique sçavoir si il ne luy desplaira point que nous l'allions voir après disner. Tu y peux aller sans danger : elle m'a permis d'y envoyer quand j'en aurois affaire, à cause qu'elle te craignoit avant que je ne l'en eusse asseurée.

LOYS.

C'est très bien advisé. J'y vois. Je vole.

SCÈNE III

Dom DIEGHOS, GASTER.

DIEGHOS.

Je croy qu'il s'approche de midi. Gaster m'a bien faict attendre; je ne sçay qu'il peut tant faire. Si ne me suis-je point fasché en ceste grand' eglise, car là où je me promenois il y avoit bonne compaignie de femmes qu'il ne faisoit point mauvais voir. Leurs devotions ont esté bien courtes. Je leur faisois souvent haucer les yeux, et peut-estre le cœur, ailleurs qu'aux saincts et aux sainctes. Je les y ay encores laissées, et pense que tant que j'y eusse esté elles n'en fussent jamais bougées.

GASTER.

Il est temps de m'en retourner à mon Dieghos. J'ay peur d'avoir trop tardé; si ay-je mon excuse toute preste. Je m'en voy vers luy.

DIEGHOS.

Et je croy que tu m'as oublié, Gaster? Où as-tu tant esté?

GASTER.

Ce n'estoit pas pour mon plaisir, Monsieur, c'estoit pour voz affaires, et pour le service très humble que je doy à vostre seigneurie.

DIEGHOS.

Et donc! n'iray-je pas après disner la voir?

GASTER.

Je vous diray, Monsieur, elle se lavoit la teste[1], et Beta m'a dict que c'est la coustume de son pays de n'estre lors visitées de ceux qu'elles ayment, car elles ne sont en estat pour leur faire bonne chère; et pour ce que je ne suis point de legère creance aux choses qui vous touchent, je ne me suis arresté au dire de Beta, que j'avois trouvée en chemin; mais, craignant quelque fourbe, j'ay voulu attendre jusques à ceste heure, me promenant autour de son logis pour voir s'il y entreroit quelqu'un qu'elle attendist.

DIEGHOS.

Qui y as-tu veu?

GASTER.

Personne.

DIEGHOS.

Je n'en ay point de peur : elle y perdroit.

GASTER.

Elle n'est point si sotte; et, si Beta ne m'a point menti, je l'ay entre-veuë par le dehors du logis,

[1]. V. une des notes précédentes, que ce passage justifie et complète.

se seichant la teste au soleil à la haute gallerie [1].

DIEGHOS.

Mais après que sa teste sera sechée?

GASTER.

Vous avez assez de temps pour y adviser; il faut premièrement penser de disner, car il en est l'heure. J'ay les dents bien longues; il est advis à mon ventre qu'on m'a couppé les deux mains.

DIEGHOS.

Est-il couvert [2]? Que l'on serve!

GASTER.

Voylà un beau mot. J'ay l'estomac creux comme une lanterne. Et Dieu sçait comme j'ay grignotté chez le paticier! mais je n'en auray que meilleur appetit.

SCÈNE IV

LOYS, *seul*.

Ce jour icy m'est bien fortuné! je ne sçaurois rien entreprendre que je n'en vienne à bout. J'ay conclu l'affaire de mon maistre avec le sieur Camille, et à ceste heure que mon maistre vienne quand il luy plaira, qu'il ne face que dire la somme dont il a affaire, qu'il meine ceux qu'il voudra, il est le maistre; il y peut commander, puis qu'il a la puissance d'y mener un tel amy; c'est une grande seureté pour ses affaires. Ceste nouvelle ne luy fera point de mal au cœur. Je m'en vois hastivement vers eux pour les amener chez la seignore. Mais les voicy qui viennent. J'entends bien : c'est mon maistre qui n'a eu la patience d'attendre mon retour. O! Monsieur, si vous demeurez longuement en cest estat, vostre teste gardera bien vos jambes de se moisir dans un boisseau : je ne fais que sortir d'avec vous, et vous estes desjà icy sans sçavoir la responce.

1. C'est en effet dans un endroit particulier, en haut de la maison, que les Italiennes se lavaient ainsi la tête : « A Venise, lit-on dans le livre de Cesare Vecellio, on est en usage de construire sur le toit des maisons certains édifices carrés, en forme de terrasses découvertes (*in forma di logge scoperte*), dans lesquels toutes les femmes, ou la plupart du moins, se font les cheveux blonds (*si fanno biondi li capelli*). »

2. Le couvert est-il mis?

SCÈNE V

AUGUSTIN, LOYS, LE SIEUR CAMILLE.

AUGUSTIN.
Tu vois que c'est, Loys? tu sçais où le mal me tient? Y pouvons-nous aller?

LOYS.
Elle m'a dict que vous serez le mieux que bien venu, comme celui qui peut disposer d'elle et de sa maison pour en user en la sorte qu'il vous plaira.

CAMILLE.
A ce que je vois, seigneur Augustin, vous n'avez grand besoin d'aide, vous y avez assez de puissance tout seul.

AUGUSTIN.
Les bons amis, seigneur Camille, sont très-utiles en toutes choses; mais un ami seur et fidèle est très necessaire à qui veut demener l'amour.

> D'avoir en amours un tiers,
> Cela se fait volontiers;
> Mais d'y appeler un quart,
> C'est à faire à un coquart [1].

Un tiers console au besoing; en absence il tient propos favorables pour son amy; en presence il sert de couverture; il luy fait part de ses biens et l'accompaigne aux dangers.

CAMILLE.
Tout cela trouverez-vous en moy, s'il en est besoing, seigneur Augustin, et encores mieux si ma puissance s'y estend.

AUGUSTIN.
Aussi pouvez-vous esperer de moy le reciproque. Or allons leans, la seignore nous attend; mais je vous veux bien adviser d'une chose, combien que soyez assez sage : c'est que pour encore ne fassiez semblant de cognoistre ce qui est entre elle et moy, trop bien une honneste affection que je luy porte, de peur qu'elle ne pensast que je fusse leger, comme

[1]. Vaniteux, « indiscret, » selon Cotgrave.

ces vantars qui disent qu'ils y prennent deux plaisirs : l'un à le faire, l'autre à le dire et divulguer ; et vous asseure bien que, si j'eusse cuidé que autre que moy n'y eust eu part, jamais homme n'eust sceu de moy nos estroites privautez, pour ne luy faire tort et s'en prevaloir contre l'honneur d'elle et de sa fille, que je desire conserver.

CAMILLE.

N'ayez peur, je feray bonne mine et ne gasteray rien.

SCÈNE VI

DIEGHOS, GASTER, CAMILLE, ANGELIQUE, AUGUSTIN.

DIEGHOS.

Gaster ! il ne faut point perdre temps après disner ; la seignore a meshuy achevé de laver sa teste, j'y veux faire un tour.

GASTER.

Vous pouvez faire ce qu'il vous plaira ; rien ne vous est defendu, vous y avez toute puissance. Il est vray que Beta m'a dit qu'elle seroit empeschée pour tout ce jour, mais chambrières avancent souventesfois.

DIEGHOS.

Baste ! quoy que ce soit, j'y veux aller ; si elle est empeschée, je la depescheray bien ; il n'y a affaire que je ne luy face oublier. Ne porté-je pas mon passe-partout ?

GASTER.

Nostre homme est en fureur : après bon vin, bon roussin [1].

DIEGHOS.

Ne vaut-il pas mieux, Gaster ?

GASTER.

Vous ne sçauriez mieux faire, Monsieur, et si ne ferez pas peu pour elle ; vous l'osterez d'un travail pour luy donner du plaisir.

DIEGHOS.

Quelle chère elle me fera ! Allons viste hurter à

1. Cheval entier.

ACTE III, SCÈNE VI.

la porte; ce pendant je me pourmeneray par icy. Je croy qu'il n'y a personne; on ne respond point.

GASTER.

J'oy quelque bruit leans, je pense que l'on descend. Qui va là? Arreste!

CAMILLE.

Par Dieu! si en aura-il, je le trouveray bien une autre fois.

DIEGHOS.

Qui est cestuy-là qui sort?

GASTER.

Il s'en va beau train. Il n'avoit garde d'arrester, vous ayant veu, ni de regarder derrière luy.

DIEGHOS.

Corpo de Dios!

ANGELIQUE.

Seigneur Dieghos, mon amy, vous estes bien venu à propos pour m'asseurer de la plus grand peur et plus belles affres[1] que j'euz en ma vie. J'en suis encore toute esmeue et ne m'en peus remettre.

DIEGHOS.

Et qu'est-ce, m'amie, mon cœur, mon ame, ma deesse, la douce vie de ma vie?

ANGELIQUE.

Ce gentil-homme que vous avez veu passer suyvoit furieusement ce jeune homme que voicy, qui, comme vous voyez, n'avoit et n'a point d'espée; et, trouvant mon huis ouvert par fortune, ce jeune homme s'y est sauvé, où son ennemy luy a chassé les esperons, et l'a de près poursuivy jusques à ma chambre. Mais il a esté si courtois, que, me voyant venir au devant de luy avec prières de ne faire scandale en ma maison, il n'a voulu passer outre, et s'en est retourné, comme vous avez veu, jurant qu'il le rattraperoit bien en autre endroit.

DIEGHOS.

Il l'a eschappée belle....

GASTER.

Hardiment! il a eu belle vezarde[2]. Comme il joue de l'espée à deux piez!

---

1. Terreurs. — Voltaire regrettait l'énergie expressive de ce mot que l'école romantique a fort bien fait de reprendre.
2. Peur, venette.

DIEGHOS.

Car, s'il m'eust donné le loisir de mettre la main à l'espée, je luy eusse bien hasté le pas.

GASTER.

Il n'estoit pas si mal advisé d'attendre ! Une bonne fuite vaut mieux qu'une mauvaise attente.

DIEGHOS.

Quelle querelle a-il avec ce jeune homme ?

ANGELIQUE.

Je ne sçay, mais il en est encores tout estonné.

AUGUSTIN.

Je le sçay encores moins; je croy qu'il me prenoit pour un autre. Nonobstant, je vous suis tenu de ma vie, Madame. Dieu vous en veuille recompenser. Il est temps que je me retire... Adieu.

SCÈNE VII

ANGELIQUE, DIEGHOS, VIRGINIE, GASTER.

ANGELIQUE.

J'ay esté bien marrie quand j'ay sceu que vouliez venir ceans, que je n'estois en estat pour vous recepvoir selon vostre grandeur; mais il ne vous en faut faire autres excuses, qui cognoissez noz coustumes et usances.

DIEGHOS.

Je sçay bien, madame Angelique, que ne me tromperez jamais : car je ne suis homme qui le merite; mais allons leans, nous serons mieux à nostre aise.

ANGELIQUE.

Il me desplaist, seigneur Dieghos, mon amy, que les affaires me viennent alors que moins je voudrois, pour n'avoir le moyen de vous tenir plus longue compagnie.

DIEGHOS.

Comment ! me voudriez-vous bien chasser ainsi ? Usez-vous de ces defaites ?

ANGELIQUE.

Chasser ne vous veux-je, ny ne sçaurois; vous sçavez que present ou absent vous estes tousjours avecques moy; mais c'est une affaire si necessaire,

que vous seriez bien marry de l'avoir empesché.
DIEGHOS.
Et quoy? Je le puis bien sçavoir.
ANGELIQUE.
C'est une depesche à Naples pour quelques biens d'importance que le deffunct sieur Alfonse, mon mari, avoit laissé secretement entre les mains de quelqu'un de ses amis, craignant que les biens et le temps qu'il eust fallu pour les embarquer ne descouvrissent son partement[1]. Il y a un homme seur qui part de grand matin; si je pers ceste occasion, je ne la recouvreray de long-temps, qui me seroit grand dommage.
DIEGHOS.
Et mademoiselle vostre fille, escrit-elle aussi?
ANGELIQUE.
Ouy, elle escrit et s'est enfermée en son cabinet.
DIEGHOS.
Ne la sçaurois-je voir?
ANGELIQUE.
Si ferez bien. Ho! ma fille, descendez.
VIRGINIE.
Que vous plaist-il, ma mère? O seigneur dom Dieghos! pardonnez-moy, je ne pensois pas à vous.
DIEGHOS.
Beso las manos de vuestra merced, mui poderosa sennora dona Virginia mia; vivo con la gloria que recibo tan ufano en los amores, que procuro de estar vivo porque vivan mis dolores.
VIRGINIE.
Ce sera pour une autre fois, quand il vous plaira, que nous aurons ce bien de vous voir dancer l'espagnolette [2].
DIEGHOS.
Dès à ce soir, si vous voulez; je retourneray quand vous aurez escrit; vous n'escrirez pas toute la journée ensemble toutes deux.
ANGELIQUE.
C'est vostre grace, et encore la plus grand part de la nuict; car, outre cest affaire, il faut que nous facions entendre de nos nouvelles à plusieurs

1. Départ.
2. La danse des *Folies d'Espagne*, qui resta de mode jusque sous Louis XIV, et dont l'air est encore connu chez nous.

parents et amis ausquels nous n'avons escrit il y a long-temps.

DIEGHOS.

Cecy vient mal à propos pour moy; j'en suis bien marry d'un costé, mais de l'autre j'en suis bien ayse, puisque c'est vostre proffict. Or, adieu donc, je m'en vay; mais gardez bien qu'en voz lettres en lieu d'une autre chose vous n'escriviez de moi : car la langue et la main suivent souvent la pensée.

ANGELIQUE.

Il pourroit bien estre.

GASTER.

Il ne seroit pas mauvais. On en riroit bien à Naples.

ANGELIQUE.

A Dieu, encores un coup, jusqu'à demain. Je ne vous puis laisser.

VIRGINIE.

A Dieu, dom Dieghos.

DIEGHOS.

Allons-nous-en, Gaster, nous pourmener par la ville pour divertir mes pensées. Je voudroy me pouvoir partir mille fois en un jour d'avec ma maistresse, tant doux et gracieux m'en est le retirer.

GASTER.

Vous n'aurez point faute de passetemps chez les demoiselles, si mieux vous n'aimez aller cy près voir la bande des Jaloux[1], qui représente aujourd'huy une très belle comedie. J'ay ouy dire que c'est la *Finta Moole de Lucilla*[2].

---

1. Les comédiens d'Italie, *Gli Gelosi* (les jaloux de plaire), que Henri III avait amenés avec lui à Paris, après les avoir eus à ses gages aux états de Blois, depuis le 15 novembre 1576 jusqu'au 1ᵉʳ mars suivant. Il se plaisait fort à leurs représentations, comme on en jugera par ce billet de sa main à M. de Bellièvre, qui se trouve avec bon nombre de ses lettres à la Bibliothèque de Saint-Pétersbourg :

« Monsieur, j'ay accordé aux commédiens de avoir ce qu'ils avoient à Blois, je veux qu'ainsi soit faict, et qu'il n'y ait pas faulte, car j'y prends plaisir à les oyr que je n'ay eu oncques plus parfaict. »

2. Nous n'avons pas trouvé cette pièce parmi celles de la *Commedia del arte* de ce temps-là, dont le comédien Flavio recueillit les scenarii en 1611 : *Il teatro delle favolle representative...*, in-4º.

SCÈNE VIII

ANGELIQUE, VIRGINIE.

ANGELIQUE.
Puisque nous sommes depetrées de cet importun, rentrons au logis, ma fille.
VIRGINIE.
Allez devant, s'il vous plaist, ma mère ; je seray aussi tost que vous remontée en ma chambre.
ANGELIQUE.
Bien donc.

SCÈNE IX

LA DAMOISELLE VIRGINIE, *seule*.

Je ne peux me contenir que je ne me ramentoye d'heure à autre les tristes ennemis qui m'ont environnée dès ma plus tendre jeunesse, ayant autant ou plus souffert qu'autre jeune damoiselle de maison comme je peux estre, par le trepas trop soudain des personnes qui m'ont engendrée, et avec la perte que j'ay faicte de ma maison, mes biens, mon païs, mes parens et amis. Le jour, certes, fut bien malheureux, auquel le feu seigneur Alfonse, mon père, s'oublia tant que d'entrer en celle ligue seditieuse[1] pour laquelle il a esté banny de Naples, et contraint de s'en venir icy à Paris, devalisé de tous ses chasteaux, terres et seigneuries et de tous ses autres biens, sauf quelques meubles qu'il a emportez avec lui ! Mais le comble de tous mes malheurs, ce a esté quand il est allé de ce monde en l'autre, faisant tarir par son trepas toute la ressource de mon esperance, et ne me laissant autre adresse que celle de la seignore Angelique, qui fait veritablement tout ce qu'elle peut pour mon bien et avancement, attendant qu'il plaise à Dieu m'ouvrir le chemin pour r'entrer en mon païs et en mes biens, et pour trouver quelque mary sortable et digne du lieu

---

1. Il s'agit de la ligue faite, en 1555, entre le pape Paul IV, Henri II et les Guises, pour enlever Naples à l'Espagne.

dont je suis issue, et de l'honnesteté que j'ay gardée et garderay toute ma vie. Mais il vaut mieux que je remonte en haut, de peur d'estre tancée. Il n'est guères seant aux filles de faire leur monstre à la porte.

SCÈNE X

Le sieur CAMILLE, seul.

Je vien de voir deux choses qui m'ont esté plaisantes et agreables : l'une, le prompt entendement et invention de madame Angélique, qui nous a faict evader sans que ce brave Espagnol se soit aperceu de la fourbe ; et l'autre, la beauté et bonne grace de sa fille, mademoiselle Virginie, qui est en parfaite beauté un chef-d'œuvre de nature. O! comme elle touche au vif dans le cœur! Maudit soit le facheux qui m'a si tost fait laisser ce visage celeste, ces yeux divins, non pas yeux, mais astres et soleils! La fortune marastre s'est bien tost ennuyée du bien qu'elle avoit commencé me faire! Je n'eusse jamais pensé que, d'une première veuë, un cœur eut receu coup sur coup tant de flèches d'amour, tant de feu et de passion! Si je ne la revois, je ne puis vivre un seul quart d'heure! Il faut que j'en trouve les moyens. O seigneur Augustin! tu disois naguères avoir bien besoin de mon aide, mais j'ay à present beaucoup plus affaire du tien. Si ne luy decouvriray-je pas encores ma pensée, car il aime tant la mère, qu'il pourroit craindre pour la fille. Il y en a qui, estant montez, voudroient bien tirer l'echelle après eux. O amour! qui ne laisses jamais les tiens sans inventions, deploye ici ton pouvoir... Viens moy secourir en ceste extreme necessité.

SCÈNE XI

AUGUSTIN, CAMILLE.

AUGUSTIN.

Ha a! Seigneur Camille, j'avois peur de vous avoir perdu.

CAMILLE.

Et moy encores plus. Je ne fay que vous chercher.

AUGUSTIN.

Mais quel esprit angelique de femme! Comme elle luy a bien donné soudain la trousse[1], faisant ceste mocquerie de vous et de moy!

CAMILLE.

Il me fachoit bien d'en sortir pour lui. Si nous l'eussions entrepris, nous l'eussions bien gardé de faire le mauvais. Asseurez-vous que j'avois plus de cholère que de peur, car je n'en ferois volontiers un pas avant ny arrière pour un brave.

AUGUSTIN.

Vous dictes vray, seigneur Camille; il falloit avoir esgard à ma maistresse : il en fust advenu du scandale, et sa maison eust esté diffamée; davantage, cest Espagnol l'eust deshonorée et honnie en Naples, maintenant par lettres, puis par parolles deshonnestes et picquantes quand il y sera. Madame veut rompre, ou du moins decoudre la pratique de ce poltron Espagnol, qu'elle craint, et, afin que vous ne vous doutiez de rien, elle dit qu'il est son parent.

CAMILLE.

Il est vray qu'elle le dit : il faut bien qu'il en remercie le respect que je porte à la dame, car la place ne luy fust point demeurée.

AUGUSTIN.

C'est tout un. Aussi ne l'aura-il guère gardée, car Madame, en descendant les degrés, m'a asseuré qu'elle s'en desferoit incontinent, et m'a prié de retourner tout court sur mes brisées.

CAMILLE.

Or, seigneur Augustin, j'ai pensé un expedient que trouverez, à mon advis, très bon. Je voy l'importunité et impatience de cest Espagnol... Si ne voyez Angelique ailleurs qu'à son logis, vous serez tousjours en la mesme transe et mesme danger qu'avez esté de present; ceste crainte vous troublera tous voz plaisirs et les rendra courts et imparfaits. Je connois que la seignore vous ayme et qu'elle fera tout ce que vous voudrez. Il y a des

1. Ruse, manigance, selon Cotgrave.

jardins, en ce faux-bourg Sainct-Germain, accompaignez de logis et de chambres pour se retirer à part. Vous en trouverez aisement pour y mener la seignore, et là serez en seureté sans rien craindre. Ce sont choses, comme savez, qui se font ordinairement en ceste ville.

AUGUSTIN.

C'est prudemment avisé; puis vous avez bien veu que ma maistresse n'a pas osé me montrer tant d'estroites privautez en presence de sa fille. Il vaut mieux laisser au logis ceste jeune damoiselle. Je sçay un beau jardin près d'icy, qui est bien à mon commandement; il ne reste que de retourner vers elle, comme je luy ay promis, et achever ceste entreprise.

CAMILLE.

Je vous accompagneray jusques là, et puis je m'en iray.

AUGUSTIN.

Et où voulez-vous aller? Ne nous laissons point, je vous prie.

CAMILLE.

Bien, donc... Je suis à vous à vendre et à dependre.

SCÈNE XII

GASTER, *seul*.

Vrayement, j'ay laissé nostre homme bien à son aise depuis que Angelique luy a baillé ce canard à moitié[1]. Il a esté tout un long temps assis parmy les dames à faire des comptes; mais c'estoit plus de luy que d'autre chose, et les faisoit bien autant rire de ses sots propos qu'un autre eust fait des plus plaisans du monde. Son chant à la castillane ne dementoit point le reste, avec sa guitarre assez mal accordée. Il est vray que sa grace

---

1. *Ce mensonge.* On disait pour menteur : *bailleur* ou *donneur de canards à moitié*, sans doute par allusion aux marchands de volaille, qui, en prétendant vendre à moitié prix, vendaient plus cher. Plus tard, au XVIIe siècle, on se contenta de dire « un donneur de canards, » comme fit Boursault dans sa comédie des *Nicandres*, et le mot *canard*, pour mensonge, surtout imprimé, en resta.

accoustre tout, et y sert de saulce à gens degoutez. Sans cela, il seroit si fade qu'il ne sentiroit ny sel ny sauge. Le bon a esté quand il s'est mis à danser la pavane avec la cappe retroussée sur l'espaule et la main sur la hanche [1]. Vous eussiez dit qu'il menassoit les estoilles et quelquefois qu'il vouloit devorer sa demoiselle de son regard. Quand c'est venu à la gaillarde [2], vous pouvez croire qu'il ne s'espargnoit point : il prenoit beaucoup de peine, et si ne faisoit rien qui vaille. Le bal est un loyal mestier : chacun y fait du mieux qu'il peut ; si prend-il autant de plaisir à donner du passetemps à la compaignie que la compaignie fait d'en recevoir. Si je n'eusse eu affaire ailleurs, je n'avois garde d'en partir : j'avois ma part de l'esbatement ; mais il me faut aller visiter quelques unes de mes pratiques pour les entretenir. On ne doit jamais arrester son navire à une seule ancre ; une bonne souris a tousjours plus d'un trou à se retirer ; il n'est pas bon archer qui n'a plus d'une corde à son arc. Je retrouveray mon Dieghos assez à temps, et suis seur qu'il ne se fasche point là où il est.

SCÈNE XIII

CAMILLE, seul.

J'ay bien joué mon personnage, j'ay fait d'une pierre deux coups : par un mesme moyen, j'ay donné un bon conseil au sieur Augustin, et à moy la commodité de voir à mon aise ma nouvelle maistresse, et de luy descouvrir ce que j'ay sur le cœur. J'ay laissé madame Angelique et le seigneur Augustin avec Loys, son serviteur, et la chambrière Beta, en un jardin le plus propre pour eux qu'il est possible. Je m'en suis deffait doucement,

---

3. *La pavane*, ou danse *padouane*, se dansait en effet majestueusement : « Les princes, dit M. de Paulmy, l'exécutaient avec de grands et riches manteaux, les magistrats avec leurs longues robes, et les simples gentilshommes en cape et en épée. » Le mot *pavaner* en est venu.

2. Comme son nom l'indique, la *gaillarde* était une danse vive, où l'on se démenait beaucoup. « L'air était à trois temps gais. » On l'appelait aussi « la danse des cinq pas. »

faignant d'avoir affaire, et suis seur que je leur ay faict plaisir, au moins à Angelique, combien qu'elle n'en face semblant, et à moy encores davantage, pour ce que l'occasion cependant s'offre à moy de me faire voir la royne de mon cœur, madamoiselle Virginie, qui est demeurée seule au logis avec une jeune servante. Je m'y en iray comme estant envoyé par Angelique, et meneray quelques uns de mes compagnons, qui demeureront à la porte, à toutes adventures, pour y faire le guet, et m'asseurer des indiscretions de Dieghos, qui pourroit bien retourner leans, cuidant qu'Angelique y fust, et seront advertis de luy donner quelque effroy à l'improviste et luy faire quelque affront, afin qu'il rebrousse chemin et ne m'empesche point. Quant à la chambrière, luy garnissant la main, je luy donneray quelque commission icy près seulement pour aller et venir pour les affaires d'Angelique, et mes compagnons, au retour, auront le soing de l'entretenir de parolles, la muguetter et l'amuser à la porte, afin que j'aye plus de liberté de parler à ma toute belle Virginie. J'ay tousjours ouy dire que qui a le tems à propos et le laisse perdre, tard ou jamais le recouvre : l'occasion est chauve par derrière. De moy, je suis tout resolu de faire, si je puis, un beau coup de ma main, vueille ou non, à mes perils et fortunes. Advienne de moy ce que le destin en a resolu ! j'en suis là determiné. Aussi bien m'est-il impossible de vivre si je ne donne allegeance à ceste flamme vehemente, à ce Montgibel[1] qui me consomme si fort, que tout en un instant je sens mon cœur reduit en cendre, et je prie Amour, que je tiens pour mon Dieu et mon Seigneur, qu'il vueille estre ma guide et mon astre benin, et à ce commencement favoriser mon entreprise.

1. *Volcan*; c'est un des noms qu'on donnait autrefois à l'Etna.

ACTE QUATRIÈME

SCÈNE I.

CORNEILLE, servante de Virginie.

Le meschant, le paillard, le brigand! où est-il allé? Il m'a ruinée. Je suis perdue, c'est fait de moy! non pas moy seulement, car c'est peu de chose, mais la pauvre damoiselle Virginie. Je suis vrayement une bonne gardienne! J'estois bien sotte de la laisser toute seule... Quelque commission qu'il me donnast de la part de ma maistresse, la desobeissance eust esté plus pardonnable que la faute que j'ay faite. Je me suis abusée, je me suis trop amusée. Helas! que ne revenoy-je tout incontinent, sans m'arrester à ces galans à la porte, qui ne faisoient que badiner pour me retenir ce pendant que le coup se faisoit. O! que jeunesse est facile à decevoir! Que diray-je, que feray-je, qu'allegueray-je pour excusé? La pauvre fille est couchée à terre toute eplorée, toute eschevelée. C'est pitié de la voir! Elle s'arrache son beau poil doré, elle s'egratigne ses belles joues, se plombe du poin son estomac d'ivoire, detordant ses blanches mains, les yeux ardans au ciel, appelant à son secours la mort, la mort que j'ay peur qu'elle ne se la donne elle-mesme! O Dieu! ô Dieu! qui eust jamais cuidé que un gentil-homme eust fait un si lasche tour, de ravir ainsi l'honneur d'une fille de maison, de forcer à main armée une jeune, tendre et innocente beauté, non encores meure, et de laquelle le plus cruel et barbare ennemy eust prins pitié! Il se disoit tant amy du seigneur Augustin! Vrayement, il l'a bien monstré, d'avoir faict ceste honte et vergongne en la maison de ses amis, et encores le premier jour qu'il y est venu! Quand il m'a senty venir, il n'a failly de desloger sans trompette, sans s'arrester à moi ne me vouloir rien dire. Si j'eusse sceu, quand il m'eust deu tuer, je luy eusse sauté au collet et luy eusse arraché les deux yeux du visage, le volleur qu'il est! O! je voy venir madame Angelique... Je me doutois bien qu'elle ne pouvoit gueres plus tarder. Je tremble, je tressue toute de peur [1]. Je voudrois estre morte et cent piedz souz terre.

SCÈNE II

ANGELIQUE, CORNEILLE, BETA, AUGUSTIN.

ANGELIQUE.

Je vois Corneille toute effrayée... Que pourroit-ce estre, seigneur Augustin? Je ne sçay d'où me peut venir ce soudain tremblement que je sens en moy-mesme.

AUGUSTIN.

Et que seroit-ce?... Peut-estre que vostre petite chienne, que vous aimez tant, est perdue, ou le perroquet, qui parle si bien... Il se trouve assez de larrons de telles choses en ceste ville.

ANGELIQUE.

Corneille, qu'est-ce que tu as qui te fait ainsi soupirer et complaindre?

CORNEILLE.

J'ay le cœur si serré, Madame, que je ne puis parler. Aussi bien ne sçaurez-vous que trop tost ces mauvaises nouvelles.

AUGUSTIN.

Il y a quelque chose.

BETA.

Elle ne pleureroit pas ainsi sans propos.

ANGELIQUE.

Dy hardiment, qu'est-ce?

CORNEILLE.

Je ne le vous puis dire sans m'accuser moy-mesme, non point de malice, mais de legereté et d'imprudence.

AUGUSTIN.

S'il n'y a point de malice, la faute est excusable.

---

1. Pour : je *sue* de peur. Montaigne (liv. I, ch. 20) a dit de même : « nous *tressuons*, nous tremblons, nous pâlissons. »

CORNEILLE.

O! le malheur est trop grand, la perte irreparable.

ANGELIQUE.

Comment?... Mon Dieu! une froidure m'est venue par tout le corps.

CORNEILLE.

Faictes de moy, Madame, ce qu'il vous plaira. Il ne le vous faut pas celer : aussi bien le sçaurez-vous... La pauvre Virginie....

ANGELIQUE.

Que dis-tu de Virginie?

CORNEILLE.

Elle a esté vio... violée.

ANGELIQUE.

Violée! O Dieu! qu'est-ce que tu me dis?... O mon amy! nous sommes perdus!

AUGUSTIN.

Mais par qui?

CORNEILLE.

Vrayement, vous le devez bien demander! vous y avez honneur!

AUGUSTIN.

Moy?

CORNEILLE.

Ouy, car c'est la belle compaignie que vous avez ce jourd'huy amenée ceans.

AUGUSTIN.

Je croy que tu rêves... Je n'ay mené que le sieur Camille, qui nous a laissé au jardin, et s'en est allé à la ville pour ses affaires.

CORNEILLE.

C'est luy-mesme. Qu'à la male heure le veis-je!

AUGUSTIN.

Jamais! jamais! Quy? Camille?

ANGELIQUE.

O seigneur Augustin! mon amy...

AUGUSTIN.

Je ne le sçaurois croire : il n'y a rien que tu le connois... Tu le dois avoir prins pour un autre.

CORNEILLE.

Appelez-le comme vous voudrés : c'est cestuy-là qui est aujourd'huy venu par deux fois avecques vous.

ANGELIQUE.

Et ne t'avois-je pas laissée avec elle, malheureuse?

CORNEILLE.

Il est vray, Madame, et ne l'eusse point abandonnée, n'eust esté qu'il vint ceans de vostre part.

ANGELIQUE.

De ma part?

CORNEILLE.

Ouy, Madame, et me dit que l'aviez prié de passer par cy en son chemin, et me dire que j'alasse icy près à la place pour acheter de la viande pour le soupper, et me bailla l'argent avec enseignes [1], disant qu'aviez changé de propos, et que souperiez ceans, vous et le seigneur Augustin, non au jardin, comme aviez deliberé.

AUGUSTIN.

Et qu'est-il advenu?

CORNEILLE.

Il s'en est allé à la maladventure avec ces gallans qui me retenoyent à la porte, et me doute qu'il les avoit apostez pour ce beau fait.

AUGUSTIN.

Je me treuve bien le plus confus qu'il est possible. Il me semble que c'est un songe, ou que cornes me sont venues.

ANGELIQUE.

A! seigneur Augustin, si l'amour n'avoit plus de puissance sur moy que la raison, j'aurois bien quelque occasion de me malcontenter de vous : car, si nous regardons la première cause de ce malheur, vous vous trouverez le plus coupable. Je ne l'avois jamais veu, je ne le connoissois point; c'est à vostre seul adveu qu'il est venu en ma maison pour me donner ceste belle resjouissance!

AUGUSTIN.

Cuideriez-vous bien, Madame, que j'en fusse participant?

ANGELIQUE.

Non, car un tel cœur que le vostre n'y sçauroit consentir; et quand vous m'auriez fait ce tort, et pis s'il se peut, je ne voudrois prendre vengeance que sur moy-mesme, ny en acuser autre que ma

---

1. Avec indication de ce qu'il fallait.

senestre[1] fortune. Je porte en cecy la peine non seulement de mon dommage, mais aussi de l'injure qu'il vous a faicte, n'ayant eu esgard à vous, ny à vostre amitié, ny au recueil qu'il avoit eu ceans pour l'amour de vous. Cela vous touche.

AUGUSTIN.

Ouy, Madame, si avant, que je n'euz jamais tel deplaisir.

ANGELIQUE.

Pensez donc quel doit estre le mien !

AUGUSTIN.

Après les infortunes advenues, nous n'avons consolation que du remède, que l'on ne trouve point en se plaignant. Il faut recourir au discours et à la prudence, laquelle ne se connoist jamais si bien qu'au besoin, comme en la plus forte et obscure tempeste on void reluire l'art et l'experience d'un asseuré pilote.

ANGELIQUE.

Voulez-vous trouver remède là où il n'y en a point? Qui peut reparer une telle perte?

AUGUSTIN.

Celuy mesme qui a fait le mal peut donner la guerison.

ANGELIQUE.

Comment?

AUGUSTIN.

En l'espousant.

ANGELIQUE.

O ! qu'est-ce que vous dictes?

BETA.

On a bien veu advenir de telles choses.

ANGELIQUE.

Ha! ce n'est pas souvent. La pluspart des hommes par tels effets passent leurs fantaisies et appaisent leur desir, et puis s'arrestent à je ne sçay quel honneur, estimant qu'elles sont diffamées.

AUGUSTIN.

Vous ne dites pas aussi le danger en quoy il est de la vie, pour avoir offencé les loix, les ordonnances et la justice, laquelle en ce royaume est autant rigoureuse en tels cas qu'en nuls autres.

---

[1] *Gauche*, du latin *sinistra*, main gauche, main de malheur. Le mot *sinistre* en est venu.

On en a veu pour moindres crimes estre executez à mort par arrest de Parlement ; et par ainsi, il sera par adventure bien aise de satisfaire à la faute, et, pour se mettre en seureté, se delivrer du danger de ceste poursuite extraordinaire.

ANGELIQUE.

Je ne voudrois point contre vostre gré entreprendre, seigneur Augustin, de luy faire deplaisir, ny par justice ny autrement, puis qu'il est de voz amis, gentil-homme, et de ma nation ; mais, s'il est possible que l'affaire s'accorde par mariage, comme vous dites, ce seroit le plus grand bien que je sçaurois souhaiter pour ceste heure.

AUGUSTIN.

Je n'y voy qu'une difficulté, qu'il ne sçait qui elle est et ne connoist ses parens ; et luy, qui est de fort bonne maison, à ce que j'ay ouy dire, y pourroit faire doute.

ANGELIQUE.

La maison de Tortovelle, d'où il se dit, est bien des meilleures de Naples.

AUGUSTIN.

Mais l'amour peut gagner tout, et ne croy point qu'il ait faict une telle folie que l'affection qui l'a contraint ne soit fort vehemente.

ANGELIQUE.

Ainsi puisse-il estre, seigneur Augustin, mon amy ! Je vous prie vous y employer comme pour une chose vostre. Elle et moy sommes à vous ; elle est ma fille unique, uniquement aymée, tant affectueusement recommandée par le feu seigneur Alfonse, mon mary, qui, en mourant, me la bailla par la main, me priant de conserver soingneusement ce commun gaige de nostre amitié, ce que 'avois bien desir de faire, et deliberois que, si je luy donnois par ma vie quelque mauvais exemple, je recompenserois ce defaut par une grande sollicitude et soin que j'aurois d'elle. Vous voyez maintenant en quoy j'en suis.

AUGUSTIN.

Ayez bonne esperance : je m'en vay le trouver, et vous asseure que je n'oublieray rien ; et vous ferez bien cependant d'adoucir vostre ennuy pour consoler celuy de vostre pauvre fille.

SCÈNE III

AUGUSTIN, *seul.*

Je ne puis entendre quel humeur, quelle fantaisie a pris le seigneur Camille si promptement d'user de telle violence, et m'esbahis comme il l'a aimée si soudain si eperduement, et, s'il faut dire ainsi, avec telle rage et furie, et comment il n'a eu plus de commandement sur soy-mesme. Je n'en ay point de coulpe[1], et crains d'en souffrir la penitance et d'en porter la paste au four : car madame est dolante ce que femme peut estre, et plus qu'elle ne monstre ; mais elle couvre tant qu'elle peut sa douleur pour ne me donner opinion qu'elle aye mal-contentement contre moy ; si est-ce que la playe seignera tousjours jusques à ce que l'appareil y soit donné, et blasme-on communement celuy qui en est la cause, comme je suis, encore que je n'en sois consentant. Fortune m'est bien contraire ! Le plus grand plaisir que j'euz oncques en son commencement et sa fin m'a donné trop d'ennuy ce matin ; j'ay eu deffiance et jalousie, et à present un extrême desplaisir. Je faisois mon conte de m'aider du seigneur Camille pour la conduite de mes amours, et c'est luy qui les met en hazard et danger evidant. Il faut bien que je pense à y donner ordre, tant pour l'amour de madamoiselle Virginie, qui merite beaucoup à cause de sa vertu et beauté singulière, qu'aussi pour moy-mesme ; autrement, mon affaire est en grand bransle. Je m'en vois chercher le seigneur Camille.

SCÈNE IV

LOYS, *seul.*

Ce pendant que mon maistre, au jardin avec madame Angelique, estoit empesché à ses pieds,

---

1. Je n'en dis point mon *meâ culpâ*; je n'en ai point de repentir. On disait aussi « battre sa coulpe, » parce qu'en récitant le *meâ culpâ* on se frappait la poitrine.

je m'en suis allé voir Isabeau, ma mie. C'est bien raison, quand les maistres sont à leur plaisir, que les serviteurs se donnent du bon temps. A tel maistre tel valet. Le curé de Brou[1], qui traita si magnifiquement son bon evesque, donna, quand ce vint le coucher, au maistre et à tous ses domestiques chacun la sienne, et n'y eut pas mesmes jusques aux courtaux qui n'eussent en l'ecurie chacun sa cavalle, afin que tout le train fust servi de mesme à la françoise et chère entière[2]. Je m'y suis si bien trouvé que j'y suis demeuré trop longuement. Il est desjà party du jardin, et si n'est point à son logis. Il se pourroit bien courroucer contre moy; mais gens si contens que luy ne se courroucent pas volontiers. Je vois voir s'il est icy près, chez le seigneur Camille.

ACTE CINQUIÈME

SCÈNE I

MARC-AUREL, LAPIDAIRE DE NAPLES.

L'opinion que j'avois de ceste ville de Paris estoit bien grande pour en avoir ouy parler, mais la presence me l'augmente. Je suis tout estonné de la voir : sa grandeur, le peuple, le nombre des somptueux edifices, tant eglises, palais, ponts, que maisons privées; les richesses qui s'y voyent, les beautez, les commoditez. J'ay voyagé par toute

---

1. Type populaire, sur le compte duquel on mettait toutes les gaillardises des prêtres. Brou est dans le pays chartrain, à vingt-cinq lieues de Paris. Le curé de Pierre-Buffière, près de Limoges, jouait le même rôle dans le Limousin, comme on le voit par le chap. 32 de l'*Apologie pour Hérodote* de Henry Estienne. En Angleterre, le curé de Brou s'appelle le vicaire de Bray.

2. Bonaventure Desperriers, qui a mis en scène le curé de Brou dans quatre de ses *Nouvelles*, de la 33ᵉ à la 37ᵉ, n'a pas oublié ce bon tour. Il est conté tout au long dans la nouvelle 34 : « du même curé et de sa chambrière, et de sa laiscive qu'il lavoit, et comment il traicta son evesque et ses chevaux, et tout son train. »

l'Europe et la plus grande partie du Levant, pourtant je n'ay rien veu de si superbe et admirable. Paris est veritablement sans pair et sans second[1], Paris seul se peut dire un abregé de tout le monde. O heureux le debonnaire peuple qui y habite, et très heureux le prince victorieux qui y commande ! Je suis bien loin de mon conte : je cuidois, passant par icy en m'en allant en Flandres, pouvoir vendre quelques uns de mes joyaux; mais je porte l'eau en la mer : j'en vois par les boutiques sans comparaison de plus beaux et plus riches. Je ne ferois pas icy mon profit : ce seroit autant comme qui voudroit vendre ses coquilles à ceux qui viennent de Sainct-Michel[2].

SCÈNE II

L'HOSTELIER DE L'ESCU DE FRANCE, MARC-AUREL.

L'HOSTELIER.

Je ne sçai, Monsieur, si vous voudrez souper ceans; il faudroit dire de bonne heure.

MARC-AUREL.

Et où soupperois-je donc? Je ne fais guères qu'arriver ce matin, et suis un estranger qui ne connois personne en ceste ville.

L'HOSTELIER.

Quelque estrangier que vous soyez, si y en a-il, comme je pense, de vostre nation; car il abonde icy gens de toutes les parts du monde, et les François ont parmy eux tousjours des nations estranges.

MARC-AUREL.

Y auroit-il bien quelques uns de mon pays? Il est vray que marchans et voyageurs courent par tout. Les montaignes ne se rencontrent jamais, si font bien les hommes.

---

1. Ce sentiment d'admiration pour Paris était déjà universel, et il ne fit que grandir. Un demi-siècle après, J. du Lorens disait dans sa IXe satire :

Tout ce qu'il vous plaira, mais il n'est qu'un Paris.

2. C'est-à-dire du mont Saint-Michel, d'où les pèlerins ne rapportaient que trop de coquilles.

L'HOSTELIER.

Si je sçavois de quel pays vous parlez, je vous responderois.

MARC-AUREL.

C'est de Naples, d'où je suis.

L'HOSTELIER.

Des marchans de là, je n'en connois point pour ceste heure; mais il y a bien près d'icy un gentilhomme neapolitain qui estudie en l'Université, ou du moins qui y est envoyé pour estudier.

MARC-AUREL.

Qui estudie! Seroit-ce bien le fils du feu seigneur Ascanio Torlouvelle? Je le verrois volontiers, car à mon partement la seignore Lucrèce, sa mère, me pria bien fort de le voir, si, par fortune, je le pouvois trouver en quelque part de ce royaume. Elle ne sçait au vray s'il est en ceste ville ou en autre université. Je vous prie, menez-moy là par où il est. Quiconque ce soit, il sera bien aise d'entendre des nouvelles de par delà, et moy d'en pouvoir conter des siennes à ses parens quand je seray de retour.

L'HOSTELIER.

Je m'en vay leans dire qu'on appreste le soupper, et m'en viendray incontinent à vous pour vous mener à son logis.

MARC-AUREL.

Je vous attens icy pié coy [1].

SCÈNE III

MARC-AUREL, seul.

Il vient tousjours des rencontres que l'on ne pense point. C'est grand cas de la nature des hommes, qui sont si curieux de voir choses estranges et lointaines de leur païs.

---

1. En repos, sans bouger, du latin *quietus*, tranquille, d'où l'on avait fait d'abord le mot *quei* dans le même sens. Je n'ai pas besoin d'ajouter que l'expression « rester coi » vient de là.

SCÈNE IV

L'HOSTELIER, MARC-AUREL.

L'HOSTELIER.

Allons donc, Monsieur, quand il vous plaira. J'ay mis ordre à tout.

MARC-AUREL.

Allons, je vous prie.

L'HOSTELIER.

Voilà, Monsieur, les colléges, où il y a un nombre infini d'escholliers et docteurs de toutes les nations du monde.

MARC-AUREL.

Toutes ces grandes maisons, sont-ce colléges [1] ?

L'HOSTELIER.

Ouy.

MARC-AUREL.

C'est une chose merveilleuse. En toute l'Italie il n'en y a pas tant. Il ne faut s'esbayr s'il en sort tant de doctes et admirables personnages.

L'HOSTELIER.

Encores ne voyez-vous pas tous les colléges, et si ils sont garnis, à ce qu'on dit, d'un bon nombre des plus doctes et célèbres hommes du monde. Voicy le collége des Lombards ; là-haut est sa chambre. Je le vay appeler par la fenestre.

SCÈNE V

L'HOSTELIER, MARC-AUREL, CAMILLE, AUGUSTIN.

L'HOSTELIER.

Estes-vous là, seigneur Camille ?

CAMILLE.

Qui est-ce qui me demande ?

---

1. Dans quelques rues du quartier latin, notamment la rue de la Harpe, la plupart des principales maisons étaient en effet des colléges.

L'HOSTELIER.

Voicy un marchant de vostre païs qui veut parler à vous, seigneur Camille.

CAMILLE.

Il ressemble à Marc-Aurel, le lapidaire.

MARC-AUREL.

Je le puis bien ressembler, car je suis luy-mesme. Mais ne seriez-vous point le fils du feu seigneur Ascaigne Tortouvelle? Vous luy retirez [1] fort.

CAMILLE.

Je l'ay tousjours tenu pour mon père.

MARC-AUREL.

Pardonnez-moy si je ne vous ay cogneu soudainement. Depuis que ne vous vey, vous estes bien changé : vous n'estiez qu'un enfant.

CAMILLE.

Vous me semblez tousjours en un mesme estat, qui m'a gardé de vous mesconnoistre. Mais comment se porte la seignore Lucrèce, ma mère?

MARC-AUREL.

Très bien, Dieu mercy! et vostre beau-père, et toute vostre maison, et vous aussi, comme je voy, de quoy je suis bien aise. Vostre mère me commanda vous dire, si je vous trouvois, que vous luy escrivissiez de vos nouvelles : car, combien qu'elle vous ait tousjours escrit et faict tenir lettres de change, elle n'a point eu responce de vous, et il y a longtemps qu'elle n'en a sceu, et ne sçait en quelle université vous estes à present.

CAMILLE.

Elle en saura bien tost : j'ay envoyé pardelà mon precepteur, maistre Hipolite, pour quelques miennes affaires.

L'HOSTELIER.

Vous n'avez plus affaire de moy? Je m'en puis bien aller en ma maison?

MARC-AUREL.

Adieu, mon hoste, je vous remercie de vostre peine.

CAMILLE.

Or, dictes-moy comment les choses vont à Naples.

MARC-AUREL.

Tout se porte bien; les troubles sont appaisez, et

---

1. *Ressembler*, de l'italien *ritrato*, portrait.

vit-on en bonne paix et tranquilité, qui est un grand bien pour nous tous ; et s'il y a quelques autres icy de nostre pays, vous ferez bien de leur faire entendre.

CAMILLE.

J'en connois bien peu, car je hante en peu de lieux ; il y a bien icy auprès une dame neapolitaine de qui le mary est mort il y a un an environ en ceste ville.

MARC-AUREL.

Qu'y estoit-il venu faire ?

CAMILLE.

A ce que j'entends, ils partirent de Naples pour les seditions que vous dictes estre appaisées. Voicy cest homme de bien qui les a cogneuz.

MARC-AUREL.

Qui pourroient-ils estre ? Quel homme estoit-il ?

CAMILLE.

Je ne le viz jamais. Voicy qui le vous dira.

AUGUSTIN.

Il estoit grand et de belle taille.

MARC-AUREL.

De quelle couleur ?

AUGUSTIN.

Brun, have et sec, la barbe longue, et si estoit un peu chauve.

MARC-AUREL.

Quel aage monstroit-il ?

AUGUSTIN.

Environ quarante ans et plus.

MARC-AUREL.

Je me doute presque qui c'est. Quelle compaignie avoit-il ?

AUGUSTIN.

Sa femme, une fille, deux servantes, un serviteur, lequel s'en retourna en son païs après la mort de son maistre.

MARC-AUREL.

C'est cestuy-là mesme que je pense. Mais dictes-moy encores, s'il vous plaist, en quel temps partirent-ils ?

AUGUSTIN.

A ce qu'ils disoient, il y eut à ce mois de juin plus d'un an.

MARC-AUREL.

Je n'en doute plus, c'estoit le feu seigneur Alfonse de Grifano; je fuz bien adverty de son partement, combien qu'il fust secret.

AUGUSTIN.

C'est son nom, vrayement.

MARC-AUREL.

C'est luy-mesme. O! le pauvre seigneur! Est-il mort? Il estoit mal fortuné. On l'estimoit des plus coupables de la sedition; si est-ce que depuis son partement on n'a fait nul mal à ses parens. Et sa fille, est-elle en vie?

AUGUSTIN.

Elle est icy.

MARC-AUREL.

S'est-elle bien sauvée en un si long voyage? Mon Dieu! que l'ay veue jolie! Si elle n'est changée depuis que je ne la vy, elle ressemble du tout à sa mère.

AUGUSTIN.

Non fait, pas trop.

CAMILLE.

Non pas, à mon advis.

MARC-AUREL.

Si vous eussiez cogneu feue la seignore Cassandre, sa mère, vous n'y eussiez trouvé nulle difference que de l'aage et de la grandeur.

AUGUSTIN.

Ce n'est pas donc ceste fille de quoy nous parlons, car sa mère se nomme Angelique.

MARC-AUREL.

Je ne me trompe point. Dictes-moy, n'a-elle pas un petit sein en la joue gauche?

AUGUSTIN.

Ouy, qui ne luy siet pas mal.

MARC-AUREL.

C'est ceste-là, n'en doutez plus; je vous conteray le tout. La deffuncte seignore Cassandre de Bonassi estoit femme du sieur Alfonse de Grifano, une des plus estimées dames de Naples, et trepassa il y a quatre ans, laissant de luy une fille unique qui en pouvoit avoir dix environ.

CAMILLE.

Comment s'appeloit-elle?

MARC-AUREL.

Virginie.

AUGUSTIN.

C'est elle, il est tout certain.

CAMILLE.

Vrayement?

AUGUSTIN.

Dieu fait tout pour le mieux, seigneur Camille.

CAMILLE.

Il se remaria donc après?

MARC-AUREL.

Non fit.

CAMILLE.

Comment! sa femme qu'il amena de Naples est encores icy!

MARC-AUREL.

Vous vous abusez; je connois bien celle que vous dictes qui se nomme madame Angelique : c'est s'amie qu'il avoit longuement aymée ; elle luy a esté tousjours fidèle et l'a suivy partout, de quoy elle est bien estimée de pardelà de tous ceux qui la connoissent.

CAMILLE.

Vous nous comptez de grandes merveilles de ceste fille.

MARC-AUREL.

La pauvrette a faict une grand' perte d'un tel père, car s'il eust vescu il eust pu, avec le temps, recouvrer ses biens, par le moyen de son bon sens, de ses vertuz et de ses amis; mais ils sont maintenant en si bonnes mains que ceste orpheline ne les cuidera jamais r'avoir.

CAMILLE.

En quelles mains sont-ils?

MARC-AUREL.

Ils ont esté donnez à un gentil-homme calabrois que le vis-roy aime fort. On le nomme le seigneur Lelio de Cambua.

CAMILLE.

Vous voulez dire de Cadua.

MARC-AUREL.

Ouy, de Cadua.

CAMILLE.

Qu'est-ce que vous me dictes? C'est mon oncle, frère de ma grand'mère!

MARC-AUREL.

Vostre oncle? Je ne le connoissois point pour tel.

CAMILLE.

Ce l'est pour vray, et si suis son plus proche heritier, habile à luy succeder. Il n'a point d'enfans, et m'aime fort. Je m'esbahis que je n'en avois rien sceu.

MARC-AUREL.

Cecy advint un peu auparavant que je partisse. Je croy que depuis n'en est venu personne que moy et un autre, avec lequel je suis venu de compaignie et l'ay laissé à l'hostellerie, qui vient querir un gentil-homme espagnol demourant en ceste ville depuis quelque temps.

AUGUSTIN.

Seroit-ce point le nostre? Si ce l'estoit il viendroit bien à point nommé. Connoissez-vous ce gentil-homme espagnol?

MARC-AUREL.

Je ne le vis oncques. Mais il est temps que je me retire au logis, car depuis Lyon j'ay tousjours fait de fort grandes traites. Demain je partiray pour m'en aller en Flandres, à Anvers et Bruxelles, exploiter ma marchandise. Advisez, seigneur Camille, si je vous puis faire quelque service.

CAMILLE.

Je vous remercie de vos offres et de vos bonnes nouvelles. Ne vous seroit-ce point de peine de venir faire un tour chez madame Angelique avec nous? Aussi bien n'est-il pas tems de souper, et vous serez peut-estre bien content de la voir, car en païs estranger, c'est grand plaisir de trouver des connoissances de sa nation.

MARC-AUREL.

J'y iray volontiers, seigneur Camille, et me feusse convié moy-mesme d'y aller en vostre compaignie si je n'eusse craint de vous ennuier; mais, ne pensant guères demeurer, j'ay laissé à faire quelque chose à mon logis icy près, qui m'y fera aller pour un peu, et retourneray incontinent, s'il vous plaist de m'attendre.

CAMILLE.

Revenez donc tost, et vous nous trouverez icy de pié coy.

SCÈNE VI

Les seigneurs AUGUSTIN et CAMILLE.

AUGUSTIN.

O seigneur Camille! quelles nouvelles voicy! Il semble que Dieu nous les ait envoyées. Tous nos doutes sont esclaircis; il n'y a plus nulle difficulté ny empeschement à nostre affaire. Il ne reste plus nul scrupule, et mesmement celuy de la mère et de la noblesse, que tant vous craigniez, est du tout osté!

CAMILLE.

O seigneur Augustin, mon amy! il faut que je vous die que je me treuve hors d'une grande perplexité, car j'estois si fort combatu de l'amour, du desir, de la honte et de la crainte, que je ne sçavois où me ranger. D'un costé, l'amour et mon devoir m'incitoient à l'espouser; de l'autre, la honte m'en retiroit, à cause de la vie desbordée de celle que j'estimoy veufve et sa mère. On dit qu'aux mères ressemblent les filles le plus souvent : De bon complant[1] ta vigne plante, de bonne mère prens la fille. Des talons cours sont fort à craindre, et, qui plus est, le respect de mes parens me servoit d'une forte bride. Je suis maintenant asseuré qu'ils ne me pourront blasmer, puis qu'elle est de si bon lieu, de Grifano et de Bonassi, qui sont des plus honorables et anciennes maisons du pays. O que j'ay mon esprit en repos et mon cœur satisfaict!

AUGUSTIN.

Et moy, qui ay eu si grand peur de perdre par vostre faute le bien que j'avois aujourd'huy acquis, devoy-je pas estre bien fasché? Que nous sommes donc heureux si nous le pouvons connoistre!

CAMILLE.

Et pour le comble de l'heur, madamoiselle Virginie pourra un jour rentrer en ses biens, terres et seigneuries.

1. *Cépage.* « L'air, la terre et le *complant*, dit O. de Serres, sont le fondement du vignoble. »

AUGUSTIN.

Ouy, puis que vous en serez heritier : car ce ne sera plus qu'un de vous deux ; et si vostre oncle sera peut-estre bien content de les vous rendre sans attendre sa succession.

CAMILLE.

Que j'avois grand peine à me garder de monstrer à Marc-Aurel l'aise que je sentois quand il me contoit ces nouvelles! Si ne me garderay-je plus de luy : la pierre est jettée, la chose est resolue.

AUGUSTIN.

Je craignois bien plus qu'il ne me dist chose que je ne voulusse point ouyr, et m'esbahis, seigneur Camille, de la fainte dont elle a usé si longuement de se dire sa mère.

CAMILLE.

C'estoit pour vivre avec le seigneur Alfonse plus seurement en pays estrange et plus honnestement; et, après sa mort, elle a continué pour estre plus estimée de ceux qui l'aymeroyent, et pour mieux pourvoir à l'honnesteté de madamoiselle Virginie.

AUGUSTIN.

Je ne l'en estime ny ne l'en ayme de rien moins. Elle a monstré en cela son bon sens et sa bonne nature, d'avoir esté si fidèle à son amy en la vie, et après envers sa fille madamoiselle Virginie, comme vous pouvez voir par le dueil qu'elle en a fait ce jourd'huy, ainsi que je vous ay compté. Sa deliberation a tousjours esté de la remener à Naples, et la rendre saine et sauve à ses parens et amis.

CAMILLE.

Certainement, elle merite d'estre bien aymée... Marc-Aurel demeure beaucoup : j'ay la puce à l'oreille.

AUGUSTIN.

Il ne tardera plus guères. O! que madame Angelique sera bien marrie de nous voir arriver tous deux chez elle à si bonnes enseignes! Quel soudain changement de bien en mal et de mal en grand bien!

CAMILLE.

Il vaut mieux que nous allions devant pour nous resjouir avec elle. Nous laissons trop longuement en peine madamoiselle Virginie, l'unique mais-

tresse de mon cœur. Je meurs quand je ne la vois. Loys attendra l'orfèvre icy pour le conduire.
AUGUSTIN.
C'est bien dit, allons. Mais toy, Loys, demeure.

SCÈNE VII

LOYS, *seul*.

J'eusse bien voulu voir le commencement de leur joye! Combien que je n'y seray qu'assez à temps : elle ne sera pas si tost finie. Si me tarde-il beaucoup. Que peut-il tant faire? J'eusse vendu, depuis le tems qu'il est party, toutes les bagues, pierres et meules de moulin qui soyent à Naples. Se seroit-il point esgaré? Ceste ville est dangereuse pour les nouveaux venuz. Sur tout il se faut donner de garde de la bourse : il n'y a point de lieu où les coupeurs de pendans [1], les matois [2] et les tirelaine [3] ayent tant d'impunité et de vogue qu'à Paris. Il vaut mieux, à toutes adventures, que j'aille à son logis.

SCÈNE VIII

LOYS, MARC-AUREL et BETA.

LOYS.
Vous m'avez osté hors de peine, Marc-Aurel; je m'en allois vers vous.
MARC-AUREL.
Où sont-ils?
LOYS.
Il y a long-temps qu'ils sont là. La patience leur echappe. Ils m'ont laissé icy pour vous y mener. Vous y verrez merveilles.
MARC-AUREL.
Allons donc.

1. La bourse, ou escarcelle, qui pendait à la ceinture.
2. Ce mot était alors synonyme de voleur : « agile et subtil à la main, dit Brantôme, comme un *matois* à couper une bourse. »
3. Nous avons déjà vu que les *tirelaines* étaient les voleurs de manteaux.

LOYS.

Vous verrez une honneste femme. Je croy que vous ne vous y fascherez point.

MARC-AUREL.

Il y a long-temps que je la connois.

LOYS.

Je le sçay bien, je vous l'ay tantost ouy dire; mais vous ne la trouverez point empirée. Voylà sa porte : je vous vais monstrer le chemin. (*A Beta.*) Où vas-tu?

BETA.

Va leans seulement : tu seras le bien venu. J'ay haste. Si je treuve mon Espagnol, je parleray bien à ses bestes.

SCÈNE IX

GASTER, *seul.*

Ces choses ne me plaisent point un seul brin. J'ay ouy la feste qu'on faict leans, qui n'est guère à nostre advantage, et si ay veu entrer des gens bien contens, et sortir Corneille, qui m'a dict que nous nous pouvions bien retirer ailleurs et chercher autre party, et m'a conté tout ce qui en a esté. J'en sçay tout le court et le long, de fil en eguille; j'ay recogneu ceux qui sont entrez les premiers : ce sont ceux de la querelle d'aujourd'huy. Certainement il n'est finesses que de femmes, et ne s'en sauroit-on garder. Ce n'est sans cause que l'on dit que une bonne mule, une bonne chèvre et une bonne femme sont trois bonnes bestes... Je m'en raporte aux jaloux dedans le Romant de la Rose. Fiez-vous-y, et puis y attachez vostre asne, mesmement au ratelier de ces Italiennes. Ces louves choisissent le plus laid, et, depuis qu'elles ont une fois passé devant l'huis du paticier et beu leurs hontes, elles franchissent le saut, faisant du tout banqueroute à leur honneur, et aimeroient mieux n'avoir qu'un œil que se contenter d'un seul amy. Si ces hommes de delà les monts sont fort experimentez au fait de la banque, leurs femmes n'aiment pas moins le change. Je ne sçay comment aborder le sieur Dieghos pour luy conter ces nouvelles, et si je crains qu'il se refroidisse et que ma poudre s'evante, et ma pratique en diminue : si forgeray-je quelque expedient, car ou je luy dresseray nouveau party, ou je rabilleray ce qui est gasté, et le feray aller à plusieurs pour le divertir d'une seule. Par ce moyen, je l'entretiendray en haleine. Hé! je croy que le voilà.

SCÈNE X

DOM DIEGHOS, GASTER, et LOUPPES,
MESSAGER.

DIEGHOS.

Ha! la traitresse! la fauce lice[1]! elle m'en a bien donné! Sont-ce les excuses, sont-ce les lettres qu'elle escrivoit? sont-ce les caresses qu'elle m'a faictes ce jourd'huy? est-ce la douceur dont elle m'a embrassé au departir? Je voudrois ne l'avoir jamais veue.

GASTER.
C'est luy. Je croy qu'il a tout sceu; il est bien fasché, et non sans cause.

DIEGHOS.
Tu es donc là, Gaster? O! comme tout va à rebours! Ceste vieille sorcière Beta, que j'ay trouvée à la male heure, me vient de faire une belle harangue!

GASTER.
Je n'en sçay que trop, Monseigneur. Je ne me hastois de vous porter une mauvaise nouvelle.

DIEGHOS.
J'ay trop veu et trop ouy. Allez vous fier en femmes.

GASTER.
Vous trouverez, Monsieur, que ces jeunes gens l'ont trompée et affrontée.

DIEGHOS.
Voto à Dios! ils s'en repentiront.

GASTER.
Vous en avez bien le moyen.

1. Femelle d'un chien de chasse. On connait la fable de La Fontaine : *la Lice et sa Compagne*.

DIEGHOS.

Je leur couperay bras et jambes.

GASTER.

Vous ferez bien.

DIEGHOS.

Je fracasseray tout.

GASTER.

Je le vous conseille.

DIEGHOS.

Je tailleray tout en pièces.

GASTER.

Il n'y a ny roy ny roc qui vous en sache engarder.

DIEGHOS.

Je luy osteray tout ce que je luy ay donné.

GASTER.

C'est la raison.

DIEGHOS.

A moy! Se preignent-ils à moi? Il leur vaudroit mieux...

GASTER.

Estre cent pieds soubz terre, si vous l'entreprenez.

DIEGHOS.

Et me dire, de la part d'Angelique, que je n'y retourne plus; qu'il n'y a plus de lieu pour moy; que j'en peux bien torcher ma bouche; que ce n'est plus pour moy, doresnavant, que le four chauffe. J'auray donc batu les buissons, et un autre me viendra arracher d'entre les mains les oisillons [1]!

GASTER.

C'est trop grand outrage. Mais qui est cestuy-là qui vient avec sa cappe de Bearn?

LOUPPES.

C'est grand peine d'estre en ces grandes villes : on n'y peut trouver ceux que l'on cherche. Il y a plus de huict heures que j'y suis errant, et n'y voy personne qui me die nouvelles de celuy que je de-

---

1. C'est l'ancien proverbe : « Tel bat les buissons, qui n'a pas les oisillons, » tel prend la peine, qui n'a pas le profit. Le duc de Bedford, l'ayant donné pour seule réponse au duc de Bourgogne, qui s'engageait, pour les Anglais, à garder Orléans, le fâcha gravement, et fut cause que la ville ne fut pas occupée, et put être sauvée plus facilement par Jeanne d'Arc.

mande. J'ay prié l'orfévre Marc-Aurel de s'en enquerir, et ne sçay qu'il est devenu. Chacun entend à son propre faict, ne se souciant d'autruy.

DIEGHOS.

Qui est cestuy-là ? Il me semble estre Espagnol.

LOUPPES.

Il me semble que tous ceux que je voy doivent estre dom Dieghos. O ! si ce pouvoit estre cestuy-cy ! C'est luy-mesme. O Monseigneur ! loué soit Dieu que je vous ay trouvé ! Le seigneur dom Jean, vostre père, m'envoye expressement devers vous. Voilà ses lettres, où il y a une lettre de banque.

DIEGHOS.

Tu sois le bien venu, Louppes, mon amy. (*Ici se fait lecture des lettres missives.*) Ce sont lettres de creance sur toy. Dy-moi que c'est.

LOUPPES.

Le seigneur dom Jean vous mande qu'il a obtenu vostre grace.

DIEGHOS.

Cela est bon.

LOUPPES.

Il a faict à vos parties civiles...

DIEGHOS.

Encore meilleur.

LOUPPES.

Et vous mande que vous en veniez incontinent.

DIEGHOS.

Et pourquoy ?

LOUPPES.

Il a conclu le mariage de vous avec la seignore Flaminie Passavent.

DIEGHOS.

Que me dis-tu ?

LOUPPES.

Il est ainsi.

DIEGHOS.

Flaminie Passavent ? ceste belle damoiselle, ma maistresse ? celle que j'ay si long-temps aymée, qui seule me faisoit regreter le pays ? O ! qui est au monde plus heureux que moi ! Mais, Louppes, est-il du tout arresté ?

LOUPPES.

Ils n'attendent plus que vous.

DIEGHOS.

Mon amy, embrasse-moy ; et toy aussi, Gaster.

GASTER.

O Monseigneur! je sçavois bien que les bonnes fortunes ne pouvoyent fuir un tel cavalier d'importance que vous. Il vous faudroit le cheval de Pacolet [1].

DIEGHOS.

Que n'ay-je des æsles pour y voler! le Pegase de Bellerofon ou l'hipogrife d'Astolfe pour m'y porter! Une heure me semble un siècle.

GASTER.

N'est-ce pas ceste-là de qui je vous ay si souvent ouy parler, qui est de si bonne maison, si riche et si belle?

DIEGHOS.

Ouy, ouy.

GASTER.

C'est donc bien autre chose qu'Angelique?

DIEGHOS.

O! je suis soul de ces beautez vulgaires et ordinaires! je ne daignerois plus penser à choses si basses. Et si faut que je te die qu'elle ne se sçauroit garder de m'aimer, et suis seur que ce qu'elle en a fait, ç'a esté par force, pour marier madamoiselle Virginie.

GASTER.

Je le trouverois autrement bien estrange et de dure digestion.

DIEGHOS.

Aussi ne la sçaurois-je hayr; elle m'a trop doucement traicté. Quant aux autres, je leur pardonne mon maltalent : chacun est tenu de pourchasser sa fortune.

GASTER.

La verrez-vous point avant partir? Je croy, quoy qu'il y ait, qu'elle vous feroit bonne chère.

DIEGHOS.

J'y irois volontiers, n'estoit que, comme tu vois, j'ay trop d'affaires. Mais toy, va-t'y en leur baiser les mains de ma part, et les fay participantes de mes bonnes nouvelles. De moy, je m'en vay don-

---

1. Souvenir du roman de *Valentin et Orson*, où Pacolet monte un cheval de bois qui en un moment le transporte à mille lieues de distance.

ner ordre à mon partement, qui sera, Dieu aidant, pour demain de grand matin. Ayant faict la commission, tu t'en reviendras souper avec moy, et, en passant, tu diras à la poste que l'on me tienne de grand matin mes chevaux tous prests. Louppes sera des miens.

GASTER.

Vous serez en tout et par tout obey. Monseigneur, je vous prie que, s'il y a dans voz coffres et parmy vostre bagage quelques habillemens qui vous chargent ou ne vous servent de rien, je vous les garderay. Il est bien fol qui s'oublie !

DIEGHOS.

Je t'en mettray à mesme et te feray assez d'autres biens. Va donc tost.

LOUPPES.

Allons donner ordre à nos affaires.

DIEGHOS.

Je m'en vay avant toute œuvre prendre congé de Leurs Majestés.

SCÈNE XI

GASTER, *seul*.

Puisque mon Espagnol s'en va, je pers en luy une de mes meilleures vaches à laict. Je le sçavois dextrement manier et le pincer sans rire ; je sçavois bien manger la poule sans faire crier le coq. Au fort, il est vray que les derniers venus demeurent tousjours les maistres. Je m'en vay chez madame Angelique luy faire sçavoir des nouvelles de son amy, qui s'en va bien à propos pour la laisser se souler des embrassemens de ce mignon aux jaunes cheveux, en la bonne grace duquel je tascheray de m'insinuer, ensemble de ce gentil-homme qui s'est rendu nouveau serviteur de madamoiselle Virginie ; et par ainsi, pour un perdu, deux recouvrez. Ce sont pigeons : les uns s'en vont, les autres viennent. Ainsi va le monde ; il faut prendre le temps comme il vient. Mais voicy Beta quasi hors d'haleine ; il faut que je la suive : elle sent le rost.

SCÈNE XII

BETA, GASTER.

BETA.

Je n'ay fait qu'aller et venir. Me voylà de retour, en ayant fait de poinct en poinct tout ce qui m'avoit esté commande. J'ay parlé à l'Espagnol, auquel j'ay donné son congé par escrit ; j'ay mis bon ordre à ce qu'il faut pour la magnificence du festin qui se fera chez nous à ce soir. Les violons sont desjà là ; ceux que l'on a voulu inviter preignent en haste leur belle robe à manger rost, et sur tout les notaires me suyvent pour passer le contract d'entre le seigneur Camille et madamoiselle Virginie, naguères la plus desolée, et ores la plus belle et mieux fortunée damoiselle de toutes les Itales ; et croy que les solennitez de saincte Eglise ne tarderont guères à estre faictes à Sainct-Sulpice. Le seigneur Camille faict son compte, si tost que maistre Hipolite, son precepteur, sera de retour de Naples, de s'y en aller, et d'y emmener sa bienaymée espouse, accompagnée de Corneille, ma compaigne. De ma part, *chi ben esta, non si muove*. Je me delibere, puis que je me trouve bien à Paris, de demeurer au service de madame Angelique, qui a promis au seigneur Augustin, son amy, de n'en bouger pour l'amour de luy. Aussi bien ce pot aux roses est decouvert.

GASTER.

Nous irons donc ensemble chez vous, ma grand'amie ; j'ay un mot à dire à vostre maistresse.

BETA.

Je m'esbahy grandement de vous, maistre Gaster, qui estes si indiscret de nous venir porter parolle de la part de cest elefant, qui n'a plus que voir en nostre maison. Le seigneur Augustin en est et sera seul seigneur et maistre. J'ay haste, passez viste chemin, qu'on ne vous donne du rost de Billy [1] : les lardons en sont de bois.

---

1. C'est-à-dire des coups d'un *rotin* pris auprès de la tour de Billy, sur le quai de l'Arsenal, où se trouvaient alors, aussi bien qu'à l'île Louviers, sa voisine, des chantiers de bois.

GASTER.

Ne vous faschez point, mon petit cœur gauche; je vay donner advis à vostre maistresse comme le seigneur Dieghos est rappelé de son ban, et partira demain en poste pour s'en aller à Naples, s'il luy plaist y escrire.

BETA.

Est-il vray?

GASTER.

J'en ay veu le messager.

BETA.

Ces nouvelles ne leur desplairont pas; elle et le seigneur Augustin seront bien aises de ceste belle deffaicte.

GASTER.

J'ay aussi quelque chose à dire au seigneur Augustin.

BETA.

Marchez donc comme moy; allons en parlant et parlons en allant. Nous ne perdrons rien à nostre feste; nous aurons plus de gens que nous ne pensions : vous y mangerez seul pour quarante à cinquante.

GASTER.

Non, non, mon amoureuse; je vous y serviray de maistre d'hostel assis à la table, et de valet de chambre au lict. Je suis asouvy de bien faire : vous ne conneustes onc tel officier que moy.

BETA.

Quel ord fessier! vous vallez mieux à desservir qu'à servir; je devrois faire rotir un bœuf pour vous seul.

GASTER.

Messieurs, si quelqu'un de vous rencontre mon Espagnol, qu'il y voise tenir ma place, si bon luy semble; pour meshuy, j'ayme mieux aller souper à la françoise. J'iray le trouver de grand matin, de peur des mouches, pour corbiner [1] quelque vieil habit rapetassé, me doutant qu'il n'oubliera rien, fors que à dire adieu à son hoste. Au reste, je ne pense pas qu'il y ait personne de vous qui, pour accompagner Dieghos, veuille aller gaigner le mal de Naples; il y fait trop chaud : on le cher-

---

1. Attraper au vol, comme fait un corbeau.

che quelquefois bien loin que l'on le trouve à son huis. Mon nez, tel que vous le voyez, sçait bien à quoy s'en tenir : qui bien fera bien trouvera. C'est belle chose que de bien faire. Bonnes gens, gardez-vous-en. Mais qui voudra mander quelque chose à Naples, qu'il se haste de faire sa depesche tout le soir, tandis que nous autres beurons du meilleur, de peur qu'il empire; et adieu. Demenez les mains, et moy les dents.

FIN DES NEAPOLITAINES.

NOTICE SUR FRANÇOIS PERRIN

Celui-ci est encore un prêtre, un chanoine, comme Pierre de Larivey, mais plus grave, et s'étant engagé beaucoup moins que lui dans l'impénitence des comédies. Il n'en fit qu'une seule, celle que nous donnons ici, et par simple passe-temps encore, sans y attacher le moindre prix.

C'est d'un de ses amis, maître Odet de Montagu, qu'il en avait reçu le sujet, avec prière de lui donner forme de pièce ; il s'exécuta, puis, la comédie faite, n'y pensa plus. Il fallut qu'assez longtemps après un autre ami, maître Jacques Arthault, la lui redemandât avec vives instances, pour qu'il prît la peine de la chercher « parmy un grand fatras de vieux papiers qui ne servoient que d'encombre en son estude. » L'ayant trouvée, il la lui abandonna, pour qu'il en fît ce qu'il voulut.

C'est ainsi, et sans nul doute par les soins de ce maître Arthault, qu'elle fut envoyée au libraire de Paris Guillaume Chaudière, et publiée en 1589.

Maître Arthault et maître Odet de Montagu avaient tous deux de hauts emplois dans la ville d'Autun, où notre François Perrin était né, et s'était peu à peu poussé jusqu'à la dignité de chanoine et de syndic de la cathédrale. L'un, Jacques Arthault, n'était pas moins que lieutenant particulier aux bailliages d'Autun et de Montrejeus ; et l'autre, Montagu, lieutenant en la Chancellerie et vicg d'Autun.

Ils semblent avoir formé, avec Perrin et plusieurs autres, une sorte de société d'étude, dont leur compatriote, Pierre Jeannin, qui, fils d'artisan, monta de la tannerie de son père jusqu'à la charge de président et à la dignité de ministre d'Henri IV, paraît avoir été l'inspirateur et le patron. Les lettres et la morale y avaient grande part aux entretiens, si l'on en juge par quelques-unes des œuvres de Perrin qui durent y trouver leur germe : *Histoire tragique de Sennachérib, roi des Assyriens*, poëme en huit chants, qui eut l'honneur d'être imprimé, sur la fin de la vie de l'auteur, en 1599, chez le célèbre libraire Abel l'Angelier ; le *Pourtraict de la vie humaine, où naïvement est depeinte la corruption, la misère et le bien souverain de l'homme en trois centuries de sonnets*... petit in-8º, qui, en quatorze ans, eut deux éditions, chez Guillaume Chaudière : l'une en 1574, l'autre, avec une simple modification de titre, en 1588 ; *Cent et quatre quatraines de quatrains contenant plusieurs belles sentences, et enseignemens extraits des livres anciens et approuvez, lesdites quatraines divisées en quatre quarterons*, livre singulier, publié à *Lyon*, en 1587, dans lequel l'humour naïf se mêle à la morale et l'égaye.

Comme il était naturel dans une ville telle qu'Autun, dont la renommée avait été si grande du temps des Romains, qui l'appelaient leur Athènes des Gaules à cause de ses écoles et de ses monuments, la société littéraire des amis du président Jeannin s'y occupait aussi beaucoup de la langue latine et des études d'antiquité. En cela encore, François Perrin apporta sa belle part. Il traduisit du latin, en vers, tout un poëme de Lazare Thomas : *Imploration de la paix au Roy* ; et, pour les antiquités et ruines de sa ville, il écrivit deux livres. Il aimait à y revenir. Dans son *Pourtraict de la vie humaine*, il ne l'avait pas oublié.

Parmi les « cités mémorables » dont il y parlait vers la fin, la belle place avait été pour Autun. « jadis la plus superbe des Gaules, exemple évident de l'inévitable mutation des choses. » Plus tard il écrivit dans le même sentiment : *Regrets sur les ruines de la Cité d'Autun* ; puis, non plus en poëte qui se lamente, mais en savant qui retrouve et reconstruit, il composa son livre : *Véritables Recherches de l'antiquité de la Cité d'Autun*. Il resta malheureusement inédit, ainsi que celui des *Regrets*, et se perdit faute d'être publié. Étienne Ladonne, qui l'avait lu, et dont les mêmes études étaient l'occupation, regrettait fort qu'il n'eût pas paru. Il émit l'espérance, dans ses *Antiquitates*, que le président Jeannin en ferait la dépense, mais il n'en fut rien. Ministre à Paris, le président ne s'occupait plus guère d'Autun et de ses amis. Le manuscrit passa chez Arthault, où le vit le P. Vignier, puis il s'égara. Edme Thomas, dans son *Histoire d'Autun*, dit qu'il n'a jamais pu le recouvrer.

Perrin avait du reste assez peu souci de ce qu'il écrivait. On l'a vu par sa pièce des *Escoliers*, imprimée presque malgré lui ; on le voit encore par ce manuscrit perdu.

Un autre, celui d'une tragédie de *Jephté*, n'eut pas meilleure fortune. Cette pièce biblique pouvait cependant n'être pas désavouée par un chanoine et, ne fût-ce qu'en raison du sujet, méritait qu'il la fît paraître. Il ne prit cette peine que pour une autre, d'inspiration pareille, *Sichem ravisseur*, qu'il tira du xxxive chapitre de la Genèse. Elle fut publiée chez Chaudière, en 1589, puis il l'oublia, comme ses *Escoliers*, imprimés la même année. Ses amis y pensèrent à sa place. Ils en prirent plus de soin après sa mort, que lui pendant sa vie. A peine était-il mort, le 9 janvier 1606, qu'ils le faisaient se survivre dans une réimpression de sa tragédie de *Sichem*, qui fut donnée quelques mois après, par Raphaël Du Petit-Val, à Rouen. Les *Escoliers* eurent aussi leur seconde édition, mais on ne sait trop à quelle date. L'exemplaire de la Bibliothèque de l'Arsenal, le seul qu'on connaisse, n'en porte pas Quant à l'édition de 1589, rien n'en subsiste qu'une copie, conservée aux manuscrits de la Bibliothèque de la rue de Richelieu dans un des portefeuilles de M. de Soleinne. C'est par cette copie que M. Emile Chasles connut la pièce, et put en parler dans sa Thèse : *la Comédie en France, au* xvie *siècle*. L'exemplaire de l'Arsenal lui ayant échappé, il la croyait inédite.

Nous avons consulté l'imprimé et le manuscrit, qui se corrigent et se complètent.

C'est en effet dans la copie seulement que nous avons trouvé la dédicace qu'on va lire.

LES ESCOLIERS

COMÉDIE

1589

DÉDICACE

A M. MAISTRE JACQUES ARTHAULT

LIEUTENANT PARTICULIER AUX BAILLAGES D'AUTUN ET DE MONTREJEUS

FRANÇOIS PERRIN, HUMBLE SALUT.

Vous m'avez tant importuné qu'enfin j'ay esté contrainct de chercher, parmy un grand fatras de vieux papiers, qui ne servent que d'encombre en mon estude, la comedie des Escoliers : vous ne la trouverez par adventure telle que vous esperiez. Toutesfois, puisque Monsieur Maistre Odet de Montagu, Lieutenant en la Chancellerie et vicg d'Autun (que les lettres et la vertu recommandent assez) en a une fois donné le subject, j'ay pensé que ce seul point vous apporteroit plus de plaisir que l'ouvrage mesme que je vous envoye tel qu'il est. S'il vous plaist retrancher quelques divines heures de vos plus graves et serieux empeschemens, pour employer à en voir quelque page, vous luy ferez plus d'honneur qu'il n'en merite. Après cela, je vous prie, Monsieur, n'en faire plus d'estat que moy, et attendre quelque besogne mieux limée de ma forge. A Dieu.

ENTREPARLEURS

MACLOU, bourgeois viellard.
FINET, serviteur.
SOBRIN, prieur, escolier.
MARIN, bourgeois viellard.
GRASSETTE, sa fille.
BABILLE, chambrière.
CORBON, escolier.
FRIQUET, voisin.

PROLOGUE

Après mille malheurs passez
Dont nous avons esté pressez,
Il a semblé bon au poete
Qui à vous complaire souhaitte,
De remettre devant vos yeux
Un acte non moins fructueux
Que recreatif à l'entendre :
Au reste il n'a pas voulu prendre
L'argument vers les estrangers
Menteurs, imposteurs, et legers,
Aymant mieux la façon gauloise,
Que la Phrigienne ou Gregeoise [1]
Car les fruits luy semblent meilleurs
En n'os propres vergiers [2] qu'ailleurs.
Il n'use icy d'un stile brave,
Ny d'une forme du tout grave :
Mais le stile n'est point abject
Qui convient bien à son subject.
Pendant neantmoins il n'oublye
Ce qui sert à la comedye.
Vous donc, notables spectateurs,
Vous (dy-je) doctes auditeurs,
Que chacun d'autre soin se prive,
Pour prester l'oreille ententive [3].

ACTE PREMIER

SCÈNE I

MACLOU, FINET.

MACLOU.

Tu me penses doncques payer

---

[1]. *Grecque.* On sait que *Gregeois* se disait pour *grec*; il n'est resté que dans le nom du feu terrible inventé par les Grecs de Constantinople.
[2]. Vergers.
[3]. *Attentive.* On trouve cette même expression dans la *Nouvelle tragi-comique* du capitaine Laphrise.

Tousjours d'un semblable loyer [1] :
Ce n'est pas ta ruse premiere,
Car c'est ta façon coustumiere
De donner le faux pour le vray :
Mais si je puis j'y pourvoiray
Si bien estant en cette ville,
Que tant sçache-tu estre habile,
Tu seras pris au trebuchet.

FINET.

Où il n'y a aucun malfaict,
Y voulez-vous chercher amande?
Le pauvre enfant tousjours se bande
Aux estudes, et nuict et jour.

MACLOU.

Aux estudes! mais à l'amour.
Ha! mon fils, est-ce l'esperance
Que j'ay de ton adolescence [2] ?
Je t'ay elevé gros et gras
Par le long travail de mes bras,
Et, pour te faire en ton jeune age
Des sciences avoir l'usage,
Je n'ay espargné mes deniers,
J'ay ouvert bourses et greniers,
Pour te donner la longue robe [3],
Et que maintenant on derobe
L'argent, l'esperance et le temps,
Et ce qu'au surplus je pretens?
Est-ce d'un bon enfant l'office?
Je t'ay acquis un benefice
Qui est de fort bon revenu :
Ce pendant tu t'es mescognu,
Et quant tu dois les lettres suyvre,
Le breuvage d'amour t'enyvre!

FINET.

Il ne faut croire le babil
De quelque affeté et subtil
Qui vous met cecy en l'oreille.

MACLOU.

Mais mais, Finet, je m'esmerveille
Comme cela fut entrepris,

---

1. Prix.
2. Mot alors assez nouveau. Marot l'avait employé le premier, — sans qu'on s'empressât de le lui prendre — pour le titre d'un de ses recueils.
3. Celle de docteur de Sorbonne.

ACTE I, SCÈNE I.

Et comme mon fils fut surpris
De ses amours ainsi subites.
    FINET.
Je ne sçay quels amours vous dictes,
Mais il ne faict que manyer
L'encre, la plume, et le papyer,
Ouyr les docteurs en leurs sales
Courir aux loix et Decretales [1],
Perdant le boire et le manger,
Pour ses lectures colliger.
    MACLOU.
Mais le bruit court par cette ville
Qu'il ayme ardemment une fille.
    FINET.
Pensez que le peuple d'icy
A de cela fort grand soucy.
    MACLOU.
Je sçay que la jeunesse tendre,
Qui se laisse d'amour surprendre,
Ne veut point descouvrir son feu,
Et n'estime cela que jeu,
Mesmement si en tel affaire
Ell' a quelque secret notaire
Qui en lieu de la reprimer
La vienne au plaisir animer.
    FINET.
Je ne sçay que cela veut dire.
    MACLOU.
Non? l'on dict qu'il n'y a sourd pire
Que celuy qui ne veut ouir.
Finet, veux-tu que sans mentir
J'acheve ma parole ourdye,
Et qu'en peu de mots je te dye
Tout ce que j'ay dessus le cœur?
    FINET.
Certe c'est bien pour le meilleur.
    MACLOU.
Il te souvient, comme je pense,
Que dès l'heure de ton enfance
Je t'ay receu en ma maison,
Et que despuis cette saison
Je t'ay tousjours poussé avant,
Comme mon legitime enfant.

---

1. Rescrits des papes, qui décident des points de controverse ecclésiastique, et forment la seconde partie du droit canon.

FINET.

J'ay bien cela en ma memoire,
Mais je vous pry aussi de croire
Qu'ingrat je ne suis du bien faict
Qu'en vostre maison l'on m'a faict.

MACLOU.

Tu ne fais point aussi de doubte
De ce que ma famille toute
Fait pour avancer ton honneur :
Mesmement mon fils le prieur
Qui t'a pris en amitié telle,
Que je la pense estre immortelle.
Quand je proposay l'envoyer
En cette ville estudier,
Je t'envoyay pour le conduire,
Le servir, et le voir instruire,
Je te donnay argent en main
Pour l'estude et pour le chemin,
Pensant que tu le ferois suivre
Les disciplines, et le livre,
Ainsi que tu m'avois promis.

FINET.

Mais pensez-vous que j'aye mis
Deja en oubly mon office ?

MACLOU.

Pendant, ainsi que l'escrevice,
Mon fils marche tout à l'envers :
Quant à toy, Finet, tu luy sers
D'entretenir ses amours folles.
Or il ne court autres parolles
Parmy cette université,
Sinon que Sobrin a esté
Surpris des beautez d'une fille,
Et arrivant en cette ville
L'on m'a sonné cette chanson.
Quoy, Finet ? est-ce la façon
De bien nourrir une jeunesse ?
Je cour, je travaille sans cesse,
Pensant cueillir quelques deniers,
Pour soulager mes jours derniers,
Et vous, encor qu'il me deplaise,
Les mangez icy à vostre aise.

FINET.

Maistre, le rapport est menteur,
Cela vient de quelque imposteur

ACTE I, SCÈNE II.

Qui vous cognoist triste et severe,
Et vous veut chasser en colere.

MACLOU.

S'il est vray ce que l'on m'en dit,
N'espere plus avoir credit
En la maison que je possede :
Car, en lieu de te donner aide,
Je t'envoiray comme un coquin
Loin de moy pour mener tel train,
Apres qu'à belles anguillades [1],
Je t'auray sonné tes aubades.

SCÈNE II

FINET.

Je ne puis penser par quel art
Je pourray tromper ce viellard :
Fussent aux ombres éternelles
Tous ces rapporteurs de nouvelles !
Voyla mon prieur amoureux,
Qui d'un peril trebuche en deux :
Il enrage d'une amour fole,
Despite le livre et l'escole,
Le porte-fueille et la leçon
Pour voir de Marin la maison,
Et sa fille unique Grassette,
Jolye assez mais trop finette,
Et qui d'un visage riant,
Et d'un petit œil trop friant,
Jusqu'au cœur si vivement picque,
Que celuy seroit bien stoique,
Qu'elle ne pourroit emouvoir :
Mais un autre a eu ce pouvoir
De gaigner le premier sa grace :
Mon maistre pourtant ne se lasse
De poursuivre son amitié
Sans craindre d'estre chastié
Par son père qui d'arrivée

---

[1]. Férules faites de peau d'anguille, dont se servaient déjà les pédagogues romains. (Pline, liv. IX, ch. 23.) — Rabelais (liv. V, ch. 16) l'emploie dans le même sens : « Je le renverrois bien d'où il est venu à grands coups d'anguillade. » L'expression : « Donner l'anguillade, » pour fouetter, se trouve dans la Sat. VIII de Régnier.

A deja senty la menée.
Si le vieil Maclou s'apperçoit
D'estre trompé, quoy que ce soit,
Voyla contre moy une haine
Qui me tiendra long temps en peine :
Si je laisse mon amoureux,
Me voyla pauvre et malheureux.
O ! que l'incertaine pensée
En bref çà et là est poussée !
Si je pense à luy obeyr,
L'autre est tout prest à me hayr :
Si faut-il trouver quelque ruse
Qui me puisse servir d'excuse.

SCÈNE III

GRASSETTE, BABILLE.

GRASSETTE.

Babille !

BABILLE.

Plaist-il, ma mignonne ?

GRASSETTE.

De jour à autre je m'estonne
De ce prieur tant importun,
Qui sert de risée à chacun :
Que servent tant de masquarades,
Et tant d'inutiles aubades ?
Ses jeux ? sa peine ? et tout cela ?
L'amour ne s'acquiert pas par là.

BABILLE.

Grassette, il veut faire scavoir
Qu'or il n'est plus en son pouvoir,
Et que vous, luy estant amye,
Pouvez et sa mort, et sa vie.

GRASSETTE.

Babille, telles actions
Ne changent mes affections.
Tu sçais que j'ay m'amour donnée
A Corbon pour qui je suis née :
Lequel m'ayme, ce croy-je, mieux,
Que sa vie, ny que ses yeux.
Le prieur nyais trop s'oublye,
Qui à mon amour ja se lye,

ACTE II, SCÈNE III.

Sans esprouver si d'un bon œil
Il aura quelque doux acueil.
BABILLE.
Grassette, quand jusques à l'ame
S'est prise l'amoureuse flame,
Elle ravit sens et raison,
Et de nouvelle passion
Si bien le patient transporte,
Qu'il ne scauroit trouver la porte
Pour sortir hors de tel danger.
GRASSETTE.
Que le pryeur aille loger
Son amitié en autre place,
Car il n'engendre qu'une glace,
Quand mieux il pense m'eschauffer.
BABILLE.
Mais est-il un plus rude enfer,
Ou une plus aspre furie
Qu'Amour, qui à la boucherie
Ainsi traine les malheureux,
Et pour leurs travaux amoureux
Les paye d'eternelle peine?
GRASSETTE.
Babille, quoy qu'il en advienne,
Tu scais le secret de long temps
De mes amours, mais je n'entens
Que mon père en scache nouvelle :
Car l'amitié qui se recelle,
Rend mile fois plus de plaisir
A ceux qui en peuvent jouyr,
Que celle qui est descouverte.
BABILLE.
Si est toujours l'oreille ouverte
De mon maistre qui ne dort pas,
Et qui s'informe de tout cas.
Cecy prendra mauvaise yssue :
Le sire Marin m'a receue
En sa maison pour le servir,
Que si quelqu'un luy faict ouyr
Que sa fille unique Grassette
L'amour d'un escolier souhaitte,
Et que je scay tout le secret,
Luy qui est assez indiscret,
Me fera trespasser de honte,
Et de moy ne tiendra plus conte.

Hé ! qu'un bref et fresle plaisir
Souvent cause un grand deplaisir !

SCÈNE IV

SOBRIN.

Mais est-ce l'office d'un père,
D'estre à son enfant si sévère ?
Fault-il doncques que mon printems
Soit rassis comme mes vieux ans ?
Est il possible que l'on naisse
Accompagné de la vieillesse ?
Quoy ? suys-je de bois ou de fer,
Pour ne me pouvoir eschauffer
Près de la doucereuse flamme
Qui les jeunes hommes enflamme,
Et ne resentir, malheureux,
Le plaisir deu aux amoureux ?
Si j'ay jamais de moy lignée,
En bonne heure elle sera née,
Et à son plaisir aura bien
De passer son temps le moyen.
Mon père me veut faire sage
Plus que ne le porte mon aage :
L'estude assidue me nuict,
Et veiller de jour et de nuict :
Faut-il qu'en cela je morfonde
Sans plaire ma jeunesse blonde ?
Avoir toujours comme un faquin [1],
Les yeux sur quelque vieux bouquin,
Et me degoutter la cervelle,
A la clarté d'une chandelle ?
C'est à faire à ceux qui n'ont rien,
Par travail acquerir du bien.
Mais c'est deshonneur d'estre chiche
A ceux dont la maison est riche :
D'avoir un galemard [2] pendant

---

1. Pris ici dans le sens du *facchino* italien, *portefaix*. Rabelais l'employait déjà ainsi (liv. III, ch. 36), et on le trouve avec la même acception dans une ordonnance de Charles IX sur les crocheteurs. (Meyer, *Galerie du XVIe siècle*, t. 1, p. 149.)
2. C'est l'étui à mettre les plumes, qui prolongeait l'écritoire portative, qu'on se pendait à la ceinture, comme le fait encore M. Loyal dans *Tartuffe*. On disait plus souvent *calemar*, du latin

Cela me sent tout son pedant.
Certe une gaillarde jeunesse
Ne peut croupir souz cette presse,
Et ne peut laisser sans honneur
Ainsi perir sa prime fleur,
Ains les assemblées ¹ frequente,
Où l'esprit gentil se contente :
Tantost chassant l'estœuf ² bien loin,
Tantost ayant le luth en main,
Tantost au bal, puis à l'escrime :
Et voyla comme l'on imprime
Dans les cerveaux non transportez,
Mille rares honnestetez.
Mais est-il chose plus heureuse,
Que de tenir son amoureuse,
Taster le tetin, la baiser,
Et avec elle deviser,
Et distiller quand l'on la touche,
Les mots qui croissent en la bouche ?
J'ay deja, sont trois ans entiers,
Un prieuré dans nos quartiers
Qui sert à mon père de bride,
Dont trop court tenir il me cuide ³.
Je suis mal propre à ce mestier,
Je ne sçay rien d'estre cloistrier ⁴,
Je ne sçay que c'est du service
Du vieil moine, ny du novice :
Cette sollitude desplaist
A ceux ausquels le monde plaist,
J'ayme trop mieux succer le bâme ⁵
Des douces lèvres de madame,
Et passer ma jeunesse heureux,
Gaillard, gentil, et amoureux ;
Aux dames me faire cognoistre,
Que de rechigner dans un cloistre :
Le sang me bout, et le cerveau,
Eschauffé d'un feu tout nouveau :

calamarium. Rabelais écrit, comme dans le patois d'Anjou, *galimard*.

1. Fêtes de campagne, qu'on appelle encore ainsi dans plusieurs provinces.
2. Balle du jeu de paume.
3. *Veut*. De ce verbe vient le péjoratif *outrecuider*, trop vouloir, et son participe *outrecuidant*, qui est seul resté.
4. Homme de cloître.
5. Baume, prononcé à la bourguignonne.

Bref amour tant tant me commande,
Qu'il faut que son serf je me rende.

SCÈNE V

FRIQUET, MARIN.

FRIQUET.
Ou je suis bravement deceu,
Ou j'ay quelque chose apperceu
De ce qui sans cesser se passe,
Et va d'une mauvaise grace
En la maison de mon voysin.
J'y veux un peu tenir la main;
L'amityé, et le voysinage,
Me font fort craindre son dommage.
Si l'on doit veiller pour autruy,
Je le doy faire pour celuy
Qui me peut rendre la pareille :
Car un amy pour l'autre veille :
Mais le voicy qu'il vient à moy.
MARIN.
N'est-ce pas Friquet que je voy?
Si est, mais qu'est-ce qu'il murmure?
Quoy? vous a-t-on faict quelque injure?
FRIQUET.
Non, mais quand l'on voit son amy
En son propre faict endormy,
L'autre amy luy doit faire entendre.
MARIN.
Je ne voy point à quoy veut tendre
Cet exorde.
FRIQUET.
Vous sçavez bien
Que là où j'ay eu le moyen,
Je n'ay point espargné ma peine
Pour vous.
MARIN.
La chose est bien certaine.
Mais je vous supplye, Friquet,
Mettons à part tout ce caquet,
Et entamons cette matiere.
FRIQUET.
Vous avez une chambriere

Trop rusée.
MARIN.
Mais poursuivez
De dire ce que vous sçavez.
FRIQUET.
Tant d'allées, tant de venues,
Tant de minettes trop congnues.
MARIN.
Ha! que ne sçay je où ce discours
Doit prendre la fin de son cours?
FRIQUET.
Tantost l'un recule et advance :
Tantost l'un se perd à la dance,
Tantost derriere un escailler [1]
Je voy tapir un escolyer :
Tantost par l'huis, ou par la fente
D'une fenestre l'on esvente [2]
Pour cognoistre cecy, cela,
Et sçavoyr qui passe par là :
Tantost on elance une œillade,
Tantost vient une masquarade :
Tantost où l'on craind le caquet,
Un luth donne le mot du guet :
Tantost l'un vient, et l'autre passe
Ayant le manteau sur la face.
Ah qu'une aveugle liberté
Est contraire à la chasteté !
Je voy un coup qu'on se retire,
Un coup qu'on se prend à soubrire,
Apres l'un s'ecarte à un coin
Pour mettre la main dans le sein :
J'enten quand la nuict est venue,
Siffler en paulme [3] par la rue :
Hé! combien de malheurs produit
L'amour enyvré souz la nuict !
MARIN.
Oh, comme mon penser varie!
Friquet mon amy, je vous prie,
Amenez la matiere au but.

---

[1]. *Escalier*, prononcé comme il l'est encore dans quelques provinces, entre autres en Bourgogne.

[2]. C'est-à-dire, on met le nez au vent pour découvrir. L'expression « éventer un secret, » n'est qu'une suite de celle-là.

[3]. Siffler dans sa main, avec ses doigts.

FRIQUET.
Ah! que ce signe me depleut
Que je vei donner en cachette.

MARIN.
Cet inutil discours me jette
Au cœur un merveilleux effroy.
Friquet, par cette entiere foy
Qu'ensemble gardé nous nous sommes,
(Si foy a lieu entre les hommes)
Achevez ce propos icy.

FRIQUET.
Voulez-vous que j'abbrege?

MARIN.
Oy.

FRIQUET.
Vostre Grassette est amoureuse,
Vostre servante dangereuse
Ses secrettes amours conduict.

MARIN.
Ma fille! ô! que je suis reduict
Ores en un regret extreme!
Quoy! ma fille! Que ma fille ayme!
Ma fille qui n'a pas seize ans!
O cieux qui estes clair voyans,
Pour garder chose si fragile,
Qu'il faut un argus bien habile!
Cela pourroit il estre vray?
Vrayment je vous esprouveray,
Babille, et si vous estes telle
Que vous serviez de maquerelle,
Je vous en feray repentir.

FRIQUET.
Marin, il vous faut assentir
De Grassette, et de sa servante,
Avant que la chose s'evente,
Si vous en pourriez rien sçavoir.

MARIN.
Friquet, j'en feray mon devoir,
Cependant si quelque folye
Se descouvre, je vous supplye,
Pour l'amour que m'avez porté,
Que le tout me soit rapporté.

ACTE DEUXIÈME

SCÈNE I

SOBRIN, FINET.

SOBRIN.
Mais quel conseil doy-je donc prendre?
Mille ennuys me viennent surprendre,
Et mille amaires passions
Me troublent mes affections :
J'ay l'amour et la jalousie
Imprimée en ma fantasie,
J'ay encor gravée en mon cœur
Une paternelle douceur
Qui m'a esté fort indulgente,
Jusqu'à la journée presente.
FINET.
Le jour commence à se baisser,
Et le chemin à me lasser
En cherchant le prieur mon maistre,
Qui joyeux ne sera peut estre,
Quand j'auray au long raconté
De son père la volonté.
Ha! le voyla à la bonne heure,
Je ne veux point saison meilleure.
SOBRIN.
Mais qui va icy gazouillant?
FINET.
Tenez, a il le sang bouillant,
Si faut il qu'à luy je m'adresse.
Hola, hola, Monsieur!
SOBRIN.
Qui est-ce?
Ha, Finet, il y a long temps
Que triste et pensif je t'attens;
Et bien, scais-tu quelques nouvelles?
FINET.
Monsieur, elles ne sont pas telles
Que je desire.

SOBRIN.
Mais comment?
FINET.
Vostre père tout fraischement
Est arrivé en cette ville.
Il crye, il parle d'une fille,
D'amour, de vostre temps perdu,
Et de son argent despendu :
Croyez moy qu'à son arrivée,
Il m'a bien la teste lavée.
SOBRIN.
Mon père! quoy? est il icy?
Me voyla en double soucy.
FINET.
Il fremit tout en son courage.
SOBRIN.
Voicy une nouvelle rage,
Mais quelle est la conclusion?
FINET.
Quelle? pour resolution
Il me parle de mon service,
Et de l'achept[1] du benefice,
Disant que nous sommes trop gras ;
Il adjouste mille fatras.
SOBRIN.
Et bien?
FINET.
Et bien.
SOBRIN.
Quoy?
FINET.
Somme toute,
Il ne faut plus faire de doubte,
Qu'il ne soit malcontent de voir
Que vous mettez à nonchaloir[2]
L'estude, et les loix, et le livre,
Pour quelque amour qui vous enyvre.

1. Première forme du mot *achat*, et du mot *acquêt* resté dans la langue du droit.
2. Négliger, ne pas vouloir, *non chaloir*. Telle qu'elle est ici, cette expression, « mettre à non chaloir, » pour *mettre de la négligence*, est essentiellement italienne. On la trouve dans Pétrarque, lorsqu'il dit : *Ho messo in non cale*. Montaigne s'en est servi dans cette phrase : « Vous qui pensez que les dieux mettent à non chaloir les choses humaines, que dites-vous de tant d'hommes sauvés par leur grâce ? »

SOBRIN.

C'est bien le moins de mon soucy ;
Un père est tantost adoucy :
Encor qu'il se mette en colere,
Si ne peut-il estre severe
Contre son fils longue saison,
Et ne luy ferme sa maison :
Mais je sen bien une autre pique.

FINET.

Je scay bien le mal qui vous picque,
C'est l'œil, la bouche, et le tetin
De la fille au sire Marin.

SOBRIN.

Hé, mon Finet ! helas ! je l'ayme
Plus que mes yeux, et que moymesme.

FINET.

Si elle ne vous ayme pas.

SOBRIN.

Mon Finet, voilà mon trespas.
Tu as touché la maladie.

FINET.

Aimez-vous donc vostre ennemie ?

SOBRIN.

Si tu scavois bien la moitié
Du tourment dont cette amitié
Ma pauvre pensée bourrelle [1]
Certes tu aurois pitié d'elle :
Mais plus cette fille on poursuit,
Plus dedaigneuse elle s'enfuit,
Plus son amittié je desire,
Tant plus je reçoy de martire.
Finet, n'as tu un seul moyen
De joindre son amour au mien ?

FINET.

Si tost que la femme est saisie
D'une amoureuse fantasie,
Les juz, les herbes, les sorciers,
Y perdent l'art de leurs mestiers.

SOBRIN.

Hé, mon Finet, en cet affaire
N'est il possible d'y rien faire ?
Elle ayme un coquin d'escolier

---

1. Tourmente comme un bourreau. — Il n'est guère resté de ce verbe que le participe *bourrelé*, employé avec le mot remords.

Fils de Josseaume le frippier,
Qui n'a pas le moyen, j'en jure,
De luy donner une ceincture.
Je ne suis un amoureux tel,
Car j'ay assez bien paternel
Qui avec usure se garde,
Pour tousjours la tenir bragarde [1].

FINET.

L'aveugle amour n'a pas grand soin
De voir les choses de si loin ;
Il ne s'arreste à la richesse,
Aux biens, ny à la gentillesse,
Mais aussi tost que par hazard
Il a au cœur fiché son dard,
Il laisse, quoy qu'il soit muable [2],
A jamais la playe incurable.

SOBRIN.

Tu sçais comme ja cy devant,
Finet, je t'ay mis en avant,
Je n'auray encor la main chiche,
Quand il faudra te faire riche :
Tu es assez bon babillard,
Employe à ce labeur ton art,
Et me fais aymer de Grassette,
Et puis à ton plaisir souhaitte
De moy tout ce que tu voudras,
Je t'asseure que tu l'auras :
Mais si pour moy tu ne t'employes,
Cherche hardyment des autres proyes :
Car, ou ce jour me soit dernier,
Sans te laisser un seul denier,
Ainsi qu'on chasse tes semblables,
Je t'envoiray à tous les diables.

---

1. Bien mise, brave. — Ce mot se prenait surtout en mauvaise part, pour les beaux qui n'avaient pas le moyen de l'être :

> Chacun fait le bragard,
> Et chacun n'a pas un patart,

dit Gabriel Meurier dans son *Thresor des sentences dorées*. 1588, p. 49.

2. Changeant.

SCÈNE II

FINET, BABILLE.

FINET.

Si est-ce, Finet, qu'il te faut
Estre entierement fin et caut [1] :
Il n'est lieu à la fetardise [2],
Mais il est besoin que j'advise
A quelque brief expedient :
Je pense et à bon essient,
Si je dois au prieur complaire,
Ou si je dois tout au contraire
Obeyr au sire Maclou.
C'est tout un, je ne donne un clou,
Si Maclou les sourcils refrongne,
Pourveu qu'on voye la besongne
Du prieur faicte à son plaisir :
Et puis si je fay deplaisir
A ce fol qui ja se tourmente
D'aller aux champs de Rhadamante [3],
Mon prieur, qui est le subject
Ores d'un feminin object,
Usera vers moy de largesse,
Si je luy gaigne une maistresse :
Est il esprit ny cœur encor,
Que la corruption de l'or
D'estrange façon ne transporte ?
Mais j'enten le bruit d'une porte
Au logis du sire Marin.

BABILLE.

J'ay de diligence besoin,
Si je veux complaire à Grassette :
Puisque l'amour elle souhaite
Esperdument de l'escolier,
J'y veux tous mes sens employer.

FINET.

Je voy de là sortir Babille,

---

1. Défiant, sur ses gardes, du latin *cautus*. C'est la racine du mot *précaution*.
2. Paresse, vient du mot *fétard*, ou *faitard*, qui toujours remet son travail, et le *fait tard*, suivant une étymologie donnée par Marot sur un passage de Villon.
3. Aux enfers, où Rhadamante était un des trois juges.

Chambriere de cette fille
Que mon jeune maistre ayme tant,
Qui va ne scay quoy marmottant
D'escolyer et d'amour nouvelle :
Si faut il que je scache d'elle
A quelle fin tend son propos.
        BABILLE.
Ma maistresse ne prend repos,
Tant elle est en amour ravye.
        FINET.
Mon prieur a forte partie,
A ce que deja je comprens.
        BABILLE.
Corbon pendant passe son temps,
Et ne tient pas d'elle grand conte :
Mais elle, sans crainte ny honte,
Ne cesse à le solliciter.
        FINET.
Qu'enten-je encor ? O Jupiter !
        BABILLE.
Si faut-il icy estre sage,
Et bien raporter mon message
A l'escolier que je vay voir.
        FINET.
Il faut icy tresbien pourvoir,
Avant que plus elle s'eslongne [1].
Hé ! Babille, hé ! ma mignonne !
        BABILLE.
Qui est ce qui me... ? Ha, Finet !
        FINET.
Et bien, donnera on le fouet
A mon maistre pour recompense ?
        BABILLE.
Finet, il ne faut plus qu'il pense
Avoir seulement d'un clin d'œil
De Grassette un plaisant accueil,
Car par trop elle favorise
A Corbon, et se sent esprise
Tant ardamment de son amour,
Qu'elle n'a de bien un seul jour,
Et qui plus est, je suis en voye,
A fin qu'un coup elle le voye.

1. S'éloigne.

FINET.
Hé, ma Babille, helas! mon cœur,
Que sera-ce de mon prieur?
As-tu sur son bon heur envye?
Veux-tu ainsi perdre sa vye?
BABILLE.
Qu'il perde, qu'il gaigne s'il peult,
Qu'il cherche autre proye s'il veult,
Car de Grassette ma maistresse
Il n'aura faveur ny caresse.
FINET.
Mais, mais, pourquoy?
BABILLE.
Dis-tu pourquoy?
L'aveugle amour n'a point de loy,
Tant plus le patient qu'il brule
Le prie, tant plus il recule :
Plus on le sert devotement,
Plus il est dur et inclement.
FINET.
Ma Babille, l'amour estrange
En moins de rien sa place change;
Il est inconstant au surplus,
Et suit celuy qui donne plus :
Mais quel bien, plaisir, et richesse,
A ce frippyer pour ta maistresse?
Quel bien auras-tu de celuy
Qui ne vit qu'à l'aide d'autruy?
Mon maistre est opulent et riche,
Et à ceux ne fut jamais chiche
Qui luy ont faict quelque plaisir.
Il a un honneste desir,
Il ayme non point pour le blame,
Mais pour se joindre à une dame
Et faire durer ses amours
Autant que dureront ses jours.
BABILLE.
Et puis?
FINET.
Si tu luy sers, Babille,
Tu es la plus heureuse fille
Qui se voye en ta parenté.
BABILLE.
Tu m'as le cerveau enchanté :
Mais que penses-tu ores faire,

Pour bien redresser cet affaire?

FINET.

Il faut, si tu nous veux aider,
A Grassette dissuader
L'amour de ce coquin qu'elle ayme :
Il faut luy remonstrer toymesme
Le bien qu'il luy pourra venir,
Si, oubliant le souvenir
De Corbon, elle veut soubmettre
Son cœur à celuy de mon maistre ;
Tantost luy faire quelque peur,
Tantost calanger [1] ce pipeur [2]
Qui ne tasche qu'à la seduire,
A fin d'avoir moyen de rire ;
La menacer, puis la flater,
Et toutes les voyes tenter,
A fin qu'en ce poinct elle oublye
Du tout sa premiere folye :
Puis tu luy parleras soudain
De monsieur le prieur Sobrin,
De ses biens, de sa gentillesse,
De sa beauté, de sa jeunesse,
De ses rares perfections,
Et des belles occasions
De l'amour, et du mariage,
Item de l'heur [3] de son mesnage,
Des biens que par luy elle aura,
Combien heureuse elle sera,
Et si par parolle rusée
Tu luy fais changer de pensée,
Tu auras un beau cotillon,
Ou encor quelque meilleur don.

BABILLE.

Je veilleray à cet affaire,
Et de ce que je pourray faire,
Bien tost adverty tu seras.

FINET.

Or fay bien, et tu n'y perdras.

---

1. *Dénoncer*, on disait plutôt *chalanger*, mais l'un ou l'autre était d'un emploi assez rare ; l'anglais *challenge*, appel, en vient.
2. Voleur.
3. Bonheur.

SCÈNE III

CORBON.

Hé, combien, ô Dieux immortels!
Different entre eux les mortels!
L'un en cecy l'autre surpasse,
L'autre en un poinct a meilleur' grace,
L'un suit l'amour, et n'est aymé,
Et l'autre est de rigueur blasmé,
L'autre enragé de jalousie ;
Bref chascun suit sa fantaisie :
Je puis cela, sans me vanter,
En moy-mesme experimenter.
Trois ans m'ont faict en cette ville
Estre aimé d'une belle fille,
Qui est chez le sire Marin,
Mais la pauvre fille est bien loin
De parvenir où elle cuide :
Je porte pièça [1] une bride
Qui a tousjours guidé mes ans :
L'amour des lettres, et le temps
Qui perdu jamais ne retourne [2],
Ont mis à mes sens une borne [3].
Le plaisir qui naist de l'amour
Faict vers nous trop peu de sejour
Pour me mettre en sa servitude;
J'aime bien mieux suivre l'estude
Qui au milieu de mile maux,
Pourra soulager mes travaux,
Et me retirer de la crasse [4]
Où la sordide populasse,
Et l'ignorant gist abbatu,
Pour me guider à la vertu.
A Dieu chanson, à Dieu sornette,

---

1. Il y a longtemps, il y a bonne *pièce* de temps de cela, suivant l'étymologie très-plausible d'H. Estienne dans sa *Conformité du langage françois et du grec*, 1569, p. 9. — C'est une des antiquailles de langage que Balzac reprochait à mademoiselle de Gournay d'avoir conservées jusqu'au commencement du xviie siècle.
2. Revient.
3. Cette rime nous indique la prononciation du mot qui termine le vers précédent : on le prononçait alors *retorne*.
4. Sous-entendu *ignorance*.

A Dieu Babille, à Dieu Grassette,
Ton ris, ton œil, et ton baiser,
Ne peuvent mon mal rapaiser ;
Car, quant à moy, de la science
Je veux l'entiere cognoissance.

SCÈNE IV

MACLOU, SOBRIN.

MACLOU.
Je laisse la chose en arriere
Qui devoit estre la premiere,
Il me faut assentir que faict
Mon fils avecques son Finet :
Voicy ja l'année troisiesme
Qu'icy je l'envoyay moymesme,
Pour acquerir quelque scavoir
A fin qu'il peust un jour pourvoir
A la charge du benefice
Que j'acquis de frere Sulpice :
Mais j'ai deja senty le vent
Qu'en lieu de se faire scavant,
Il danse, il joue, il s'amourasche [1] :
O que ce bruit icy me fasche !
O qu'un pere est plein de bon heur,
Quant ses enfans ayment l'honneur,
Et qu'une honte vergongneuse [2],
Une nature vertueuse,
Un gentil courage les faict
Béer [3] après le bien perfaict :
Mais je le voy à la bonne heure.

SOBRIN.
Je crain que ma longue demeure
N'engendre à mon pere un soupçon.

MACLOU.
Mais que murmure ce garçon,

1. Mot alors tout nouveau, qui ne se trouve, vers le même temps, que dans Palsgrave, sous la forme *s'esmourescher*.
2. Cette épithète fait pléonasme : *vergogne* voulant dire honte, *honte vergogneuse* équivaut à *honte honteuse*, ce qui n'a guère de sens, pour en avoir trop.
3. *Aspirer*. Montaigne dit dans le même sens : « Qui ne bée point après la faveur des princes ? » Liv. III, ch. 10.

Il faut que de pres je l'escoute.
SOBRIN.
De moy, je ne l'ay point de doubte,
Que s'il sçait mon gouvernement.
Il ne me corrige aigrement
MACLOU.
Que n'ay-je une place secrette!
SOBRIN.
Mais, mais quoy? l'amour de Grassette,
Qui si bien m'est venu lyer,
Me fait tout le reste oublyer.
Ah, malheureux! n'est-ce mon pere
Avec un visage severe?
C'est luy, il le faut saluer.
Heureux puissiez-vous arriver,
Mon pere!
MACLOU.
Heureux je pourrois estre,
Quand tu te ferois recognoistre
Tel que je l'avoy desiré.
SOBRIN.
Je n'ay en ma vie aspiré,
Et n'ay autre but que de faire
Tout ce, pere, qui vous doit plaire
MACLOU.
Ha, Sobrin, Sobrin, ce n'est pas
Selon mon cœur regler tes pas,
Que laissant de vertu les voyes,
Tant lourdement tu te fourvoyes.
SOBRIN.
Mon pere, parlez sans couroux.
MACLOU.
Sobrin, je t'ay esté trop doux,
Et trop douillet[1] de ton enfance,
Tu m'en fais bonne recompense.
SOBRIN.
Jamais je n'ay voulu penser
Acte qui vous doive offenser.
MACLOU.
Offenser! n'est-ce point offense
De mettre en mepris la science,

---

1. Tendre, caressant jusqu'à la mollesse.

Pour ribler ¹ et courir apres
Tes vilennies à mes frais ?

SOBRIN.

La colere qui vous surmonte
Me faict icy rougir de honte ;
Mais quand le tout au vray scauriez,
Je m'asseure que vous auriez
Une autre opinion de moy.

MACLOU.

Je suis trop informé de toy :
Il te failloit une morveuse,
Pour estre de toy amoureuse ;
Il te failloit, jeune morveux,
Estre d'une fille amoureux.

SOBRIN.

Je n'ay amoureuse qu'un livre,
Je ne veux autre amour poursuivre,
Pere, et n'en soyez en soucy.

MACLOU.

Sobrin, si tu le fais ainsi,
Si tu fais acte qui me plaise,
Je te feray vivre à ton aise,
Et si auras des biens assez :
Mais si tes sens mal addressez,
En mauvaises mœurs tu depraves,
Après les corrections graves
Dont envers toy je peux user,
Tu iras ailleurs abuser
De l'indulgence paternelle,
Pour rendre calme ta cervelle :
Et quant à ce pendart Finet
Qui est messager et laquet
De tes volontez putassieres,
Il recevra les estrivieres
Si vertement dessus son dos,
Qu'il le sentira jusqu'aux os :
Or, va, retourne à la lecture
Support de ta vie future,
Avant que je prenne chemin
J'eslargiray assez ma main.

1. *Courir la nuit*. Corrozet, dans ses *Antiquités de Paris*, 1651, fol. 128 verso, l'emploie, comme ici, pour les « courses des escoliers » la nuit.

SOBRIN.
Et si du temps je ne fay perte?
MACLOU.
J'auray pour toy la bourse ouverte.

ACTE TROISIÈME

SCÈNE I

GRASSETTE, BABILLE.

GRASSETTE.
Enda tous tes propos ourdis
Sont aussi vrais que tu les dis,
L'amitié des hommes flouette [1]
N'est jamais entiere et perfaicte,
Si pense-je avoir un amy
Qui n'est ny fat, ny endormy,
Qui m'aime, cherit, et honore
Autant que luy, ou plus encore.
BABILLE.
Ne vous arrestez au babil
D'un songeard plus que vous subtil,
Et ne soyez tant adonnee
A une autre amour mal menee,
Que vous ne pensiez à la fin :
Corbon est cauteleux et fin,
Et souz un grand tas de parolles,
De sornettes et de baboles [2],
Ne tend peut estre qu'à piper.
GRASSETTE.
Il ne me voudroit pas tromper,

---

1. *Fluette,* légère, fugitive. Ce mot se trouve ici avec la forme qu'il devait au mot *flou,* souffle, d'où il dérive. V. *Biblioth. de l'École des Chartes,* 2e série, t. II, p. 327.

2. *Babioles.* On avait dit au XIVe siècle *babiaux,* comme nous le voyons dans le testament de Jehan de Meung. Tel qu'il est ici, le mot a presque gardé la forme de celui qui a le même sens en italien, *babbole.*

Ny enfraindre la foy promise :
Quoy ? mon amitié y est mise,
En advienne ce qu'il pourra.

BABILLE.

Et quand mon maistre le sçaura ?

GRASSETTE.

Tousjours faudra-il qu'il le sçache :
Si cela quelque peu le fache,
Il ne faut qu'un mignard baiser
Pour sa colere rapaiser.

BABILLE.

Si je voulois estre amoureuse,
Je seroy trop plus curieuse
D'un qui auroit quelque moyen,
Que d'un autre qui n'auroit rien.

GRASSETTE.

Mieux vaut la lettre et la sagesse
Que la perissable richesse.

BABILLE.

Qui a dequoy il est prisé,
L'opulent est favorisé,
Et le pauvre avec sa science
En honneur jamais ne s'advance :
O si Dieu vous faisoit cet heur
D'estre cherye du prieur.

GRASSETTE.

Je ne veux point de son service.

BABILLE.

Il quittera son benefice.
Il n'est ny prestre ny cloistrier;
C'est un jeune homme à marier
Qui vous ayme d'amour si ferme,
Que sa pauvre vie est à terme,
Si vous n'avez de luy pitié.

GRASSETTE.

Qu'un prieur eust mon amitié !
Babille, si tu as envye
De me voir quelque temps en vie,
Si tu veux aussi retenir
Mon amitié à l'avenir,
Ne me sois en cecy contraire,
Car autre amour ne me peut plaire
Que de ce gentil escolier,
Lequel j'ay choisi le premier,

Et si en son cœur je n'ay place,
Il faut qu'en brief je trespasse.

SCÈNE II

BABILLE, FINET.

BABILLE.

A ce qu'on peut appercevoir,
Mon babil n'a pas grand pouvoir :
Le prieur, c'est chose certaine,
Et son Finet perdront leur peine ;
Mais qui pourroit l'amor-forcer ?

FINET.

Je ne cesse de ravasser
Suyvant les talons de Babille,
Pour voir si elle est bien subtile,
Pour faire changer d'autre ton
A Grassette au fourchu menton.

BABILLE.

Que dira pendant mon vieil maistre,
Quand le temps luy fera cognoistre
Ce que l'amour trop indiscret
Estime bien tenir secret ?
Mais voicy Finet qui m'escoute.

FINET.

Et bien, Babille ?

BABILLE.

Et bien, je doute
De la cause de ton prieur;
Grassette l'a à contrecœur
Et n'en veut un seul mot entendre.

FINET.

J'enten bien où cela veut tendre,
Elle veut trop faire chercher
Un plaisir qui couste bien cher :
Je sçay des filles les pensées,
Quand plus elles sont caressées,
Plus croist en elles le dedain,
Et puis l'on les voit tout soudain
Rechercher d'une ame esperdue
L'occasion qui s'est perdue.

BABILLE.
Finet, Finet, tu le prens mal,
Ma maistresse a son cœur loyal
Donné à Corbon ; quant au reste,
Elle est tant gentille et honneste,
Que jamais un vouloir leger
Ne la pourra faire changer.

SCÈNE III

SOBRIN, FINET.

SOBRIN.
Si mes affaires amoureuses
Selon mon cœur estoient heureuses,
Finet seroit ja de retour.
O ! combien est trop long le jour
Qui paist l'amoureux d'une attente !
Je ne voy rien qui me contente,
Je me pourmene curieux
Dessouz le fais labourieux
De mile ennuys qui m'epoinçonnent
Et ma pauvre cervelle estonnent.
Tantost il me vient un soupçon,
L'aage, le lieu et la maison
De ma maistresse trop sevère ;
Item le vieil chagrin du père,
Cela quand bien elle voudroit,
Loing de moy la detourneroit :
Mais je voy Finet à la porte
Qui quelque nouvelle m'apporte.
FINET.
Ouy, telles que je ne veux,
Et dont ne serez trop joyeux.
SOBRIN.
Que dis-tu, Finet ? que sera ce ?
Corbon est-il tousjours en grace.
FINET.
Certes plus qu'il ne fut jamais.
SOBRIN.
Or va, malheureux desormais,
Quel plaisir peux tu plus attendre ?
Que ne viens-tu, Parque, me prendre,
Sans me laisser en ce tourment ?

ACTE III, SCÈNE III.

FINET.

Monsieur, parlez plus sagement.

SOBRIN.

Finet, or' est la foy congnue
Que tu m'as promise et tenue ?
Est ce, meschant cinq et six fois,
Le service que tu me dois ?
Pense tu que si tu m'abuses,
Que tes trop affetées [1] ruses
Ne recoivent un jour loyer [2] ?
Te pouvois-tu plus oublyer ?

FINET.

Monsieur...

SOBRIN.

Il n'est rien si facile
Que tu ne trouves difficile,
Puisque tu le fais à regret :
J'estoy aussi trop indiscret
De mettre une telle besongne
Entre les mains de cet ivrongne.

FINET.

Monsieur, sans vous tant courroucer,
Donnez moy loisir de penser,
Et j'emploiray mon artifice
A faire que vostre service
Soit par vostre amye prisé,
Et devant tous favorisé.

SOBRIN.

Depesche donc, si tu es sage :
Mais dy, Finet.

FINET.

Tout ce langage
Ne sert qu'à perdre nostre temps.
Laissez moy songer ; je pretens
De faire que vostre ennemie
Sera vostre loyale amye.

---

1. Fausse à force de recherches. Il ne nous en est resté que le mot *affèterie*.
2. Payement, récompense.

SCÈNE IV

MARIN, BABILLE.

MARIN.
D'où viens-tu, petit friquasson ?
Est-ce maintenant ta façon
De lever le nez par la rue ?
Tu ne penses plus, malotrue,
A la premiere pauvreté
Où si long temps tu as esté ;
Ores que tu t'es engraissée
De mon pain la saison passée,
Tu as tout mis en nonchaloir,
A fin de suyvre ton vouloir :
Mais quoy ? ce n'est pas tout, Babille,
Tu veux encor perdre ma fille,
Qui à peine se sçait moucher ;
Tu la veux faire amouracher.

BABILLE.
Ne pensez de moy telle chose.

MARIN.
Si ma main dessus toi je pose...

BABILLE.
Je vous prie, sire Marin.

MARIN.
Va, va, j'en croy nostre voisin
Qui a bien cogneu la menée.

BABILLE.
Je suis bien de male heure née.

MARIN.
Si tes ruses je peux sentir,
Je t'en feray bien repentir,
Et cette petite punaise
Qui est chez moy trop à son aise,
En bref esprouvera bien quel
Sera le courroux paternel.

BABILLE.
Pencz un peu, quelle manyère
D'entretenir sa chambrière !
N'est il pas de male heure né,
Qui sert un viellard rechigné ?
Si n'a il pas cause gaignée.

Je suis certes plus obstinée
Que je n'estois au paravant :
Aille tant qu'il voudra bavant,
Si complairay-je à la jeunesse,
Malgré ses dens, de ma maistresse ;
Soit tant qu'il voudra occupé,
Si est-ce qu'il sera trompé.

SCÈNE V

FINET, CORBON.

FINET.

Je cours, je trotte, je ravasse,
Je cherche occasion et place
Pour trouver ce fils de frippyer,
Qui ayme à gratter le papyer
Plus qu'à caresser sa maistresse :
S'il me pouvoit donner adresse,
Pour parler seulement deux mots
A Grassette en quelque lieu clos,
Je pourrois bien faire peut estre
Qu'elle parleroit à mon maistre,
Qui sçaura bon gré à Finet
S'il entre dans son cabinet
Par son moyen.

CORBON.
Toujours fortune
N'est ny douce ny importune :
Si elle cloche d'un endroit,
De l'autre elle sçait aller droit.
Je n'ay pas grand or ny chevance,
Cependant la fortune pense
M'avoir amplement satisfaict,
Puisqu'agreable elle m'a faict
Aux yeux d'une fille gaillarde :
Mais je ne pren pas beaucoup garde
A tels abuz qui aveuglez
Rendent plusieurs ensorcelez.

FINET.
Finet, dresse icy tes aureilles.

CORBON.
Et bien, ces beautez nompareilles,
Ces graces et ce teinct vermeil,

Ces rayons d'un double soleil,
Et cette forme tant aymée
Se pert en l'air comme fumée :
Mais la vertu et le sçavoir,
Ont certes bien autre pouvoir.

FINET.

Qu'atten-je plus ?

CORBON.

Mais qui murmure
A mes talons ?

FINET.

A l'aventure
Vous ayant apperceu de loin,
J'ay vers vous brossé [1] mon chemin.

CORBON.

Et puis, Finet ?

FINET.

Et puis...

CORBON.

Quell' bise
A tes vœux icy favorise ?
Que faict ton maistre le prieur ?
Ne reçoit il plus de faveur
De son amoureuse Grassette ?

FINET.

Celuy qui a ce qu'il souhaitte,
Bien que le hazard soit pour luy,
Ne doit rire du mal d'autruy :
Corbon, Corbon, quelque journée
Monstrera la chance tournée.
Est-il rien soubs le firmament
Qui ne soit serf du changement ?

CORBON.

Certes, Finet, je ne puis dire
Si l'on m'ayme, ou si c'est pour rire.
De moy, je t'assure ce poinct,
Que l'amour folle ne me poingt.

FINET.

Hé ! que mon maistre n'a vostre aage,
Vostre habit et vostre visage ?

---

1. Terme de chasse pour dire *aller droit devant soi*. Mademoiselle de Gournay, dans sa *Défense de la Poésie*, parlant des ennemis de Ronsard, dit qu'ils vont « *brossants* en leur fantaisie, comme le sanglier échauffé dans une forêt. » De ce verbe est venu son contraire : *rebrosser* ou *rebrousser* chemin.

CORBON.
Pourquoy, Finet?
FINET.
Car tant cruelle
Ne luy seroit sa toute belle.
Si elle l'aymoit comme vous,
Je croy que jamais autre espoux
N'auroit part en sa bonne grace.
CORBON.
Je voudroy donc qu'il eust ma place.
FINET.
O! s'il luy estoit advenu
Que pour vous il fust bien venu,
Jamais d'homme, tant fust traictable,
Vous n'eustes l'œil plus favorable.
CORBON.
Mais qui serviroy-je, et dequoy,
Que feroit Grassette pour moy?
FINET.
Elle ne fera doncques chose
Pour l'homme qui requerir l'ose.
CORBON.
Finet, je ne suis un amy
Qui seulement ayme à demy,
L'amitié plus chère et première
Doibt tousjours demeurer entière :
J'ay aymé certe, et j'ayme encor
Ton maistre comme le fin or,
Si je luy puis faire service
(Afin que tu l'en advertisse)
Pour le mener à son dessein,
Je luy seray amy certain.
FINET.
Ainsi fault il que l'on cognoisse
L'amy quand l'affaire nous presse.
Je vay vers mon maistre fasché,
Dire ce que j'ay depesché;
Si le bonheur trop ne s'eslongne,
J'espere mener la besongne
Au but où j'ay tousjours tiré,
Et soit le frippyer asseuré,
Que si je gaigne un point de raphe [1],

---

1. Si je fais une *rafle*, un bon coup.

Je l'envoiray faire la piaphe [1]
Dans ses escoles de decret :
Mais st, tenons le cas secret,
La jactance est un peu trop vaine
En une esperance incertaine.

ACTE QUATRIÈME

SCÈNE I

SOBRIN, FINET, CORBON.

SOBRIN.
S'il est ainsi que tu m'as dict,
J'espere en fin avoir credit
Un jour auprès de ma mignarde.
Mais...

FINET.
Quoy?

SOBRIN.
Finet, donnons-nous garde
Qu'il n'y ayt quelque dol caché.

FINET.
Monsieur, cela est depesché.
Ce frippyer n'est qu'une pecore,
Un fat, un nyais, un landore [2],
Qui ne sçait un seul gentil tour
De tous ceux que requiert l'amour
Et donnera plustost un blasme
A une gracieuse dame,

---

1 Ostentation, vanité, goût de la mode tapageuse qui *piaffe*, comme un cheval à la parade. Les exemples de l'emploi de ce mot, alors fort en vogue, seraient faciles à trouver ; nous nous contenterons d'indiquer une pièce du temps, qui est fort rare, sur la confusion des vantards et des voleurs : *Tragédie et occision de la Piaffe et de la Picquorée*, par Gabriel Bounin. Paris, 1579, in-4.

2. Lourdaud, endormi. Cotgrave le donne comme un mot bas-normand. Il était toutefois employé aussi en Bourgogne, ainsi que ce passage de notre Autunois le prouve, et en Champagne, car nous le trouvons dans une des pièces de Larivey. (*Ancien Théâtre*, t. V, p. 72.)

ACTE IV, SCÈNE I.

Qu'une heure de contentement.
Il n'est qu'un bon commencement,
Laissez moy faire quant au reste :
Car à ce coup, Monsieur, j'atteste
Les amoureuses deitez,
Leurs dardz et leurs feux irritez,
Que vous aurez la recompense
De vos services ; mais je pense
Que voicy le fils du frippyer.

CORBON.

Si me feray-je bien payer
Avant que mon droict je luy quitte.

FINET.

Ne faillez à cette poursuitte ;
Parlez peu, pendant depeschez,
Voicy celuy que vous cherchez.

CORBON.

Je sçay qu'il a argent en bourse,
Mais Grassette, qui est rebourse,
N'a que faire de tout cela.

FINET.

Arrestez-le, Monsieur.

SOBRIN.

Hola !

CORBON.

Qu'est-ce qui me... ?

FINET.

Parlez, mon maistre.

SOBRIN.

Ha, qu'heureux le ciel vous feit naistre,
Corbon, puisque vous avez peu
Acquerir pour rien ou bien peu
L'amour et le cœur de Grassette,
Que tant cherement je souhaitte.

CORBON.

Je ne sçay quel, bien ou malheur ;
Mais si n'eus-je jamais au cœur
Amour de femmes ny de filles :
Elles ne sont assez subtiles
Pour me piper de leur attraict.

SOBRIN.

Helas, Corbon, puisque le traict
De ce petit Dieu qui entame
Une ardante playe en mon ame,
Ne vous a blessé comme moy,

Je vous supplye par la foy
Dez long temps entre nous jurée,
Que vous m'y donniez quelque entrée :
Car si d'elle je ne jouys,
Accablé de maux et d'ennuis,
Vous verrez en peu de journées,
Venir la fin de mes années.
>>CORBON.>>
Mais je ne voy point quel secours
Je puisse faire à voz amours.
>>FINET.>>
Il faut pour cette maladie
Une entreprise bien hardie
Et qui, par quelque moyen bref,
En peu de temps soit mise à chef.
>>SOBRIN.>>
Finet, mon amy, je te prie.
>>CORBON.>>
Si le pere ou la fille crie ?
>>FINET.>>
Rien, nous ferons si sagement,
Qu'ils n'en sentiront que le vent.
>>CORBON.>>
Comment ?
>>FINET.>>
Nous dirons à Babille,
Qui est assez prompte et habile,
Que vous desirez de parler
A sa maistresse, et d'y aller
(A fin qu'on couvre l'entreprise)
Desguisé d'une robe grise ;
Faictes tant que Grassette aussi
Par vous entende tout ceci ;
A fin que si mon maistre arrive,
Elle ne face la retive :
Quant à luy, il aura le soin
De la trouver en quelque coin
Où il y ait peu de lumiere ;
J'attireray la chambriere
Qui conduira mon pelerin
Au celier du sire Marin,
Avec sa robe vilageoise,
Pour, sans faire ny bruit ny noise,
Demander du vin pour l'argent.

CORBON.

Et puis?

FINET.

Luy qui est diligent,
Quand il faut parler de monnoye,
Mettra soudain Grassette en voye,
Qui, estant instruite du cas,
Son huys ne refusera pas;
Et puis elle estant abusée
Par la vesture desguisée,
Prendra Monsieur pour son amy,
Qui lors ne sera endormy
A bien sa fortune poursuyvre.

CORBON.

Mais que s'en pourroit il ensuivre?

SOBRIN.

Ensuyve tout ce qu'il pourra.

CORBON.

Voyre apres Corbon restera
Honteux comme une lourde beste,
Payé de cent hochets [1] de teste.

SOBRIN.

Non, non, sans plus vous tourmenter,
A fin de mieux vous contenter,
Faictes-moy quelque autre demande;
Car j'ay l'affection si grande,
Que de refus vous n'aurez point.

CORBON.

Je ne demande qu'un seul poinct.

SOBRIN.

Quel?

CORBON.

Vous avez un benefice
Qui requiert un autre service
Que celuy que vous poursuivez,
Duquel disposer vous pouvez :
De moy, j'ay tousjours eu envie
De mener une austere vie,
Faictes-moy jouir de cela
Promptement, et puis me voila
Là tout prest à vous introduire
Au lieu où vostre amytié tire :
Entendez-vous bien à ce coup?

---

1. Hochements de teste, pour dire non.

SOBRIN.

Certes vous demandez beaucoup,
Mais l'ardent feu de mon courage
Feroit vous donner davantage,
Si or' vous m'en aviez requis :
Ce bien là pour vous est acquis,
Et en aurez lettres passées.
Finet, quant aux autres menées,
Qu'on se despesche d'y pourvoir.

CORBON.

Escoute, Finet, st, st, st.

SCÈNE II

FINET, BABILLE.

FINET.

O malheureux prieur desmis,
Que ne vois-tu où tu t'es mis,
Qu'avant que d'entrer tu ne sondes
Le gué des misères profondes
Où tu te vas precipiter?
Qui se fust voulu despiter
Contre toy pour un malefice,
N'eust sceu choisir plus dur supplice.
Va : tu n'avois pas merité,
Aveugle, ceste dignité
Que maintenant si peu tu prises :
Ha, malheureuses entreprises,
Puisque l'on profane en ce poinct
Ce qui nous doibt estre si sainct,
Perissent d'une mort estrange,
Ceux qui complottent tel eschange
Mon prieur pourra bien sentir
A la fin un long repentir
De ce qu'à soymesme il desrobe :
Mais je vay chercher une robe,
Des habits, et tout ce qu'il faut,
Attiffer Marin et Thibaut,
L'amoureuse et la chambrière,
Sentir l'entrée de derrière,
Et tout ce qu'il faut pour tromper
Tous ceux que nous voulons piper.

BABILLE.
Je ne sçay comme va l'affaire
Du prieur et de son contraire,
Et qui du combat entrepris
Des deux emportera le pris :
Mais je voy Finet qui trotine,
A fin que quelcun il affine.
Finet, Finet.
FINET.
Qui va là ? quoy ?
BABILLE.
Arreste, Finet, parle à moy.
FINET.
Ah, jamais en saison meilleure
Je ne t'ay veue qu'à ceste heure.
BABILLE.
De l'affaire comme en va il ?
FINET.
Je leur ay bien baillé le fil.
BABILLE.
Conclusion ?
FINET.
Voyla mon maistre
Tant heureux que plus ne peut estre,
Pourveu qu'à ce nouveau bon heur,
Tu luy prestes quelque faveur.
BABILLE.
En quoy, Finet ?
FINET.
Il te faut dire
A Grassette s'elle desire
Parler à Corbon à loisir,
Qu'elle ne sçauroit mieux choisir
Le jour ny l'heure plus secrette
Que cette cy, et qu'en cachette
Je va en habit vilageois
Demander, mais à basse voix,
S'il y a point de vin à vendre ;
Grassette le pourra entendre
Et mener alors l'escolier
Au plus secret lieu du celier :
Alors ils parleront sans noise,
Par ensemble tout à leur aise.
BABILLE.
Que fera le prieur tandis ?

FINET.
Fay seulement ce que je dis,
Instruy moy bien nostre amoureuse,
Et tu seras la plus heureuse
De ton village.
BABILLE.
Mais pendant,
Marin, qui va tousjours raudant,
Sentira il point la cassade [1] ?
FINET.
Mais, mon Dieu, que tu es maussade !
Va t'en à la maison exprès,
A fin que vous vous teniez près
Et que l'on vous retrouve ensemble.
BABILLE.
Cet engeoleur [2] icy assemble
Tant et tant de propos divers,
Qu'il n'y a endroit ny envers :
Mais qui est galleux qu'il se frotte,
Il faict bon gaigner une cotte :
L'odeur du gain sent tousjours bon.
Je vay mettre ordre à la maison,
A fin que si quelqu'un arrive,
Long temps à la porte il n'estrive [3].

SCÈNE III

FRIQUET.

Plus je frequente la maison
De Marin, plus j'ay de soupçon :
Car Babille est fort affetée [4],
Grassette un peu trop esventée,
Certes telle legereté
Convient mal à la chasteté :
Ores ne peult estre le père
Envers sa fille trop sévère.
Au vieil temps l'on ne caquetoit

1. Tromperie. On disait : *avoir la cassade*, pour *être dupé*.
2. Mot qui, ainsi orthographié, porte avec lui son étymologie de *metteur en geôle*, comme l'oiseleur met en cage les oiseaux qu'il attire.
3. S'impatiente, se tourmente, du mot *estrif* dont un des sens était débat, ennui : « *J'estrive* autant aux petites entreprises qu'aux grandes, » dit Montaigne.
4. Coquette. C'est un des sens que lui donne Furetière.

D'amour, sinon quand l'on estoit
A la perfection d'un age
Propre à traicter le mariage :
La creintive fille pendant
Soubs la main du père attendant,
A ses mandemens tousjours preste,
Vergongneuse baissoit la teste
Et n'osoit voir un homme en front :
Mais maintenant nos filles vont
Plus effrontées que des biches
Qui battent des deux flancs les friches [1].
Si veux-je de tout mon pouvoir
Tascher si je pourray sçavoir
A quoy tendent tant de menées
Que j'ay veu par tant de journées
Au logis du sire Marin.
Qui voit brusler de son voysin
La maison, la grange, ou l'estable,
Doit craindre l'accident semblable :
J'ay une fille qui croistra,
Et peult estre me donnera,
Si Dieu ne m'ayde, un tel affaire [2] :
Mais il vaut mieux un peu se taire,
Et sans trop d'icy s'eslongner,
Discrettement y besongner.

SCÈNE IV

SOBRIN, FINET, MARIN.

SOBRIN.
Me voyla en bon equipage.
FINET.
Mais il faut changer de langage,
De mots, de gestes et de voix,
Et contrefaire un vilageois.
SOBRIN.
J'en sçay assez, Finet; regarde
Cependant par tout, et pren garde
Que c'est, qui entre, et qui va là.

1. Qui se vautrent en rut sur les herbes.
Voilà une comparaison qui prête au mot *biche*, dans le sens que lui donne le demi-monde, une ancienneté qu'on n'attendait guère.
2. Nous avons déjà vu dans la pièce qui précède celle-ci que le mot *affaire* était alors du masculin.

FINET.
Je sçauray bien faire cela.
SOBRIN.
Si dans cette maison bourgeoise,
Tu entens quelque bruit ou noise,
Vien, cour, et voy tous les quantons,
Car je crain les coups de bastons.
FINET.
Non, n'ayez peur qu'on vous offense,
Vous n'aurez mal en ma presence,
Croyez si l'on touche sur vous,
Que je n'attendray pas les coups.
SOBRIN.
Hau lay hau! n'y a icy personne?
MARIN.
Quoy? que veult dire cet yvrongne?
SOBRIN.
May foy y au moy, sire Marin,
Y demande in pochon de vin,
Pour mon père qu'au tan mailaide.
MARIN.
Bren, bren, il faut tousjours qu'on aide
A ces vilains à tout propos,
On ne sçauroit avoir repos,
S'on veult croire cette canaille :
Et quoy, qui leur preste, il leur baille,
Ils empruntent sans jamais rendre.
Tantost il faut du vin leur vendre,
Tantost il faut voir le grenier,
Et n'ont jamais un seul denier ;
Puis si cherchez au bout du terme
Vostre argent, leur maison se ferme,
Et estes, pour conclusion,
Satisfaict d'une cession.
Allez, je n'ay rien en ma cave.
SOBRIN [1].
Ma foy mon porre chero glave [2]

1. La curiosité de cette scène en patois n'a pas échappé à M. Émile Chasles dans sa thèse, *la Comédie en France au xvi*e *siècle*, où, comme nous l'avons vu, il accorde une assez belle place à la pièce de François Perrin. « Il déguise Sobrin en paysan, dit-il, analysant ce passage, et lui prête le patois de son nouveau rôle. Ce patois, ajoute-t-il, est encore aujourd'hui celui que parle le peuple dans le Morvan et dans le Mâconnais. L'emploi perpétuel du mot *y*, qui sert tour à tour de particule pronominale et de particule conjonctive, caractérise ce langage bizarre. »

2. *Crie*. Ce verbe, qui a la même racine que *glapir*, se retrouvait

ACTE IV, SCÈNE IV.

En son li de fain et de soy,
Y vous pairay bien pour ma foy.
                    MARIN.
D'où estes-vous ?
                    SOBRIN.
            De Brisepeille.
                    MARIN.
Ce seroit bien grande merveille
Si ces vilains sçavoyent compter
Cinq douzains pour me presenter,
Encor que rien je ne leur ferme.
                    SOBRIN.
A me faut in pochot [1] de terme,
Qui ne vous sero pé contant.
                    MARIN.
Mais qu'en veux-tu faire de tant ?
                    SOBRIN.
Y au pour Porno de Bourdoillon
Et pour say fame Parrechon,
Qu'ay son ché may tante Gelitre.
                    MARIN.
Faut-il du vin à ce belitre ?
Bien pour ce coup tu en auras,
Mais sçais-tu quoy, tu me payras,
Du principal et de l'attente.
                    SOBRIN.
O Monsieur, et Margo may tante
Vous donré demain à marché
Y sçay ben quoy qu'elle é caiché,
De quoy no gen ne scayvan ren.
                    MARIN.
Grassette, tost allez vous en
Bailler de mon vin, tost Babille,
Qu'on prenne la clarté, habile,

dans le Blaisois, où, suivant Cotgrave, *glavoir* veut dire cri de douleur.

1. Le quart d'une chopine. — On disait plutôt *pochon*, ou *posson*, et aussi *poichon*, dont le peuple a fait *poisson*, mot qui ne s'est pas perdu chez les marchands de vin. On lit dans le *Triumphe des Carmes*, v. 17 :

    Et plain *poichon* de vin d'Ausoire (Auxerre).

Génin a fait toute une dissertation sur ce mot, dans ses *Récréations philologiques*, t. I, p. 175-177. Francisque-Michel, dans son *Dictionnaire d'argot*, p. 330, pense que l'ivrogne, qui boit trop de *pochons*, pourrait bien, à cause de cela, s'être appelé un *pochard*.

Et qu'on se garde d'espancher [1] :
Le vin est maintenant trop cher,
Et puis nostre cave est si sombre
Qu'on n'y voit que noir sur de l'ombre.
Ce pendant que cela se faict,
J'ay quelque marché imperfaict
Avecques Macé loche-teste [2] ;
Encor qu'il soit aujourd'huy feste,
Si ne veux-je pourtant laisser
A mes besongnes avancer :
Je vay chercher à l'heure à l'heure
Le logis auquel il demeure.

SCÈNE V

CORBON.

Avoir ne faut la main pesante,
Quand l'occasion se presante,
A l'empoigner par les cheveux
Et la bien serrer si tu peux :
Car si le malheur tant te frappe,
Qu'un coup de ta main elle eschappe,
En vain tu la regretteras :
Car plus sa faveur tu n'auras.
C'est folye à celuy qui pense
Estre avancé par sa science,
Car ores [3] les mondains estats
Des lettres font trop peu de cas :
J'eusse long temps suivy l'estude,
Tant est grande l'ingratitude,
Sans qu'il m'en fust or advenu
Pour quatre sols de revenu,
Et voicy l'heure inopinée
Que je voy ma vie assignée
Sur un gras et ample moyen,
Sans avoir merité tel bien :
Vertu est pauvre et importune,
Mais les biens sont pour la fortune.
Ainsi que j'avois convenu,

---

1. Renverser, répandre.
2. Dont la tête branle.
3. Pour : à cette *ores*, à cette *heure*.

Tout ainsi est il advenu :
Je suis quitte de ma promesse,
Et depestré de ma maistresse :
Or soit Sobrin enamouré,
Si auray-je le prieuré.
Je confesse que la conqueste
En est quelque peu mal-honneste ;
Mais le gain plaist tant aux humains,
Que quand il vient entre leurs mains,
Son odeur est plus estimée
Que n'est la bonne renommée.
Je ne suis plus fils du frippyer,
Car voicy dedans ce papyer
De mon prieuré la depesche :
Tant qu'il voudra maintenant presche
Grassette le fol amoureux ;
Car quant à moy j'ayme bien mieux
A mon aise passer mon age,
Qu'estre martir en mariage.

SCÈNE VI

SOBRIN, FINET.

SOBRIN.

Nul n'est il maintenant en voye ?
N'est il personne qui me voye ?
Homme ne suyt il mes talons ?
Je sens infinis esguillons
Qui poulsent hors de ma pensée
Par force une joye pressée :
Je suis droictement sur le poinct
Que la mort me viendroit à point,
A fin que ma plus longue vie
D'un nouveau dueil ne soit suivye
Qui me ravisse à l'avenir
De ce beau jour le souvenir.
Ne verray-je homme qui se plaise
D'escouter d'où me vient cet aise,
D'où je vien, pourquoy et comment
Je traine cet accoustrement ?

FINET.

Voicy l'amoureux de village
Qui est tout gay en son courage,

Il faut sçavoir ce qu'il a faict.
SOBRIN.
N'est-ce pas icy mon Finet ?
Ha, mon Finet, par ta prudence
J'ay un tel plaisir que je pense
Qu'il n'en peult advenir un tel
En ce monde à l'homme mortel.
FINET.
Cela va bien, car pour les doubtes
J'ay esté sans cesse aux escoutes :
Mais je vous prye me conter.
SOBRIN.
Mais je te prye d'escouter.
A peine estoit la cave ouverte,
Que Babille au mestyer experte
Esteinct la chandelle, et de loing
Me monstre Grassette à un coing
Pensant le frippyer introduire,
Puis rusée elle se retire :
Lors parlant peu à basse voix,
Premier je me jouc à ses doigts,
Puis aux tetins, puis je l'embrasse,
Je cole à la sienne ma face :
Bref à ma chaude affection
A tant compleu l'occasion
Qu'onc amoureux, comme je pense,
Ne receut telle recompense.
FINET.
Ha, ha, ho, ho, ha, ha, ha, ha !
SOBRIN.
Apres, Finet, pour mirer mieux
Ma face dedans les deux yeux
De ma dame tant desirée
Je l'ay à la clarté tirée,
Et pour aussi me descouvrir.
FINET.
C'est ce que je voulois ouyr.
SOBRIN.
A l'heure ma pauvre Grassette,
A l'heure ma pauvre tendrette
S'est pasmée entre mes bras,
Voyant bien qu'elle n'estoit pas
Où elle pensoit estre chute :
Mais apres la longue dispute
Faicte de ma longue amityé,

De nous deux elle a eu pityé.
« Ah Corbon desloyal et traistre,
« Dict elle, ore fais-tu paroistre
« Des hommes la fidelité.
« O ciel contre moy irrité !
« Et toy du beau jour la lumyere
« Qui sembles fermer ta paupiere
« Pour ne voir ce desloyal faict
« Qui recompense mon bien faict,
« A tout le moins vange l'injure
« Que je reçoy de ce parjure.
« Tu ne chantois, traistre imposteur,
« Que d'un mariage futeur,
« Pourtant tu m'as (ha esperdue)
« Prodigieusement vendue.
« Est-ce l'heur que j'atten de toy ?
« Est-ce, meschant, est-ce la foy
« Que tu m'as tant de fois jurée ?
« Tu vois comme estoit asseurée
« Ton amour en cet animal : »
Mais, dy-je, en effaçant le mal,
Que t'a faict cette meschante ame,
J'atteste maintenant la flame
Qui premier embraza mon cœur
Quand ton œil en fut le vaincueur,
Qu'à jamais, quoy qu'il en advienne,
Ta volonté sera la mienne,
Qu'un mariage bien-heureux
Fera un seul corps de nous deux ;
Que tu me seras aussi chere
Que l'œil couvert soubs ma paulpiere,
Et que cette nostre union
N'aura jamais division.
En ce poinct ma doulce parole
Si bien ma mignonne console,
Que je l'estime desormais
Estre ma femme pour jamais.

FINET.

Oh ! comme je crains la colere
Irritée de vostre pere !

SOBRIN.

Rien, Finet, plustost il te faut
En cette matiere estre caut [1],

---

1. Sur tes gardes. V. une des notes précédentes.

Et tant faire, par ta menée,
Qu'à femme elle me soit donnée.

SCÈNE VII

FRIQUET, MARIN.

FRIQUET.
Sire Marin, si je le tue,
Et la Justice s'en remue ?
MARIN.
Versez le moy sur le pavé :
Faut-il qu'un paillard depravé
Me vienne faire telle injure?
FRIQUET.
Si je le puis trouver, j'en jure,
Je luy chargeray bien le dos.
MARIN.
Assommez, cassez luy les os,
Montrez luy moy que c'est à dire
De venir les filles seduyre.
FRIQUET.
Si j'eusse attrapé le paillard,
Il eust dict qui mangea le lard [1].
MARIN.
A il bien couvert l'entreprise
Dessoubs une jacquette grise?
L'homme est il plus de l'homme seur?
FRIQUET.
Je t'auray, traistre ravisseur.
MARIN.
Et cette petite affetée
Toute nue sera fouettée.
FRIQUET.
Ha, Babille, est ce la façon ?
MARIN.
Je t'auray, petit putasson,
Belistresse [2] : t'ay-je nourrie

---

[1]. Qui est le coupable. On lit dans l'*Apologie pour Hérodote* de Henry Estienne (t. I, p. 223) : « On lui fit avouer *qui avoit mangé le lard*, » dans le sens de : on lui fit dire qui avait commis le crime. L'expression de l'argot : *manger le morceau,* pour dire *dénoncer,* dérive de là.

[2]. Gueuse. Le mot est dans Montaigne, avec le sens de mendiante : « Dédaignons cette faim d'honneurs, basse et *belistresse.* » Liv. III, ch. 10.

Pour avoir telle vilennye?
FRIQUET.
Il la fault faire emprisonner.
MARIN.
Il luy faut tant de coups donner.
FRIQUET.
Non, donnez la à la Justice,
Et que tres bien on la punisse.
MARIN.
Soyez donc, Friquet, diligent
A chercher quelque bon sergent,
Pour la jetter en fond de fosse,
Où la puisse estrangler la bosse [1];
Et qu'au surplus de ce vilain
Le sang rougisse le chemin.
FRIQUET.
La chose en est bien asseurée,
Vous viendrez en prison murée,
Belle huyssiere de la mynuict [2] :
Diable y ait part qu'on ne poursuit
Ainsi toutes les maquerelles,
Vraye perte et peste de celles
Qui pour peu se laissent piper;
Ensemble on me puisse couper
Promptement l'une et l'autre oreille,
Pricur, si je ne vous resveille.

SCÈNE VIII

MACLOU, MARIN.

MACLOU.
Il ne reste plus qu'à penser
De mon retour pour l'avancer :
J'ay presqu'icy faict les affaires
Qui m'estoient les plus necessaires;
Il me fault voir mon escolyer,
Luy donner argent pour payer
Sa chambre, son bois, ses chandelles,

---

1. Ou plutôt la *male bosse*, c'est-à-dire la peste, selon Cotgrave. Il est parlé dans une farce de l'*Ancien Théâtre* (t. II, p. 137) « de *Bosse* et d'*Epidymie*. »
2. C'est-à-dire portière qui n'ouvre que la nuit, entremetteuse.

Sa despence, et besongnes [1] telles,
Pour retourner en nos quartiers.
          MARIN.
T'ay-je nourry cinq ans entiers
Pres de moy, pour cela, truande?
Je t'en feray payer l'amande.
          MACLOU.
N'est ce pas le sire Marin
Qui vient au long de ce chemin?
C'est luy; mais qu'est ce qu'il grommelle?
          MARIN.
Si je treuve la macquerelle,
Si je r'encontre ce muguet,
Et ce larronneau de Finet!...
          MACLOU.
Finet! Ha! que peult cecy estre?
          MARIN.
Et son jeune babouin de maistre,
Qui prend un paletot [2] de gris
Pour venir troubler mes espris.
          MACLOU.
Ce qu'il dict, seroit-ce point songe?
Prend il point pour vray un mensonge?
Si me faut il sçavoir que c'est.
Ha, sire Marin, mais où est
A cette heure vostre prudence?
          MARIN.
Ha, meschant!
          MACLOU.
          Qu'est cecy? Je pense
Que vous estes hors de raison.
          MARIN.
Ainsi souiller une maison?
Qui me tient que je ne t'assomme?
          MACLOU.
Tout beau, sire Marin; mais comme
Estes vous ainsi transporté?
          MARIN.
Je sçay trop bien sa loyauté,

---

1. Ce mot se disait alors dans le sens de l'italien *bisogna*, affaire, et de *besoing*, d'où il dérive.
2. Ce mot n'avait pas d'ordinaire cette forme si moderne. On disait plus souvent *palletocq*, d'où le verbe *empaletocquer*, et le mot *palletoquet*, pour vaurien : le *palletocq* n'était guère alors qu'une longue casaque ou souquenille de laquais.

Et comme il s'est monstré habile
A ravir l'honneur de ma fille.
Que si....

MACLOU.

Mais qui vous a faict tort?

MARIN.

Il aura le coup de la mort.

MACLOU.

Qui donc?

MARIN.

Ah, Sobrin trop volage!

MACLOU.

Sobrin? Qu'a il fait? quel outrage?

MARIN.

Et son effronté consellier!

MACLOU.

Qui? Sobrin? qui? mon escolyer?

MARIN.

L'imposteur Sobrin se desguise
Avec une jacquette grise
Pour forcer les filles d'autruy.

MACLOU.

Pour forcer les filles? Qui, luy?

MARIN.

Luy.

MACLOU.

Que mon fils Sobrin s'efforce
De prendre quelque fille à force?

MARIN.

Avec un habillement gris
Il est entré en mon logis,
Et a ma Grassette engeolée
Si bien qu'il l'a despucelée.

MACLOU.

Ah, meschant bastard, qu'as tu faict!
Mais pourquoy ne fus-tu defaict,
Tombant du ventre de ta mere,
Par les dents de quelque chimere?

MARIN.

Cela ne me contente pas :
Si en passera il le pas,
Si par la ville on le rencontre.

MACLOU.

Il faut, Finet, que je te monstre
Que vault d'un maistre le courroux :

Je t'ay, je t'ay esté trop doux,
Il faut que de toy je me vange,
Puisque ton vouloir ne se change.
Sire Marin...

MARIN.

Sçavez vous quoy?
Ne m'en parlez plus.

MACLOU.

Par la foy
Qui a toujours, mere commune,
Nourry deux amitiez en une,
Si ma prière a quelque lieu,
Je vous prie en l'honneur de Dieu,
Temperez la colere forte
Qui pour cette heure vous transporte,
Et me donnez un peu de temps
Pendant lequel bien je pretens
De faire une plus ample enqueste.

MARIN.

Bren, bren, vous me rompez la teste.

MACLOU.

Mais je vous prye.

MARIN.

Abus!

MACLOU.

Mais, mais
L'on vous fera raison.

MARIN.

Jamais.

MACLOU.

Si n'y a il faute si grande
Qu'on ne repare par amande.

ACTE CINQUIÈME

SCÈNE I

FRIQUET, FINET, SOBRIN.

FRIQUET.

Scais-tu quoy? ne m'en parle plus,
Car nous sommes tous resolus

D'avoir raison du malefice,
Ou de vous tirer en justice :
Cherchez ailleurs vostre credit.
####### FINET.
Il est bien vray ce que l'on dict :
Vous trouverez un genre d'hommes,
Au malheureux temps où nous sommes,
Qui n'ont meilleur gain que celuy
Qui leur vient du malheur d'autruy.
Ne cherchez tant vostre advantage
Maintenant en nostre dommage
Que vous ne pensiez à la fin.
####### FRIQUET.
Quoy ? si je soustien mon voisin,
Fay-je chose que je ne doive ?
Qui faict la folye la boyve,
Je suis loyal jusqu'à la mort.
####### FINET.
Nous avons quelque peu de tort,
Friquet, ainsi je le confesse,
Le prieur et moy ; mais si n'est-ce
Pour en mourir.
####### FRIQUET.
Si sera bien.
####### FINET.
Vous n'en avez pas le moyen.
####### FRIQUET.
Fault il point que ce coquin groigne ?
####### FINET.
Coquin !
####### FRIQUET.
Corbieu, si je t'empoigne,
Je battray le pavé de toy.
####### SOBRIN.
Ce ne sera doncques sans moy :
Si tu avois la main levée,
Tu sentirois que mon espée
Ne tient point au bout du fourreau.
####### FRIQUET.
En ayde ! voyez ce bourreau
Qui me veult icy faire oultrage.
####### SOBRIN.
Demeure, tu n'auras dommage ;
Mais je te veux bien advertir
Que je te feray repentir,

Si tes injures tu n'oublies,
Et que tu ne reconcillies
Mon pere avecque ton voysin.
M'entens-tu ?
FRIQUET.
Il est bien besoin.
SOBRIN.
Au surplus, si tu peux tant faire
Que Marin, qui est mon contraire,
Vueille son couroux oublyer,
Et sa Grassette à moy lyer
Par un bon mariage, pense
D'en avoir bonne recompence ;
Mais si en nos fermes amours
Tu brasses quelques traistres tours,
Je jure que de cette espée
Tu auras la gorge couppée.
FRIQUET.
Ainsi maintenant les puissans
Rendent à eux obéissans
Les petits qui contre eux ne peuvent :
Si je leur faux [1], et s'ils me treuvent,
Ils me frotteront bien mon lard.
Si je peux gaigner ce viellard,
J'en auray bien ample salaire ;
Il vault mieux l'un que l'autre faire :
Chacun ores pense de soy,
Je n'ay nul plus proche que moy.

SCÈNE II

MARIN, FRIQUET.

MARIN.
J'advise de tous les endroits,
Car bien entendre je voudrois
Comme Friquet mon voysin traicte
Ceux qui cette injure m'ont faicte :
Ha, je le voy venir de loin :
Et bien, est-il mort ce vilain ?
FRIQUET.
Mort ! mais luy de grande furye

---

[1]. Si je leur manque, s'ils me veulent absolument.

ACTE V, SCÈNE II.

M'a-il pensé oster la vye!
Au desespoir le dernier but
Est de n'esperer nul salut[1].

MARIN.

Mais dictes moy...

FRIQUET.

    Il court, il rible,
Il escume, il fait le terrible,
Avec son pendard de valet
Armé des pieds jusqu'au colet :
Bref, gardons-nous qu'en quelque embusche
L'un de nous bien tost ne trebusche.

MARIN.

Mais que serons-nous en cecy?
Endurerons-nous donc qu'ainsi
Il ait abusé de ma fille?

FRIQUET.

Que n'estoit elle plus habile
Et plus prudente à se garder,
Sans imprudemment hazarder
La chose qui estoit si chere?
Faut-il ainsi estre legere
Au premier amoureux qui rit?
Un jeune homme de bon esprit
Poussé des flambeaux de son age,
Ne cherche que son advantage.

MARIN.

Mais qui serons-nous, mon Friquet?

FRIQUET.

A ce que j'ay sceu de Finet,
L'escolyer a bien bonne envye
D'user le reste de sa vie
Avec Grassette.

MARIN.

    Mais comment?

FRIQUET.

Il ne l'a (si Finet ne ment)
A son amitié attirée,
Que pour l'avoir femme espousée.

MARIN.

Est-il possible?

---

1. Fr. Perrin se souvient ici de son latin; il traduit littéralement le vers de l'Énéide :

    Una salus victis nullam sperare salutem.

FRIQUET.
Il est tout vray.
MARIN.
Je ne scay si je le croiray,
Car maintenant la paillardise
Soubs un tel masque se desguise :
Toutesfois, si sans m'abuser,
Il vouloit ma fille espouser,
Je le feray en lieu de moyne,
Heritier de mon patrimoine.
FRIQUET.
Ainsi sans noyse vous vivrez
Et l'opprobre vous couvrirez
De vostre fille.
MARIN.
Et quand au reste,
J'auray une alliance honneste.
FRIQUET.
Il faut donc cela despescher.
MARIN.
J'en suis content.
FRIQUET.
Je vay chercher
Le sire Maclou pour parfaire
Le plustost qu'on pourra l'affaire.
MARIN.
Allez, Friquet, et faictes bien,
Comme un amy fait pour le sien.

SCÈNE III

MACLOU, FRIQUET.

MACLOU.
Tant plus je pense à mon muguet,
Tant plus cet acte me desplaist.
Il est bien vray que la sagesse
Ne suyt pas tousjours la jeunesse :
Il me souvient en mon vieil temps
Des bouillons de mes jeunes ans,
Et tel souvenir me tempere
La rigueur requise à un pere.
FRIQUET.
Voicy qui te sert bien, Friquet.

MACLOU.
Si a il bien petit acquet [1]
A suyvre cet amour folastre.
Mais si je suis opiniastre
A corriger mon fils Sobrin,
Il pourra bien quelque chagrin
Engendrer en sa fantasie,
Et icelle en estant saisie
L'envoyra en quelque malheur,
Pour estre larron ou voleur,
Ou quelque soldat miserable :
Encor fault il estre traictable
A son fils, car comme aymera
L'estranger celuy qui sera
Contraire à sa propre lignée ?
FRIQUET.
Voicy mon occasion née :
Or, sus, sus, parlons du pryeur.
Sire Maclou....
MACLOU.
Qu'est-ce, baveur [2] ?
Ha, Friquet, que dict ta pensée ?
FRIQUET.
Rien de nouveau.
MACLOU.
Et l'espousée
De Marin, vostre grand amy ?
FRIQUET.
Marin n'est plus vostre ennemy.
MACLOU.
Comment, Friquet ?
FRIQUET.
Mais est-il noise
Tant aigre que l'on ne rapaise ?
L'homme est prompt à se courroucer,
Mais tout cela se doibt passer
Avant que le soleil se baisse.
MACLOU.
Mais que dict-il ?
FRIQUET.
Rien, rien.

1. *Profit.* « De moy il n'aura autre acquêt, » lit-on dans une farce de l'*Ancien Théâtre*, t. 1, p. 208.
2. Bavard.

MACLOU.
                        Mais qu'est-ce?
FRIQUET.
Le vous veux je dire en deux mots.
MACLOU.
Mais que servent tant de propos?
FRIQUET.
C'est moy qui crioys par la rue,
Eschauffé, disant : Tue, tue,
Quand vostre fils après ce coup
Viste se sauvoit tout à coup ;
Mais voyant que cette poursuyte,
Ou une vengeance petite
Peult un plus grand feu eschauffer,
Je tasche à ce mal estouffer.
MACLOU.
Comment?
FRIQUET.
         Grassette est une fille
De beauté et d'age nubile ;
Vostre fils est honneste aussi,
Prest à marier : par ainsi
Quand nous ferons un mariage,
Je n'y cognoy aucun dommage.
MACLOU.
Marier, que deviendra donc
Le pryeuré de mon fils adonc [1]?
FRIQUET.
Penseriez-vous qu'il voulust estre
Pryeur, moyne, profez, ny prestre?
MACLOU.
Nenny.
FRIQUET.
       Pourquoy contre son cœur
Le voulez-vous faire pryeur?
Ce bien lequel il ne merite,
Pensez-vous qu'en fin il proffite?
Vous cuidez le spirituel
Mesler parmy le temporel,
Et en engraisser la cuisine
De vostre fils qui n'en est digne :
Laissez l'en doncques descharger,
Puisqu'il veut estre mesnager.

---

1. *Alors,* du latin *ad hunc.*

Ne pensez plus à l'avarice,
Laissez-moy là ce benefice,
Nous y pourvoyrons bien après,
Tant seulement tirez-vous près
De Marin, et qu'en peu d'espace
Ce mariage se parface.

MACLOU.

Je ne veux mettre à nonchaloir
Ny Marin, ny son bon vouloir ;
Je m'en vay poursuivre l'affaire
Pour le tout sainement parfaire :
Si pendant mon fils vous voyez,
Sans faire semblant, pourvoiez
Que sur le champ il ne s'estonne
Si ses matines je luy sonne :
Car de prime abord je feindray
Qu'adviser je ne le voudray,
En contrefaisant au possible
Le courroucé et le terrible ;
Mais avant que partir pourtant,
Je croy que tout sera contant.

FRIQUET.

Bien, diligentez vos poursuytes,
Il sera faict comme vous dictes.

SCÈNE IV

SOBRIN, FINET, FRIQUET.

SOBRIN.

Tu dis vray, et certes le cœur
Me presagit quelque bon heur.

FINET.

Tousjours la muable fortune
N'est en une place importune.

SOBRIN.

Je me ry de voir ce Friquet
Estre maintenant mon laquet,
Qui plus chaude que dans la forge
Jettoit la braise par la gorge.

FINET.

Nous voyons advenir souvent
Que peu de pluye abat grand vent :

Il a eu trop belle vesarde [1].
FRIQUET.
Tournant çà et là, je regarde
Si je verray point le prieur :
L'argent des plus forts est vaincœur.
Je l'ay trouvé à la bonne heure.
Sobrin, onc nouvelle meilleure
Vous n'avez sceu.
SOBRIN.
Quelle, Friquet?
FRIQUET.
Quelle? yssüe [2] de nostre faict.
SOBRIN.
Yssüe ! quelle?
FRIQUET.
Tres heureuse,
Car vous aurez vostre amoureuse.
SOBRIN.
Ha, que j'ay peur que soubs ce miel
Tu ne caches beaucoup de fiel.
FRIQUET.
Rien, rien, l'aliance asseurée
D'une part et d'autre est jurée,
Et ne veis onc gens plus contans
Que les deux pères combatans.
SOBRIN.
Ha, je ne suis plus en moimesme,
Tu m'as ravy de la mort blesme :
Du reste n'en parlent-ils point?
FRIQUET.
J'ai fort bien rabatu ce poinct ;
Seulement qu'icelles négoces [3]
Se remettent après les nopces.
SOBRIN.
O Friquet, que tu es gentil !
FRIQUET.
Tant seulement soyez subtil,
Et laissez passer la tempeste
Que vostre père vous appreste ;

1. Pour, *venette*, mot qui a la même étymologie. Rabelais dit *vezarde*, forme qui était la plus employée.
2. Résultat, dénouement.
3. Se prenait alors pour *affaires*, et était du féminin, quand l'autre mot était du masculin. C'est le contraire depuis le XVIIe siècle. Pasquier emploie « négoce » avec le sens et le genre qu'il a ici, dans ses *Recherches de la France*.

Car vous verrez faillir [1] ce bruit
Plus tost qu'un esclair en la nuict,
Et ne partirez de la place
Que ne soyez remis en grace :
Venez, suyvez moy pas à pas,
Mais, sçavez-vous quoy, n'entrez pas
Que premier je ne vous appelle :
Je vay sentir si la querelle
Est rappaisée de tout poinct.

SOBRIN.

Or va, et ne m'oublie point.

SCÈNE V

MACLOU, MARIN, FRIQUET, SOBRIN.

MACLOU.

Je le croy bien, sire Marin,
C'est la cause de mon chagrin :
La jeunesse court desbordée,
Comme une beste desbridée,
Et les miserables parens
Droit sur le declin de leurs ans,
Voyent leur vieillesse affoiblye
Accablée de leur folye.

MARIN.

Je n'estoy (j'en suis souvenant)
Lascif, comme ils sont maintenant,
Ny subject aux voluptez, pource
Que je n'avoy argent en bourse :
Mais eux qui sentent nos moyens,
Et que nous avons quelques biens,
Ils ne craignent point de despendre
Ce qui couste bien cher à prendre,
Et fault à leurs faicts vicieux
Le plus souvent fermer les yeux.

FRIQUET.

Je voy ja les peres qui ont
Quelque signe joieux au front.
Voyla d'un costé la paix faicte,
Il reste Sobrin et Grassette
Qui seront un peu chapitrez

1. Tomber.

Si tost qu'ils seront rencontrez ;
Mais cela ne sera que mine.
MACLOU.
N'est ce icy Friquet qui chemine ?
MARIN.
Si est, vous l'avez bien connu.
MACLOU.
Friquet, tu sois le bien venu.
MARIN.
Comment se porte la besongne ?
MACLOU.
Et mon Sobrin ?
FRIQUET.
Sobrin s'eslongne
Et n'ose de vous approcher.
MACLOU.
Rien, rien, je ne le veux toucher.
FRIQUET.
Si sa jeunesse vous offence,
Que vostre bonté le dispence,
Protestant que d'orenavant
Il vous sera humble servant.
MACLOU.
Qu'il approche de moy s'il m'ayme
Et vienne s'excuser soymesme.
FRIQUET.
Sobrin, ô ! où s'en est-il fuy ?
Sobrin, ne viendrez-vous meshuy ?
SOBRIN.
Qui est là ? N'est-ce pas mon père ?
Ô Dieux, appaisez sa colère.
MACLOU.
Que dis-tu, meschant, que dis-tu ?
MARIN.
Maclou, mon amy, la vertu
Se monstre aux choses difficiles.
MACLOU.
Que dis-tu, desbaucheur de filles ?
Et bien, tu te veux marier ?
SOBRIN.
De cela vous veux-je prier.
MACLOU.
Est-il seur de ce qu'il doibt dire ?
Non, non, ils ne s'en font que rire.
Estes-vous bien si impudents,

ACTE V, SCÈNE V.

Que vous voulez, malgré mes dents,
Finet et toy, que je complaise
A vostre affection mauvaise ?

SOBRIN.

O moy miserable !

MACLOU.

Ha, meschant !
Alors que tu allois cherchant
Tes plaisirs par voyes obliques,
Frequentant les danses publiques,
Ce mot fort bien te convenoit,
Car jà la misere venoit
Te faire nouvelle caresse.
Mais pourquoy ma proche vieillesse
Va elle ainsi se tourmentant ?
Sobrin, puisque tu es contant,
Va, pren une femme nouvelle,
Va passer ton temps avec elle,
Je te laisse en ta liberté.

SOBRIN.

Hé, mon père !

MACLOU.

Je l'ay esté,
Tant que soubs mon obeissance
J'ay contenue ton enfance.
L'age, maintenant, et le feu,
Et du fils Cyprien le jeu,
M'ont chassé hors de ta pensée,
Et ont ma memoire effacée.

SOBRIN.

Mon pere, qu'il me soit permis,
Si cela envers vous je puis,
Qu'un mot seulement je vous die.

MACLOU.

Que me veux-tu ?

MARIN.

Je vous supplie,
Escoutez-le pour cette fois.

MACLOU.

Quoy ! que j'escoute encor sa voix ?
Mais que veult il dire ny faire ?

MARIN.

Si luy fault-il un peu complaire ?
Escoutez l'encor pour ce coup.

MACLOU.
Dy donc, mais ne dis pas beaucoup.
SOBRIN.
Mon pere, si l'amour est vice,
J'ay merité qu'on me punisse,
Je suis de la fille surpris
Du sire Marin, et depuis
Qu'Amour vint en ses rets me mettre
Jamais je n'ay esté mon maistre ;
Neantmoins, pere, je me mets
Soubs vostre dextre[1] desormais :
Deffendez, commandez ensemble,
Dechassez moy si bon vous semble,
Me voyla tout prest d'obeir :
Bien que vous me ferez fuyr
Cette amitié que je desire,
Jamais je ne vous veux desdire :
Tirez de moy vostre raison,
Soit par peine, soit par prison,
Cela me sera tolerable,
Et quant à ma faute notable,
Imputez la à l'amitié
Et non point à mauvaiseté.
MARIN.
Cela est juste qu'il demande,
Et a fort bien payé l'amande ;
Certe il merite bien pardon.
MACLOU.
Je vous mets tout à l'abandon :
Puis qu'il vous plaist je luy pardonne,
Mais qu'un mesme pardon l'on donne
A Grassette.
MARIN.
Il est despeché,
La voila quitte du peché.
FRIQUET.
Il faut que le mesme on propose
Pour le pauvre Finet qui n'ose
Mettre le nez hors du logis.
MACLOU.
Le tout à Finet est remis.
MARIN.
Et pour l'amitié de ma fille,

---

1. *Dextra*, main droite.

Je pardonne aussi à Babille,
Et pren vostre fils pour le mien,
Luy donnant ma fille et mon bien.

MACLOU.

Je pren Grassette ma mignonne
Pour ma fille unique, et lui donne
Mon fils, que j'ay bien cher nourry,
Pour loyal espoux et mary.

MARIN.

Friquet, à fin qu'il se contente,
Aura ceans dix escus de rente.

CONCLUSION.

Puisque les accords sont conclus,
N'attendez icy le surplus :
Car les traictez de mariage,
Et les affaires du mesnage,
Les nopces, les jeux, le banquet,
Le bal, la dance et le caquet,
Tout se fera selon la guise
Au lieu et à l'heure requise.
Si nous avons en quelque endroit
Autrement dict qu'on ne voudroit,
Si ne voulons nous point, j'en jure,
Faire à quiconque soit injure,
Mais nous (comme le peuple vieil)
Meslons l'aloes [1] dans le miel
Et mettons l'aigreur profitable
Parmy ce qui est delectable.
Pourtant tout ce que d'icy part,
Messieurs, prenez le en bonne part.
A Dieu et nous applaudissez.

1. C'était alors le type de l'amertume. Le meilleur et le plus amer était l'aloès de Socotora, dont on avait fait *sicotrin*, puis *cicotrin*, comme on le voit dans A. Paré ; et enfin, par une autre altération, *chicotin*, qui explique notre locution familière « amer comme chicotin. »

FIN DES ESCOLIERS.

FARCES TABARINIQUES[1]

ARGUMENT

DE LA PREMIÈRE FARCE

Piphagne est accordé à la Seigneure Isabelle, et donne charge à Tabarin de faire le preparatif des nopces. Lucas se plaint des sergens qui le veulent emprisonner ; Francisquine, qui se veut depostrer de luy, luy fait accroire que les sergens sont à sa porte, et par ainsi le cache dans un sac ; elle en execute la mesme à l'endroit d'un laquais du capitaine Rodomont. Tabarin va pour chercher de la viande. Francisquine luy vend ces deux sacs pour deux pourceaux[2]. Isabelle et Piphagne veulent voir la marchandise. Tabarin s'habille en boucher pour les esgorger, et en fin on trouve que c'est Lucas, puis tous se battent.

PREMIÈRE FARCE

PIPHAGNE ET TABARIN.

PIPHAGNE.

L'Amor é una divinitaé chi ravissé toute lé affection dellé personné. Depis que le vichessa s'inflamao el cor di questo foco, la barba blanché perdi tutta la sua prudentia : *omnia vincit amor*. Questa cupiditaé s'insinuaó per li occhi de manera que qui cunqué se laissé oppugnar di questa fiamma s'en va tout in brouetto et non se senti. Questo incendio mi a transportao dé sorté que mi som re-

---

1. Tous les jargons se mêlent dans ces deux farces : l'italien que parle Piphagne, et qui était un reste de la vieille cour des Valois ; et l'espagnol, parlé par le capitan, dont la nouvelle cour de l'Espagnole Anne d'Autriche devait étendre la mode.
2. Molière, à qui l'auteur d'*Elomire ou les Médecins vengés* reprochait d'avoir étudié au Pont-Neuf, à l'ecole des Tabarins de son temps, pourrait bien s'être souvenu du sac de Tabarin, quand il mit Géronte dans celui de Scapin.

ils étaient frères. On ne le sait que depuis peu de temps, grâce à M. Jal, qui ne s'est même pas rendu compte de sa découverte, et l'a moins montrée que perdue dans son *Dictionnaire critique*.

Dans une brochure du temps, qui s'intitulait le *Clair-Voyant*, et ne mentait pas à son titre, on lit que Mondor et Tabarin passaient pour frères ; mais avant les actes trouvés par M. Jal, on ne savait trop s'il s'agissait là de la fraternité du théâtre, ou de l'autre, la vraie, celle de la famille, celle du sang. Il n'y a plus maintenant de doute possible. Ils étaient frères et du même nom : l'un, Mondor, s'appelait Philippe Girard ; l'autre, Tabarin, se nommait Antoine Girard.

Tous deux valaient mieux que leur métier. Ils avaient étudié, et, s'ils eussent voulu, ils auraient pu passer, de charlatans, médecins, sans qu'il y parût trop : « Il a de l'esprit, un peu de lettres, disait-on de Mondor, dans un livre qui n'est cependant pas très-favorable aux opérateurs, et, ajoutait-on, il seroit capable, s'il vouloit, d'une vocation plus honorable. »

Tabarin n'était pas moins savant. Dans un autre livret du temps, où on le montre rencontrant aux enfers le fameux Gautier Garguille, « son cher amy et allié, » et non pas son gendre, comme on l'a pensé à tort, il est dit qu'en cet autre monde : « Il n'avoit pas encore perdu la mémoire de Galien, d'Hippocrates, de Paracelse, et autres illustres autheurs, lesquels il avoit étudié autrefois. »

Nous verrons d'ailleurs que dans sa paroisse, il était qualifié maître opérateur, comme son frère Philippe, et non pas farceur et comédien.

Il paraîtrait que c'est en Italie qu'il aurait retourné et raccourci sa robe de docteur, pour en faire une jaquette de farce. Le *Clair-Voyant* de tout à l'heure nous dit de Mondor et de Tabarin que l'un était venu de Lorraine, et l'autre de Milan. On ne s'étonne plus dès lors du nom tout italien qu'il prit, et de la femme qu'il se donna.

Elle était de Rome, et danseuse, et c'est elle probablement qui, le métamorphosant par amour, fit du médecin un joueur de farces. Elle s'appelait Vittoria Bianca, et il est certain que le *Clair-Voyant* parle encore d'elle, lorsqu'après ce qu'il a dit sur Mondor et Tabarin, il ajoute : « La Vittoria est cette Romaine, à qui j'ai veu, assistée de Castaigne et Arlequin sur le théâtre, faire des sauts merveilleux et danser des mieux... »

Le mari jouant ses farces pour bien vendre ses drogues, de compte à demi, avec Mondor, frère et compère, et sa femme gagnant de son côté par ses voltiges et « son beau sauter, » le ménage ne tarda pas à s'enrichir. Tabarin put s'acheter, à beaux deniers, une seigneurie, comme Mondor, qui se faisait appeler sieur de Coteroye et du Fréty. On ignore son nom de noblesse, mais on sait de quel prix l'orgueil des hobereaux de son voisinage le lui fit payer. D'après le curieux volume de Daniel Martin, *le Parlement nouveau*, dont la première édition ne parut pas plus de dix ans après l'aventure, il aurait été assassiné :

« On m'a dit, écrit Daniel Martin, que ce bouffon devint en peu d'années si riche de l'argent des fols, qu'il acheta une seigneurie près de Paris, dont il n'a guère longtemps jouy... Ses voisins, qui estoient gentilshommes de bonne et ancienne maison, ne pouvant endurer un Pantalon, ou embabouineur de badauds, un fol, qui, avec son chapeau métamorphosé en mille sortes, en avoit fait rire tant d'autres, pour leur compagnon, le tuèrent un jour, à la chasse, à ce qu'on m'a dit. »

Qu'il soit mort de cette façon, qui aurait mis, si tristement pour lui, la tragédie après la farce, ou de toute autre, il est certain que le 29 novembre 1626, on l'enterrait, et que c'est à Paris, à St.-Barthélemy, sa paroisse, qui était aussi celle du Pont-Neuf, que se faisait son enterrement.

Ses assassins ne l'avaient peut-être que blessé, à la campagne, et il avait pu mourir chez lui, à Paris, où on l'avait rapporté.

Mondor lui survécut longtemps. On ne sait pas au juste l'époque de sa mort; mais quelques actes prouvent qu'en 1633, sept ans après celle de son frère Tabarin, il vivait encore. La veuve de celui-ci, Vittoria Bianca, mourut cette année même. Elle s'était retirée dans les quartiers neufs et à la mode, au Marais, tout près de la Place-Royale, dans la rue des Tournelles, où brillait dans tout son éclat la renommée de Marion Delorme, en même temps que celle de Ninon y commençait, et qui était, sous Louis XIII, ce que la Chaussée d'Antin fut sous l'Empire et pendant la Restauration.

Son convoi, dont on sut le détail par les registres de Saint-Paul, fut d'une riche personne, et prouva que tout ce qu'on disait de la fortune laissée par le farceur empirique était vrai. Un bon prêtre « habitué de cette paroisse, » Christophe Petit, qui tenait les actes de naissance, de mariage et de mort sur un registre, dont il faisait aussi son livre de ménage, son mémento, mit en note sur la marge, en regard de la mention mortuaire relative à Vittoria, ces quelques mots, qui semblent une malice, tant ils font contraste avec la magnificence du noble convoi : « femme de feu Tabarin. »

Après cette note, l'identité de Tabarin et d'Antoine Girard, dont Vittoria était déclarée la veuve dans l'acte ainsi commenté, ne peut être douteuse. Christophe Petit avait pu l'écrire à bon escient. Vittoria était sa paroissienne, et il avait été, lui, le client, le spectateur de Tabarin.

Dans son fameux registre, où il n'oublie rien, on pouvait voir qu'il s'était plus d'une fois arrêté le soir — c'était le moment de la meilleure parade — devant le tréteau du charlatan, et que le jeudi gras de 1620, par exemple, pour se payer son carnaval, il lui avait acheté « deux bouëttes (*sic*) de pommade, » après s'être sans doute régalé de la farce par-dessus le marché.

Qui faisait ces farces, dont, nous l'avons dit, Tabarin n'était pas l'auteur? Quelque pauvre diable comme celui qui faisait les *pasquils* de maître Guillaume, ou de Mathurine la folle, les couplets du Savoyard et les chansons de Gautier Garguille.

S'il fallait en croire Charles Sorel, en son *Francion*, ce fournisseur de l'esprit Tabarinique, surtout pour les farces, qui sont, de toutes les bouffonneries mises sous son nom, les seules qui nous importent ici, aurait été un garçon de classes, un *cuistre* du collége des Jésuites, nommé Guillaume. Rien n'y répugne, quoique le ton de ces farces ne soit guère celui qu'on devait attendre d'un serviteur des révérends pères. Les initiales A. G. mises, comme signature, à la fin de la préface de l'*Inventaire universel*, justifieraient même ce que dit Sorel.

Admettons donc que c'est ce Guillaume qui écrivait ce que jouait Tabarin, et pour nous expliquer la vogue du farceur, disons-nous aussi, avec une des commères des *Caquets de l'accouchée*, qu'il valait mieux l'entendre dans ses farces que les lire.

NOTICE SUR TABARIN

Ici, ce n'est pas de l'auteur des pièces, mais de l'acteur seulement que nous allons parler. L'un n'étant pas connu, nous devons nous rejeter sur l'autre, qui d'ailleurs, s'il ne composa pas ce qu'il jouait, en fit le succès.

Sa vie, comme son répertoire, est un problème. Le nom, dont il signa ce qu'il n'avait pas écrit, était lui-même un masque, et, qui plus est, un masque italien, en des farces françaises.

D'où ce nom lui était-il venu? De la popularité d'un type italien, qu'une troupe fêtée par Charles IX, en l'année la moins comique pourtant de son règne, car c'était l'année de tragédie 1572, avait rendu célèbre à Paris, en même temps que celui du fameux Albert Ganasse.

Le mot « ganache, » si bien resté dans la langue du théâtre, avec toutes les nuances de radotage vieillot qu'il comporte, n'est qu'un souvenir de celui-ci.

Le Tabarin du Pont-Neuf eut la survivance de l'autre.

Il ne le rappelait point par le langage, puisqu'il parlait français, mais il devait le rappeler par le costume : la jaquette de toile, ou *tabar*, qu'il lui avait empruntée, comme Pierrot la lui emprunta ensuite. De là vint qu'on le nomma, lui aussi, Tabarin.

C'est de 1619 à 1626 qu'il fut célèbre sur le Pont-Neuf, en sa vraie nouveauté, et digne alors de son nom. Il n'y avait pas plus de douze ans qu'il était achevé.

Le Tabarin italien avait joué sur un théâtre de cour, le Tabarin français ne parut que sur des tréteaux populaires. Ses farces sont des parades, et ses parades, comme on dirait aujourd'hui, des *boniments*. Elles n'étaient qu'un accessoire de *charlatanerie* pour attirer la foule, à qui l'on voulait vendre des pommades et des opiats.

Le maître du tréteau, dressé à l'entrée de la place Dauphine, en face de la statue d'Henri IV, le *cheval de bronze* comme on disait, oubliant le roi pour sa monture, se faisait appeler Mondor. Il justifiait ce nom étincelant, que la comédie du XVIIIe siècle reprit pour le donner à ses financiers, par le plus éblouissant étalage de broderies et de paillettes. Il tranchait ainsi superbement, pour amener le comique par le contraste, avec la simplicité rustique et naïve de son Tabarin en toile blanche.

Sur le tréteau, c'étaient le maître et le valet. Chez eux,

solvo de querir copulation et far la simbolisanbula, la trambula trimble.

TABARIN.

Voila nostre maistre qui est tellement passionné de l'amour de madamoiselle Isabelle, qu'on luy a promise en mariage, qu'à peine peut-il donner air à ses souspirs; depuis deux jours il ne fait que siringuer des sanglots culiques : il auroit grand besoin qu'on luy soufflast au cul, car il s'en va en cendre.

PIPHAGNE.

Vien kà, Tabarin ; sas-to que me voglio meridar ? Alligressa, fradelle, alligressa ! Vidis-to com som disposto ?

TABARIN.

Nous aurons de la pluye, voilà les crapaux qui saultent ; l'amour luy trotte dans le ventre comme les carpes en nostre grenier. Ha ! mon maistre, vous venez de lascher un souspir amoureux qui est bien puant ! Teste non pas de ma vie, en faites vous de tels avec vostre maistresse ? S'il pleut de cvent là, nous sommes en grand danger d'estre eme brenez.

PIPHAGNE.

Adesso, adesso, Tabarin ; sas-to que voglio te communiquar ? Voglio far una dispensa, un banquetto, et convocar tutti li mei parenti.

TABARIN.

Bon ! Vertu de ma vie, vous me faictes venir l'eau à la bouche ! Je m'en vay eslargir ma ceinture ; jamais vous ne vistes un tel gosier ; si je montois comme j'avalle, j'aurois pieça detrosné Jupiter de sa place. Il faut donc convoquer vos parens aux nopces ; vous avez Michaut Croupiere, Flipo Leschaudé, Guillemin Tortu, Pierre L'eventé, Nicaise Fripesausse.

PIPHAGNE.

Ti oblivisseo Fritelin, come ti et tutti ly altri.

TABARIN.

Je les trouveray tantost; il n'en faut pas tant prier, afin que je puisse remplir mes boyaux. Il y a huict jours que je n'ay point excremento-pharmacopolé ; mon ventre en un besoin serviroit d'une vraye lanterne si on y mettoit une chandelle ; et puis je voudrois estre tout seul aux nopces : jamais vous ne vistes un tel escrimeur de dents.

LUCAS et FRANCISQUINE.

LUCAS.

O pauvre Lucas! tu sens bien maintenant l'usufruict de tes desbauches. Dès mon jeune temps je n'ay faict autre chose que hanter les cabarets et les tavernes ; maintenant on me poursuit de tous costez ; les sergens sont tousjours aux environs de ma porte ; je ne peux sortir de mon logis qu'on ne me guette au passage.

FRANCISQUINE.

Mercy de ma vie, où allez vous? N'avez vous point de honte de sortir ? Ne voyez vous pas que les sergens vous mettront la main sur le colet?

LUCAS.

Les sergens sont dangereux, car ils sont pires que les diables : les diables ne tourmentent que l'ame, mais ceux-cy tourmentent l'ame et le corps.

FRANCISQUINE.

Que ferions-nous si on vous menoit à la Conciergerie ou au Chastellet? Il est impossible de vous arrester en une place.

LUCAS.

Quel bruit entends-je ? On frappe à la porte de derrière ; ce sont des sergens sans doute : me voila perdu! Où me cacheray-je?

FRANCISQUINE.

Ne voila pas ce que j'ay tousjours dit? Quel remède maintenant? car s'ils vous aperçoivent, nous sommes pris. Il faut se resoudre devant qu'ils arrivent icy. J'ay un sac en nostre chambre de devant, il vous faut mettre dedans; on n'y prendra pas garde. (*Francisquine enferme Lucas dans un sac.*)

LUCAS.

Ah! pauvre homme, je suis reduit à une fascheuse cadene [1].

---

1. *Catena*, chaîne ; de *cadène*, on a fait *cadenas*.

PREMIÈRE FARCE.

FRANCISQUINE.

Taisez vous, mercy de ma vie, qu'on ne vous entende d'aujourd'huy.

FRITELIN, SERVITEUR DU CAPITAINE RODOMONT, *entre*.

FRITELIN.

Madame, je suis très-ayse que je vous trouve en bonne disposition, voicy un poullet que je vous apporte de la part de mon maistre.

LUCAS.

Je serois volontiers content de sortir du sac pour en manger.

FRANCISQUINE.

Il y a long-temps que ce capitaine me poursuit de mon des-honneur : il faut que je luy joue d'un trait. Mon amy, vostre maistre se porte-il bien ? Vous m'apportez un indicible contentement de m'apporter de ses nouvelles. Mais quel bruit entends-je à la porte ? Ha ! mon amy, nous sommes perdus si on vous recognoist icy, je seray scandalisée ; je vous supplie de me faire ce bien d'entrer dans le sac.

FRITELIN.

Qui a-il, madame ? qui a-il ?

FRANCISQUINE.

N'entendez-vous pas qu'on frappe à ceste porte ? Entrez, je vous supplie ; vous n'y serez pas longtemps. (*Fritelin entre dans le sac.*)

FRANCISQUINE, *à part*.

Voilà mon affaire jouée ; je me veux vanger de ces deux personnages icy : de l'un, à cause qu'il est cause de ma ruine et qu'il a tout mangé mon bien ; de l'autre, à cause qu'il m'importune de mon deshonneur. De les jetter tous deux dans la riviere, ce seroit user d'une cruauté trop inhumaine ; j'ayme mieux les laisser quelque temps en ceste posture pour voir ce qui en arrivera.

TABARIN *entre*, FRANCISQUINE.

TABARIN.

En fin, j'ay tant fait que nous ferons le banquet; je n'eusse sceu au monde faire une meilleure rencontre. C'est maintenant la difficulté de dresser les preparatifs. Le sieur Piphagne s'est mis en frais : à cause des nopces, on luy a faict un nouveau brayer [1], il s'est frisé la moustache; mais je crois que l'horloge ne marquera pas, car la pointe de l'esguille est bien usée, et les contrepoids sont bien bas. Quoy que c'en soit, il m'a donné vingt cinq escus pour aller donner ordre aux provisions de gueule. Il me faut premièrement avoir pour cinq escus de salade, pour cinq escus de sel, pour cinq escus de vinaigre, pour cinq escus de raves, et pour cinq escus de cloux de girofle. Mais je n'ay ny pain, ny vin, ny viande; il faut mieux faire mon calcul. J'auray pour cinq escus de pain, pour cinq escus de vin, pour cinq escus de salade (ce sont desja quinze escus), pour cinq escus de champignons pour l'entrée de table, et pour cinq escus de tripes. Mais je n'ay point de moustarde; il faut que mon calcul ne soit pas juste. J'auray donc pour cinq escus de pieds de pourceaux pour l'entrée de table, pour cinq escus de cerises pour le second mets, pour cinq escus de confiture pour le troisiesme service, pour cinq escus de jambons et pour cinq escus d'andouilles pour le dessert : cela sera bon pour nostre maistre, car il en a grand besoin; il a affaire avec une gueule qui assouviroit tout un regiment des Gardes si elle estoit seule. Il faut donc que je m'advance pour aller à la boucherie. Mais, à propos, je ne sçay pas le chemin; il me le faut demander à Francisquine, que voicy. Ma commère, je vous prie de m'enseigner le chemin de la boucherie.

FRANCISQUINE.

Si c'est pour achepter quelque viande, je vous en donneray à bon marché.

TABARIN.

Est-ce chair fraische que vous avez? car si les

---

[1]. Bandage contre les hernies, qui se mettait sous les *brayes* (culottes).

vers y sont, je craindray d'aller en Surie faire guerre au Sultan Soliman à la sueur de mon corps.

FRANCISQUINE.

Ce sont deux pourceaux que voicy qu'on m'a amené ce jourd'huy.

TABARIN.

A la verité, ils en ont la forme ; en voicy un qui a bon rable.

FRANCISQUINE.

Vous n'avez qu'à convenir de prix avec moy, et je vous livreray ma marchandise : je vous baille le tout pour vingt escus.

TABARIN.

Tenez donc, voilà sur et tant moins de la somme. J'ayme mieux me descharger icy, je n'auray pas la peine d'aller à la boucherie ; à tout le moins nous ferons des boudins. Adieu donc, madame Francisquine ; je m'en vay querir mes instrumens pour esgorger ces pourceaux.

FRANCISQUINE.

Ce drolle icy sera tantost bien estonné quand il rencontrera Lucas et Fritelin dans le sac. Pour moy, je m'en vay regarder par la fenestre la fin de la tragedie.

PIPHAGNE, ISABELLE, TABARIN, LUCAS, FRITELIN.

PIPHAGNE.

O caro cor! cara fia! Que veré dié li philosophi que l'amor é cieco, ne val niente, sto larro! Il m'a transperçao el cor de tes belessé, cara Isabella!

ISABELLE.

Deux cœurs joints d'une parfaitte amitié produisent de riches effects, sieur Piphagne, et de leur mariage ne peut resulter qu'une harmonieuse union qui apporte du contentement à l'un et à l'autre.

PIPHAGNE.

Intendeo, cara fia, veritaé ; mas voglio cognoscere si sto Tabarin a donna l'ordine requisiti alle nuptié.

TABARIN.

Mon maistre, sans aller à la boucherie, j'ay

trouvé en mon chemin, le plus à propos du monde, deux porcs : voyez-vous comme ils sont grands ! Puis que nous devons faire nopces, je suis d'advis de m'aller accommoder en boucher pour les esgorger.

ISABELLE.

C'est très-bien faict, Tabarin ; il s'en va tard, il est temps de faire les preparatifs, car nous devons avoir bonne compagnie. (*Tabarin retourne s'habiller en boucher.*)

TABARIN.

Voicy mes armes, il faut que je m'en escrime. Apporte moi la lichefrite pour retenir le sang, affin que nous fassions force boudins ; c'est ce que demande nostre maistresse : elle ne fut jamais saoule de cervelas ny d'andouille. (*Tabarin descouvre le sac, et, pensant voir un pourceau, trouve que c'est Lucas.*)

PIPHAGNE.

Oi mé ! quali miracole prodigio grandé qui paroissé !

LUCAS.

Au meurtre ! on me veut esgorger ! Je suis Lucas, et non pas un pourceau.

TABARIN.

Vade, sac à nois ! Teste non pas de ma vie, voila un pourceau qui parle !

FRITELIN.

Soignez à moy, mes amis, je suis mort.

TABARIN.

En voicy encor un qui est dans ce sac.

ISABELLE.

Hay ! hay ! voila pour me faire avorter et renverser toute la matiere.

TABARIN.

Prodige, messieurs ! prodige ! voila les pourceaux qui sautent. Je n'en demeureray pourtant point là ; il faut que je vous estrille : vous estes cause que je perds un bon souper. (*Tous se battent.*)

ARGUMENT

DE LA SECONDE FARCE

Lucas va en marchandise, donne sa fille en garde à Tabarin, laquelle l'envoye vers le capitaine Rodomont. Ce capitaine donne une chaisne à Tabarin pour sa maistresse; Tabarin le faict entrer dans un sac. Il veut garder la fidelité à son maistre. Lucas arrive de son voyage. Le capitaine, enfermé dans le sac, pour sortir trouve une invention, qui est de persuader à Lucas qu'on l'a mis en ce sac à cause qu'il ne vouloit se marier avec une vieille qui avoit cinquante mille escus. Lucas, comme les vieillards sont ordinairement avaricieux, demande la place du capitaine Rodomont, et s'enferme dans le sac. Tabarin et Isabelle viennent pour frotter le capitaine, et, après l'avoir bien battu, trouvent que c'est Lucas, et demeurent bien estonnez.

SECONDE FARCE TABARINIQUE

LUCAS, TABARIN et ISABELLE.

LUCAS.

Vive l'amour et la vieillesse! Je fais tousjours estat d'un vieillard qui a la teste blanche, mais la queue verte. Entre nous autres qui sommes marchans, il nous faut courir de grandes risques, avoir des correspondances en l'Orient et en l'Occident. Depuis peu de temps j'ay pris une resolution d'aller aux Indes; il faut necessairement que je parte : mes vaisseaux sont equippez, il n'y a plus qu'à faire voile. Pourveu que le vent souffle bien à propos, le moulin tournera bien. Il n'y a qu'une chose qui me donne du tourment en la teste : j'ay une petite friquette au logis qui commence desjà à vouloir flairer le melon à la queue; j'ay peur qu'elle ne marche sur quelque escorce de citron, et qu'elle n'entre dans un lieu infame; et de fait, son honneur estant desja fendu, il ne faudroit pas tomber de trop haut pour le casser tout à fait. Elle a les talons bien courts! Je la veux laisser en garde à mon serviteur Tabarin; il est fidele, il y prendra soigneusement garde. Je m'en vay l'appeler. Tabarin ! Tabarin !

TABARIN.

Paix là ! nostre asne dort, il n'a point encor mis de beguin. Que diable faut-il ? Ha, ha, c'est donc vous, nostre maistre ? Excusez moy, nostre asne n'estoit point encor allé à la selle.

LUCAS.

Les asnes ne parlent que des asnes, et moy je te veux communiquer une affaire d'importance. J'ay resolu d'aller aux Indes pour trafiquer.

TABARIN.

Quoy faire aux Indes ? Faut-il sortir de la ville de Paris ?

LUCAS.

O la grosse beste ! Les Indes sont esloignées d'icy d'un grandissime espace : il faut traverser les mers et passer l'Ocean.

TABARIN.

Vous embarquerez-vous à Montmartre ?

LUCAS.

Qu'est-ce d'avoir affaire à des esprits si grossiers ! N'est-ce point sur l'eau qu'on s'embarque pour naviger sur la terre ?

TABARIN.

Dame, vous le devez dire sans parler.

LUCAS.

Mais ce n'est point là où je me veux arrester : je te veux donner en garde ma petite Isabelle. Tu sçais qu'elle est jeune : si le fierabras Rodomont vient pour la courtiser, tranche luy les deux jambes.

TABARIN.

Il faudroit donc qu'il marchast du cul.

LUCAS.

Il n'importe, mais conserve luy son honneur.

TABARIN.

Vous avez raison de me la recommander : elle commence à sentir l'avoine d'une lieue loing, par ma foy.

LUCAS.

Je la veux appeller et luy dire adieu. Isabelle, ma fille, venez parler à vostre pere. O la voilà, la petite friande !

ISABELLE.

Bon-jour, mon père.

TABARIN.

Elle a les joints bien souples, elle fait bien la reverence.

LUCAS.

Ma fille, je vous veux dire adieu ; il faut resolument que je m'en aille. Au reste, gardez bien la maison, et fermez la porte de la casematte virginale sur tout. Pour mon regard, je veux aller trafiquer aux Indes : il est temps de songer à ma vieillesse.

ISABELLE.

Comment, mon père, vous me voulez donc ainsi quitter? Comment sera-il possible que je vive en vostre absence ?

TABARIN.

O la vilaine ! comme elle fait la pleureuse ! Elle voudrait qu'il luy eust cousté la teste de son père, et que le reste du corps fust à S. Innocent.

LUCAS.

Tabarin, je te recommande ma maison et l'honneur de ma fille. Au reste, prends y garde, et laisse faire à moy seulement : je te donneray à mon retour un de mes anciens brayers et une paire de sabots.

TABARIN.

Vous vous pouvez asseurer que vostre fille est en bonne main : je seray tousjours dessus ou auprès d'elle ; si elle ne tombe point de haut, jamais elle ne se cassera les jambes. Adieu donc, mon maistre.

TABARIN et ISABELLE, puis RODOMONT.

ISABELLE.

Maintenant que mon père est sorty, je te voudrois bien communiquer un secret, Tabarin : c'est que je suis grandement esprise d'amour.

TABARIN.

N'est-ce point de moy, ma maistresse? Mort de ma vie, c'est un beau subjet.

ISABELLE.

Je voudrois que tu m'eusses fait un plaisir.

TABARIN.

Tout à l'instant si vous voulez.

ISABELLE.

Et allez, vilain! Estes-vous si impudent de me parler d'une chose si des-honneste? Retirez-vous de ma compagnie. Croyez vous que ma puissance soit terminée d'un object si desagreable? C'est une particulière affection que j'ay vouée au capitaine Rodomont. Je desirerois que vous luy eussiez porté cette bague.

TABARIN.

Ah dame! il me faut donc reserver mes pièces; s'il ne tient qu'à luy donner ceste bague, asseurez vous en sur la foy de Tabarin, et allez à la maison pour preparer ma soupe; je ne manqueray point de luy donner.

LE CAPITAINE RODOMONT.

Io ritourne di Holandia, di Flandria, Italia, Castilia, et som il mas valiente Capitanio que la terra produisi; mas qualqua parté que la mea bravura m'a portado, li occhi de mea Isabella mi fato escorta, Isabella mas bella que Cipris, mas gratiosa que Minerva.

TABARIN.

Mon maistre m'a donné charge de garder le logis; voicy sans doute quelque estafier de la Samaritaine qui veut escalader la muraille de ma maistresse et monter au donjon. Qui va là? Mort de ma vie, que demandez vous? Ne bougez de là.

Quid statis, quæ causa viæ, queisve estis in armis?

LE CAPITAINE.

A qui, veillacon, à qui, cacoethci, et ti fasto parallello cum le capitaine Rodomonte.

TABARIN.

Tout beau! monsieur; regardez ce que vous faictes, car si vous me baillez un coup d'estoc, vous percerez le baril à la moustarde. Si le verre est une fois cassé, vous perdrez l'occasion d'y boire. J'ay charge de madame Isabelle de vous parler.

LE CAPITAINE.

De mi hablar de la parté de mia Signora Isabella? O felice nontio! Comme se niommé?

TABARIN.

Je me nomme Tabarin, monsieur.

SECONDE FARCE.

LE CAPITAINE.

Gagarin, mi caro !

TABARIN.

Je vous prie, n'estropiez point mon nom : je m'appelle Tabarin. Vostre maistresse se recommande à vous. La pauvre fille est bien malheureuse : elle avoit une chaisne comme la vostre ; en allant par la rue on luy a desrobée. (Il faut tascher d'avoir sa chaisne et la bague ; et puis luy jouer un tour dont il ne se doute point : je le feray entrer dans un sac, et le feray espouster par sa maistresse.)

LE CAPITAINE.

Li voglio far presenti de la cathena, Tabarin.

TABARIN.

Voila qui va très-bien ; mais vous sçavez que le monde parle à travers des actions d'autruy. C'est pourquoy, pour visiter madame Isabelle, il seroit tres à propos qu'on ne vous apperceust point ; c'est pourquoy je vous conseillerois de vous mettre dans le sac que voicy : je vous transporteray dans le logis sans aucun soupçon.

LE CAPITAINE.

Bonna inventioné, Tabarin ; monstre lou sacco, et volio intrar. *(Tabarin met le Capitaine dans le sac sous l'esperance de luy faire voir Isabelle.)*

TABARIN.

Je suis tenu de servir mon maistre, et prendre soigneusement garde aux actions qui se brassent contre son honneur. Voicy un de ces coureurs d'Espagnols qui se dit capitaine, jaçoit qu'il soit tout seul en sa compagnie, lequel veut entrer dans le logis du sieur Lucas, et ravir l'honneur de sa fille. J'ay desja eu une bague et une chaisne, je veux maintenant bastonner ce drolle icy, et le faire estriller par Isabelle mesme. Il faut garder la fidelité à son maistre. Te voila maintenant enchaisné, capitaine Rodomont ! Tu crois posseder les faveurs de ta maistresse, mais je te veux bien monstrer qu'il ne se faut addresser en ce logis pour corrompre les filles d'honneur. Je m'en vay chercher cinq ou six crocheteurs auprès de la Samaritaine, afin de te mesurer les costes.

LE CAPITAINE.

O infelice capitanio ! Endiablados de Tabarin ! La rabie furiosa me transportado, le furie me tormenti ; som el mas desvergonsado capitan de toto l'universo.

LUCAS et LE CAPITAINE.

LUCAS.

Heureux voyage, heureux voyage ! Je n'ay pas eu la peine d'aller aux Indes, et si j'ay faict un grand trafic. Je voudrois à ceste heure rencontrer un bon party et me marier ; foy de Lucas Joffu, je relancerois bien l'ababaude. (*Le capitaine Rodomont trouve invention de sortir du sac, faisant acroire à Lucas Joffu qu'on l'a enfermé à cause qu'il ne se vouloit marier à une vieille qui avoit cinquante mille escus.*) Mais qu'est-ce que je remarque icy ? Voila quelque balle de marchandise, sans doute.

LE CAPITAINE.

Mi faut hablar francese. Monsieur, je suis icy enfermé dans ce sac, à cause qu'on me veut marier à une vieille femme qui a cinquante mille escus ; mais elle est si laide que je ne l'ay point voulu prendre.

LUCAS.

Cinquante mille escus sont bons ; il ne faut pas regarder à la beauté. Si vous me voulez mettre en vostre place, je prendrois bien ce marché là. (*Lucas entre dans le sac, et le Capitaine s'en va, joyeux de n'avoir eu les coups de baston qui doivent tomber sur Lucas.*) Quand les parens viendront, je diray que je veux la vieille, et qu'on me conte les cinquante mille escus ; ce sera double hasard que je rencontreray aujourd'huy.

TABARIN et ISABELLE.

TABARIN.

Il faut que je vous conte un plaisant trait. Comme vous m'avez envoyé chercher le capitaine Rodomont, j'ai rencontré un de ces coupeurs de bourses de la Samaritaine, lequel vouloit entrer dans le logis, sçachant bien que le maistre n'y est pas, et vous enlever. J'ay eu l'industrie de le faire entrer dans ce sac. C'est pourquoy je me suis armé de bastons et de houssines afin de le frotter de teste en pied.

LUCAS.

Voicy les parens qui viennent : il n'y a qu'à leur demander la vieille. Contez, parens, contez les cinquante mille escus.

ISABELLE.

Vrayement, nous te les conterons, et en belle monnoye : frappons, frappons ! (*Lucas est battu et recogneu. Tabarin est bien estonné, Isabelle encore plus. Le Capitaine arrive, qui termine le differend, et puis on tire le rideau : la farce est jouée.*)

FIN DES FARCES TABARINIQUES.

NOTICE SUR L. DU PESCHIER

On ne sait presque rien sur cet auteur, dont le nom, mis en tête de sa *Comedie des Comedies*, n'était même, ou qu'un nom de terre, ou plutôt encore un pseudonyme. L'histoire de la pièce et de ses origines, qui est assez curieuse et intéresse un des gros événements de la littérature de son temps, remplacera donc l'histoire de l'auteur.

Cette pièce n'est pour ainsi dire qu'un détail dans une grande querelle : la lutte de Balzac et du général des Feuillants, le P. Goulu.

On sait ce qui en avait été la cause. Dans son premier recueil de *Lettres*, qui fut pour lui, en 1624, un si éclatant début, et dont, à cause de ce succès, étendu par neuf éditions en moins de dix ans, chaque phrase, chaque mot portait, Balzac s'était permis d'écrire au prieur de Chives cette plaisanterie : « Il y a quelques petits moines, qui sont dans l'Église, comme les rats et les autres animaux imparfaits étaient dans l'Arche. »

On s'y reconnut chez les Feuillants, et l'un d'eux, jeune moine du Mans, le frère André de Saint-Denis, porte-parole de son ordre sans aucun doute, riposta en éclaireur, pour engager la dispute, par un petit écrit satirique : *Conformité de l'éloquence de M. de Balzac avec celle des plus grands personnages du temps passé et du présent*.

Il ne fut pas d'abord imprimé, mais courut en copies distribuées à la douzaine. Balzac ne s'en émut pas dans son succès, d'autant que le recueil ne s'en vendait que mieux.

Il était de la belle galanterie de le lire et de s'en parfumer la pensée, comme d'une essence italienne apportée dans un flacon français. C'étaient les concetti et les mignardises de l'*Adone* de Marino, raffinés encore par un bel esprit de France et mis à la portée des entretiens de Paris. Tout coureur de ruelles devait savoir par cœur ces *Lettres* de Balzac, dont le langage des *précieuses* ne fut plus tard qu'un écho exagéré : « Elles étaient, dit Ménage, le présent le plus agréable que les galants pussent faire à leurs maîtresses. »

Les Feuillants enragèrent de cette fortune, que la satire du frère André avait aidée, au lieu d'y faire obstacle. Le général de l'ordre, le P. Goulu, se mit alors de la partie.

Pour écraser le pauvre recueil, comme une mouche, il y jeta tout d'abord deux énormes volumes de critiques, sous le titre de *Lettres à Ariste*. Il le signa du nom de Phyllarque, qui n'était qu'un détestable calembour ; ce pseudonyme du général des *Feuillants*, signifie en grec prince des *feuilles*.

Le reste est à l'avenant, et d'un goût tout aussi fin. Nous ne nous y arrêterons pas. Le coup porta cette fois, à cause de son poids et de la main d'où il partait. Les amis de Balzac l'obligèrent à répondre. Il n'y consentit que s'ils couvraient eux-mêmes cette réponse, en la signant du nom de celui d'entre eux qu'ils croiraient le plus autorisé. L'*Apologie pour M. de Balzac* — ainsi fut intitulée cette réplique — parut avec le nom d'Ogier. Les *Lettres de Phyllarque* étaient de 1627, l'*Apologie* fut de 1628.

Le P. Goulu n'eût pas manqué de riposter ; la mort ne lui en laissa pas le temps. Le combat pouvait alors cesser faute de combattants ; mais il était trop bien engagé, trop bien entré dans le courant des choses dont on parlait encore, pour qu'il ne continuât pas. D'autres se chargèrent de ce que le Feuillant laissait à faire, et la lutte n'y perdit rien.

Du pamphlet, qui la rendait pesante, elle passa dans le roman, puis dans la comédie, qui l'égayèrent. Charles Sorel développa tout exprès son *Francion* pour qu'elle y prît place.

L'intérêt le poussait à cette malice. Il avait un oncle, Charles Bernard, historiographe de France, dont la survivance lui était promise. Il avait donc pris ombrage de voir Balzac, — nommé tout récemment à une place pareille, dans le moment même des attaques qui auraient dû le détruire, — arriver si vite avant lui.

Sa vengeance fut l'intercalation sournoise dans son roman, à sa 3e édition, de deux livres nouveaux, le xie et le xiie, bourrés de phrases prises au grand épistolier et destinées tout exprès à le rendre ridicule, par la façon dont elles avaient été choisies, et par le personnage, pédant et cuistre d'Hortensius, à qui on les faisait dire.

Sorel espérait faire ainsi à Balzac plus de mal que ne lui en avaient fait tous les Feuillants ensemble, et cela, sans danger pour soi, puisque le roman de *Francion*, où il se couvrait du pseudonyme impénétrable de du Moulinet, ne passait pas encore pour être son œuvre.

Il y eut dans le fait de la pièce, dont nous nous occupons, une manœuvre identique : elle fut écrite dans un même but d'envie, avec des moyens semblables, et sous un couvert pareil.

Le nom de Du Peschier cache l'avocat de Barry, comme celui de Du Moulinet déguise le romancier Sorel ; de Barry, se moquant de Balzac, travaille pour une survivance espérée à la place d'historiographe de France, occupée par son oncle Jean Sirmond, comme Sorel a travaillé pour celle qu'il espérait de son oncle Charles Bernard ; enfin, de Barry procède absolument comme Sorel, taillant, rognant, butinant dans le recueil de Balzac pour y prendre le plus de phrases ridicules qu'il pourra, et souvent, nous le verrons, choisissant les mêmes.

Son succès fut très-grand. La pièce, « imprimée aux despens de l'auteur, » eut en deux ans quatre éditions, tant à Paris, qu'à Rouen et à Lyon. Balzac lui-même convient de ce succès, et sans trop s'en fâcher. De toutes les attaques, c'était la plus bénigne, et par conséquent celle dont le retentissement devait le moins lui déplaire. « Depuis Saint-Yves, dit-il dans la 3ᵉ partie de sa *Relation à Ménandre* (Maynard), jusqu'à Sainte-Geneviève, une commune voix crie des deux costez de la rue, que de quantités de volumes, dont se sont délivrés mes adversaires, celui-ci seul a eu sa naissance favorable. Il est le seul de ses frères qui a réussi. »

Espérons, qu'ayant ainsi presque obtenu grâce de celui qu'elle attaquait, la pièce, où d'ailleurs on le retrouve en très-curieux échos, ne sera pas trop mal reçue aujourd'hui. Ce n'est pas la meilleur, mais c'est la première des *parodies* qui aient paru sur un théâtre en France.

LA COMÉDIE DES COMÉDIES.

PANTALON.

Que désirez vous de moy, Monsieur le Docteur ?
je suis prest à vous servir, paravant mesme que
vous m'en priez.

Acte III, sc. I.

LA COMEDIE
DES COMEDIES

TRADUITE D'ITALIEN EN LANGAGE DE L'*ORATEUR FRANÇOIS*

PAR LE SIEUR DU PESCHIER

A PHILISTE

Ayant trouvé cette pièce parmy un tas de vieux papiers que j'avois autresfois apportez d'Italie, j'ay jugé maintenant que sa saison estoit venue pour la faire voir en nostre langue, attendu qu'elle represente naifvement une histoire qui s'est passée, il y a quelque temps, entre des personnes assez remarquables. Mais comme mon style n'estoit pas encores bien formé, ny entièrement façonné à la mode de la cour, j'ay esté contraint de mendier le secours des plus approuvez; et à ce subject j'ay choisi l'orateur le plus estimé de nostre siècle, d'où je n'ay fait par manière de dire que transcrire les mots et les periodes toutes entières, que j'ay par après accommodées le mieux qu'il m'a esté possible au sens de l'autheur italien : de sorte qu'il n'y a rien du mien en cet ouvrage. Ne croyez donc pas que cela vous tienne lieu de present, puisque c'est du bien d'autruy dont je ne puis disposer. Il est vray, si jamais je monte de l'imitation à quelque plus haut degré de capacité, et que j'invente desormais, ou que je compose de moy-mesme, asseurez-vous que vous y aurez bonne part, et qu'ayant appris tout ce que j'ay de bon en vostre compagnie et dans les conferences que nous avons eues autresfois ensemble, il est raisonnable que cela retourne à son premier principe, et que les causes se ressentent en quelque façon de l'honneur et de la gloire de leurs effets. Adieu.

ARGUMENT DE LA COMEDIE

Les plus subtils, et qui veulent donner un sens moral au subject de cette comedie, pensent que cette Cloriude qui est recherchée par le Paladin et par le Docteur n'est autre chose que l'Eloquence, dont toutesfois la preference en demeure au Paladin, et que, sur ces contentions, le Docteur, rebuté et irrité de cet affront, fait donner des coups de baston à ce capitan.

ACTEURS

PHILANDRE, secrétaire du Docteur.
PANTALON.
CLORINDE.
LE DOCTEUR.
HYDASPE, compagnon du Docteur.
LE PALADIN.
ALCANDRE, camarade du Paladin.
Le fou du Docteur.

ACTE PREMIER

PREMIÈRE ENTRÉE, SERVANT DE PROLOGUE.

LE DOCTEUR.

Comme je ne suis point insensible aux douleurs que me causent mes maladies, aussi ne le dois-je pas estre parmy les applaudissemens des theatres, les approbations des peuples et les tesmoignages que rendent à mes merites les plus excellens hommes de nostre siècle ; et certes, après tout cela, pourrois-je bien estre sans un grandissime ressentiment de joye et sans recevoir un contentement indicible de me veoir ainsi honoré du plus honneste bien dont on puisse jouyr en ce monde, qui est la reputation et la gloire ? car, comme je ne sçaurois m'imaginer qu'un homme puisse estre obligé de loüer le vice en un autre, de mesme ne sçaurois-je croire qu'il soit tenu de dissimuler la vertu si elle se trouve en luy. Ce grand Dieu, s'il m'est permis de l'aleguer, prend plaisir à ce qu'il fait et se rejouyt en ses ouvrages, et les hommes rares à son exemple se doivent relever au-dessus des opinions populaires, et peuvent dire par franchise d'eux-mesmes ce que les autres diroient par vanité. Ils ne sont point sujets aux petites coustumes ; ce n'est pas pour eux que les loix de la bienseance ont esté faites.

Que le grand Alexandre se louë donc de sçavoir vaincre ses ennemys; que Socrate ne craigne point de dire qu'il a de la vertu, puis qu'il en fait des leçons à toute la Grèce; que Ciceron se vante s'il veut de son eloquence : pour moy, je suis resolu de recognoistre les advantages que Dieu m'a donnez et en demeurer d'accord avec la plus saine partie du monde; et, si tant est qu'un des principaux effets de la magnanimité consiste à parler advantageusement de nostre merite, et que les grands heros de l'ancienne Rome ne faisoient point de difficulté d'exalter leurs victoires sur la tribune aux harangues, au lieu mesme de respondre aux accusations de leurs ennemys, je veux desabuser les esprits et leur faire veoir que ce qu'ils croioient autrefois estre la pure et parfaite eloquence n'estoit que son ombre, voire une facilité de parler mal, et que c'est moy seul qui ay trouvé ce qu'on cherchoit auparavant, et qui jouïs paisiblement de cette emperière [1] du monde. Après tout, il faut que j'avoue franchement que je deviendrois muet pour peu que je vescusse parmy les sourds, et que, s'il n'y avoit point de gloire, je n'aurois point d'eloquence.

Hola! Philandre! où est donc ce discours que je t'avois commandé de faire et que je voulois qui me servist d'eloge et de preface à la sixiesme edition de mon livre? Je croy qu'il te faut autant de temps à faire tes ouvrages qu'il en falloit autrefois à ces anciens sculpteurs qui vieillissoient sur le marbre et sur le bronze. Je m'en estonne grandement, veu que tous les hommes deviennent esgalement **suffisans** et habiles au moment qu'ils lisent mes escrits, et que, si l'on brusloit tous les livres du monde, le mien seul seroit capable de faire des docteurs. Il me semble que tu as eu assez de loisir pour y songer.

PHILANDRE, *le secretaire.*

Pardonnez-moy, Monsieur; depuis ce temps mon

---

1. Ce fut longtemps le féminin d'*empereur*. Ici, c'est l'éloquence qui est « l'emperière du monde; » dans Montaigne, d'après Pindare, c'est la coustume, l'habitude. Du temps même de Balzac le mot vieillissait. En 1606, Nicot, dans son *Dictionnaire*, se plaignait qu'*emperière*, qui est tout français, fût remplacé par *impératrice* qui est tout latin.

oysiveté a toujours esté occupée ; toutesfois, voicy
ce que j'en ay tracé soubs le bon plaisir de mes
autres divertissemens et le compte que je vous
rends de mon loisir.

*Harangue panegyrique de Philandre, le secretaire,
au docteur son maistre.*

Il est bien aisé à juger (excellentissime docteur)
que, s'il est vray que Dieu ait remis aux derniers
siècles l'invention de l'eloquence et qu'il ait attendu
depuis le commencement du monde jusques à
nostre temps de la descouvrir aux hommes, c'est à
vous seul à qui il a reservé une si glorieuse entreprise, car, de quelque costé qu'on tourne les yeux,
soit qu'on les porte au delà de la mer, soit qu'on
passe les montaignes, on ne trouvera personne qui
puisse disputer avec vous ce titre et cette qualité ;
et quand la verité mesme seroit du party contraire
à ce que je dis maintenant en vostre faveur, c'est-
à-dire armée contre vous, elle ne se trouveroit pas
assez forte, quoyqu'elle le soit plus que le vin, les
roys ou les femmes. Et certes, les anciens Grecs et
Romains, qui croyoient avoir trouvé la pie au nid,
se sont grandement trompez quand ils ont pris
une autre pour elle, et je renvoye bien f... f... ces
bonnes gens du temps passé d'avoir tant pris de
peine à ne faire rien qui vaille, au respect de vous
seul qui escrivez pour l'eternité. Et, sans mentir,
n'a-t-on pas vu Senèque qui, en voulant faire des
corps qui fussent plains d'yeux, a fait des monstres en ses ouvrages ? Et cet excellent cuisinier de
l'eloquence, Ciceron, qui ne sert jamais que des
viandes creuses et fait d'un teston[1] vingt-cinq
plats, et de quatre poulets tous les services d'une
bonne table ? C'est un champ tellement infertile et
un pays si desert que celuy des anciens qu'il faut
faire deux journées pour y trouver un clocher ; et
certes il n'en est pas ainsi de vos ouvrages, qui
sont des bibliotèques toutes entières et des lieux
communs pour tout le monde : de sorte qu'il n'est

---

1. Monnaie fabriquée sous Louis XII, qui devait son nom à la *teste* du roi qui s'y trouvait frappée. Henri III la supprima dès 1575. Elle valait dans l'origine dix sous parisis, et finit par tomber à quatre deniers.

pas merveille si ceux qui gouvernent à Paris et à Rome en font toutes leurs delices et s'y viennent descharger du faix qui leur pèse. Tous les parlemens sçavent vostre livre par cœur, et il s'est rendu aussi commun que l'air et le feu. Après tout cela, les subjets les plus bas, aussi tost que vous les touchez, se changent et se metamorphosent entre vos mains, et les mots les plus vulgaires et les plus deshonnestes ne le sont plus quand vous les avez employez. En entretenant un particulier, souvent vous faites des leçons publiques, et, en les recitant, des concerts et des accords de musique qui touchent harmonieusement les passions avec les mesmes effets que les harpes et les guiternes; en les lisant, on sent une odeur souëfve[1] et agreable de musc et d'ambre, au lieu de la sueur et de l'huile des anciens Grecs. Bref, il n'y a rien de commun en ce livre que le titre, et je meure s'il ne vaut mieux que tout ce qu'ont faict les Hollandois en leur vie, pourveu que vous en exceptiez les victoires du prince d'Orenge.

LE DOCTEUR.

Voylà la monnoye dont je me paye de mes travaux et la recompence que je cheris le plus. Je me fais encenser de la sorte qu'on faisoit autrefois devant les crocodilles et les singes deiffiez : aussi les trois choses que j'ayme le plus desordonnement sont les parfuns, la gloire et les femmes.

Mais depuis mon retour du pays de la mère des Gracques et de la femme de Brutus, je n'ay point ouy nouvelle de ma belle Clorinde; il faut que je tasche de trouver quelqu'un de mes amis pour m'en informer; et puis ma melancolie est devenue si noire depuis quelque temps et j'ay l'esprit si plain de nuages, qu'il faut de necessité que j'envoye quelqu'un pour les dissiper et chercher de la consolation sur son visage, en lui versant tous mes desplaisirs dans le sein et le faisant participant de mes nouvelles. Mais voicy venir tout à propos Hydaspe; je voy bien que nous ne sommes pas au pays où il faudroit faire dix journées pour trouver un homme.

---

1. De *suavis*, doux. L'expression populaire *chouette*, pour joli, n'est qu'une altération de ce mot *souëfve*.

HYDASPE.

Vostre serviteur passionné, Monsieur.

LE DOCTEUR.

Vostre très fidelle, Hydaspe.

HYDASPE.

Et depuis quand, Monsieur, estes-vous arrivé au lieu où les roys naissent et deviennent vieux, et où tout le monde trouve sa maison et ses affaires? Vous avez bien fait de haster ainsi vostre retour; autrement, la cour de France estoit resolue d'intenter un procez contre celle de Rome pour vous r'avoir, et vous trouvoit autant à dire dans le Louvre que les pierres du grand degré, ou la salle des Suisses [1], si elles en estoient hors.

LE DOCTEUR.

Monsieur, vous me voyez disposé pour vous servir, non pas toutesfois au mesme estat que j'estois auparavant mon voyage : je ne suis plus celuy que j'estois il y a trois ans; j'ai laissé la meilleure partie de moy-mesme delà les Alpes, et ce n'est plus que mon ombre et un phantosme qui vous paroist maintenant; au reste, j'ai vieilly par les chemins et dans les hostelleries, où je suis devenu plus vieux que mon père et plus usé qu'un vaisseau qui auroit fait trois fois le voyage des Indes.

HYDASPE.

Monsieur, je recognois bien à vostre visage et à vostre couleur que les maladies ne vous ont pas porté le respect qu'elles doivent à un homme de vostre qualité, et que vous avez esté rudement traitté. Il faut vous consoler et croire que l'advenir vous prepare une autre jeunesse après sa saison, comme vous avez esté vieux avant le temps. Mais, je vous prie, laissons tous ces discours fascheux, et parlons un peu de tant de belles choses que vous avez veues en vostre voyage; obligez-moy de m'en faire le recit et me faire participant de tant de raretez, si ce ne vous est trop de peine.

---

[1]. C'est une des salles du rez-de-chaussée, où se trouvent la tribune et les cariatides de Jean Goujon. Elle servait, sous Henri IV et Louis XIII, de salle d'armes aux Suisses de la Garde. On y donnait quelquefois des fêtes ou des spectacles. Molière revenant à Paris, et n'ayant pas encore de théâtre, y joua ses premières pièces devant le roi. C'est aujourd'hui une des salles des Antiques.

LE DOCTEUR.

Il n'y a rien, cher Hydaspe, que je ne voulusse faire pour vostre contentement : pour vous je passerois les mers et les deserts, où le soleil n'esclaire que des sables et des rochers ; et mesme, pour l'amour de vous, il ne me seroit pas plus difficile de traverser les Alpes que de monter en ma chambre.

Je feray ce dont vous me priez si instamment : mais mettons-nous premierement un peu à couvert, crainte de la pluye, qui est si frequente en ces païs que je crois fermement qu'il y a quelque mer suspendue au dessus de nous. Il faut donc que tu sçaches que depuis que je n'ay eu le bien de te veoir j'ay esté citoyen de plusieurs republiques ; j'ay veu ces hautes montagnes qui ne veulent pas que la France et l'Espagne soient à un mesme maistre, et en ay passé d'autres qui ont trois hyvers en l'année, et dont les neiges ne fondent jamais que dans le vin d'Espagne et dans le muscat ; j'ay logé en plusieurs villes dont les murailles sont construites d'une matière aussi precieuse que le marbre et le porphyre, et qui ont des rues pavées de dieux et de deesses de l'antiquité et des allées bordées d'histoires d'un costé et des fables de l'autre ; j'ai marché sur les Cesars et sur les Pompées, et me suis promené au bord de ceste rivière sur laquelle les Romains ont faict l'apprentissage de tant de victoires et ont commencé ce grand desseing qu'ils n'ont achevé qu'aux dernières extremitez de la terre. Au reste, j'ay baisé les pieds de celuy qui est la teste de toute la chrestienté, le successeur des apostres, des consuls et des empereurs ; ces pieds, dis-je, qui marchent sur la teste des roys et sur les couronnes ; je suis entré dans ce temple où Dieu autrefois estoit aussi present que dans le ciel, et où estoit enfermé et enchainé le destin de la monarchie universelle. Bref, je ne suis pas plus estranger en Italie qu'en France, et ma science a autant d'estendue que l'empire du pape ou la campagne de Rome.

J'ay veu ce grand tyran qui a tant de testes, et tous ces grands souverains qui perdroient plus de gens en faisant pendre un homme que le roy n'en trouveroit à dire en deux grosses batailles et à la prise de quatre villes.

HYDASPE.

Dieu sçait comme vous n'aurez pas manqué d'apprendre parfaitement la langue de ce païs et le latin, qui estoit autresfois aussi commun en ces lieux que le Louvre et l'Arsenal à Paris.

LE DOCTEUR.

La langue de ce païs m'est aussi commune que celle que ma mère m'a appris. Au reste, quand je veux parler latin je le parle comme l'ancienne republique et aux mesmes termes que le senat lors qu'il faisoit des commandemens aux roys et des responces à toutes les nations de la terre; mais, afin que je poursuive mon premier discours, j'ay veu des ruisseaux dont le bruit fait resver les plus grands parleurs et fait taire les plus grands babillards; des bois où en plain midy il n'est pas jour, et des eaux qui ressembleroient tout à fait à de l'encre si elles estoient noires; j'ay veu une fontaine dont il ne faut que boire une goutte pour devenir poète; des montagnes qui brusloient tousjours sans se consommer, et des isles qui ne s'arrestent jamais en un mesme lieu.

HYDASPE.

Certes, il me souvient d'avoir leu la pluspart de ces choses dans quelqu'une de ces belles lettres que vous me faisiez la faveur de m'escrire [1].

LE DOCTEUR.

Et bien! quel jugement en faisoit-on?

HYDASPE.

Je meure si tout le monde, d'un commun accord, ne disoit que vos lettres valloient mieux que toute la foire de Francfort, et qu'une feuille de papier venant de vostre part et du pays où vous estiez estoit beaucoup plus à priser que tous ces gros livres qui nous viennent de septentrion avec le froid et le mauvais temps, que l'on appelle gelée.

LE DOCTEUR.

Pour vous, Hydaspe, je croy que vous me teniez au nombre des choses passées et mort au monde, ne plus ne moins que ceux qui vivoient devant le feu roy, à veoir le peu de conte que vous faisiez de m'escrire, ou, pour le moins, de respondre à mes

---

1. Allusion aux lettres que Balzac, dont le docteur joue ici le personnage, adressait aux lettrés de son temps, Chapelain, Courart, etc., et qui forment des volumes entiers dans ses *Œuvres*.

lettres. Je m'imaginois en ce temps-là que l'exemple du maréchal de Biron vous faisoit peur, ou que vous me prissiez pour quelque don Pèdre [1] ou pour quelque comte de Fuentes, avec qui il fust dangereux d'avoir communiquation; craigniez-vous point qu'il vous fallust expliquer vos lettres à la cour de parlement, de peur que nostre amitié et nos conferences ne passassent pour conspiration?

HYDASPE.

Ce n'est pas cela, Monsieur le docteur. J'ay, à la verité, bien des escuses à vous faire sur ce subject; vous sçavez combien je suis paresseux à escrire, et comme je laisse aux praticiens et aux notaires à se lasser les doigts sur le papier. Pour moi, j'advoue franchement que, si j'avois dix mil escus de rente, j'en donnerois la moitié à un secretaire pour m'exempter de mettre la main à la plume; aussi il n'appartient qu'à vous à faire des lettres que la posterité lira après nous, et dans lesquelles se trouvent des panegyriques, des apologies, des accusations et des discours de polytique.

LE DOCTEUR.

Tout beau, Monsieur! tout beau! Je serois fort heureux si tout le monde avoit la mesme opinion que vous; j'ay pourtant grand peur que vous ne ferez point pour cette fois de party qui soit suivy de tant de gens que la Ligue, et si tous ceux qui ne seront pas de cest advis estoient declarez criminels, il n'y auroit guères d'innocens en ce royaume; en tout cas, je vous ay beaucoup d'obligation de me donner si liberalement ce que vous sçavez qui me manque, et d'employer toutes vos couleurs et tout vostre fard pour me faire trouver beau. Je n'ay garde de m'offenser jamais d'un homme qui me flatte, et, puisqu'un gentil homme en Alemagne prend plaisir qu'on luy die qu'il est prince de l'empire, et que ceux qui n'ont pas les veritables biens se consolent avec des tiltres et des armoiries, par

---

1. Ambassadeur du roi d'Espagne auprès de Henri IV, dont la venue et le départ, demandés par tout le monde, à cause de la morgue du personnage, furent pendant quelque temps l'objet de toutes les conversations; on entendait dire partout, selon Régnier dans une de ses *Satires:*

Que don Pèdre est venu, qu'il faut qu'il s'en retourne.

la mesme raison, je puis m'imaginer d'estre celuy que vous voulez.

Mais laissons tout cela; preniés-vous bien la peine de faire tenir les lettres que je vous adressois pour ma maistresse, le seul et unique moyen qui me restoit de m'approcher de sa personne?

HYDASPE.

Et quoi! cest amour dure-il encores?

LE DOCTEUR.

Plus que jamais, cher Hydaspe.

HYDASPE.

Est-il possible que cent lieues de neige, et pour le moins deux cens villes entr'elle et vous, n'ayent point sceu vous en faire perdre la memoire, et vos souspirs ne se lassoient-ils point de faire quatre cens lieues tous les jours?

LE DOCTEUR.

Quand bien la moitié du monde, voire ces hautes montaignes au dessous desquelles se forment les orages et le tonnerre, nous eussent separés l'un de l'autre, je veux que tu croye qu'elle estoit tousjours aussi presente à mon esprit que les objets mesmes qui touchoient à mes yeux; les rivières, les campagnes et les villes avoient beau s'opposer au passage de mes souspirs et de mes plaintes, elles ne sçauroient m'empescher de m'entretenir avec elle, pour le moins de l'esprit et de la pensée. Mais crois-tu qu'elle en face de mesme pour mon regard?

HYDASPE.

Je vous advoue bien la verité que je n'y ay peu rien recognoistre; vous sçavez que les filles de ce pays ne sçavent dire que ouy et non, et sont trop grossières pour estre trompées par un habille homme. Au reste, je crains que le Paladin, ce capitan que vous cognoissez, ne se soit glissé trop avant dans les bonnes graces de vostre maistresse, voire plus que de raison; il est bien vray que possible l'intention des filles de ceste sorte n'est autre en faisant l'amour que de faire des serviteurs à Dieu.

LE DOCTEUR.

A propos du Paladin, resve-il tousjours si genereusement qu'il souloit [1]? Prend-il tousjours des

---

1. *Solebat,* avait coutume.

villes à table? Ne faict-il plus des desseins d'outremer en la ruelle de son lict? Il est vrai que j'ay faict une partie du voyage avec luy, la compagnie duquel je mettray toute ma vie au nombre de mes mauvaises fortunes. Il vouloit reformer toutes les fortifications des places qui se trouvoient en chemin; il ne voyoit point de terre qu'il ne remuast, ny de montagne sur laquelle il ne bastist quelque dessein; il attaqua toutes les villes de Florence; il ne voulut que tant de temps pour prendre celles de l'estat de Parme, de Modène et d'Urbin, et j'eus bien de la peine à l'empescher de toucher aux terres de l'Eglise et au patrimoine de saint Pierre. Après tout cela, pendant que les autres sont à la guerre, il passe son temps avec les dames. S'il continue de la sorte, il prendroit plustost la verolle que Montauban [1]; si me fascheroit-il bien pourtant que cest homme, quel qu'il fust, me traversast en mes amours et qu'il me desrobast les bonnes graces de ma maistresse.

HYDASPE.

Il est vray que vous faites de si bonnes et belles eslections en vos amours que vous n'y sçauriez faire de petites pertes; mais je vous veux bien advertir d'une chose: c'est que, pendant vostre absence, j'ay eu de grands combats et de fortes querelles pour vous defendre, et vostre eloquence, qui a esté comme cette belle Heleine la cause de beaucoup de ligues et de dissentions entre les esprits de ce temps.

LE DOCTEUR.

Puis qu'il y a eu des hommes qui ont veu des taches dans le soleil [2], après cela que peut-il y avoir au monde de si beau et bon contre qui il n'y ait à disputer et de mauvaises raisons à dire? Mais encores, que remarquoient-ils particulierement?

---

1. Le siége de Montauban avait été célèbre au commencement du règne de Louis XIII pendant le ministère de Luynes.
2. Balzac aimait beaucoup à se servir de cette comparaison des taches du soleil. Sorel, dans *Francion*, ne manqua pas de la placer au milieu d'un discours de son Hortensius, qui n'est autre que Balzac, nous l'avons dit. A une critique que Francion lui fait sur « les hyperboles estranges, » de son style, et « ses comparaisons tirées de si loin, » il lui dit : « Quoy! trouvez-vous des taches et des défauts dans le soleil! »

HYDASPE.

Que vous tiriez les choses un peu de trop loing.

LE DOCTEUR.

Il faut bien faire deux mille lieues pour amener en Espagne les thresors de l'Amerique, et les perles laissent-elles pour cela d'estre belles pource qu'elles ne naissent pas au bord de la Seyne, et qu'il les faut aller querir aux Indes? Que si quelqu'un me condamne pour ce que je fais, il me suffit de n'estre pas de son advis, qui est si contraire au bon, et, au pis aller, je m'en remets à ce que m'en vient de dire mon Philandre; il y a long-temps que j'ay appris de luy que j'avois passé tous les autres qui s'en sont meslez, et je veux avoir la mesme opinion de peur de luy contredire, plustost que d'adjouster foy aux fables de trois ou quatre faiseurs de romans. Mais, après tout, j'ay bien des remerciemens à vous faire : le soing que vous avez de m'obliger va au devant de tout ce que je pourrois desirer ; vous avez tenu mon party en un temps où tout le monde m'estoit contraire, et il sembloit que vous preniez plaisir de vous perdre en ma compagnie, vous rendant compagnon de ma mauvaise fortune. Et puis ne dois-je pas à vostre tesmoignage toute l'opinion que ma maistresse peut avoir de moy? et si elle s'imagine que je vaux quelque chose, n'est-ce pas vous qui donnez du prix à mes defauts et qui m'aydez à la tromper ? Mais de quelque façon que vous me peussiez avoir gaigné ses bonnes graces, soit qu'en cela vous ayez fait un larcin ou une acquisition, je veux tenir de vous tout mon bien et mon bon-heur. Adieu, voylà la cloche du sermon qui nous appelle ; il faut que nostre contentement cède à nostre devoir. Adieu, Hydaspe.

HYDASPE.

Adieu, Monsieur.

ACTE DEUXIÈME

SCÈNE I

Le PALADIN et ALCANDRE, son camarade.

LE PALADIN.

C'en est fait, cher Alcandre, j'ay perdu cette liberté que les Venitiens ont si chère, et pour laquelle il y a cinquante ans que les Hollandois font la guerre au roy d'Espagne[1]. L'amour a des prisons pour les innocens, aussi bien que la justice pour les coulpables ; et cette belle, qui de tous les hommes en a vaincu une partie et gaigné l'autre, m'a mis au nombre des vaincus, moy qui avois tousjours esté du party des plus forts. Bref, il faut que j'avoue que je suis amoureux, puisque la nature le veut, et que je suis de la race du premier homme.

ALCANDRE.

Seroit-il bien possible qu'un homme comme vous, destiné particulièrement à l'usage de la guerre, non moins que le feu et le fer, et sur lequel le dieu des batailles se devoit un jour apparemment reposer de la conduite de ses armes et de ses bataillons ; qu'un homme de cette sorte, dis-je, se laisse maintenant vaincre aux charmes et aux mignardises d'une femme, et se plonge dans une oisiveté pareille à celle des morts, ne plus ne moins que si aujourd'hui en France nous jouyssions d'une paix generale, ou que les affaires et le cours du monde se soient arrestez et reposez tout court ?

LE PALADIN.

Ne sçais-tu pas qu'il y a des laschetez qu'un homme de courage doit faire, et que l'oisiveté est

---

[1]. Dans *Francion*, liv. XI, cette phrase se retrouve aussi au milieu d'un discours d'Hortensius (Balzac), et comme ici à propos de la liberté qu'on perd en aimant : « Ne venez-vous point, dit-il,... pour renoncer à cette liberté qui vous estoit aussi chère qu'à la République de Venise ? avez-vous laissé perdre une chose pour laquelle il y a cinquante ans que les Hollandois font la guerre au roi d'Espagne ? »

maintenant le mestier des honnestes gens? Au reste, je me contente d'avoir tasté de la guerre; je ne la veux plus voir qu'avec les lunettes de Flandre [1]. Desormais le printemps, qui pour les autres commence à mettre des armées aux champs, et ne sert qu'à produire des desseins, des entreprises de guerre et des sièges de villes, pour moy seul ne produira que des roses et des violettes en faveur de mes amours.

Que les autres se facent craindre et se facent valloir au bruict de leurs armes et de leurs canons; mon repos seul sera tousjours capable de donner de la terreur à mes ennemis.

Il est vray qu'autresfois je n'entrois jamais en ville du monde que par des bresches raisonnables. A l'âge de vingt ans il n'y avoit partie du monde que je n'eusse courue pour treuver de la gloire; je faisois la guerre aux Turcs et aux heretiques; je paroissois aux sièges et aux combats; je donnois la vie aux uns et l'ostois à d'autres, et pour mourir il suffisoit seulement d'estre mal avec moy de la simple inimitié qui a esté permise en quelques republiques bien ordonnées. Je passois bien souvent jusqu'à la tyrannie, qui est odieuse à tout le monde, comme aussi n'avois-je point de petites passions en ma cholère; et, si au poinct de ma fureur Dieu m'eust donné le gouvernement de ses foudres et de ses tonnerres, dans moins de vingt et quatre heures il n'y eust plus eu de tours ny de pavillons au monde. Bref, il sembloit que je voulois perdre à toutes les heures du jour ce que je ne sçaurois perdre qu'une seule fois, et je faisois aussi peu d'estat de ma vie que si elle eust esté à un autre; et certes, quand je considère que la guerre s'est contentée d'une partie de mon visage, je crois avoir esté favorablement traicté et avoir gaigné tout ce qui m'est demeuré de reste; et veritablement, à voir comme je me portois franchement dans les occasions, et sans mesme prendre le loisir d'endosser ma cuirasse,

---

1. C'est-à-dire de loin, avec une longue-vue. L'invention en était nouvelle. L'Estoile, qui en parle dans son *Journal*, à la date du 30 avril 1609, dit qu'elle était de l'année précédente. Il ajoute que ces sortes de lunettes venaient toutes de Hollande, où on les avait inventées. On ne les appelait que lunettes de Flandre, comme ici, ou d'Amsterdam.

on eust facilement creu que j'avois intelligence avec nos ennemis, ou que j'allois seulement combattre contre leurs femmes.

Mais, maintenant que je reçois à toutes heures des plaisirs très parfaicts et très innocens en la douce conversation de ma maistresse, et que je recognois sainement qu'en la perte de ma vie une grande partie de la vertu de nostre siècle feroit nauffrage, je croirois estre traistre au public et ennemy de moy-mesme si je quittois tout cela de bon cœur, et si j'en privois tout le monde pour un peu de bruict et de vaine gloire. De sorte que ceste passion que j'avois autrefois si ardante pour la guerre et pour les combats m'est bien passée, et je sens à present en mon esprit et en mon courage une aussi grande paix qu'en cette partie de l'air qui est au dessus des vents et de l'orage; et je ne veux plus desormais agir puissamment ny faire des coups d'estat qu'avec ma maistresse : aussi m'a-elle commandé de luy rendre compte jusqu'à une goutte de mon sang, et de n'aller plus à la guerre que quand l'on chargera les mousquets de poudre de Chipre [1].

ALCANDRE.

C'est donc tout de bon, à ce que je voy, que vous voulez laisser la guerre aux Turcs et au roy de Perse, et changer cette profession et le temps malheureux auquel les pères succèdent à leurs enfans pour cette douce paix qui cultive les deserts et qui rend mesmes les pierres fertilles, et que, d'invincible que vous estiez naguères et roy de vous-mesme, vous voulez maintenant vous sousmettre au pouvoir d'une autre personne? Mais comment se pourra cela faire qu'un homme à qui dernierement ses jartières et ses aiguillettes pesoient, et qui a bien de la peine à obeyr aux commandemens de Dieu et aux edicts du roy, se puisse maintenant obliger à de nouvelles lois et se faire une troisiesme servitude?

LE PALADIN.

Croirois-tu que je fusse assez fort pour resister

---

1. Poudre à poudrer les cheveux, qui servait aussi pour se blanchir le teint et qu'on faisait avec un mélange d'*iris* et de coquilles d'œufs broyées. On la faisait venir de Chypre, comme la plupart des parfums. Aujourd'hui cette poudre, quoiqu'on la fasse toujours avec de l'*iris*, s'appelle poudre de *riz*, ce qui ne se comprend plus.

aux charmes de cette beauté et à ces baisers chauds et humides, capables d'effacer de l'esprit d'un prince d'Italie la memoire d'une injure reçeue, et au plus fort du combat de faire tomber les armes des mains de monsieur du Mayne[1]? Au reste, tu vois bien que nous sommes en une saison où tout fait l'amour, sans excepter les lyons, les tygres et les philosophes, et les sages mesmes aymeroient s'ils avoient veu Clorinde.

ALCANDRE.

Il est vray que Dieu a fait les sots et les philosophes d'une mesme matière.

LE PALADIN.

Que veux-tu inferer par là ?

ALCANDRE.

Que les philosophes, pour ne leur estre pas tout à fait semblables, ne doivent point avoir de passions comme eux, ou pour le moins ils les doivent gouverner comme des bestes aprivoisées.

LE PALADIN.

Ouy; mais, à ton compte, qui voudroit oster toutes les passions et les sentimens qui nous sont naturels, pensant faire un sage, il ne feroit que sa statuë.

ALCANDRE.

Je voy bien que le sort en est jetté : passons outre. N'y a-il pas moyen que je sçache le nom et l'extraction de cette belle, à la gloire de laquelle il ne manquoit rien plus que d'avoir un serviteur pareil à vous ?

LE PALADIN.

Quoy ! tu ne cognoistrois pas encores cette Clorinde, dont le merite est autant relevé par dessus le reste des autres filles que le soleil et les astres le sont au dessus de nous ! Veritablement ce seroit n'estre pas plus de ce monde que ceux qui vivoient paravant le feu roy, ou ceux qui viendront après celuy-cy.

ALCANDRE.

Baste ! que je sois de ce siècle ou de l'autre, mais tant y a que je n'ay pas l'honneur de la cognoistre, quoy que je sois si curieux pour les belles que, si j'en sçavois une parfaitte à cent lieuës d'icy, j'y fe-

---

[1]. Le duc de Mayenne, chef de la Ligue.

rois un pelerinage exprès pour la voir, joint que les filles de ce pays n'ont plus de beauté que ce qu'il en faut pour n'estre pas laides, et toutesfois elles sont d'ordinaire si sçavantes qu'elles n'apprennent rien de nouveau la nuict de leurs nopces; et de deux cens qui se disent vierges, je ne pense pas qu'il y en ait une qui die la verité si elle n'a recouvert son pucelage. En somme, que par tout elles font des malheurs aussi bien que la guerre, la fièvre et la pauvreté.

LE PALADIN.

Il est vray ce que tu dis, cher Alcandre; mais il n'en est pas ainsi de ma maistresse. Il faut donc que tu sçaches que cette Clorinde naquit des vertus, et non pas des pechez de sa mère; elle ne fist pas comme celles que tu veux dire, qui, à la première fois qu'elles sortent de la maison, trouvent à dire [1] en revenant leurs gans et leur pucelage. Je puis jurer qu'elle vit aussi purement que si elle n'avoit point de corps, et que de sa vie elle n'entra aux lieux qui ne se peuvent point nommer honnestement; qu'au contraire, sa conversation est si chaste et si honneste qu'il seroit plus aysé de s'enyvrer dans une fontaine que de prendre des plaisirs illicites dans sa maison, où pour estre bien reçeu il faut se purifier à la porte. Toutesfois il est permis d'y avoir de douces tentations, et, sortant hors de là, d'aller chercher ailleurs de plus solides contentemens. Il faut advouer que la première fois que je vis tant de beauté de corps et d'esprit tout ensemble, je ne la pris ny pour un homme ny pour une femme. Imagine-toy donc une fille pour qui les peintres viennent de quatre journées estudier en sa chambre les traicts de son visage. Aussi ce dieu qui fait les Mores et qui brusle continuellement la Libie n'a pas le pouvoir de noircir la neige de son teint, puisque d'ordinaire elle marche à couvert entre le ciel et la terre, et ne traverseroit pas une rue sans monter en carosse, et, pour entretenir la delicatesse de ce teint et cet enbonpoinct si recommandable, elle ne vit que d'oyseaux engraissez de sucre et de viande qu'on appelle gelée. Elle n'a garde de ressembler à ces premiers

1. C'est-à-dire trouvent de moins parce qu'on les leur a pris.

consuls de Rome dont les paroles sentoient les aulx et la chair creue, encores moins de cheminer des mains comme ils faisoient ; qu'au contraire, elle a les pieds si mignons et si delicats qu'il semble qu'elle aye porté continuellement des gands d'Espagne au lieu de soulliers de maroquin, et qu'elle n'aye jamais marché que sur les tulippes et sur les anemones [1].

ALCANDRE.

Si monsieur son père nourrit toutes ses filles à ce prix-là, il n'y en a point en sa maison qui ne luy coustast davantage à entretenir que ne fait l'elephant à son maistre.

LE PALADIN.

Ce n'est pas tout : elle a les cheveux si beaux que, si elle estoit tombée dans la rivière, tu ferois conscience de la sauver par cet endroict, crainte de les luy arracher. Au temps des plus grandes chaleurs elle porte un esventail capable de lasser les mains de quatre valets, et quand elle s'en veut servir elle en excite un vent qui feroit faire des nauffrages en pleine mer ; elle a des accoustremens de couleur de feu et de roses, et change tous les jours de chemises, qui ne sont pas noires. Au reste, elle se faict suivre par des lacquais qui ont le visage tout au contraire des Mores, et entre autres elle a un nain qui est si petit que je pourrois jurer en conscience que depuis qu'il est au monde il n'a creu que par le bout des cheveux. Mais je te veux bien advertir d'une chose, c'est que, quand tu verras ma maistresse et que tu la compareras avec la mauvaise mine de son père, je ne doute pas qu'il ne te semble aussi bien qu'à moy que cette divine fille s'est faite toute seule. Bref, c'est aujourd'huy l'unique souhait de tout le monde, et personne ne demande plus rien à Dieu que Clorinde. Considère donc, après tout cela, si je n'ay pas toutes les raisons du monde de faire estat d'une personne de cette sorte.

ALCANDRE.

Je veux croire qu'elle est belle, puis que tu le dis ; mais attends un peu, elle ne le sera plus. Le

---

1. Fleurs alors toutes nouvelles en France, et par conséquent fort à la mode. Les premières avaient été apportées d'Orient en France par Bachelier, en 1515. Tournefort, *Voyage du Levant*, 12ᵉ Lettre.

temps, qui ruine les empires et met des bornes à toutes choses, la traitera comme le reste de ces beaux ouvrages : il viendra une saison où tu auras plus d'horreur de son visage que les coulpables n'en ont de leurs juges ; son front s'estendra jusques au haut de sa teste, les joues luy tomberont sous le menton, et ses yeux de ce temps-là seront de la couleur de ses lèvres d'à cette heure. Je voudrois bien pour l'amour de vous ne parler pas si veritablement ; neantmoins, puisque jusques icy j'ay quitté la complaisance, il faut que j'achève de vous porter cette mauvaise nouvelle.

LE PALADIN.

Quand tout ce que tu dis arriveroit, au moins me restera-il ceste consolation que cette beauté qui donne de l'amour aux capucins et aux philosophes (j'entends celle de l'esprit) ne s'en ira point avec sa jeunesse.

ALCANDRE.

Ouy, mais peut-estre qu'avec tous ces beaux traicts de visage, au partir de là ce n'est qu'un grand pallais deshabité ou quelque beste agreable à qui il ne manque que la parole.

LE PALADIN.

Alcandre, je t'apprends de bonne heure qu'en cette mesme personne tu trouveras ton maistre et ta maistresse. Elle parle comme eussent fait les vestales si elles fussent nées en France, et ses paroles ne ressemblent pas seulement au miel dont les plus simples bergers se repaissent, voire mesme elles passent en bonté et en douceur l'ambre et le sucre, qui sont aujourd'huy les delices de nos princes.

Mais n'est-ce pas elle-mesme que je voy ? Dieux ! comme elle me prend au despourveu ! Je n'avois pas encore estudié la harangue que je luy voulois faire, et ces choses pourtant ne se doivent pas faire à la haste. Devant des personnes de cette sorte, on ne doit rien laisser partir de son esprit et de sa bouche qu'après s'estre long-temps consulté soymesme, ne plus ne moins qu'il falloit estre commis un an devant que d'avoir entrée aux festins des sibarites. Si faut-il pourtant l'aborder quoy qu'il en arrive, et j'espère que je diray quelque chose de grand si le courage ne me manque du costé d'où il me doit venir.

Harangue du Paladin à la Dame.

Madame, quand je ne serois pas né, comme je suis, vostre très humble serviteur, je croirois commettre une grande offense contre le ciel de ne me vouloir pas sousmettre à une personne comme vous, qui luy est si chère. L'authorité des roys n'a garde d'estre si souveraine comme celle que vous exercez sur les cœurs, et quoy qu'il y aye peu de maistres au monde qu'il faille preferer à la liberté, si faudroit-il pourtant estre aveugle pour vous estre rebelle ; vostre seule beauté merite d'estre suivie de quantité de serviteurs, et de faire la foule par tout où elle passe. Pour moy, dès lors que je vous eus veue, vous gaignastes si absolument mon esprit et mon affection que depuis ce temps je vous regarday tousjours comme une personne extraordinaire. Dès l'heure vous me fistes haïr le sejour de Rome, de Paris et de toutes les meilleures villes où vous ne habitez, voire mesme j'appellay le duc de Venise [1] malheureux de ce qu'il est condamné à ne sortir jamais du lieu où il est, et par consequent à ne voir jamais ce que je voyois ; et, sans mentir, pour en faire une pareille à vous, il seroit besoin que toute la nature travaillast, et que Dieu l'apprist aux hommes long-temps avant que la faire naistre : car, après avoir attentivement consideré les mouvemens des astres qui sont si justes, l'ordre des saisons qui est si reglé, les beautez de la nature qui sont si diverses, je trouve à la fin qu'il n'y a chose au monde où Dieu se monstre si admirable qu'en la conduitte de vostre vie et de vos actions ; et il est certain qu'il ne fist jamais plus de miracles aux lieux qu'il a consacrez luy-mesme à sa gloire et à la pieté publique, et qu'il a particulierement choisis pour y monstrer sa puissance, qu'il en fait en vostre personne. Si vous desiriez que la mer fust tranquille aux plus mauvais jours de l'hyver, et qu'il y eust deux autonnes sur la terre, l'ordre de la nature se changeroit pour

---

1. C'est ainsi qu'on appelait souvent le Doge, surtout en France.

l'amour de vous; et il n'y a rien que vous ne puissiez obtenir du ciel, qui est prest d'exaucer mesmes les prières que vous ne luy avez pas faites. Dieu vueille que vous en faciez autant, belle Clorinde, de celles que je vous fais et de celles que je ne vous ay pas encores faictes; et, s'il est vray qu'il n'y ait point de difference entre les services que l'on vous rend et les bonnes œuvres qui se font pour l'amour de Dieu, ne croyez pas, chère maistresse, que ce soit seulement par forme de complimens, ou que je parle le langage de la cour, quand je vous diray que je veux estre vostre serviteur, et qu'à l'advenir je ne veux plus vous regarder que comme ma dernière et supresme felicité.

CLORINDE.

Monsieur, la bonne opinion que vous avez de moy faict plus de la moitié de mon merite, et vous ressemblez aux poètes epiques, qui, sur un peu de verité, jettent les fondemens de tout ce qu'ils disent d'incroyable. Au reste, je ne sçay ce que vous voulez dire de parler de moy comme de la faveur ou de la predestination, et d'estre si prodigue de vos complimens et de vos louanges, qu'il y en auroit assez pour me faire prendre pour une autre que je ne suis, et m'oster à jamais la parole, voire me faire fuyr jusques aux Indes s'il m'y falloit respondre, nostre langue estant trop pauvre pour me prester dequoy vous payer ; et j'ay grand peur que je vous devray toute ma vie le bien que vous me faictes, et que ce sera de mon cœur seulement que je seray aussi liberale que vous. Mais vous estes si genereux que vous vous contentez, je m'asseure, à ceste recognoissance secrette, et aymerez en moy une bonté toute nue, qui me tiendra lieu de ces autres vertus plus fines et plus subtilles que j'ay peu apprendre au pays où les chappeaux ne sont pas faicts pour la teste, et où l'on devient bossu à force de faire des reverences. Que sçauriez-vous desirer davantage d'une fille de ma sorte ?

LE PALADIN.

Pourveu que je puisse apprendre de la bouche de ma Clorinde qu'elle m'ayme, ou qu'elle souffre que je la serve, je ne veux point d'autres felicitez ny une seconde fortune. Au reste, je ne crois pas que vous me sçeussiez refuser de l'affection, puis que c'est aucunement la meriter que d'estre comme je suis passionnement vostre serviteur.

CLORINDE.

Monsieur, vous sçavez très-bien trouver l'endroict par où je confesse que je suis foible, et pour m'obliger à me rendre, vostre courage n'a rien laissé à dire à vostre eloquence. Puis que vous employez de la sorte toutes vos muses à me demander mon amitié, et que vous dites l'avoir desjà payée de la vostre, je ne la puis retenir à ce compte que comme le bien d'autruy. Mais, après tout cela, que sçay-je si vous ne changerez pas d'humeur? Les hommes aujourd'huy sont si inconstans que c'est merveille. Au reste, c'est un poinct decidé en theologie que cent faux sermens d'un amoureux ne font pas la moitié d'un peché mortel, et que ce n'est que le dieu des poëtes qu'ils offencent par leur parjure : de sorte que j'ay bien de la peine à m'y fier tout à fait.

LE PALADIN.

Madamoiselle, il faudroit que Dieu me fist une nouvelle volonté et qu'il changeast toutes mes inclinations pour m'empescher de vous aymer, et je vous supplie de ne faire pas moins d'estat de la parole que je vous donne comme des lettres patentes et des edicts, et croire que j'en suis aussi jaloux que sçauroient estre les princes de la cour.

CLORINDE.

Je veux croire tout ce que vous me dittes ; mais après cela, Monsieur, n'en passons pas plus avant, et ne parlons point surtout de mariage, car je ne suis pas d'humeur à vouloir engager jusques là ma liberté. J'ayme la compagnie, à la verité, mais je ne veux pas qu'elle soit perpetuelle ; et si mon père eust esté de mon advis, je serois encores au lieu où j'estois devant ma naissance.

LE PALADIN.

Si vostre resolution estoit generalement suivie, la mer ne seroit plus couverte de vaisseaux, et la terre demeureroit deserte. Au reste, je ne vous conseilleray rien que je ne voulusse faire avec vous.

CLORINDE.

Je voy bien que vous me persuaderiez avec le temps tout ce que j'estois resolue de ne faire pas. Mais s'il est ainsi que vous ayez, comme vous dites, de l'amour pour moy, et qu'il ne soit pas en ma puissance de vous empescher de m'avoir en quelque estime, faites-le, de grace, comme si vous commettiez quelque peché, c'est-à-dire sans chercher des preuves ny appeller des tesmoins ; autrement, certes, le monde dira que vostre affection fait tort à vostre jugement ; et j'ay peur qu'on m'acuse de vous avoir rendu aveugle, et d'estre plus meschante que la guerre, qui s'est contentée de faire nos ennemis borgnes.

SCÈNE II

LE DOCTEUR.

Comme si je n'eusse pas eu assez de la fièvre, j'ay encores de l'amour, et il ne me reste qu'un procez et une querelle pour achever ma bonne fortune ; et certes il semble qu'il n'y ait que pour moy que la nuict n'a pas esté faite. Quand les vents se reposent et que toute la nature est tranquille, je veille tout seul avec les astres ; et en cet estat, si Dieu m'avoit donné un royaume, pourveu que je ne dormisse pas plus que je fais, je serois le plus vigilant prince de la terre ; je n'aurois point besoin auprès de ma personne ny de gardes, ny de sentinelles, et il ne se passe jour que je ne voye lever et coucher le soleil. Je me nourris de poison, et souffre la vie en guise de penitence. Bref, il n'y a pas assez de force en toutes les paroles du monde pour exprimer les maux que j'endure, et la nature n'a fait pour leur remède que le poison et les precipices. Mais n'est-ce pas Hydaspe que je vois venir tout à propos pour me consoler et me rendre mesme ma douleur en quelque sorte agreable ?

HYDASPE.

Tousjours dans la solitude ! Il est vray que vous ne sçauriez estre en meilleure compagnie que quand vous estes seul.

LE DOCTEUR.

Je prends plaisir à resver icy au bruict de ces douces fontaines et de ne parler plus qu'à moy-mesme, puis qu'il n'y a plus au monde de divertissement pour moy. Il est vray que peut-estre mes songes et mes resveries vaudront bien autant que

les plus excellentes meditations des philosophes.
HYDASPE.
Encores vaut-il mieux faire des beaux songes que de travailler à des choses ordinaires. Mais comment va l'amour ?
LE DOCTEUR.
Tousjours de mesme ; je cherche toutes les occasions (je n'entens pas celles de La Rochelle ny de Montauban [1]), j'entens celles de ma maistresse, et de luy descouvrir ma passion. Allons voir, je vous prie, si elle ne seroit point en son logis. *(Il frappe.)* Ta, ta.
CLORINDE.
Qui est là ?
LE DOCTEUR.
C'est moy, Madamoiselle.

CLORINDE, *après avoir fait toutes les simagrées et signes de croix d'une personne effrayée de quelque vision ou apparition de phantosme.*

Ho ! ho ! Monsieur le docteur, je croy que vous ne revenez au monde que pour faire peur aux hommes.
LE DOCTEUR.
Comment cela, Madamoiselle ?
CLORINDE.
Le bruict couroit que vous estiez desjà au nombre des choses passées.
LE DOCTEUR.
Les bruicts communs ont souvent tué des hommes qui se portent bien.
HYDASPE.
Voyez comme la mort fait que les plus belles choses offencent la clarté du jour et font peur à ceux qui naguères les auroient admirées !
CLORINDE.
Si paroist-il bien à vostre visage que vous avez esté bien malade, et vostre teste, qui a perdu tout son ornement et sa perruque, ne ressemble plus qu'à un casque ou à une citrouille.
LE DOCTEUR.
Je ne sçaurois trouver mauvais que vous vous mocquiez de moy, tant vous le faictes de bonne

---

1. Les premières campagnes du règne de Louis XIII s'étaient faites contre les protestants de ces deux villes et des environs.

grace; mais, raillerie à part, sera-il tousjours plus aisé de convertir toute l'Angleterre que de vous disposer à m'aymer?

CLORINDE.

Le mot d'aymer doit offencer les filles de ma sorte, Monsieur le docteur. Apprenez cela de moy.

LE DOCTEUR.

Je ne voy pourtant guères d'apparence que ce mot vous puisse offencer, dont vous sçavez vous-mesmes que Dieu se contente; aussi ce seroit le vray moyen de me contredire, quand mesme je m'appelle mal-heureux, que de me faire croire que vous m'aimez, et, si j'en desesperois tout à fait, dès demain j'avalerois du poison ou je me jetterois dans un precipice.

CLORINDE.

Ce seroit le moyen d'acquerir le nom de beau sauteur.

LE DOCTEUR.

Et quiconque voudroit avoir bientost ma succession, il n'a qu'à me priver de vos bonnes graces. En vostre presence je me puis dire tousjours heureux, soit que je sois joyeux, soit que je sois triste; elle me fait oublier bien souvent que je suis malade; voire mesme vostre conversation me feroit treuver la cour au village, et Paris dans les landes de Bordeaux; et toutesfois, bien que nous ne soyons separez ny par les mers, ny par les montagnes, et que nos logis se touchent, je ne sçaurois pourtant trouver les occasions de vous entretenir non plus que si vous estiez au Jappon ou au royaume de la Chine. Il faut de necessité que, ou ma compagnie vous soit ennuyeuse, ou que vous ayez de l'amour pour un autre. Il me semble pourtant que vous devriez estre plus sensible à ma douleur et me tesmoigner de la pitié, puisque c'est de vous seule que j'attends du soulagement en mes misères, et je croirois estre plus riche de posseder vostre amitié que si j'avois la faveur des roys et tout le revenu de leurs royaumes, si tant est que vous ne reserviez vostre affection pour un autre et que vous m'en vouliez exclure tout à faict. Considerez, Clorinde, que ce n'est pas une action genereuse d'avoir tué un malade : il n'y a si mauvais medecin qui n'en face autant ; et tout ce qu'on pourra dire de vous après ma mort, c'est que vous avez eu un peu plus de force qu'une fièvre lente.

CLORINDE.

Monsieur, vous sçavez qu'en matière de recherche il est besoin d'estre armé de beaucoup de patience, sans laquelle on ne fait rien à la chasse, ny mesme au jeu des eschets, outre que le service qu'on rend à une dame doit tousjours tenir lieu de la première recompense qu'il en faut attendre. Neantmoins, bien souvent après celle-là il en vient une seconde qui ne manque guères à ceux qui ont du merite comme vous, voire mesme à ceux qui n'ont autre vertu que celle de patience; et puis il y a long-temps que je vous ay monstré l'endroit par où vous me pouvez prendre, et les moyens que vous pouvez tenir pour me faire venir à mon devoir. Vous sçavez que j'ay un père de qui je despends, et que c'est un homme fantasque, et qui me tient la bride courte : il compte tous les soirs mes cheveux pour sçavoir si je ne donne point de mes faveurs à personne. De toutes mes compagnes qui me viennent voir, il craint que ce soit des hommes desguisez. Enfin c'est de luy que vous devez attendre l'arrest inviolable de vostre vie ou de vostre mort.

LE DOCTEUR.

Vous prenez les objections que je voulois faire et mes intentions jusques dans la plus secrette partie de mon ame, et respondez maintenant à ce que j'avois reservé de vous dire d'icy à deux ou trois heures. Faites mieux, conseillez-moy d'aller chercher du repos en Allemagne; jetez moy dans un precipice, et puis dittes que Dieu me conduise! Si suis-je resolu de vous importuner de la sorte jusques à ce que vous m'ayez coupé la langue.

CLORINDE.

Adieu, Monsieur; ma migraine m'empesche de vous en dire davantage, et, si vous m'importunez plus de vos longs et ennuyeux discours, je vous voudray autant de mal qu'à un long predicateur.

LE DOCTEUR.

Tu as beau faire la secrette, Clorinde, les muets le seront encores davantage. Je voy bien que c'est : cet homme habillé de fer a pris la place qui me devoit estre reservée. Je ne le vis jamais qu'une seule fois ; mais ou c'est un sot, ou toutes les règles de physionomie sont fausses ; et neantmoins, à cause qu'il s'appelle Capitaine, vous souffrez qu'il vous persecute de ses complimens, et vous estes quasi preste de vous rendre, Clorinde. S'il vous touche, il faudra toute l'eau de la mer pour vous purifier, et si vous luy permettez le reste, donnez vous garde qu'en songeant il ne vous prenne pour son ennemy, et que, au lieu de vous embrasser, il ne vous estouffe. Mais possible auray-je plus de contentement du père que de la fille, qui ne veut pas mesme escouter la raison par ce qu'elle me favorise. Il faut que je cherche et trouve moyen de le rencontrer et luy descouvrir ce que j'ay dans l'ame.

ACTE TROISIÈME

SCÈNE I

LE DOCTEUR, PANTALON

LE DOCTEUR.

Holà ! seigneur Pantalon ! holà ! un petit icy à vos amis.

PANTALON.

Que desirez-vous de moy, Monsieur le docteur ? je suis prest à vous servir, paravant mesme que vous m'en priez et que je sçache que c'est.

LE DOCTEUR.

Seigneur Pantalon, le mauvais compliment que je m'en vay vous faire est le premier effet de la passion que j'ay pour madamoiselle vostre fille. Il n'y a point de moyen que je treuve ma raison pour vous entretenir ; elle s'est perdue dans la violence de cet amour. Quelque rude traitement et quelque mauvais visage qu'elle me puisse faire, s'il me falloit renoncer à cette vieille amitié qui est de mesme âge qu'elle et moy, et dont je fais autant estat que de la succession de mon père, sans doubte je me ferois la mesme violence que si d'une de mes mains j'estois contraint de me couper l'autre. C'est donc la necessité de mon inclination qui me force de l'aimer quand elle m'auroit declaré la guerre ouverte, et cette passion m'est si agreable que, si un homme m'en avoit guary, je l'appellerois en jugement afin de me rendre ma maladie. Mais laissons d'abord ces belles paroles et traitons ensemble de la bonne sorte, comme le sujet le merite. Sur tout je vous prie qu'une fausse prudence ne vous retienne point dans de certains respects et de certaines considerations qui vous pourroient empescher de parler fortement (vous voyez comme je vous descouvre mon cœur); autrement, si l'amitié ne sortoit jamais de l'esprit et si elle demeuroit tousjours cachée, à quoy seroit-elle meilleure que la haine faicte de la mesme sorte? Ne craignez donc pas d'en faire de mesme en mon endroit, puisque ce n'est ny un larcin ny un homicide.

PANTALON.

Monsieur, ma fille et toute nostre maison recevons à grand honneur et faveur le discours que vous me venez de faire ; mais je vous prie de ne pas trouver mauvais si je vous demande librement quelle est vostre profession et vostre vie et à quoy vous vous employez d'ordinaire.

LE DOCTEUR.

Seigneur Pantalon, pour satisfaire à vostre curiosité, je vous diray que je suis né en une ville où quiconque tomberoit, ce ne seroit pas fort bas, attendu que c'est sur une haute montagne, issu d'une race et d'un père qui alloit du pair avec les tours et les clochers. De là j'ay esté eslevé en partie aux lieux où l'on se querelle tousjours, où il n'y a jamais ny paix ny trèves ; et puis j'ay passé une bonne partie de ma jeunesse au païs où les chappeaux ne sont pas faits pour la teste et où l'on devient bossu à force de faire des reverences [1]. Après cela, je me suis mis à la suitte d'un grand, qui avoit des habits et un chapeau couleur de rozes et de lumière, avec lequel j'ay passé quelques hyvers tièdes et fleuris en Italie, où je vis deux ou trois de ces guerres qui ne laissent pas d'estre grandes pour estre compo-

---

1. Cette paraphrase pour désigner la cour se trouve déjà plus haut.

sées de personnes desarmées ; et, pour vous faire voir la qualité de ce seigneur, sçachez qu'il estoit prince d'un estat qui n'est borné ny par les mers ny par les montagnes, et dont la jurisdiction avoit une telle estendue que, s'il y avoit plusieurs mondes, ils en dependroient comme celuy-ci. Après avoir couru et vescu de la sorte, je me suis enfin retiré en la prison que mon père m'a bastie, où, dans la solitude, je n'estudierois que ma santé, je ne travaillerois qu'à mon repos et je ne parlerois qu'à moy-mesme, si l'amour que j'ay pour vostre fille ne m'obligeoit quelquesfois de tourner la teste du costé du monde.

PANTALON.
Est-ce quelque chose de bon que cette maison ?
LE DOCTEUR.
Monsieur, il faut que vous sçachiez qu'elle n'a pas esté bastie selon les règles d'architecture, ny de matière aussi precieuse que le marbre et le porphire. Toutesfois, dans tout le royaume mesme des Romans, il ne s'en sçauroit trouver de plus parfaite ny de plus accomplie, fust-elle bastie des propres mains d'Amadis ou de l'Arioste. C'est un petit canton de terre où il ne manque que la source de l'or pour y avoir toutes choses necessaires, et un petit rond couronné de montagnes où l'eau et la fraischeur ne manquent jamais. Les arbres y sont verds en tout temps depuis la racine jusques aux feuilles, et, au lieu de fruicts, leurs branches sont chargées de tourtres et de faizans. Les bois y sont si touffus qu'ils ne reçoivent jamais plus de jour que ce qu'il en faut pour n'estre pas nuict, et pour ne pas offencer les yeux des malades ou decouvrir l'artifice des visages fardez, enfin pour empescher que toutes couleurs ne soient noires. Dans ce troisième temps, je me promène tout à mon aise dans mes allées, sans avoir besoing de me botter et sans craindre la rencontre des carosses. Ce n'est pas tout : les eaux y sont si claires que les animaux qui y vont boire se trouvent avoir le mesme advantage que les hommes pensoient avoir sur eux : c'est de voir le ciel aussi bien que nous ; et nostre belle rivière ayme tellement cette terre qu'il semble qu'elle ne s'en veuille jamais eloigner, par tant de petits contours et de branches qu'elle y

fait ; voire mesme, pour s'y amuser davantage elle rend ses eaues dormantes et si calmes que les batteaux mesmes ne sçauroient ni s'y sauver ni s'y perdre ; les cignes s'y retirent comme en lieu de seureté, et les campagnes qu'elle arrouze y sont si vastes qu'elles semblent seulement estre destinées pour estre des champs de bataille. En cette demeure tous les biens necessaires à la vie de l'homme me sont aussi communs que l'air et le feu, et depuis le ciel jusques à l'eau des rivières, toutes les richesses de la nature sont à moy. Bref, de tous les advantages dont un homme de ma qualité se peut prevaloir en ce monde, je suis (puis qu'il plaist à Dieu) assez bien partagé. Il ne me manque qu'un peu de santé parmy toutes ces felicitez ; mais, à mon grand regret, c'est un bien qu'il faut que j'envie à ma grande mère ; toutesfois, je me conserve comme si j'estois de cristal, et ne fais point de desbauches qui ne soient fort innocentes, voire plus austères que les jeusnes des Minimes. De plus, si vous voulez voir quelque eschantillon de ma science et de la cognoissance que j'ay des bonnes lettres, je vous aprens de bonne heure que j'ay trouvé la perfection de l'eloquence, que tout le monde avoit tant cherché jusques icy ; je persuade aux malades que la fièvre tierce est une espèce de santé ; je trouve des louanges pour les Busiris et des apologies pour les Nerons ; et tout au contraire, quand je veux, il n'y a rien de si beau soubs le ciel où je ne fasse remarquer des taches et des defauts. Il faut advouer que dans cette eloquence [1] (qui n'est pas moindre que celle qui autrefois portoit des foudres et des tonnerres) je suis le plus grand tyran qui soit aujourd'huy au monde, et que l'authorité de ma voix s'en va estre redoutable à toutes les ames. Quand je parle, il est impossible de conserver son opinion, si elle n'est pas conforme à la mienne, et dernierement j'en reduisis quelqu'uns à une telle extremité que, se separans sans sçavoir que respondre, ils crioient tous après

. Toutes les phrases qui vont suivre sur l'*Éloquence* sont éparses dans les premières lettres de Balzac, qui s'en disait le prince. Il en fit l'objet d'une *paraphrase* particulière adressée à Costar, qui n'était pas écrite lorsque cette parodie fut faite. Sans cela l'auteur n'eût pas manqué d'y puiser comme dans les lettres.

moy comme après quelque voleur insigne : [Monsieur, rendez-nous nostre advis que vous nous emportez par force, et ne nous enlevez pas la liberté de conscience que le roy nous a donnée]. Après tout cela pourtant je n'exerce point de violence qui ne soit au profit de ceux qui la souffrent. Ainsi je règne dans l'esprit des hommes par la force de la raison, et je partage le gouvernement du monde avec les conquerans et les princes legitimes ; je persuade les rois ; j'instruis les ambassadeurs, et en ma plus tendre jeunesse je me suis fait escouter des vieillards de quatre règnes. Pour ce qui est du fonds de toutes les autres sciences, les causes les plus eloignées me sont aussi visibles que les plus ordinaires effects, et si la nature s'estoit faite voir à moy toute nue, je n'aurois pas plus receu de communication de ses secrets que j'en ay de cognoissance.

Au reste, tant s'en faut que je parle comme les artisans ; j'escry de la mesme sorte que l'on bastit les temples et les palais, et les œuvres de mes mains ne ressemblent pas à ces statues de boue et de plastre, lesquelles, comme elles ne sont que l'ouvrage d'une journée, aussi ne sont-elles de durée que pour un jour et pour servir d'ornement à quelque entrée de gouverneur en une ville, et non pas au règne de plusieurs roys. J'espère que mes ouvrages disputeront avec le printemps à qui produira de plus belles choses, et j'ay mesmes une infinité de fleurs desliées, dont il ne faut que faire des bouquets, et il y a six ans que je laisse parler les autres pour mediter ce que je dois dire. En effect, je feray des choses si rares et si admirables que les roys (qui ne sont riches que de choses superflues) seront trop pauvres pour les payer selon leur valeur ; et qu'ainsi ne soit, j'ay parlé en si bons termes et en si bonne part du prince d'Orange et du marquis de Spinola [1], qu'il eust peut-estre semblé à quelques uns que j'eusse attendu une abaye de ce huguenot, et que pour l'autre j'eusse esté pensionnaire d'Espaigne. Et toutesfois ce n'est pas mon mestier de flatter ; tout ce qu'il

---

[1]. Il est souvent parlé dans Balzac de ces deux illustres ennemis, l'un commandant les Hollandais, l'autre les Espagnols. Ils y sont traités de manière à être tous deux contents.

y a, c'est que je sçay l'art de dire la verité de bonne grace, et il faudroit que les choses fussent bien relevées si je ne les egalois, voire mesme si je ne les surpassois par mes paroles. Au reste, je prens l'art des anciens comme ils l'eussent pris de moy si j'eusse esté le premier au monde ; mais je ne depens pas servilement de leur esprit, ny ne suis pas né leur sujet pour ne suggerer que leurs loix et leur exemple ; au contraire (si je ne me trompe), j'invente plus heureusement que je n'imite, et comme on a trouvé de nostre temps de nouvelles estoiles qui avoient jusques icy esté cachées, je cherche de mesmes en l'eloquence des beautés qui n'ont esté cognues de personne.

PANTALON.

Je voudrois bien avoir veu quelque chose du vostre ; car je vous apprens que j'ay le mesme goust pour les escrits que pour les melons, et si ces deux sortes de fruicts ne sont en un degré de bonté qui soit proche des choses parfaites, je ne les louerois pas mesme sur la table du roy, ny dans les œuvres d'Homère, et principalement en ce temps, où il court une certaine maladie contagieuse qui prend le monde par le bout des doigts ; et certes il ne seroit pas peut-estre tant inconvenient[1] qu'il y eust une sorte d'inquisition pour ce sujet, c'est-à-dire pour empescher que les fols ne remplissent le monde de leurs mauvais livres, et que les fautes des maistres d'eschole ne fussent aussi publiques que celles des magistrats et des generaux d'armée.

Or, pour eprouver si les effects respondront à tant de belles promesses, je voudrois bien que vous me fissiez un petit discours sur le malheur du siecle d'à present en comparaison de ces autres siecles d'or, et de nos pères, qui ne sçavoient que c'estoit ny de rebellion ny de tyrannie.

Et me le rendrez dans deux ou trois jours, pendant lequel temps j'auray le loisir de parler de vostre recherche à quelques uns de mes plus proches.

---

1. Inconvénient, était alors tout à la fois un substantif, ou, comme ici, un adjectif, avec la tournure de phrase dont on voit un exemple, et que Balzac employa souvent : « Encore, dit-il dans le *Prince*, ch. xv, n'a-t-il pas été inconvenient que les choses n'arrivassent pas tout d'un coup à la plus haute élévation. »

Cependant voyez vostre maistresse avec le plus de soin et d'artifice qu'il vous sera possible, et resolvez-vous plustost d'y faire mille voyages inutils pour en pouvoir faire un qui reussisse. Les filles n'ont point continuellement devant leurs yeux les pourtraicts de ceux qui sont absens; l'assiduité près d'elles fait quelquefois plus que les services, et ceux qu'elles n'aimeroient point par raison, elles les aiment bien souvent par coustume. Il est donc necessaire de se monstrer tousjours pour estre tousjours prest de recevoir la fortune; et veritablement, comme la colère se fait des armes de tout ce qu'elle rencontre, il est certain que l'occasion se sert de tous ceux qui se presentent. Enfin, puisque nous avons à vivre parmy des bestes sauvages, il est besoin ou de les adoucir ou de les dompter. Après cela, si vous me rapportez, comme je vous ay prié, un fidelle tesmoignage de vostre capacité, je sçauray bien trouver la recompense que meritera vostre vertu.

LE DOCTEUR.

Monsieur, je feray tout ce que vous voudrez; mais je vous prie de considerer que je ne puis rien faire ny travailler que soubs le bon plaisir du medecin et de la fièvre, et, en l'estat où je suis, je ne sçaurois pas seulement promettre l'histoire du royaume d'Ivetot, ou celle du pontificat de Campora, qui ne dura que demy-quart d'heure; toutesfois, sur l'asseurance que j'ay que mon stile n'est pas eloigné de cette perfection qui jusques icy a plus esté desirée que veue, je veux entreprendre un dessein qui estonnera l'esprit de mes adversaires, et faire voir à ceux qui croyent surmonter les autres que j'ay trouvé ce qu'ils cherchent. Au moins, quoy que je fasse (seigneur Pantalon), je vous auray tousjours present à l'esprit pour m'obliger de ne faillir point devant un si grand exemple, et je n'oublieray pas le sujet de ce travail afin de ne concevoir rien qui ne soit digne de cette belle fille; il seroit impossible d'avoir en mesme temps un si grand objet et de petites pensées, et de n'estre point échauffé de ce soleil de la nuict et des mauvais jours qui eclaire tousjours mon repos et mes estudes.

SCÈNE II

LE PALADIN et CLORINDE.

LE PALADIN.

Tousjours belle, tousjours incomparable.

CLORINDE.

Je ne sçay pas comme osez-vous dire cela : je suis plus flestrie que les roses de l'année passée.

LE PALADIN.

Vous ne le dites pas comme vous le pensez, et vous avez trop de cognoissance de vous-mesme pour croire que je vous flatte.

CLORINDE.

Pardonnez-moy, Monsieur; asseurez-vous que sur cette opinion je casse tous les mirouers que je rencontre, je trouble l'eau de toutes les rivières que je passe, et je fuis toutes les boutiques de peintres de cette ville, de peur qu'ils ne me representent mon mauvais visage.

LE PALADIN.

Et où est, je vous prie, l'academie où vous avez appris à si bien parler? Veritablement, si tout le monde avoit l'esprit et le naturel aussi bon que vous l'avez, il se perdroit bien du temps à l'eschole; les universitez deviendroient la plus inutile partie de la republique, et le latin, aussi bien que le passement de Milan et autres marchandises estrangères, seroient plustost une marque de nostre luxe qu'un effect de nostre necessité[1].

CLORINDE.

Si est-ce que personne ne m'a jamais appris à parler que ma mère, et je luy dois tout ce que j'en ay de bon plustost qu'à tous les faiseurs de livres. Mais laissons tout cela, car je ne suis pas resolue de contester avec vous jusques à la fin du monde, ny de me deffendre d'un ennemy qui ne me jette que des roses à la teste. Je croy qu'à l'heure que nous parlons, le seigneur Docteur aura parlé de

---

1. Toute cette comparaison bizarre entre les universités, le latin et le passement de Milan, est mis aussi par le *Francion* de Sorel (liv. XI, p. 572) dans la bouche de Balzac (Hortensius), et Francion lui riposte avec raison : « Considerez que le latin n'a rien à demesler avec le passement. »

moy à mon père, de la recherche qu'il pretend faire
de moy. Tous les jours il est après à m'importuner,
et si j'osois, pour fuyr des personnes de cette sorte,
je prendrois la poste, je me mettrois sur mer, et
m'en irois cacher au bout du monde. Je crains
pourtant que mon père n'y prenne goust et qu'il ne
luy agrée, ou à cause de la science dont il se vante,
ou peut-estre pour ses moyens.

LE PALADIN.

Quel homme est ce Docteur? quelles qualitez a-il
contraires aux mauvaises?

CLORINDE.

Je ne sçay; il se vante pourtant d'avoir trouvé
ce que le monde cherche tous les jours avec tant
de peine.

LE PALADIN.

Seroit-ce la pierre philosophale? Il l'a toute trouvée dans ses reins ou dans la vessie!

CLORINDE.

A l'ouyr parler, je croy que c'est l'eloquence.

LE PALADIN.

Vrayement, voilà bien dequoy faire tant de bruit,
principalement en ce temps et en ces brouilleries
de guerre, où nous aurions plus besoin de force
que de raison, de capitaines que de docteurs; où
deux livres de poudre bien mesnagées feront tousjours plus d'effect que toute la rhetorique de Ciceron. Après avoir bien veillé sur leurs escrits et
passé de mauvaises nuicts sur leurs livres, au partir de là une miserable sentinelle de ma compagnie,
qui aura donné l'alarme bien à propos, aura beaucoup plus servy que tous les faiseurs d'almanachs.
Il faut aujourd'huy quelque chose dans l'estat present de plus fort et de plus dur contre nos rebelles
et nos ennemis que le discours, et les plus puissantes paroles du monde ne sçauroient faire fuyr
une femme ou renverser un pan de muraille sans
canon. N'a-il rien plus à debiter que cela?

CLORINDE.

On tient qu'il a après cela quelques moyens.

LE PALADIN.

Ouy, mais d'ordinaire les biens et les honneurs
de ce monde sont ou l'heritage des sots, ou mesme
la recompense du vice; outre que, si c'est celuy
que je veux dire, c'est un homme plus vieil que

son père, tout cassé et qui ne se remue qu'à force d'ambre gris [1] et de medecine. Je le vis dernierement qu'on le portoit dans une chaire, car je vous apprens que la pluspart du temps ses jambes ne luy servent que par bienseance; et lors qu'il est en cet estat, il est si glorieux qu'il ne se leveroit point ou ne feroit pas un pas pour le pape, et si vaillant qu'il ne reculeroit pas pour toutes les armées de France. Au reste, il ne faudroit qu'un jour sans soleil, ou une mauvaise nuict dans une hostelerie pour achever de le faire mourir; et, aux termes où il en est reduit, il seroit plustost arrivé en l'autre monde qu'à Gentilly [2]. Son foye est continuellement en differend avec son estomach, et toutes ses parties intestines sont en perpetuelle guerre civile. Que sçay-je, après cela, s'il a la partie par laquelle nous sommes hommes, aussi bien que par la raison, encores bien saine et entière?

CLORINDE.

Il est pourtant en grande estime pour son sçavoir, à ce que j'en ay ouy dire à nos voisins.

LE PALADIN.

Je le veux croire, Madamoiselle; mais quand je considère qu'il n'y a pas eu de bestes qui n'ayent esté autrefois adorées, ny de maladie à qui l'antiquité n'aye basty des temples, je ne m'estonne plus qu'on fasse estat de tant de gens qui ne le meritent pas, et qu'on donne de la vogue à beaucoup de foibles esprits, puis qu'on a fait des vœux et baillé de l'encens à des crocodiles et à des cygnes; et, pour moy, je tiens fermement qu'il est tenu à restitution de la reputation qu'il a si mal acquise. Toutesfois, si vous vouliez croire mon conseil, nous ne craindrions pas tous les evenemens, et je vous asseure que je ne vous conseilleray rien que je ne voulusse faire avec vous.

CLORINDE.

Vous estes trop discret pour me donner un advis contraire au bon.

1. Ce n'est plus qu'un parfum, mais alors c'était un réconfortant, un aphrodisiaque. Il venait du Levant; son vrai nom était ambre de Grèce, dont on avait fait *ambre gris*, par une altération pareille à celle qu'avait subie le *viride græcum*, vert de Grèce, dont on a fait *vert de gris*.

2. Jeu de mots sur la ressemblance du nom de Gentilly avec *gentillesse*.

LE PALADIN.

Il est vray pourtant que je vous ayme si fort que je ferois volontiers un peché pour l'amour de vous.

CLORINDE.

Je n'en suis pas de mesme, car je vous jure que je vous ayme, mais c'est en tout bien et en tout honneur.

LE PALADIN.

Vous m'obligez encores trop, Madame. Il est bien vray que, si vous ne m'aymiez que selon la rigueur du droict et de la raison, je craindrois fort à ce compte de vous estre fort indifferent, et il vaudroit beaucoup mieux pour moy que l'affection que vous me portez fust une passion qu'une vertu; et comme il y a des rivières qui ne font jamais tant de bien au monde que quand elles se debordent, de mesme l'amour n'a rien de meilleur que l'excez. Commencez donc desormais, je vous prie, à ne garder ny règles ny mesures aux faveurs que vous me ferez, à fin que je sois legitimement ingrat, estant infiniment obligé; ne me laissez pas mesme des paroles avec lesquelles je vous puisse remercier; bref, j'estime qu'on n'ayme jamais assez si on n'ayme trop.

CLORINDE.

Mais que vouliez-vous dire tantost par vos conseils?

LE PALADIN.

Je voulois dire qu'il y a de certains petits mariages si peu contraints et si libres, qu'on ne recherche pas mesme le consentement de personne pour les consommer, et de tous les mystères secrets il n'y a point d'ordinaire d'autres tesmoins que la nuict et le silence.

CLORINDE.

Mais aussi l'Eglise ne les approuve pas.

LE PALADIN.

Si elle ne les approuve, elle ferme neantmoins les yeux pour faire semblant de ne les pas voir.

CLORINDE.

Et que diroit-on si on nous trouvoit en cet estat?

LE PALADIN.

On ne croiroit pas que nous conspirassions contre le roy, ny que je vous apprisse la magie; et certes il me semble qu'il seroit bien temps que nous commençassions l'histoire de nos advantures, et que vous voulussiez vous esloigner de la tyrannie de vos parens. C'est un monstre qu'il faut fuyr jusques aux extremitez de la terre, et avec qui la paix mesme est dangereuse. Je vous menerois aux pays des peintures, de la musique et de la comedie, et où l'on porte autant de respect aux femmes qu'aux choses sainctes.

CLORINDE.

Jesus! Monsieur, osez-vous bien me parler de ces longs pelerinages, à moy qui n'ay presque des jambes que par bien-seance [1], et qui ay autant de peine d'aller d'un bout de nostre jardin à l'autre que s'il faloit traverser des montagnes et des rivières, et qui ne ferois pas plus de chemin en un jour qu'un courier boiteux en une heure.

LE PALADIN.

Madamoiselle, pourveu que vous aymiez, toutes choses vous seront aysées, et vous n'aurez pas plus de peine à passer les Alpes qu'à monter vostre degré; l'eau de la mer deviendra douce si vous ne vous contentez qu'elle soit tranquille.

CLORINDE.

Monsieur, il n'est pas temps d'avoir de tels desseins. Croyez-moy, laissons faire à la nature et au temps: ils nous vengeront bientost de nos ennemis. Adieu, retirons-nous; nous parlerons une autre fois plus amplement de cet affaire.

LE PALADIN.

Allons, Madamoiselle.

CLORINDE.

Vous estes aussi plein de ceremonies que le vieux Testament. Ce sera donc pour vous obeyr.

[1]. Le *Francion* de Sorel (p. 570) reprend aussi cette expression d'un précieux si bizarre.

ACTE QUATRIÈME

SCÈNE I

LE DOCTEUR et CLORINDE.

LE DOCTEUR.

era-il tousjours plus aysé d'allumer de la glace que de vous donner de l'amour? Auray-je tousjours plus de peine à tirer de vous quelque bonne parole que je n'en aurois à obtenir trois declarations du roi et autant de briefs de nostre Sainct Père? Tout ce que je vous sçaurois dire ne vous fera-il jamais aucune impression sur vostre esprit? Toutesfois, bien que vous me traictiez mal et que vos mespris me deussent estre sensibles, j'ay resolu de m'obstiner à souffrir de vous et de prendre par force vos bonnes graces, s'il n'y a moyen de les gaigner legitimement; je croy neantmoins que vous n'estes pas si sauvage que vous n'enduriez qu'on vous ayme, ny si attachée à vous-mesme qu'il ne vous reste quelque affection pour les choses qui en sont separées. Sans faire le poëte, je vous puis asseurer que j'ay appris vostre nom à tous les rochers de mon desert, et qu'il est escrit sur toutes les escorces de nos arbres; mais vous ne m'avez pas pourtant d'obligation de ce que je vous ayme si parfaitement. C'est une action qui ne depend plus de ma volonté ny de la liberté de mon franc-arbitre; elle m'est aujourd'huy aussi necessaire que toutes les autres sans lesquelles je ne sçaurois vivre, et il faut bien que je me laisse emporter à la force de mon inclination (qu'un autre appelleroit sa destinée). Soyez donc, tant qu'il vous plaira, mon ennemie, je ne seray jamais autre que vostre serviteur; toutesfois, je veux plustost croire, pour la satisfaction de mon esprit, que vous avez peut-estre resolu de m'aymer secretement, à fin de ne donner de la jalousie à personne, et qu'il y a plus d'artifice que de froideur en vostre silence; autrement, si cela estoit et si je me voyois tout à fait privé de l'honneur de vos bonnes graces, il est certain que je ne voudrois pas vivre après un si sensible deplaisir, et que je penserois n'avoir plus rien à conserver dans le monde après avoir perdu mesme l'esperance, qui est le seul bien de ceux qui n'ont pas les autres.

CLORINDE.

Voilà qui est fort bien; mais on dit qu'il n'y a jamais grande difference entre vostre santé et la maladie des autres, et que vous avez le corps si mal fait et si debile qu'il ne faudroit que souffler pour l'abatre.

LE DOCTEUR.

Sçachez, Madamoiselle, que le ciel de ce pays ne m'est pas tout à fait contraire, car de vous asseurer que je me porte du tout bien, je n'oserois pas me hazarder jusques-là. Il est vray que j'ay de bons intervalles, quelques heures qui me font ressouvenir de ma première santé; et puis il y a d'excellens medecins qui m'ont promis de faire tout leur possible pour me refaire un corps tout neuf; à tout le moins, s'ils ne peuvent me guerir entierement, ils essayeront de m'empescher de mourir et faire durer mes maladies encores une cinquantaine d'années. Je voudrois pourtant bien passer un accord avec les medecins par lequel il fust dit que toutes les choses bonnes fussent agreables et qu'on se peust guerir en sentant des fleurs, au lieu que les remèdes sont de seconds maux qui viennent après les autres; et, toutesfois, sans beaucoup de temps et de peine, je me suis rendu aisé tout ce qui me sembloit au commencement impossible, et, en l'estat où je suis, j'avalerois du feu si on me l'ordonnoit pour le bien de ma santé. Mais je voy bien que ces paroles et ces attaques ne viennent pas directement de vous; elles sortent sans doubte d'une bouche moins sobre que celle d'un Suisse, je veux dire de mon rival. Je cognois à ce compte qu'il vous voit souvent, mais je vous prie de croire que ce n'est pas volontairement que je vous laisse si souvent entre ses bras et que je souffre qu'il jouysse de mon bien sans m'en rendre compte; tous les momens qu'il vous oblige de donner à ses visites sont autant d'usurpations qu'il faict sur moy; tout ce que vous luy dites à l'oreille sont autant de secrets que vous me cachez, et avoir vostre conversation en mon absence, c'est s'enrichir de mes pertes. Si vous n'y prenez garde, il desrobera vos bonnes graces, car c'est le plus meschant homme qui vive aujourd'hui soubs le ciel. Je voy bien, Clorinde, qu'il faut que je vous detrompe et que je fasse l'histoire de celuy que vous prenez pour un si honneste homme; il faut que vous croyez qu'il y a si longtemps qu'il faict du mal qu'il ne se sçauroit souvenir luy-mesme du temps de son innocence, et il a tellement appris dans le mestier de la guerre les vices qui y sont communs, qu'aujourd'huy mesme, en pleine paix, il ne pardonne ny à age ny à sexe. Ne pensez pas pourtant qu'il soit aussi grand guerrier qu'il se faict, et, si parfois vous le voyez blessé au visage, ne croyez pas que ce soient les marques de quelque combat où il ayt faict paroistre son courage : ce sont seulement les esgratigneures de quelque maistresse. Il a toutes les passions et tous les desseins d'un tyran, il ne luy en manque que la puissance pour les executer; et, si le temps l'avoit chargé d'années et des incommoditez de la vieillesse, je crois qu'il voudroit encores voir avec des lunettes les choses que les honnestes gens fuyent, et se faire porter aux lieux où il ne pourroit pas aller luy-mesme honnestement. En somme, comme il y a des peintures qu'il faudroit effacer pour en oster les defauts, aussi il n'y a que la mort seule qui puisse mettre fin à toutes ses ordures, et je croy fermement qu'il auroit besoin d'un jubilé qui ne fust que pour luy seul, et qu'il faudroit mettre tout un diocèse en prières et ordonner pour luy un jeusne public, ne plus ne moins que si on avoit à demander au ciel la conversion du grand Turc. Après tout cela il joue et despense comme s'il estoit roy de la Chine. Pour ce qui concerne l'ame et l'esprit, il est si despourveu des biens estrangers que personne ne sçauroit estre sçavant que des choses qu'il ignore; il ne se trouve jamais aux assemblées où on se rend homme de bien par l'oüye, et la prière de la pensée, mesme la plus courte, luy est une si grande corvée que s'il avoit à faire le voyage de Lorette ou celuy de Nostre-Dame de Montserrat. Il est, outre cela, si inconstant dans sa religion, qu'il ne s'arreste pas tousjours à ce qu'il en a appris de sa mère et de sa nourrice, et ne se veut pas contenter du Dieu de ses pères, aussi bien que de leur terre et de leur soleil. Bref, qui le cognoistra parfaitement comme je fais le prendra tousjours pour quelqu'un de ces faux prophètes dont la vieillesse de l'Eglise est menacée, et, s'il n'estoit né pauvre (comme il est), je le prendrois pour celuy qui doit venir avec des armées troubler le monde et à qui les demons gardent tous les tresors qui sont cachés soubs la terre ; car ses fautes ne sont pas purement humaines, et le commerce ne devroit pas estre permis avec luy, ni sa conversation tolerée par les loix. Pour moy, je ne suis point de ceux-là qui estudient les moindres actions de leur vie et qui apportent de l'art à tout ce qu'ils font et à tout ce qu'ils ne font pas ; je ne sçaurois prendre cet accent avec lequel ils donnent de l'authorité à leurs sottises ; je sçay encores moins cacher mes deffauts et faire le personnage d'un homme de bien si je ne l'estois pas, et, s'il y a quelque bonne qualité en moy, elle paroist si peu au dehors qu'il faudroit m'ouvrir l'estomach pour la trouver. Je dis cecy en sa consideration, parce qu'il a de coustume de faire plus de bruit que d'effect.

CLORINDE.

Il ne faut pas plustost croire aux paroles de l'envie et de ses ennemis qu'aux actions mesme du Paladin : il ne suffit pas d'accuser un homme de bien pour le rendre du tout meschant.

LE DOCTEUR.

Madamoiselle, asseurez-vous que je ne vous ay dit que la moitié de la verité. Mais voicy Monsieur vostre père : il faut que je me prepare de reciter ce grand discours que j'ay fait par son commandement et dont il a si fort loué les premières lignes.

PANTALON.

Eh bien, Monsieur le docteur, estes-vous prest ?

LE DOCTEUR.

Ouy, Monsieur ; vous n'avez qu'à me prester l'oreille, je m'en vay vous dire de grandes choses.

Harangue du Docteur sur les siècles d'or en comparaison des misères et corruption du nostre.

LE DOCTEUR.

Aux siècles passez (que l'on appelle d'or pour n'avoir pas esté de fer), le peuple ne se conservoit dans son innocence ny par la crainte des loix, ny par l'estude de la sagesse; pour bien faire il suivoit simplement la bonté de sa nature, et tiroit plus d'advantage de l'ignorance du vice que nous n'en avons de la cognoissance de la vertu; on ne sçavoit que c'estoit de tromper, fors les oyseaux et les bestes, et les stiles du palais et de la chancellerie n'avoient pas encores aydé à la confusion des langues. Les choses qui nuisoient à la santé des hommes et qui offençoient leurs yeux en estoient generalement bannies; il n'y avoit ny lezards, ny couleuvres, et de toutes sortes de reptiles ils ne cognoissoient que les melons et les fraizes. Là, les rois mesmes se desalteroient dans les fontaines et se nourrissoient de ce qui tombe des arbres; leurs plus superbes collations estoient de figues et de muscats, et des viandes sanglantes ils ne cognoissoient que les cerizes et les meures; bref, ils vivoient la pluspart du temps de fenouil et de curedents, et passoient la moitié de leur age sans souper. Tout le monde se saouloit pourtant de ce qu'il aymoit le plus, et les bergers et les bergères gastoient plus de bleds et d'herbes en se culbutans à la renverse que la gresle et la tempeste, qui n'estoient pas encores en usage. Le soleil envoyoit bien de la clarté, mais non pas de la chaleur, et quand les rivières se debordoient, ce n'estoit que pour rendre l'année plus riche et pour faire prendre à la main sur l'arène et sur le sable les truites et les brochets, qui estoient les crocodilles de ce temps-là, car la nature encore vierge n'avoit point commencé à faire des monstres; on ne parloit ny de Gerion, ny du Minotaure, ny de Theophile[1]; l'inquisition et le Parlement estoient encores en l'idée des choses, et des deux parties de la justice il n'y

---

1. Le poëte Théophile de Viaud, chef des libertins et des athées. Balzac, qu'il avait attaqué en prenant part à la querelle, sous le nom du paladin Javerzac, le plaçait naturellement parmi les monstres.

avoit de cogneue que celle qui donne des recompenses; la bonne intelligence estoit telle entre les citoyens qu'une femme servoit à trois frères; ils ne sçavoient que c'estoit ny de musc, ny de sucre, ny d'ambre gris; ils n'avoient point encores de dieu d'or, ny de vaisselle d'argent, et les nouveautez des couvertures et des habillemens n'estoient pas encores introduites. Mais maintenant qu'il ne reste pas un seul grain de cet or dont ces premiers siècles estoient composez, les vertus d'Alemagne [1] ont succedé à toutes ces sobrietez; aujourd'huy chacun boit en tout temps comme s'il avoit la fiebvre, et fait provision de viande ne plus ne moins que si on avoit à entrer en une ville assiègée. Tel homme fait deborder dans son gosier tout ce qui se devoit boire de là à Pasques, en danger de faire naufrage si on ne le secouroit promptement, ou pour le moins de ne des-enyvrer que l'année prochaine. Au contraire, les roys remplissent leur espargne du sang et des larmes de leurs subjects, qui sont contraincts de s'enfuir dans les bois et de passer la mer pour se sauver de la taille et de la gabelle, et après tout cela il faut bien souvent qu'ils empruntent leur propre argent de leurs thresoriers, comme ils acheptent les places de leurs royaumes des capitaines qu'ils y avoient ordonnez, et sans mentir ils ne sçavent plus à qui fier les clefs de leurs thresors, puisque les plus innocens mesmes ont des mains et peuvent avoir des tentations; et si l'on trouve bien à qui donner en garde des virginettes, c'est qu'il est plus difficile de trouver un homme de bien qu'un eunuque, et que les miracles sont plus rares que les monstres. Bref, il n'y a que vous (seigneur Pantalon) qui parmy toutes les corruptions ayez la hardiesse d'estre vertueux et d'avoir une bonté du regne du roy Louys XII.

LE PALADIN, *après avoir ouy le discours.*

Et bien, n'est-ce que cela, après avoir tant sué et travaillé avec autant de peine et de temps que les anciens sculpteurs à faire leurs dieux?

LE DOCTEUR.

Vous avez tort de dire cela : mes escrits sentent

---

1. L'Allemand était déjà le type de l'ivrogne et du mangeur.

plustost l'ambre et le musc que l'huyle ni la sueur.
LE PALADIN.
Je meure si les folies de mon enfance n'ont esté encores plus serieuses que toutes ces belles fleurs de rhetorique; au reste, je n'ay besoin que de la moitié de mon industrie pour en faire autant ou plus; dans un demy quart d'heure seulement, s'il plaist au seigneur Pantalon de me recevoir à la dispute, et proposer sa fille en prix à celuy qui dira de plus belles choses et mieux ajancées, je feray un petit discours dont la fin ne sera guères esloignée du commencement, et toutesfois la douceur et la majesté y paroistront avecque un si juste temperamment, que personne n'y trouvera rien de lasche ni de farouche.

PANTALON.
Ouy, je le trouve bon : faites-moy donc une harangue sur ma venerable vieillesse; je vous donne trois ou quatre tours de salle pour y penser.

Discours du Paladin sur la vieillesse de Pantalon.

LE PALADIN.
J'espère, avecque l'ayde de Dieu (seigneur Pantalon), que vous ne vous laisserez pas encores emporter à la foule de ceux qui passent de ceste vie à l'autre : vous avez dans le corps une source de vie qui ne tarira jamais, et vous avez faict une provision et un thresor de santé qui doit durer jusques à la fin du monde, ne plus ne moins que si, pour le bien general de la chrestienté, vous debviez estre autant en la nature des choses que le soleil et les astres, voire mesmes estre reservé pour faire l'epitaphe de l'univers et les dernières chansons qui doivent finir la joye des hommes, et après cela demeurer le seul et unique heritier de toute la terre : car, à bien considerer les malheurs et les accidens que vous pouvez avoir veuz en vostre vie, dont vous estes pourtant heureusement eschappé, on peut dire avecque apparance que vous avez passé le temps de mourir, et qu'il ne faudroit pas moins que des esclats de foudres et des cheutes de montagnes pour vous oster la vie. Que vous avez veu de ces malheureuses saisons où l'air estoit in-

fecté de telle sorte que les oyseaux en tomboyent tous morts et que l'eau des fontaines se corrompoit en poison, et toutesfois ces pestes n'ont pas osé attaquer vostre corps! Aussi croys-je que Dieu laisseroit plustost toucher à ses autels et à ses images qu'à vostre personne, et qu'outre la Providence qui gouverne le monde, il y en a une particulière dans le ciel qui n'est destinée qu'à vostre vie. Vous avez gousté de deux differens siècles, et ce ne sont plus les mesmes hommes que vous avez veus; ce sont maintenant les affaires d'un autre royaume. Depuis le temps que vous estes au monde, la chrestienté a changé dix fois de face; ny nos mœurs, ny nos habillemens, ny nostre cour, ne seroit pas recognoissable à celle que vous avez veue. Les hommes, depuis vostre naissance, ont fait de nouvelles loix et introduit un autre Dieu, et les vertus de vostre jeune aage sont maintenant les vices de celuy-cy. Au reste, vostre jeunesse est aussi esloignée de nous que la vie de Charlemagne, et il semble que viviez dès le commencement de ceste monarchie; une grande partie de vous-mesme est demeurée dans l'histoire de quatre règnes, et, quoy que vous ayez esté de cet autre siècle, vous ne laissez pas pour cela de faire encore une notable partie de celuy-cy : car, à veoir la vigueur et la force de vostre esprit et l'entière et parfaicte santé dont vous jouïssez, il semble que vous vous soyez seulement enfariné ce visage, que j'apelle plustost immortel qu'ancien, et que le baston que vous portez est plustost une marque de vostre authorité que de vostre foiblesse : aussi est-ce pour le bien du monde que Dieu vous a donné ceste santé vigoureuse, et pour l'employer à son service et veiller à la conduitte de vostre menage, et vous auriez assez de vie pour animer encores trente corps comme celuy du Docteur. J'ay dit

PANTALON.

Voilà un galand homme, et qui merite d'estre le baston de ma vieillesse [1] et l'appuy de mes dernières années, sur lesquelles il a parlé en si bons termes; mais, de grâce, brave Paladin, encores faut-il que

---

1. L'expression est de Balzac, c'est une des seules qui soient restées de lui. Du temps de Richelet, elle était déjà passée dans le style familier.

je vous cognoisse, et que je sçache un peu de quoy vous vous estes meslé toute vostre vie.

LE PALADIN.

Il est très certain que les belles actions semblables à celles que j'ai faictes en mon temps ne se font pas plus souvent veoir au monde que les deluges et les autres grands effects de la justice ou de la puissance de Dieu : car, avec un long temps et une longue suite d'années, les plus ignorans acquereroient mesme de l'experience, et les plus lasches, enfin, deviendroient les maistres, quand ce ne seroit qu'ils verroient mourir tous les autres ; force gens mesme ont faict de grandes actions qui ont commencé leurs vies par de grandes fautes, ou de petites choses. Mais, comme il n'y a guères de rivières qui soient navigables à leur source, ny de païs où le soleil soit chaud dès le poinct du jour, aussi, certes, ceux-là sont rares qui pour estre grands n'ont point besoin de croistre ny de vieillir, et par consequent ne sont point subjets ny à l'ordre du temps, ny aux règles de la nature. Je dis cecy, seigneur Pantalon, parce que dès ma tendre jeunesse j'ay faict des exploicts et des miracles presque incroyables : car à l'aage de dix ou douze ans je puis me vanter d'avoir souvent esté appellé au conseil de guerre, et d'avoir quelquefois remply la place de mon capitaine en la conduite de trois compagnies. Les traictez de paix, les resolutions de guerre, et generalement tous les grands affaires, ne se faisoient point sans moy. Mais aussi, au lieu de m'amuser, comme les autres enfans de mon aage, à mettre un baston entre mes jambes [1], je montois tous les plus grands chevaux de l'escurie du roy, et, au lieu d'espée de bois, je me servois des armes du plus gros Suisse de l'armée. Bref, la vivacité de ma nature fournissant par avance à mon corps et à mon esprit tout ce que peut apporter le temps, il sembloit que pour estre sage et prudent, grand et puissant, je n'eusse point besoin d'aage ou d'experience.

PANTALON.

C'est assez, je cognois maintenant le lyon par la patte [2] ; allons au logis faire la collation nuptiale

1. C'est le, *equitare in arundine longâ*, d'Horace.
2. Autre locution, prise du latin, *ex ungue leonem*.

et poursuivre le reste du discours que vous avez commencé ; je vous feray servir des reptiles de mon jardin, et des pommes et des muscats que je vous donneray il en sortiroit dequoy enyvrer la Normandie et l'Angleterre. C'est de ces sortes de choses agreables que je pretends vous faire part, et laisser au peuple les necessaires. Au reste, si nous pouvions une fois estre atablez, nous ne nous en leverions pas à la haste pour sauver la moytié du monde, de peur de troubler la digestion. Je feray allumer un beau et bon soleil de la nuict et des mauvais jours qui sera tout de la couleur des rozes.

LE PALADIN.

Je vois bien, Monsieur, que je suis la teste la plus chère que vous ayez aujourd'huy soubs vostre conduite, et je ne recevrois pas de vous une nourriture si delicate et si precieuse que je la reçoy, si vostre affection ne vous faisoit acroire que ma vie vaut plus que celle des autres, et qu'elle merite par consequent d'estre plus soigneusement conservée. Mais de vous rendre des complimens pour des courtoisies et des obligations si grandes, ce ne seroit pas estimer assez la valeur, si je pensois m'en acquiter par des simples paroles. De sorte que, s'il est vray ce qu'on dit, que les roys sont donnez par la force et les beaux-pères par hasard, je n'ay pas de petits remerciments à faire aujourd'huy à la fortune, de m'avoir placé ainsi dans une bonne maison, où je voy bien qu'il ne manque rien que la source de l'or et les choses qui ne sont pas necessaires. Mais qu'en dictes-vous, ma maistresse? N'estes-vous pas bien contente de tout cecy?

CLORINDE.

Puisque je vous ay donné ma parole, sur la foy publicque, sur les autels et sur les evangiles, croyez que je ne suis pas resolue de la revoquer, et qu'elle demeurera inviolable quoy que le ciel et la terre facent; bref, je me partageray tousjours entre vous et mon père que voilà, et vostre compagnie me sera desormais si chère qu'elle me feroit trouver la cour au vilage, et Paris dans les landes de Bordeaux[1].

PANTALON.

Allez donc, chers enfants, vous enfermer en quel-

---

1. Cette phrase se trouve déjà plus haut.

que lieu tous deux ensemble, et n'en partez point que vous n'y fassiez un tiers. Vous estes tous deux en un aage où vous pouvez vous donner contentement, et en recevoir l'un de l'autre. N'ayez crainte de faire, comme vostre voisin, des muets, des borgnes et des monstres, mais faictes-moy des enfans qui ne soient pas assez meschans pour desirer vostre mort, qui ayent assez de sagesse et de patience pour l'attendre, voire qu'ils soient si gens de bien que jamais ils n'y songent. C'est toy, brave Paladin ! employe bien ce corps capable d'envoyer des colonies en toutes les parties du monde, et de remplir les terres qui sont les plus desertes. Imite en cela ce grand Hercules, aussi bien qu'en tes autres exploits, ce grand dompteur de monstres, dis-je, ou plustost ce grand abateur de bois, qui en une nuict fut cinquante fois gendre de son hoste ; monstre-toy cinquante fois mary de ta maistresse, et te souviens que la nuit a ses plaisirs aussi bien que le jour.

ACTE CINQUIÈME

SCÈNE I

LE DOCTEUR, HYDASPE.

LE DOCTEUR.

En fin, j'ay donc esté chassé et rebuté, ne plus ne moins qu'un mauvais courtisan ou un meschant ministre d'estat ; et quand je me considère en l'estat où je suis, et où il n'y a plus d'honneste occupation pour mon esprit, il me semble veoir un Phidias ou quelqu'autre de ces anciens ouvriers à qui on ait lié les mains et osté d'autour de luy le marbre, l'or et l'yvoire. Enfin donc le Paladin a passé pour plus grand autheur que moy, et sa facilité de parler mal a esté preferée en tout à mon eloquence ; il a pris la place qui me devoit estre reservée ; mais Dieu sçait de quelle façon je le traiteray ! Si je veux, on croira un jour que c'estoit un monstre qui devoroit les villes entières, et declaroit la guerre aux choses divines et humaines; on s'ymaginera que c'estoit un magicien qui piquoit tousjours quelque image de cire avecques des aiguilles [1], et qui troubloit tout le monde de son temps par la force de ses charmes ; bref, je feray paroistre que je vaux plus que tous mes ennemys, et qu'ils n'ont d'autre avantage sur moy, qui suis maladif, que celuy de la santé s'ils se portent bien. La necessité a de cruelles armes, et les morsures des bestes qui sont aux abois sont quelquefois les plus dangereuses.

HYDASPE.

Monsieur, Monsieur, puisque nous durons si peu, il n'est pas raisonnable que nos passions soient immortelles, et il vaut beaucoup mieux souffrir l'injustice que de la faire, et estre le martyr que le tyran. Imaginons-nous que ce mauvais affaire arriva au siècle des choses fabuleuses, et pour nostre commun contentement apprenons l'art d'oubliance.

LE DOCTEUR.

Ouy, mais quand je considère le tort qu'il m'a fait, me rendant mesprisable envers tout un sexe, et ridicule à l'autre plus belle partie du monde, je ne sçaurois m'empescher de luy vouloir mal ; et, après tout, faut-il qu'un si meschant homme ne meure qu'une fois !

HYDASPE.

Vous deviez posseder les bonnes graces de vostre maistresse comme des biens qui se peuvent perdre, et maintenant vous vous monstreriez le mesme en l'une et l'autre fortune, et il ne sortiroit pas de vostre bouche une seule parole qui ne fust digne de vostre courage.

LE DOCTEUR.

L'authorité de mon ennemy doit offencer les yeux de tous ceux qui font profession de m'estre fidèles, et s'efforcer en quelque façon de cacher

---

1. Allusion à la pratique de sorcellerie qui consistait à ficher des épingles ou des aiguilles dans la figure en cire de la personne qu'on vouloit faire mourir, et que l'on croyait tuer ainsi de loin, « à coups d'épingles. » Cette pratique contre la personne détestée, et contre sa figure même, *in vultum*, s'appelait, de ces deux derniers mots, *envoultement*.

mon infamie en donnant quelque raison ou satisfaction à mon desplaisir. J'iray doncques plus avant (cher Hydaspe), estant assez asseuré que ny la crainte de la mort, que vous avez mesprisée en toutes les formes et sous tous les visages où elle se peut monstrer, ny l'interest, qui fait qu'on se regarde bien souvent plustost soy-mesme que son amy, ne vous empescheront jamais de proposer, d'entreprendre et d'executer des grandes choses. Souvenez-vous que soubs le Charlemagne des poëtes le combat de Roger a esté la victoire de Leon, et qu'il s'est trouvé un homme qui resentoit les blessures de son amy premier que luy, et prenoit plus de part en ses interests que luy-mesme ; en un mot, je voudrois estre obligé à vostre secours de ce que je ne puis attendre du merite de ma cause, puisque la verité ne se sçauroit mesme deffendre toute seule ; après cela, si je vous dois mon honneur, je vous devray quelque chose de plus que ma vie, et vous aurez esté amy, non pas à la mode, mais de la bonne sorte. Au reste, nostre ennemy n'a pas esté jusques icy si considerable par ses propres forces comme par l'opinion qu'on en avoit conceue et les grands advantages qu'il s'attribuoit luy-mesme. Je me plains en cela le plus de ma mauvaise fortune, de me choisir pour adversaire le plus infame de tous les hommes.

HYDASPE.

Je vois bien ce que vous voulez dire : vous cherchez à vous fortifier d'hommes et d'amys contre le Paladin, que vous prenez pour le Turc et pour l'heretique ; mais je vous asseure que j'en feray un si grand exemple de justice que tout le monde s'en estonnera, et l'abandonneray si fort à nostre juste vengeance qu'il ne demeurera pas inviolable à pas un de nos lacquais, et luy feray veoir qu'après avoir donné le siècle d'or à son beau-père vous luy en avez reservé un de bois pour luy tout seul.

LE DOCTEUR.

Voicy la vraye heure. Voyez-vous pas que de l'obscurité et de la lumière il se fait un troisiesme temps, et qu'il y a encores assez de jour pour n'estre pas tout à fait nuict ? Allez donc, et vous souvenez de ne perdre pas à deliberer le temps qui doit estre employé à bien faire, et que ceste mesme action, qui a eu pour prix ceste belle maistresse, ait pour fin un traitement plein d'infamie et de honte. Il y a à la verité peu de gens en campagne pour cet affaire; mais pour combien pensez-vou? que je compte Hydaspe, le chef de ceste entreprise? C'est obliger le Paladin que de luy oster tout d'un coup toutes ses peurs et toutes ses esperances.

LE PALADIN.

Alarme! justice! au meurtre! Eh! Messieurs, ayez compassion de moy. De tant de douleurs vous n'en sçauriez faire au pis aller qu'une mort, et porter un pauvre homme jusques sur les bornes de l'autre monde et luy faire toucher les extremitez de sa vie. Alarme! justice! au meurtre!

HYDASPE.

Aprens une autre fois à porter autant de respect aux docteurs qu'aux choses sainctes, et que desormais il ne te reste plus que la seule gloire de l'humilité et de l'obeyssance.

CLORINDE.

Dieux! qu'est-ce que je voy! A! cher amy, que vous est-il arrivé?

LE PALADIN.

La plus grande partie a eu l'advantage sur la meilleure, et la vertu et la raison, qui estoient de mon costé, n'ont sceu venir à bout de la multitude et de l'injustice; mais ce qui fait que la vertu est ainsi mal suivie, c'est qu'elle est mal persuadée.

PANTALON.

Voicy un des traits de mon docteur, qui faisoit tant le pacifique; mais il a beau se donner de la peine de treuver sa mauvaise fortune, cela ne fera pas changer mes volontez, ny ne retardera pas les solennitez de l'aliance promise; au contraire, comme ceux qui se noyent et ceux qui les veulent sauver se perdent ordinairement tous ensemble, nous verrons, s'il plaist à Dieu, dans un mesme naufrage le Docteur, Hydaspe et tous ses complices. Je m'en plaindray au juge, et, s'il ne me fait justice, je condemneray l'estat et tous ceux qui le gouvernent; je seray moy-mesme le soliciteur de ces affaires, et ne souffriray pas qu'on m'oblige en mon absence; et, outre l'heureux succez que nous promet la bonté de nostre cause, j'ay un si grand amy à la cour que quand son integrité

mesme y devroit estre offencée, je devray (je m'asseure) tout à sa faveur.
CLORINDE.
Mais comment vous trouvez-vous (mon cœur)?
LE PALADIN.
Maintenant la violence de la douleur cesse, et maintenant je commence à jouir de ce repos que la lassitude et la foiblesse apportent aux corps qui ont esté travaillez. Mais ne t'afflige pas pour cela, ma pauvre amie.
CLORINDE.
Vostre mal ne sçauroit qu'il ne passe à moy, et je ne sçaurois regarder que je ne le prenne.
LE PALADIN.
Je voy bien que vostre ame, toute forte et toute courageuse qu'elle puisse estre pour supporter vos propres mal'heurs, ne peut toutesfois qu'elle ne s'attendrisse des infortunes de ceux que vous aymez, et que quand il faut tesmoigner de la bonté plustost que de la constance vous ne quittiez une vertu pour une autre; mais je suis asseuré que mes maux finiront, ou que je ne dureray pas tousjours; et puis il n'y a point de sang : ce ne sont que des confitures seiches, qui toutefois ne sont pas si douces que l'ambre et le sucre.
LE DOCTEUR.
Pour un ennemy que mon mal'heur m'avoit fait naistre, mon merite me donne mille protecteurs : de sorte que, sans bouger de mon logis, je gaigne des victoires de tous costez.

A la fin, celuy-là a esté atrapé qui devenoit maigre de la prosperité d'autruy, et qui estoit de ces pasles et sobres qui naissent à la ruyne des republiques, et j'ai interessé dans un mesme party les Capitaines, les Pantalons et les Clorindes; j'ay veu des larmes à un de ces visages qui pleurent de si bonne grace, et luy ai faict si grande peur qu'elle s'en ira peut-estre cacher sous terre et m'attendre dans quelque grotte.

Voilà que c'est d'avoir des personnes dans le sein desquels nous puissions mettre seurement nos desplaisirs et nos joyes. N'ay-je pas le fidel Hydaspe à qui je communique mes secrets et qui est tousjours prest à me faire service ?

Cependant j'ay un certain fou que je gouverne,

et dans lequel je trouve tous les personnages de la comedie et toutes les sortes d'extravagances qui peuvent tomber en l'esprit des hommes. Après que mes livres m'ont entretenu tout le matin, et que je suis las de leur compagnie, je m'en vais passer une partie de l'apresdisnée avec luy pour m'esloigner un peu des choses serieuses qui nourrissent ma melancolie : car, depuis que je suis au monde, je me suis perpetuellement ennuyé ; j'ay trouvé toutes les heures de ma vie longues ; je n'ay jamais rien faict tout le jour que chercher la nuit. C'est pourquoy, si je veux estre joyeux, il faut necessairement que je me trompe moy-mesme, et ma felicité depend tellement des choses de dehors que sans les divertissemens que je cherche ailleurs, quelque grand resveur que je sois, je n'ay pas assez dequoy m'occuper ny dequoy me plaire.

Après tout, vous trouverez estrange dequoy le ressentiment de mon amour m'est si-tost passé, et m'accuserez aussi-tost de legereté ou de trahison ; mais je vous responderay que je ne suis pas resolu d'aymer une infidelle, et que desormais je ne veux plus veoir de beauté que toute nue.

DERNIÈRE ENTRÉE, SERVANT D'ÉPILOGUE.

GRISELIN, *fou du docteur*.

N'est-il pas vray, Messieurs, qu'il y a long-temps qu'il ne s'est veu en France un comedien de si bonne maison que mon maistre, que vous voyez aujourd'huy paroistre sur le theatre ? Je ne croy pas pourtant qu'il y ayt du deshonneur pour luy. Neron, l'empereur, estoit bien d'aussi bon lieu et d'aussi bonne famille qu'il sçauroit estre, et s'il ne laissoit pas d'en faire le personnage. Toutesfois, quelle plus miserable condition sçauroit-il arriver à un homme, après avoir bien eu de la vogue et du credit, de n'estre plus en fin que le subject des comedies et des farces. Ce n'est pas toutesfois ce que je crains pour sa reputation, qui est plus dangereuse pour estre grande que pour estre mauvaise. Il y a un certain homme par le monde qui ne vit que de fleurs et de feuilles, et qui ne se contente pas de les sentir et flairer comme les autres : il a trouvé l'invention de les boire et de les manger. Dans la saison du jasmin, des roses et des violettes, il est au comble de ses richesses et se soule à son appetit ; mais dès aussi tost que l'hyver, qui devroit estre condemné à ne partir jamais de Suède, vient en ces pays effacer toutes ces beautez de nature, il revient en sa première pauvreté et dans la disette de ces viandes, desquelles il ne se peut passer ; et parce que l'on publie par tout que mon maistre est tout remply de belles fleurs de rhetorique, et ses discours sont tous florissans, qu'il rend les hyvers tièdes et fleuris, et qu'il dispute mesme avec le printemps à qui produira de plus beaux bouquets et de plus belles fleurs, je crains que ce mangeur de fleurs et de feuilles ne se rue sur sa fripperie, et qu'il ne le devore comme des conserves ou des confitures de roses et de violettes. Ce n'est pas tout : l'envie mesme a bien fait davantage ; elle a fait passer pour mort ce brave docteur lorsqu'il se portoit le mieux, et, qui pis est, on luy a gravé une epitaphe aussi bien sur le marbre que sur son haut-de-chausse. Mais laissons ces funestes discours, parlons de quelque chose de plus agreable.

Je vous veux dire des nouvelles que je vous ay apportées d'un nouveau monde qui n'a pas encores esté descouvert et qui s'est sauvé de l'avarice de Ferdinand et de l'ambition d'Isabelle. N'est-il pas vray que celuy qui vouloit brusler sa chemise si elle eust sceu son secret n'eust pas fait volontiers sa confession generalle, et que Alexandre eust bien eu de la peine à se resoudre à gaigner paradis par humilité. Que direz-vous du pauvre Brutus, qui tua son père pensant tuer un tyran, et qui ne se repentit pas moins à la mort d'avoir aymé la vertu que s'il eust servy quelque maistresse infidellement ? Je viens d'aprendre qu'autrefois à Venise les hommes d'estat se marioient avec les femmes publiques[1]. Et, à vostre advis, est-ce pour avoir

[1]. C'est très-vrai. Elles étaient là aussi puissantes qu'à Rome la belle Imperia sous Léon X. L'Anglais Ottway, dans sa *Venise sauvée*, a donné sur les habitudes des sénateurs de Venise chez ces cour-

vaincu les Suysses que François premier est appelé Grand, ou pour le distinguer du petit, ou à cause de son nez [1]? Que diriez-vous d'un roy qui est devenu gentil-homme suivant d'un petit prince, et d'un autre roy qui, au lieu de points de la religion, introduit toutes les fables de la poesie? Croiriez-vous que les subjects soient tenus, en conscience, de croire moins en Dieu qu'en leur prince? Et, de vray, un homme qui ressembleroit à un singe, oseriez-vous asseurer qu'il est creé à l'image et ressemblance de Dieu? Et comment vous voudriez-vous deffendre d'un nez puant, si ce n'est avec des gans d'Espagne? A n'en point mentir, n'est-il pas vray que celuy qui n'a partie en son corps qui ne soit honteux ne se devroit jamais descouvrir devant le monde? Et un homme qui seroit assez gros pour remplir luy seul tout un carosse, ne faudroit-il pas que toutes les portes par où il entre fussent cochères? Et si toutes les justices de France ressembloient à celle où l'on ne condamne pas mesme le diable à tort, dites la verité, ne prendriez-vous pas plaisir d'avoir des procès? Que penseriez-vous d'un homme qui porteroit le deuil de la victoire du roy? Vous diriez aussitost que c'est un huguenot ou un mauvais François; et moy je vous apprens que ce n'est pas cela : c'est seulement qu'il y a perdu un de ses parens, tué à la bataille. Après tous ces discours, que pourrez-vous croire de moy, si ce n'est que je suis le contraire d'un sage? mais aussi ferois-je conscience de l'estre, puisque la saincte Escriture dit que la sagesse des hommes n'est que pure folie devant Dieu.

tisanes une scène très-amusante reprise par M. Meilhac pour sa pièce les Curicules au Gymnase.

1. Ce nez envahissant tenait toute la place sur les monnaies à l'effigie royale. C'est ce qui faisait dire à l'Orléanais Alleaume, en des vers latins sur François 1er :

Occupat immenso qui tota numismata naso.

FIN DE LA COMEDIE DES COMEDIES.

TABLE

Jodelle...	1
L'Eugène..................................	5
Rémy Belleau................................	62
La Reconnue.............................	65
Pierre de Larivey...........................	139
Les Esprits...............................	144
Odet de Turnèbe............................	229
Les Contens..............................	223
François d'Amboise.........................	340
Les Neapolitaines.......................	343
François Perrin............................	429
Les Escoliers............................	432
Tabarin.....................................	498
Farces Tabariniques, 1re farce..........	502
— 2e farce...............	509
L. Du Peschier..............................	516
La Comédie des Comédies...............	519

FIN

Corbeil. — Typ. et stér. de Crété fils

CHEZ LES MÊMES ÉDITEURS

COLLECTION DE BEAUX VOLUMES IN-12, AVEC GRAVURES

ŒUVRES COMPLÈTES DE MOLIÈRE. Nouvelle édition. La *seule complète* en 2 volumes in-12 de plus de 800 pages, ornée de 10 portraits en pied coloriés.. 7 fr.

RACINE. Théâtre complet. Édit. nouv. 1 vol. avec portraits en couleur. 3 fr. 50

P. CORNEILLE. Théâtre complet. Nouvelle édition. 3 vol. avec 12 portraits en couleur... 10 fr. 50

LE THÉATRE FRANÇAIS AU XVI° ET AU XVII° SIÈCLE, ou Choix des comédies les plus remarquables antérieures à Molière, avec une introduction et une notice sur chaque auteur, par M. Édouard Fournier. forts vol. in-12, avec 8 portraits en couleur. Chaque vol. se vend séparément. 3 fr. 50

CHEFS-D'ŒUVRE DRAMATIQUES DU XVIII° SIÈCLE. 2 volumes avec 8 portraits en couleur. Chaque vol. se vend séparément. 3 fr. 50

ŒUVRES DE N. BOILEAU, avec une introduction et des notes, par M. Édouard Fournier. 1 vol. in-12, avec 4 dessins coloriés............. 3 fr. 50

LES CARACTÈRES DE LA BRUYÈRE, précédés d'une Notice de Sainte-Beuve. 1 vol. in-12 illustré de nombreux bois dans le texte et de 4 gravures coloriées... 3 fr. 50

LE BUFFON DES ENFANTS, ou Petite Histoire naturelle des Quadrupèdes, des Oiseaux, des Amphibies, des Poissons, des Insectes, etc. Nouvelle édit. augmentée d'anecdotes sur la vie et les mœurs des animaux, par P. Blanchard. 1 vol. avec 8 grav. coloriées................................... 3 fr. 50

LA JÉRUSALEM DÉLIVRÉE, traduction du Tasse. 1 vol. illustré de 12 gravures.. 2 fr. 50

LES PETITS BONHEURS DE LA VIE, par M. Jules Janin. 1 vol. avec 4 gravures par Gavarni.. 2 fr. 50

LES VOYAGES DE GULLIVER, par Swift, traduction nouvelle. 1 vol. avec 6 gravures par Gavarni... 2 fr. 50

LES CONTES DU CHANOINE SCHMID, traduits par Cerfbeer de Medelsheim, illustré de 150 vignettes par Gavarni. 2 vol.............. 5 fr.

ROBINSON CRUSOÉ, par Daniel de Foë, traduction nouvelle. 1 vol. avec 5 gravures par Gavarni... 2 fr. 50

ROBINSON SUISSE, par Wyss, trad. nouv. 1 vol. avec 6 grav. 2 fr. 50

FABLES DE LA FONTAINE, illustrées de 75 grav. 1 beau vol. 3 fr.

CORBEIL. — TYP. DE CRÉTÉ FILS.

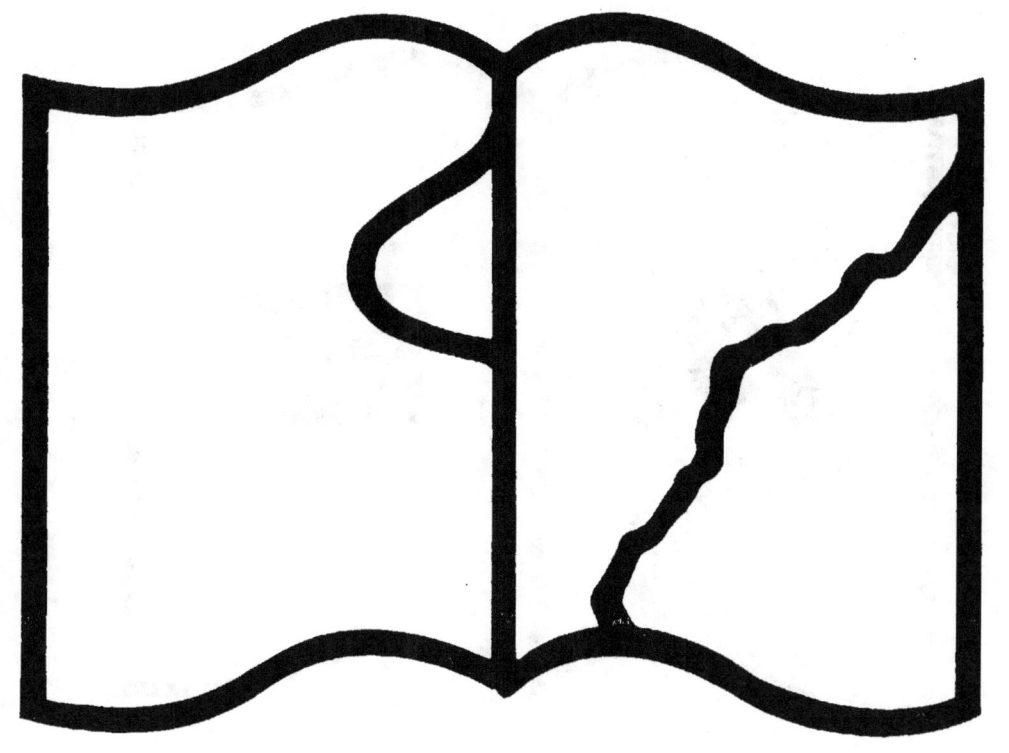

Texte détérioré — reliure défectueuse

NF Z 43-120-11

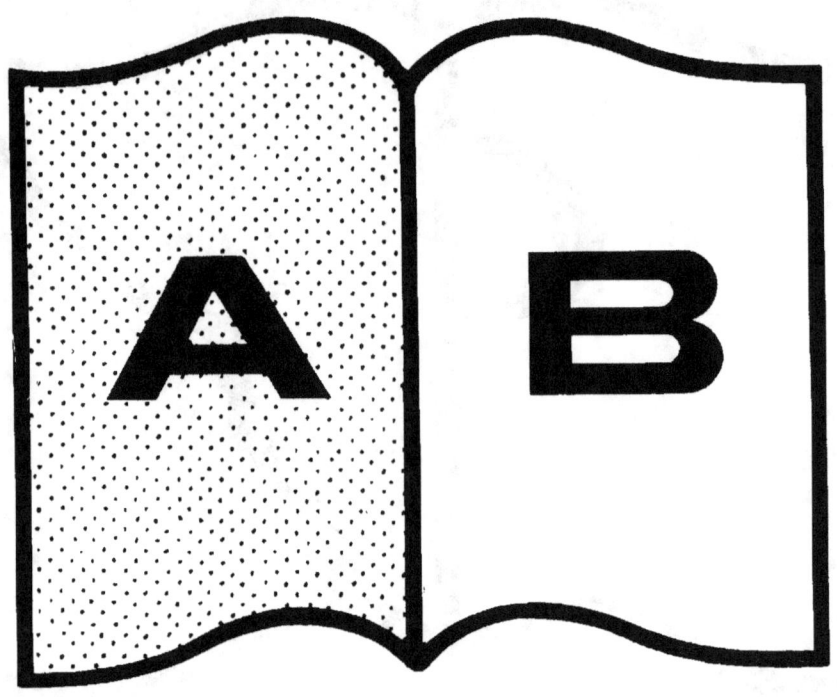

Contraste insuffisant

NF Z 43-120-14

www.ingramcontent.com/pod-product-compliance
Lightning Source LLC
Chambersburg PA
CBHW070401230426
43665CB00012B/1202